中国文化元典关键词研究丛书

李建中 主编

刘金波 张金梅 著

儒家元典关键词研究

人民出版社

总序　元典关键词的原创意蕴与现代价值

　　中华元典①是中国传统文化最早的宝库，中华元典关键词②则是宝库中的无价之宝。元典的创制者用"关键词"昭示他们对宇宙、社会和人生的观察与思考，元典的阐释者借"关键词"赓续、传承、阐扬、新变中国文化。中华元典关键词是中国人的名号与实质，是中国人之所以为中国人的文化依据，是轴心期③中国文化生生不息、亘古亘今的语义根源。后轴心期历朝历代的文化，常常以"关键词"之重释的方式回到文化元典：如西汉董学之重释"天人"、魏晋玄学之重释"三玄"、唐代韩柳之重释"道"、宋代程朱之重释"理"、明代王学之重释"心"……作为 21 世纪的中国学者，我们既要站在现代文明和思想的理论高度，

　　① "元典"一词的创制者冯天瑜将五经以及《论语》《墨子》《孟子》《老子》《庄子》《荀子》等先秦书认定为"中华元典"，冯著《中华元典精神》（上海人民出版社 1994 年版）对"中华元典"的创制、发展以及近代转换作出了具有原创性和开拓性的论述。

　　② "关键词"乃一比喻性所指，喻指核心的、重要的术语、概念、范畴和命题。这个意义上的"关键词研究"几乎与中华元典同时诞生。

　　③ 德国哲学家卡尔·雅斯贝尔斯《智慧之路》（柯锦华等译，中国国际广播出版社 1988 年版）第九章"人的历史"指出，以公元前 500 年为中心，约在前 800 年至前 200 年之间，人类精神的基础，同时独立地奠定于中国、印度、波斯、巴勒斯坦和希腊。正是在那个时期，才形成今天我们与之共同生活的这个"人"，发生于那个时期的精神历程构成了一个轴心，故可称之为"轴心时期"。雅斯贝尔斯所说的"轴心时期"在中国正好是春秋（前 770—前 476）和战国（前 475—前 221）时期。

又要面对现代社会错综复杂的文化问题，以"关键词"的方式返回文化元典，整体系统、深刻辩证地重新阐释中华元典关键词，重新揭示中华元典关键词的原创意蕴和现代价值。

中华元典关键词，以"词根"的方式沉潜，以"坐标"的方式呈现，以"转义"的方式再生，既是轴心期华夏文明生生不息的语义学根源，亦为中外文化和而不同的话语前提。因而，欲褐橥元典关键词的原创意蕴及现代价值，须从词根性、坐标性和转义性之考察开始。元典关键词之语义考察，一是以五经以及儒墨道法兵诸家文化元典为文本依据，诠释中华元典关键词的词根性（关键词的文化源起与辞源学释义）；二是以历史时空为经纬，厘定中华元典关键词的坐标性（关键词如何标识不同时代的文化观念，如何贯通不同时代的文化命脉）；三是以世界为视域，诠解中华元典关键词的转义性（关键词的赓续、新创以及语义再生等）。这种"原生—沿生—再生"的语义考察，可为推进中华元典研究提供新的观念、方法和入思路径。

一

有一部名为《我的盛大希腊婚礼》的美国影片，讲述希腊侨民在美国的生活，其中一位希腊父亲逢人便说：你给我一个单词，英语、法语、德语、西班牙语都可以，我告诉你这个单词的希腊语词根。这段不乏喜剧意味的台词，道出一个不争的文化史事实：轴心时期的古希腊文明是西方文化的根柢之所在。从词源学的特定层面而论，西语的词根在古希腊，汉语的词根在先秦。中国文化关键词的"词根"深深地扎在先秦元典之中，如《周易》的"文"与"象"、《老子》的"道"与"德"、《庄子》的"言"与"意"、《礼记》的"乐"与"和"等等。这些单音节的词，在其所表述的特定领域之中，是最早的（本源），也是最根本的（本原），故可称为"元关键词"。凡与它相关的术语、范畴和命题，都以它为词根或者说从它的根基上生长出来。因此，就其"元生性"而言，它们既是先秦文化的关键词，又从源头上构成中华文化关键词的词根。

"人文之元，肇自太极，幽赞神明，《易》象惟先"①，作为中国历史上最负盛名的文学理论家，刘勰的文学理论书写，是从追溯"文"的词根性开始的。"文"，既是《文心雕龙》最大的关键词，又是《文心雕龙》五十篇所有带"文"的术语、概念、范畴和命题的词根：诸如人文、天文、文明、文化、文德、文心，又如文章、文体、文象、文采、文风、文骨等等。刘勰之论"文"，可归纳为两大内涵：一是文之道，二是文之体。若置换为当今文学基本原理的关键词，则前者相当于文学的本源和本质，后者相当于文学的内容和形式。而这两大义项的"文"，其词根性都在先秦元典即五经和诸子之中。

《文心雕龙》追原文之"道"，从天地的"玄黄色杂，方圆体分"讲起，"天玄地黄"出自《周易》坤卦上六的爻辞及《文言》，"天圆地方"出自《大戴礼记·曾子天圆篇》。刘勰接着讲，天以日月"垂丽天之象"，地以山川"铺理地之形"：前者出自《周易》离卦的《象传》，后者出自《周易》的《系辞上》。刘勰由天地而"傍及万品"，自然界的万事万物都有自己的颜色和形体，所谓"动植皆文"，人为五行之秀、天地之心，岂能无文？而"天地之心""五行之秀"又出自《礼记·礼运篇》。人以自己的言辞来彰显道，正如天地万物以自己的色杂、体分来彰显道，这也就是文之"道"，或曰文学之本原和本质。刘勰从天地之"文"讲到人之"文"，无一处无来历，这"来历"便是包括《周易》和《礼记》在内的先秦元典。

就词根性而言，"文"还有更远的"来历"。《文心雕龙·原道》篇

---

① 范文澜：《文心雕龙注》上册，人民文学出版社 1958 年版，第 2 页。

为追寻"文"之本，为揭示"文"之道，以"人文之元"为中心，论及三类"文"：第一类可称之为"人为之文"，准确地说，是处于人类文明滥觞期的人文创制，如八卦、九畴。第二类可称之为"神赐之文"，如河图、洛书。刘勰讲"河图孕乎八卦，洛书韫乎九畴"，可见人为之文是神赐之文所孕育的，或者说人之为文须"取象乎河洛"。第三类是前面谈到的天地自然之文，如日月叠璧、山川焕绮，如龙凤呈瑞、虎豹凝姿，如云霞雕色、草木贲华，如林籁结响、泉石激韵……关于这一类"文"，刘勰谈得最多也最有诗意，因为天地自然之文不仅是人之为文"远取诸物"的对象，亦为刘勰揭示文之道的立论依据。三大类别的"文"，各有其形色，各有其声貌，各有其质地，各有其涵泳，而它们共有的也是最为基本的特征是，因其有形色而能被感知。这一共同特征从何而来？原其词根，来源于"文"之甲骨文释义：人之文身，或曰文身之文。

甲骨文的"文"，从武丁时期到帝辛时期，均有"文身"之义："象正立之人形，胸部有刻画之纹饰，故以文身之纹为文。"①《礼记·王制》有"被发文身"，许慎《说文解字》有"文，错画也，象交文"，而甲骨文"文"字形胸前的纹身即为"交文""错画"。细读甲骨文的"文"，至少可见出三个层面的词根性。人类最早的"文"不仅是人为的，而且是描画于人的身体之上的，"人"与"文"整然一体，不可分离。此其一；"文"是人类最早的"刻画之纹饰"，或者说是远古人类所创造的文化的艺术的文本。此其二；作为人类最早的文化艺术创造，"文"的主要特征是可睹可观、可感可知，是人类感知觉的对象。此其三。而最后一点，正是"文"的基本特征。前文所说的"文"之三大类，人为之文、神赐之文和天地自然之文，其中神赐之文还可以说是人为的，因为神或

---

① 徐中舒主编：《甲骨文字典》，四川辞书出版社 2006 年版，第 996 页。

神文归根结底还是人的创造；而天地自然之文则与人为之文完全无关。因此，这三类"文"，只有在第三个层面（可观可感）才是完全相通或相同的：天地自然之文的"垂象"和"铺形"自不待言，神赐之文是"龙图献体，龟书呈貌"，这两大类文的"象""形""体""貌"，与人为之文的"交文""错画"，其最初的源头在甲骨文"文"字的"以文身之纹为文"之中。

如果说，"文之道"是指人类以自己所创造的"文"来言说或呈现"道"；那么"文之体"则是这种言说或呈现的文本化。前者揭示文学的本源和本质，后者表述文学的内容和形式，二者都是以"文"为词根，其词根性有着共通之处。刘勰论"文之体"与他论"文之道"一样，也是无一处无来历，而最初的来历依然是先秦元典。《原道》篇"龙图献体"，事本《周易》。《征圣》篇"明理以立体"，取象《周易》"夬""离"二卦；又"辞尚体要"，语出《尚书·毕命》；又"政化贵文""事迹贵文""修身贵文"云云，实谓不同内容不同种类的文体，以"贵文"为共同特征。《宗经》篇"文能宗经，体有六义"，不仅尊五经为后世文学"大体"（或曰"体制"）之楷模或圭臬，更是视五经为后世文学体裁（或曰"体类"）之本根和源起。《序志》篇重提"《周书》论辞，贵乎体要"，又感叹"去圣久远，文体解散"，这是站在先秦五经的立场，评骘后世文学之弊端。

在"文之体"的特定层面而论，"文"之词根性依然可以追溯至甲骨文"文"字形的"文身之纹"和"刻画之纹饰"。刘勰《文心雕龙·序志》篇，开篇解诠书名中的"雕龙"一语，称"古来文章，雕缛成体"，这里的"古来文章"，既包括先秦诸子，如孔子的"文以足言"，《老子》的"五千精妙"，《庄子》的"辩雕万物"；亦包括五经，所谓"五经之含文也"，所谓"圣贤书辞，总称'文章'，非采而何"。非雕缛何能成体？无纹饰何能称文？所以《征圣》篇赞美圣人的"文体"是"含章之玉牒，秉文之金科"，而后人著文习体，"征之周孔，则文有师矣"。

《序志》篇开篇推崇"雕缛成体",与后章批评"饰羽尚画,文绣鞶帨",看似相悖。实则相关。黄侃《文心雕龙札记》论及二者的关系时说:"此与后章'文绣鞶帨,离本弥甚'之说,似有差违,实则彦和之意,以为文章本贵修饰,特去甚去泰耳。全书皆此旨。"①在黄侃先生看来,"本贵修饰"与"去甚去泰"共同构成《文心雕龙》全书大旨;而就"文"这个关键词而言,二者均为其词根义之所在。"文章本贵修饰"自然是"文"的词根义,故"文"又可写作"纹"或"彣";而文之修饰须"去甚去泰",须恰到好处,也就是《尚书·毕命》说的"辞尚体要",同样是"文"的词根义。我们看甲骨文的"文"字,那位正立之人,其胸前的纹身简洁明了,可谓"体要成辞(文)"。没有刻画之纹饰,不能称之为"文";而多余的或过分的纹饰如文绣鞶帨如饰羽尚画,则背离了"文"之本旨:对"道"的言说和呈现。正是因为过度的文饰会遮蔽文对道的言说,刘勰才特别强调体要。

"文"的原型是"人",所谓"象正立之人形";"体"则是"人"本身,人的身体之总称。《说文·骨部》有"体,总十二属也",段玉裁注称"十二属"为人体"首、身、手、足"所属的十二个部位。②在人体的特定部位纹饰刻画便成了"文",因而"体"是"文"的载体,"文"是"体"的文化的艺术的呈现,是人类最早创造出来的有生命有人格有灵魂有美感的"文体"。这种生命化人格化的"文之体",在《文心雕龙》中时时可见。《谐隐》篇有"体目文字",周振甫《文心雕龙今译》释"体目"为"人身主要部分"③。《俪辞》篇有"造化赋形,支体必双","体植必双,辞动有配",用人体四肢的对称之美喻指文学的对句艺术即俪辞之美。《附会》篇有"才量学文,宜正体制:必以情志为神明,事义为

---

① 黄侃:《文心雕龙札记》,华东师范大学出版社1996年版,第276页。

② 参见(清)段玉裁:《说文解字注》,上海古籍出版社1981年版,第166页。

③ 周振甫:《文心雕龙今译》,中华书局1986年版,第136页。

骨髓，辞采为肌肤，宫商为声气"，将人体各部位与文体各部位一一相配。《时序》篇有"体貌英俊"，"体貌"用作动词，"谓加礼容而敬之"①，礼敬殷勤之面容，亦与人体相关。"文之体"，实乃"体之文"也。只有真正把握到"文"的词根性，方能明辨"文之体"，方能揭示"文之道"。

二

　　《诗经·大雅·文王》有"周虽旧邦，其命维新"，"旧邦"代表文化传统，"新命"则指新的文化使命或传统文化的新发展。轴心期时代最有代表性的几种文化类型，如古希腊、古罗马、巴比伦、埃及、印度等，有旧邦而无新命；而后轴心期时代的文化强国，如美国，如欧洲的一些国家，有新命而无旧邦，至少是没有像西周那样古老的旧邦。轴心期各国文化，诚如冯友兰先生所言，"惟我国家，亘古亘今，小新亦旧"。② 而中国传统文化的赓续、传承和新变，与元典关键词之词根性的生长密不可分。就文化关键词研究的特定层面而言，中国文化的生命力是通过元典关键词的生命力体现出来的。换言之，元典关键词强大旺盛的生命力，从观念和思想的深处激活了中国传统文化的生命力。源起于轴心时代、扎根于先秦元典的中华文化关键词，在其后漫长的演变历程中，以"词根"的方式沉潜，以"坐标"的方式呈现，既标举特定时空的文化观念，又接续前世与后代的文化命脉，从而成为不同历史时期的文化坐标。

　　《诗经·小雅·大东》有"周道如砥，其直如矢"，中国文化的发展

---

① 范文澜：《文心雕龙注》下册，人民文学出版社 1958 年版，第 682 页。

② 冯友兰：《三松堂全集》第一卷，河南人民出版社 2000 年版，第 301 页。

之"道",虽不似"周道"那样如砥如矢,而是坎坷曲折,但毕竟从轴心期走到了 21 世纪。道之绵延,或短或长,总得有个路标;而中国文化之"道",绵延几千年,历经无数个路段或曰时段,每一个时段都有特定的文化坐标,而文化坐标上所书写的,便是属于这个时代的文化关键词。比如本文第一节所讨论过的"体"。在《诗》《礼》《易》以及《孟》《荀》等元典中,"体"意指身体之总属、主体之认知和与"用"相对的"本"。六朝创"体性"张扬生命风骨,三唐用"体貌"识鉴诗性品质,两宋有"文体"辨析文章种类,而清季以降则以"体用"应对中西文化冲突……一代有一代之"体"和之"所体",不同时代以"体"为词根的关键词标识着特定时代的"体"和"所体",而其根柢却在文化元典的"体"所先在铸成的生命本体、认知本体乃至哲学本体之中。由此可见,文化关键词的坐标性檠深柢固于词根性之中,并从词根性之中枝繁叶茂地生长出来。

从"词根"生长为"坐标",这是文化关键词的发展之"道";我们以"道"这个中国文化的元关键词为例,来讨论关键词的历史坐标性。"道"的本义很简单,也就是《说文解字》所说的"所行道也","一达谓之道"。①"道"最早的词性既可名亦可动,故《诗经》既有"周道如砥"亦有"不可道也"。当"道"在先秦元典中由形而下的"所行道"抽象为形而上的"天之道"时,就成了各家各派不得不道的关键词。《庄子·天下篇》说《诗》以道志,《书》以道事,《礼》以道行,《乐》以道和,《易》以道阴阳,《春秋》以道名分",可见儒家是用六经道自家的"道",正如墨家用《墨子》道自家的"道",道家用《老子》和《庄子》道自家的道,所谓各道其道,各名其名,各是其是,各非其非。

据《论语·里仁》,孔子说"朝闻道,夕死可矣",足见"道"比个

---

① (清)段玉裁:《说文解字注》,上海古籍出版社 1981 年版,第 75 页。

体生命更为重要。孔子又说"吾道一以贯之"，又可见"道"的恒长与永久；但这个"一以贯之"的"道"究竟何指？孔子自己没有说，而曾子解释为"忠恕"。然而，在不同的语境下，孔子的"道"又有不同的含义：或曰"仁"，或曰"义"，或曰"中庸"，或曰"孝悌"，或曰"方法"，或曰"技艺"……"道"在《论语》一书中出现 60 次，其释义已如此复杂；而在《孟子》一书中出现 140 次，其释义更加繁复，故司马谈《论六家要指》要说儒家"博而寡要"。至于道家的"道"，干脆是不可道也，亦即司马谈所言"其辞难知"。但换一个角度说，正是因为"道"在先秦五经及诸子文本中语义繁复，才使得她能够成为后世的文化坐标。作为中国文化的元关键词，"道"，正是因其"词根性"根柢槃深，其"坐标性"才可能枝叶峻茂。

《庄子·天下》篇有"道术""方术"之分，这种分别既是语义的也是历史的。就语义层面而言，道术是"无乎不在"，是"天地之纯"，明于"道"者集"天人""神人""至人""圣人"于一身；而方术只是"百家众技"，仅知晓一方之术者实乃"一曲之士"或者是"百家之学"中某家某派的"君子"。就其历史即时序层面而论，是先有"古之道术""古人之大体""古之人其备乎"，后有"天下治方术者多矣""天下之人各为其所欲焉以自为方"。当"后世之学者"谙于"道"时，则"道术将为天下裂"。战国诸子百家，均为"道术"裂变之后的一方之术即"方术"，庄子一家亦不能例外，虽然他自己不太会承认。

"道术"的词根是"道"，就"道"这个关键词而论，其汉语词根性与历史坐标性之关联，亦发生在汉语语义与历史时序两个不同的层面。"道"在先秦元典中语义之繁复已如前述，甚至可以说，先秦元典中的"道"，其义项之多元，语用之复杂，词性转换之灵活，组词功能之强大，已足以胜任她将要在先秦之后所须承担的历史坐标性表达。仅就学术史的层面论，后元典时代，从两汉经学到魏晋玄学，从唐代三教合流到宋代儒学新生，从明代心学到清代朴学，从近代西学东渐到现代中西对撞，一直到当代的国学复兴，"道"关键词在不同历史时期的坐标性书写或当下诠释，均可以在先秦元典中寻找或发掘到各自所需要的语义的和思想的资源。

两汉经学的"道"，用作动词，是对先秦儒家经书的解说；用作名词，则是汉代经学家所诂训所传疏出来的先秦儒家经书的微言大义。如董仲舒的《春秋繁露》，既是繁露（细解细说）《春秋》，也是《春秋》之道的展开和诠解（即繁露）。当然，《春秋繁露》只有十之五六的篇幅道《春秋》（主要是《春秋公羊传》）之道，而余下的篇幅，或道《周易》的天地阴阳之道，或道《尚书·洪范》的五行五事之道，或道《三礼》的郊禘祭祀之道。

如果说，"道"作为两汉经学的文化坐标，其要义是"道（传疏）"五经之"道（经义）"；那么，到了魏晋玄学，其作为文化坐标的"道"，则演变为"道（清谈）"《老》《庄》《易》三玄之"道（有无本末）"。魏晋玄学的开创性也是代表性人物王弼，用他的《老子指略》《老子道德经注》道老子之道，用《周易略例》《周易注》道《周易》之道。王弼《老子指略》："夫'道'也者，取乎万物之所由也……故其大归也，论太始之原以明自然之性，演幽冥之极以定惑罔之迷。"[1] 这是对先秦原始道家之"道"的再阐释。当然，王弼还有《论语释疑》，但他是用道家的"道"来道孔子的"道"，如王弼解释孔子的"志于道"："道者，无之称也，无不通也，无不由也。况之曰道，寂然无体，不可为象。是道不可体，故但志慕而已。"[2] 以道家的"无"说儒家的"道"，这是王弼也是魏晋玄学"道"的重要特征。刘勰讲"道沿圣以垂文"，两汉经学家心目中的"圣"

① 楼宇烈：《王弼集校释》上册，中华书局 1980 年版，第 196 页。
② 楼宇烈：《王弼集校释》上册，中华书局 1980 年版，第 624 页。

无疑是孔子，而魏晋玄学家心目中的"圣"则是老庄。不同的时代，所宗所师之"圣"各不相同，故所尊所明之"道"亦各不相同。两汉经学与魏晋玄学，其文化坐标上都书写着一个"道"字，但"道"（用作名词）之内涵大异其旨，"道"（用作动词）之方式亦大异其趣。

到了唐代，作为文化坐标的"道"，宗教味道特浓：既是道教之道，亦为佛禅之道。初唐李氏父子，奉道教为国教；时至中唐，佛教势力愈来愈大，以至于韩愈要写《原道》来探求儒道之原，以排斥佛老之说。韩愈站在中唐回望先秦，他发现：正宗的儒家之道，出尧舜禹汤而文武周公，由孔子而孟子，孟轲之后，"道"不得其传焉。韩愈在这里做了两件事：一是为儒家的"道"建立谱系，而这个谱系的根之深、源之远，是佛老杨墨完全无法比拟的；二是从国计民生的层面，实实在在地讨论儒道之利国利民，佛老之害国害民。这两件事，奔同一个目标：在唐代的文化坐标上，重写重述重释"道"这个关键词。

宋型文化与唐型文化有诸多差异，就"道"而言，以韩愈为代表的谱系重建者，是摒除"道"关键词中的佛老成分，而还原一个先王之道，一个博爱仁义之道。宋型文化的"道"当然也是儒家的，但宋代理学家的道既不排佛亦不斥老，而是引佛老入儒道以成新儒学。程颢程颐兄弟，同为新儒学，但二人对原始儒"道"的添加或曰新创各有侧重：程颢以"心"释"道"，开启了后来的陆王心学；程颐由"道"而推出"理"，以形成程朱理学。

说到宋代的文化坐标，我突然联想到北宋末年水泊梁山杏黄旗上的四个大字：替天行道。其实，宋江们的"道"既不是程朱理学的明德之道，亦非阳明心学的心性之道，而是与王学左派相关的百姓日用之道。这一点，我们从李贽的《容与堂本忠义水浒传序》可以读出。以李贽为代表的王学异端，用他的《焚书》《藏书》以及《水浒》评点，在明代的文化坐标中，为"道"添加了极有思想性启蒙性的内涵。向上，承接

011

上了《周易》的忧患之道；向下，开启了清代三大思想家顾、黄、王的启蒙之道。

清季以降，作为文化坐标的"道"，有两个新义项值得注意。一是以"道—器（技）"博弈应对外族进攻；二是以"道—logos"的对谈应对中西文化冲突。鸦片战争之后，最早"开眼看世界"的中国知识分子已经痛苦地意识到：中国传统文化并不优于西方近代文化，甚至在某些方面还落后于"外夷"。于是，以魏源的"师夷长技以制夷"为口号，终于提出了学习西方的问题，从而在"器"和"技"（亦为"道"的义项之一）即物质及科学技术层面率先开启了中国文化的近代化历程。"道"的词根性之中，既可以是名词也可以是动词，这与希腊语的 logos 正好可以互译互释。钱钟书《管锥编》释《老子王弼注》的"道可道，非常道"，称"古希腊文'道'（logos）兼'理'（ratio）与'言'（oratio）两义，可以相参"①。由此可见，不同时代对元典关键词"道"的不同之"道"（言说），标识着不同时代之文化的核心价值、认知路径和言说方式。

三

关键词研究作为一种方法，可称之为"历史语义学"（historical semantics）。② 就"语义"的层面论，本文所讨论的中华元典关键词的词根性、坐标性和转义性，依次构成特定关键词的元生义、衍生义和再生义；就"历史"的层面论，元典关键词的元生义形成轴心期华夏文明的

① 钱钟书：《管锥编》第二册，中华书局 1986 年版，第 408 页。
② 参见〔英〕雷蒙·威廉斯：《关键词：文化与社会的词汇》之《译者导读》，刘建基译，生活·读书·新知三联书店 2016 年版，第 13—22 页。

文化根柢，衍生义构成中国各个历史时期的文化坐标，再生义铸成现代性语境下中国文化的话语权和软实力。

　　在世界文化史的范围内考察，作为轴心期诸种文明之一的中华文化，之所以能绵延不绝、传承至今，与中华文化元典关键词的再生性特质是密不可分的。在文化多元的全球化时代，中华元典关键词以词根性固其本，以坐标性续其脉，以再生性创其新，从而在与异域文化平等对话的过程中获得阐释有效性和现代转义。在全球化时代的语境下，正是中国文化关键词的再生性赋予了中国文化以现代转型之机。这种再生性、转义性不仅折射出中国文化现在所面临的传统与现代、东方与西方的冲突、对话、交流及融合，更展示出中国文化亘古不灭的盎然生机，和它极为充沛的应对力、转换力、更新力与传承力。

　　元典关键词的现代再生性大体上有着三种不同的类型。一是古今恒长型，二是古今变异型，三是古今悖反型。先说第一种。这类关键词有着强大、旺盛和恒久的生命力，从先秦"活"到当下，从轴心期时代"活"到全球代时代。比如本文第一节讨论过的元关键词"文"："文之为德也大矣"！如果说，《易》之"天文""人文"之分、"以文教化"之用以及"文言"之美，已在源头上赋予"文"以多元性和开放性；那么，现代社会仍然频繁使用的"文明""文化""文学""文章"乃至"文体""文辞"等关键词，就先天地秉有广阔的再阐释空间以及在现代语境下转义、通约和再生的巨大潜能。"文"如此，"和"亦然。"和"在先秦元典中频繁出场，或呈宇宙之"和"（如《老子·四十二章》"万物负阴而抱阳，冲气以为和"），或奏音乐之"和"（如《尚书·尧典》"声依永，律和声，八音克谐，无相夺伦，神人以和"），或举人伦之"和"（如《礼记·儒行》"礼之以和为贵"），或标人格之"和"（如《论语·子路》"君子和而不同"）等等。"和"关键词的谐和、调和、协和、圆和、中和等含义延展于中国文化的方方面面，成为中国文化最具再生力、承续力的"元关键词"之一。

《荀子·正名》："若有王者起，必将有循于旧名，有作于新名。"王先谦案曰："作者，变也。"① 故知"有循于旧名"者属于古今恒久型，而"有作于新名"者则属于古今变异型。所谓"新名"，可以是新造的，也可以是外来的，但更多的是借旧名以说新义，所谓"名"虽存而"实"已变也，本文所讨论的"转义性"或"再生性"即包含此类。以"民"为例。据学者考证，金文中的"民"描画的是人的眼睛，锥刺其中，意指正在受刑罚的奴隶。② 可见最早的"民"虽有人之形体却无人之地位与权利。《说文·民部》："民，众萌也。"段注："萌，犹懵懵无知皃也。"③《荀子·礼论》："外是，民也。"杨倞注曰："民，民氓，无所知也。"④ 就"懵懵无知见"这一义项而言，"民"又可训为"冥"或"瞑"：前者如刘知几《史通·自叙》"民者，冥也，冥然罔知"，后者如董仲舒《春秋繁露·深察名号》"民者，瞑也"。就"民""氓"互训而言，《说文·民部》有"氓，民也"，段玉裁注引了两条语料，一条出自《诗经·卫风·氓》（"氓之蚩蚩"），一条出自《孟子·公孙丑上》（"则天下之民悦而愿为之氓矣"），段注曰："盖自他归往之民则谓之氓。"⑤ 无论是那位抱布贸丝、二三其德的"氓"，还是那些因不堪赋税之重负而远走他乡的"氓"，都是没有社会地位，甚至没有固定居所的游民。我们今天常说"人民"，而在古代社会，"人"与"民"其实是两个不同的等级。《说文·人部》："人，天地之性最贵者也。"⑥ 孟子讲"民贵君轻"，显然是对"君贵民贱"之社会现实的义愤和批判。现代社会常常使用的"人民"，"民"与"人"

---

① （清）王先谦：《荀子集解》下册，中华书局 1988 年版，第 414 页。

② 参见左民安：《细说汉字——1000 个汉字的起源与演变》，九州出版社 2005 年版，第 114 页。

③ （清）段玉裁：《说文解字注》，上海古籍出版社 1981 年版，第 627 页。

④ （清）王先谦：《荀子集解》下册，中华书局 1988 年版，第 358 页。

⑤ （清）段玉裁：《说文解字注》，上海古籍出版社 1981 年版，第 627 页。

⑥ （清）段玉裁：《说文解字注》，上海古籍出版社 1981 年版，第 365 页。

不仅同义，而且"民"之中新增了"民权""民生""民主"等现代义项，"人民"于是成为一个有着鲜明意识形态特征的关键词，而"民主"也由古代的"为民作主"而新变为"民为主人"。1949年9月第一届"中国人民政治协商会议"期间，黄炎培曾对民盟同仁说："人民共和国才把'民'当做'人'，须自家堂堂地还我做个人！"①"民"的地位的提高，"民"的性质的转变，是"民"这个文化关键词古今变异的确证。

文化元典关键词的现代转义性，第三种类型是古今悖反。前文所提到的"民主"语义的古今变异，其实也是一种悖反。可见，变异的极致就是悖反。我们以"鬼"为例，来看看这一类关键词如何从变异走向悖反。殷商时代，"鬼"，不仅与"神"同义，而且是地位很高的"神"。到了周代，鬼是指祖先神，《论语·为政》："子曰：'非鬼而祭之，谄也。'"孔子这里说的"鬼"指的就是已死的祖先。《楚辞·九歌》是一组用于祭祀的歌诗，其中《山鬼》祭爱笃情深的神女，《国殇》祭为国捐躯的将士，一位是"山中人兮芳杜若，饮石泉兮荫松柏"，一位是"身既死兮神以灵，魂魄毅兮为鬼雄"，或缠绵或壮烈，或柔美或阳刚，《九歌》所描写的"鬼"都是美的形象。佛教传入中国后，"鬼神"之"鬼"变为"魔鬼"之"鬼"，"鬼"的形象于是由正面而变为负面，由美而变为丑。这种悖反式变异一直延续到当下。现代社会，无神论者视"鬼"为子虚乌有，斥之为封建迷信。日常生活话语，带"鬼"的词多为贬义，诸如"鬼话""见鬼""鬼相信""鬼头鬼脑"等等。关键词的古今悖反，缘于历史文化的变迁，具有某种合理性。但也有一种并不具备合理性的误读和曲解，如"封建"。"封建"的本义是指"封蕃建国"的分封制，后人却误读为中央大一统的郡县制。冯天瑜先生的《封建考论》对此有深入的研究和精当的论述，此不赘。更有一种比"误读"更厉害的"诬读"

---

① 张量：《历史一刻》，《中国新闻周刊》2009年第32期。

即"诬陷式解读",如"文革"十年对中国传统文化诸多关键词的批判。对于被"诬读"的关键词,需要正本清源,需要拨乱反正,这也是中华元典关键词研究的题中之义。

"关键词"之英文 KEY WORD 中的 KEY 有"钥匙"之义,而中华元典关键词正是开启中国文化之现代意义世界的钥匙,是贯通轴心时代与全球化时代华夏文明的密码,是让古老的中国诗性智慧在今日焕乎为盛、郁哉可从的点金棒,是历经多次风雨仍然支撑民族精神不死的文化心灵!因而,要实现中国文化的现代化,"关键词"不失为一个很好的切入点。它在那个文明炳耀的遥远时代里奏出温润和煦的无声乐曲,于代代相续的传承中会通而适变,历久而弥新。

目　录

导　论 001

一、儒家文化元典概说 002

二、儒家思想研究范式举隅 012

三、儒家文化元典关键词考索 020

第一章　原"礼" 039

第一节　"礼"之溯源与内涵 040

一、夫礼，必本于大一："礼"之溯源 040

二、礼也者，理也："礼"之义理 045

三、言忠信，行笃敬："礼"之笃行 052

第二节　"礼"之传承与演变 055

一、道、墨、法诸家之"礼" 055

二、汉唐经学视域中的"礼" 064

三、融"礼"入"理"的宋明礼论 071

四、清儒对"礼"的发挥与总结 078

第三节 "礼"与近现代文明 086

　　一、礼观念与近代道德体系建设 086

　　二、礼乐文明与西方文明 091

第四节 "礼"之会通 099

　　一、通伦理：礼与理的变异与融通 100

　　二、通教化：礼与乐的共鸣与交响 104

　　三、通工具：礼与法的对立与契合 109

第二章 "克己复礼曰仁" 115

第一节 "仁"之溯源与内涵 115

　　一、"仁"之溯源 116

　　二、孔子之"仁" 120

　　三、七十子之"仁" 126

　　四、孟子之"仁" 130

　　五、荀子之"仁" 140

第二节 "仁"的传衍与再造 147

　　一、道、墨、法诸家之"仁" 148

　　二、从"仁义法"到"博爱行宜" 161

　　三、从程朱仁理到陆王仁心 170

　　四、实学之风与清代仁学思想 194

第三节 近现代"仁"之价值转换 199

　　一、"仁者，天地之心" 199

二、"博爱平等之仁" ……………………………………………201

第三章 "礼生于情，情生于性" ………………………215

第一节 "性"之溯源与内涵 …………………………215

一、"性"之溯源 ………………………………………216

二、"性相近也，习相远也" ……………………………218

三、"道始于情，情生于性" ……………………………224

四、"天命之谓性，率性之谓道" ………………………228

五、"尽心知性" …………………………………………235

六、"化性起伪" …………………………………………240

第二节 "性"之传衍与转换 …………………………244

一、道、墨、法诸家之性 ………………………………244

二、从"性三品"到"性情三品" ………………………251

三、"成性"与"道统" …………………………………263

四、"本心"之性与"良知"之性 ………………………269

第三节 "性"之现代新变与融通 ……………………275

一、"据于内圣，新开外王" ……………………………276

二、"出入中西，返诸六经" ……………………………289

第四章 "乐和同，礼别异" …………………………297

第一节 "乐"之溯源及内涵 …………………………297

一、"乐"之溯源 ………………………………………297

二、乐之深层本体：乐者，天地之和也 303

三、乐之现实来源：乐者，音之所由生也 309

第二节 "乐"的传衍与转换 313

一、道、墨、法及诸家之"乐" 314

二、重教趋娱的两汉乐论 318

三、多元共存的魏晋隋唐乐论 321

四、追淡求真的宋元乐论 323

五、重情尚俗的明清乐论 325

第三节 "乐"与现代美育 327

一、"乐者，心之动也"：现代审美情趣的提升 329

二、"乐者，德之华也"：趋近理想的道德境界 332

三、"惟君子为能知乐"：儒雅高尚的人格培养 334

四、"易风移俗，莫善于乐" 338

第五章 "礼之用　和为贵" 341

第一节 "和"之溯源及内涵 341

一、"和""同"之辨："和"之溯源与疏证 341

二、天道：自然法则之"和" 345

三、人道：人事法则之"和" 349

四、"中庸"之道 352

第二节 "和"之传衍与转换 356

一、道、墨、法、阴阳、杂家诸家之"和" 356

二、汉唐"和"之发展与深化 ···················· 365

三、宋明"和"之转折 ························ 368

四、明清实学对"和"的阐发 ·················· 373

第三节 "和"与现代生态文明 ···················· 377

一、"和而不同"与西方"契约精神""价值多元" ·········· 377

二、"和"与"和谐社会"之建构 ················ 384

二、"天人合一"与"仇必和解" ················ 385

参考文献 ······························· 387

后 记 ······························· 400

导　论

　　四十年改革开放取得的成就为中华民族的伟大复兴奠定了坚实的经济基础，也促使人们对传统文化的历史地位和现实意义展开重新评估。这股思潮可以追溯至 20 世纪 90 年代开始的"国学热"，也表现为当下的经典阅读潮。其典型特征是以儒、释、道诸家的思想和文化作为建构中国特色社会主义文化的思想资源，使其在"古为今用"的进程中发挥积极作用。这一进程的最终成果如何尚需时间检验，但作为研究者则应秉承足够的冷静，进行审慎的思考。当下，中国人已经历了"三大关键词传统"——"即近三十多年来以'全球市场'为关键词的'十年传统'；前此一百来年以'启蒙革命'为关键词的'百年传统'；最后是前此两千多年来以'周文汉制'为关键词的'千年传统'。"①基于对传统的虔诚之心和对未来的憧憬之情，我们必须真实、正确、全面地解读中国文化的真实面目，而中国文化元典恰好为我们提供了一种最佳的认知途径。作为中国文化元典的重要组成部分，儒家元典诞生于轴心时代，是孔子、孟子、荀子为代表的原始儒家针对如何总结上古文明所形成的一系列成果，主要保存在《诗》《书》《礼》《易》《春秋》等中华文化元典

---

　　①　何怀宏：《新纲常——探讨中国社会的道德根基》，四川人民出版社 2013 年版，第 6 页。

和《论语》《孟子》《荀子》等儒家典籍中。在两千余年的文化发展中，历代儒家士人通过应对现实问题和吸收外来文化不断对其进行丰富和完善，使其成为滋养中国文化的重要精神之源。

一、儒家文化元典概说

儒家文化元典的形成经历了漫长的过程。按照历史演进顺序，应该是先成为王官之学内教导胄子的"书"，继而成为儒家学派学术传承的"典"，再在儒学经学化的进程中成为"经"。儒家文化元典的神圣性、权威性也不是某时某人一蹴而就的，而是"在共同的文化生活实践中历史地实现的，是在人与人、人与历史的关系中建立起来的，更是在文化交往、语言交往和礼仪实践中建立起来的"①。这是理解儒家文化元典必须坚守的立场，也是融入儒家文化元典生命历程中领悟其精髓的首选。大致来说，儒家文化元典可以分为两个系统："五经"系统和"四书"系统。两大系统虽均诞生于轴心时代，却在不同的历史时期被确立为儒家经典。

（一）"五经"元典

"五经"元典即《诗》《书》《礼》《易》《春秋》五部儒家经典著作。原名为"六经"，后因《乐》亡佚失传，故又称"五经"。按传统"王官之学"的观点，作为西周贵族教育的主要教学内容，"六经"都曾在不同程度上发挥过积极作用，是"郁郁乎文哉"的周文礼乐得以成型的重要因素。诚如《史记·滑稽列传》所谓："六艺于治一也，《礼》以节人，《乐》以发和，《书》以道事，《诗》以达意，《易》以神化，《春秋》以义。"②

---

① 边家珍：《经学传统与中国古代学术文化形态》，人民出版社 2010 年版，第 69 页。

② （汉）司马迁：《史记》，中华书局 1959 年版，第 3197 页。

下文即以此为基础，对"五经"略加概说。

1. 节人之《礼》

《周礼》《仪礼》《礼记》，合称"三礼"，因东汉经学大师郑玄并注而盛行于世，至唐文宗开成年间石刻"九经"而正式得名。皮锡瑞《三礼通论》云："'三礼'之名，起于汉末，在汉初但曰《礼》而已。汉所谓《礼》，即今十七篇之《仪礼》，而汉不名《仪礼》。专主《经》言，则曰《礼经》；合《记》而言，则曰《礼记》。……其后《礼记》之名，为四十九篇之《记》所夺，乃以十七篇之《礼经》，别称《仪礼》，又以《周官经》为《周礼》，合称'三礼'。"①"三礼"是中国古代礼乐文化的重要结晶，对中国古代政治制度、伦理观念、社会理想、文化传统产生了重要影响。

《周礼》又名《周官》，为"三礼"之首，自西汉末年刘歆始称《周礼》。相传为周公旦所作，但实际上可能是战国后期的作品。《周礼》的基本内容是讲设官分职的。它将国家的职能一分为六，即所谓"邦治""邦教""邦礼""邦政""邦刑""邦事"。掌管各大块的官长分别叫大宰、大司徒、大宗伯、大司马、大司寇、大司空，并将其与天官、地官、春官、夏官、秋官、冬官等天地四时一一相配，此即所谓六官。西汉时因冬官篇亡佚，汉儒便选取性质与其大体相似的《考工记》补入。该本别为一书，实属先秦手工艺专著。不过，《周官》中这一套完整有系的官制虽然规模宏大，组织严密，但"乌托邦"成分较大，现实操作性略小。

《仪礼》简称《礼》，又称《士礼》或《礼经》。相传为周公旦所作，抑或认为是孔子修订。现代学界一般认为《仪礼》是春秋战国时期的儒家学者根据周代礼乐制度编成的书籍，在"三礼"中位置为最高。②《仪礼》有今古文之分。古文《仪礼》57 篇，今文《仪礼》17 篇。汉时《仪礼》有戴

①　（清）皮锡瑞：《经学通论》，中华书局 1954 年版，第 192 页。

②　"十三经"列《周礼》为"三礼"之首，是东汉以后的次序，出于郑玄。

德、戴圣、刘向别录三个不同的版本，郑玄作注时首选别录本，兼采今古文本，贾公彦为之疏，分8纲17篇①，凡17卷。详尽叙述了上古贵族生活各种主要礼节仪式，后人将其概括为吉、凶、宾、军、嘉五大类，是古代贵族贯彻其政治意图、维护其等级制度和社会正常秩序的重要文字依据。

《礼记》亦称《小戴礼记》《小戴记》，凡49篇，由西汉戴圣所编，是一部先秦至秦汉时期的礼学文献选集。多为孔门七十子之徒及其后学所记，亦有个别篇章为秦汉儒生所撰。《汉书·艺文志》载："汉兴，鲁高堂生传《士礼》十七篇，讫孝宣世，后仓最明，戴德②、戴圣、庆普皆其弟子，三家立于学官。"③"十三经"中存者为《小戴礼记》，因其多采他书，编次零杂，颇为难读，故分类成为要事。如朱熹《仪礼经传通解》以《礼记》分隶《仪礼》篇章之次，吴澄《礼记纂言》更易次序各以类从等，皆是。相较而言，郑玄、梁启超的分类较有代表性。郑玄分为通论、制度、明堂阴阳、丧服、子法、祭祀、吉事、乐记八类；梁启超分为通论礼仪及学术、专门解释《仪礼》、杂记孔子及其弟子、时人言行杂事、阐述和考辨古代制度礼节、专记名言名句五类。

2. 道事之《书》

《书》亦称《尚书》，因是儒家经典之一，又称《书经》。秦以前称《书》，《尚书》一名起于西汉。"尚"古通"上"，故称"上古帝王之书"（王充《论衡·正说》）或"上代以来之书"（孔颖达《尚书正义》）为《尚书》；一说"尚者，上也。尊而重之，若天书然，故曰《尚书》"（郑玄《书赞》）。《尚书》记事始于《尧典》终于《秦誓》，体例主要有

---

① 8纲为：冠、婚、丧、祭、乡、射、朝、聘。17篇为：士冠礼、士婚礼、士相见礼、乡饮酒礼、乡射礼、燕礼、大射礼、聘礼、公食大夫礼、觐礼、丧服礼、士丧礼、既夕礼、士虞礼、特牲馈食礼、少牢馈食礼、有司彻。

② 戴德所辑，称《大戴礼记》，凡85篇。

③ （汉）班固：《汉书》，中华书局1962年版，第1710页。

"典""谟""诰""训""誓""命"六种，大体相当于后世之诏令奏议，用通行雅言记录。《尚书》保存着大量统治者有关国家政事的言行及政令档案，通常被视为原始社会末期至春秋早期的历史文献汇编，在中国文化思想史上有举足轻重的地位。

《尚书》世传由孔子编订。如《史记·孔子世家》云："孔子之时，周室微而礼乐废，《诗》《书》缺。追迹三代之礼，序《书传》，上记唐虞之际，下至秦缪，编次其事。"① 《汉书·艺文志》亦载："《书》之所起远矣，至孔子纂焉。上断于尧，下讫于秦，凡百篇，而为之序，言其作意。"② 孔子是否真的对《尚书》做过编纂工作，这一问题十分复杂。因为《论语》里虽多次提到《书》，但所述篇目多与后来传世的《尚书》不符。或谓孔子之前，《书》已流行，且有各种不同的版本；孔子之后，《书》仍有增损，亦有各种不同的版本。可见《尚书》非一时一人之作。

《尚书》有"今文"和"古文"之别。《今文尚书》29篇，分为《虞夏书》（亦有拆称《虞书》《夏书》）《商书》《周书》三个部分，分别记述虞夏、商、周各自不同历史时期的重要事迹、文件及言论。据司马迁《史记·儒林传》、王充《论衡·正论》、康有为《新学伪经考〈史记〉经说足证伪经考》，《今文尚书》有28篇为秦伏生所传，第29篇《秦誓》为后人增益。③

———————

① （汉）司马迁：《史记》，中华书局1959年版，第1935—1936页。

② （汉）班固：《汉书》，中华书局1962年版，第1706页。

③ 司马迁《史记·儒林传》云："伏生者，济南人也。故为秦博士。孝文帝时，欲求能治《尚书》者，天下无有，乃闻伏生能治，欲召之。是时伏生年九十余，老，不能行。于是乃诏太常使掌故晁错往受之。秦时焚书，伏生壁藏之，其后兵大起，流亡，汉定，伏生求其书，亡数十篇，独得二十九篇，即以教于齐鲁之间。学者由是颇能言《尚书》，诸山东大师无不涉《尚书》以教矣。"王充《论衡·正论》云："至孝宣帝时，河内女子老发屋得逸《易》《礼》《尚书》各一篇奏之。宣帝下示博士，然后《易》《礼》《尚书》各益一篇，而《尚书》二十九篇始定矣。"参校两文，康有为《新学伪经考〈史记〉经说足证伪经考》说："云二十九篇者盖《秦誓》后得，后人忘其本原，轻改《史记》八字为九字，必非史迁原文。"

《古文尚书》较《今文尚书》多出 25 篇，一般认为多出篇目系东晋梅赜伪造，故今多称《古文尚书》为"伪《古文尚书》"。但时人未能辨识，如汉唐经学集大成之孔颖达《五经正义》（被刻于开成石经）即信梅说。宋代以来，疑者遂多，尤其是明代梅鷟与清代阎若璩对此论之甚详。今出土文献《清华简》亦提出了相应证据。①

现通行本《尚书》，凡 59 篇。除"伪《古文尚书》"25 篇和《尚书序》外，余下 33 篇。按伏生所言，将"《舜典》合于《尧典》，《益稷》合于《皋陶谟》，《盘庚》（上中下）三篇合为一，《康王之诰》合于《顾命》"②，便成 28 篇③。这 28 篇在学术界已达成共识，是较为可靠的史料。

3. 达意之《诗》

《诗》又称《诗经》，是我国古代最早的一部诗歌总集，收集了自西周初年（前 11 世纪）至春秋中叶（前 6 世纪）共 305 篇④诗歌。《诗经》在先秦时期称为《诗》，或称"诗三百"。西汉时被尊为儒家经典，始称《诗经》，并沿用至今。

《诗》的作品都是合乐的唱词，诗歌要配乐，只有太师懂乐律，所

---

① 2008 年清华大学入藏一批战国竹简，收录有《尹至》《尹诰》《程寤》《保训》《耆夜》《金縢》《皇门》《祭公》和《楚居》共 9 篇简文。相关专家将《尹诰》一篇与传世《古文尚书》中《咸有一德》的内容对比后认为，"清华简"《尹诰》属于秦始皇焚书之前真正的《尹诰》写本，而传世的《古文尚书》中《咸有一德》篇与之没有任何共同之处。参见清华大学出土文献研究与保护中心编《清华大学藏战国竹简（壹）》，中西书局 2011 年版，第 4 页。

② 《十三经注疏·尚书正义》，上海古籍出版社 1997 年版，第 115 页。

③ 28 篇包括《虞书》（2 篇）：《尧典》《皋陶谟》；《夏书》（2 篇）：《禹贡》《甘誓》；《商书》（5 篇）：《汤誓》《盘庚》《高宗肜日》《西伯戡黎》和《微子》；《周书》（19 篇）：《牧誓》《洪范》《金縢》《大诰》《康诰》《酒诰》《梓材》《召诰》《洛诰》《多士》《无逸》《君奭》《复方》《立政》《顾命》《费誓》《吕刑》《文侯之命》《秦誓》。

④ 《小雅》中另有 6 篇笙诗，即《南陔》《白华》《华黍》《由康》《崇伍》《由仪》，皆有目无词。可能是笙诗曲词无词，也可能是失传了。故不计在内。

以"诗三百"的最初编纂者可能是周乐宫的太师。据《汉书》载，古代采诗的程序是"行人振木铎徇于路，以采诗，献之太师，比其音律，以闻于天子"①，目的是"王者所以观风俗，知得失，自考正也"②。这样，经由"行人"（即采诗官）采集而来的一些形式、不同字句声韵不一的诗，便在太师"比其音律"（如调整韵脚句式，易土语为雅言）的过程中成为整齐划一的诗篇。相传孔子曾删《诗》，如《史记·孔子世家》载："古者《诗》三千余篇，及至孔子，去其重，取可施于礼义，上采契、后稷，中述殷、周之盛，至幽、厉之缺。三百五篇孔子皆弦歌之，以求合《韶》《武》《雅》《颂》之音。"③ 这件事虽历代都有人怀疑，但因《史记》的权威性，大多还是崇信依附。

《诗经》在内容上分为"风""雅""颂"三类。其中，"风"指十五国风，即 15 个地方的民歌，基本上依地区划分以地名为标志，凡 160 篇。包括"周南"（11 篇）、"召南"（14 篇）、"邶风"（19 篇）、"鄘风"（10 篇）、"卫风"（10 篇）、"王风"（10 篇）、"郑风"（21 篇）、"齐风"（11 篇）、"魏风"（7 篇）、"唐风"（10 篇）、"秦风"（10 篇）、"陈风"（10 篇）、"桧风"（4 篇）、"曹风"（4 篇）、"豳风"（7 篇）。"雅"指正声雅乐，是西周王畿境内的乐歌。包括"大雅"（31 篇）和"小雅"（74 篇），凡 105 篇。《诗大序》释云："雅者，正也，言王政之所由废兴也。政有小大，故有《小雅》焉，有《大雅》焉。"④"颂"是祭祀鬼神的祭乐和赞美功德的颂歌。《诗大序》释为"美盛德之形容"，包括"周颂"（31 篇）、"鲁颂"（4 篇）、"商颂"（5 篇），凡 40 篇。就整体而言，《诗经》是周王朝由盛而衰 500 年间中国社会生活面貌的形象反映。

---

① （汉）班固：《汉书》，中华书局 1962 年版，第 1123 页。
② （汉）班固：《汉书》，中华书局 1962 年版，第 1708 页。
③ （汉）司马迁：《史记》，中华书局 1959 年版，第 1936 页。
④ 《十三经注疏·毛诗正义》，上海古籍出版社 1997 年版，第 272 页。

汉代作为《诗经》学奠基时期，有鲁、齐、韩、毛"四家诗"行于世。《鲁诗》为鲁人申培所传；《齐诗》为齐人辕固所传；《韩诗》为燕人韩婴所传；《毛诗》为鲁人毛亨、赵人毛苌所传。前三家为今文经学，西汉时立学官，置博士。毛诗为古文经学，未得立学官，但影响极大。魏晋以后，三家诗逐渐亡佚，毛诗独传通行。

4. 神化之《易》

《易》又名《周易》《易经》。今传本《周易》包括《经》和《传》两个部分。《经》和《传》原先是分别单行的，流传中的《传》被附于《经》后，时间既久，就成为"经"的一个重要组成部分。

《经》主要由六十四卦和三百八十六爻及其卦爻辞（包括乾卦"用九"，坤卦"用六"）构成，分作上下两篇，上篇三十卦，下篇三十四卦。《易经》的卦爻用"—"和"--"两个基本符号组成。编纂时，这两个符号（乾坤两卦各选其一除外）按不同顺序自下向上排列成六行，叫作六爻，自成一卦。任何一卦中，只要一爻发生变化，就变成了另一卦。六十四卦和三百八十六爻各有文字说明，即卦辞、爻辞，作为占卜之用。为方便称引，六十四卦卦名皆从卦、爻辞中略取一二字以做标识，约定俗成固定下来后，就是所谓卦象。卦象以是否引起上下交感发生易位变化而判断吉凶，其"占卜方式不同于龟卜，还包含着丰富的礼乐教化思想，尤其是其观象取义、吉凶相生、原始反终等思维方式和观念，对中国传统文化有着很大的影响"①。

《传》包含解释卦辞和爻辞的《彖》上、《彖》下、《象》上、《象》下、《文言》、《系辞》上、《系辞》下、《说卦》《序卦》《杂卦》，凡 10 篇，亦称"大传"或"十翼"，相传为孔子所撰。《彖》《象》根据卦象爻位

---

① 过常宝：《制礼作乐与西周文献的生成》，中国社会科学出版社 2015 年版，第 175 页。

解释卦爻辞；《文言》广采众说，专释乾、坤两卦；《系辞》内容较为纷杂，或通论全书大义，或专论乾、坤两卦，或杂论各卦爻辞，或专释易学术语；《说卦》前半部分记述解说八卦方位，后半部分解释阐述卦象；《序卦》分梳六十四卦的卦序原理及其属性意义；《杂卦》杂述各卦关系及其卦义歌诀，兼作文字训诂。

5. 道义之《春秋》

《春秋》原有通名和专名，通名指先秦时代各国的编年史，因为每年记上春夏秋冬四季，所以省称"春秋"；专名指孔子根据鲁国《春秋》加以修订的《春秋》。今传《春秋》是我国现存第一部编年体史书，它记述了上自鲁隐公元年下迄鲁哀公十四年(历隐、桓、庄、闵、僖、文、宣、成、襄、昭、定、哀十二公) 凡二百四十二年的历史。语言精练，文字简质，包括征战、会盟、朝聘、婚丧、祭祀、灾异等。后人因之将这一时期称为"春秋时代"。

相传孔子笔削《春秋》，寓褒贬，别善恶，强调微言大义，旨在弘扬礼制观念。后世儒家尊之为经，并将传授者的解释或补充之作称之为传，史称"春秋三传"。其中，《左传》以史料翔实、文辞优美著称，为记事之传，属古文经。《公羊传》《谷梁传》以训诂释义为后人称道，为解经之传，属今文经。"三传"释经虽各有侧重，但都对《春秋》的记事原则、用字体例以及言外之意作了归纳解说。诚如皮锡瑞《春秋通论》所说："《春秋》有大义有微言，大义在诛乱臣贼子，微言在为后王立法。惟《公羊》兼传大义微言，《谷梁》不传微言但传大义。《左传》并不传义，特以记事详陈，有可以证《春秋》之义者，故三传并行不废"①。

《左传》相传为与孔子同时的鲁太史左丘明所作。据司马迁载，孔子作《春秋》后，曾向弟子们口授微言大义。因未形成统一的书面解

---

① （清）皮锡瑞：《经学通论》，中华书局 1954 年版，第 280 页。

释文字，"鲁君子左丘明惧弟子人人异端，各安其意，失其真，故因孔子史记具论其语，成《左氏春秋》"①。班固亦言："丘明恐弟子各安其意，以失其真，故论本事而作传，明夫子不以空言说经也。"②《左传》虽只叙史事，不解经义，但仿《春秋》体例，以其十余倍的篇幅，记载了春秋时各国政治、经济、军事、外交和文化各方面的重要事件和重要人物，是研究中国夏、商、周时期的重要史料。

《公羊传》相传为子夏弟子公羊高所撰。据徐彦《春秋公羊传疏》引《戴宏序》云，《公羊传》或由子夏弟子战国齐人公羊高首创之后，经公羊氏历代子孙和历代儒生口耳相传，不断增益补充，至汉景帝时正式记录成书。《公羊传》专为解释《春秋》而作，全书以自问自答的问答体逐字逐句地解说《春秋》经文之"微言大义"，是理解《春秋》字义、研究先秦至汉间名物和礼仪制度的重要资料。

《谷梁传》相传为子夏弟子谷梁赤所撰，与《公羊传》的传授相似，《谷梁传》或由谷梁赤在战国初期首创之后，在数百年口耳相传中，经历代儒生不断增益补充，至汉初正式记录成书，时间大体与《公羊传》同时或略晚。《谷梁传》亦专释《春秋》经义，其起讫年代、解经体例虽与《公羊传》相近，但持论审慎平正，思想略显芜杂，对了解战国、秦汉之际的儒家思想具有重要的参考价值。

（二）"四书"元典

四书即《大学》《中庸》《论语》《孟子》，又称《四子书》或《四子》。南宋光宗绍熙元年（1190），著名理学家朱熹在福建漳州将其汇集成一套经书——《四书章句集注》刊刻问世。并告诫学人以循序渐进的方法

---

① （汉）司马迁：《史记》，中华书局1959年版，第509—510页。
② （汉）班固：《汉书》，中华书局1962年版，第1715页。

研习："先读《大学》，以定其规模；次读《论语》，以定其根本；次读《孟子》，以观其发越；次读《中庸》，以求古人之微妙处。"① 自此，儒家元典由"五经"系统过渡到"四书"系统。

《大学》原为《小戴礼记》的第四十二篇，相传为孔子弟子曾参所作，实为秦汉时儒家作品。《礼记》在唐代正式升格为"经"，但《大学》未能受到足够的重视。直至二程、朱熹竭力尊崇，才最终列为"四书"之一。《大学》受到宋儒重视的重要原因在于，该书提出"三纲领""八条目"的修己之道，不仅契合了唐宋儒学转型后的学术潮流，也符合宋儒倡导的由"内圣"开出"外王"的人生追求。

《中庸》原为《小戴礼记》的第三十一篇，相传为孔子弟子子思所作。其内容涉及为人处世、德行标准、学习方式诸多方面，肯定"中庸"是大道的最高境界和德行的最高标准，将"诚"看作世界的本体，认为"尊德性"和"道学问"是"至诚"的两种重要途径，并提出"博学之，审问之，慎思之，明辨之，笃行之"的学习方式和认知方法。宋代从《礼记》中抽出，成为"四书"之一。

《论语》为语录体著作，一般认为，《论语》由孔子弟子及再传弟子编纂而成，战国初期成书，凡20篇492章。主要记录孔子及其弟子的言行，是孔子政治主张、伦理思想、道德观念及教育原则的集中体现和重要载体。《论语》在古代有三个版本，包括《古论》《鲁论》和《齐论》。现在通行的《论语》是由《鲁论》和《古论》整理而成的版本。2015年发现的海昏侯刘贺及其夫人的合葬墓中疑有或为《齐论》的竹简，将成为推动《论语》研究的重要资料。

《孟子》是记录孟轲言行的一部著作，也是儒家重要经典之一。《孟

011

---

① （宋）黎靖德编，王星贤点校：《朱子语类》卷十四，中华书局1986年版，第249页。

子》一书的作者历来有三种说法：其一，《孟子》是孟轲自己所著；其二，《孟子》一书是孟轲死后他的门弟子万章、公孙丑等人共同记述的；其三，《孟子》一书是孟子和其门徒共同著述的，如司马迁《孟子荀卿列传》云："退而与万章之徒序《诗》《书》，述仲尼之意，作《孟子》七篇。"①现代学界多认为《孟子》应为孟子晚年退居时，由孟子及其弟子共同完成。受疑古思潮的影响，20世纪以来曾有学者怀疑思孟学派的可靠性。但1993年湖北郭店楚墓竹简和1994年上博简的出现，均为现代学界提供了关于孔门七十弟子及其门人的新证据。而《五行》《性自命出》等篇章的问世，不仅有力地证明了子思与孟子之间的学术联系性，还使"宋儒追慕崇尚的思孟一派儒学的流传线索重新凸显了出来"②。

二、儒家思想研究范式举隅

儒家思想作为中国传统社会的主流意识形态话语，虽几经起伏，却始终展现出旺盛的生命活力。如按照理论阐述模式，可以分为原始儒学、汉唐儒学、宋明儒学、清代朴学和20世纪新儒学等；按照价值诉求指向，可分为内圣之学和外王学；按照理论言说方式，可分为训诂之学和义理之学……综观各种分类方式，儒家思想研究（包括儒家文化元典研究）都取得了丰硕成果，并形成了较为稳定的研究范式。其中，较具代表性的有：

（一）经义至上

儒家文化元典诞生于轴心期，后随儒家思想在汉代被确立为官学，

① （汉）司马迁：《史记》，中华书局1959年版，第2343页。
② 李学勤：《重写学术史》，河北教育出版社2002年版，第115页。

促成了儒学从民间学术形态向官方意识形态的飞跃。这一转变深刻地影响了汉代学术形态的发展，最为直接的表现形式是独尊儒家经书、神化圣人的思维惯性和学术传统的形成。据《汉书》记载光武帝曾下令儒臣删《五经》章句为太子读本，桓荣更是将《尚书》由 40 万字删到 23 万字，桓郁再减为 12 万字。正所谓"幼童而守一艺，白首而后能言"①。历经两汉四百余年的发展，儒生围绕儒家文化元典的阐发已然形成依经立义表述方式为载体、崇尚经义阐释内涵为内核的学术传统。他们或作引经据典式的词义界定，或作断章取义式的语料排比，或作微言大义式的静态阐释，逐步形成经义至上的儒家文化元典研究模式。这一模式在此后两千年的发展中虽时有起伏，却始终是儒家文化元典研究不可或缺的研究途径之一。

不过，当代学者在延承经义至上研究模式时，尚存在着一定的误区，如阐释者较少能站在现代文明的高度去深入分析元典关键词在现代社会（包括主流文化和民间话语）中的转义、变异和更生，也较少能客观把握元典关键词这种再生性所折射出的传统与现代、东方与西方的冲突及融合。此种不足在一定程度上遮蔽了儒家文化元典的思想光芒，需要适度加以调整。在这一方面，中唐出现的新春秋学派以"尊经重义"为旗帜做出了重大贡献，倒是一个值得借鉴的范例。这一变革最为深远的影响是为唐宋儒学转型埋下的"伏笔"，进而促成了"华夏民族之文化，历数千载之演进，造极于赵宋之世"②的文化盛景。今日进行儒家文化元典关键词研究，虽不敢希冀于陈寅恪先生所论"造极于赵宋之世"的辉煌，唯望能为新时代中国特色社会主义文化的建构略尽绵薄之力。

---

① （汉）班固:《汉书》，中华书局 1962 年版，第 1723 页。

② 邓广铭:《邓广铭宋史职官志考证序》，《邓广铭全集》卷九，河北教育出版社 2003 年版，第 226 页。

（二）中西融汇

现代新儒家的出现是中国传统文化在遭遇西方文化强势冲击之后，本位文化觉醒同时所展现的文化守成主义的一种反映。不过，"文化守成主义并非是中国的特产或土产，并非我们一国的文化现象，而是国际文化现象。伴随着现代化由西方向全世界推进，每个地区、每个民族的现代过程几乎都变为对西欧近代文化的普遍价值既吸收又排拒的双向对流过程。西方和非西方皆出现了形式上反现代化而在实际上成为促使各民族文化现代化的一个重要方面军——以认同、回归民族文化传统为特点，表面上排拒，实际上吸纳西方近代文化的某些重要价值的文化思潮"①。这一时代背景促成了20世纪三代新儒家学者②独特的研究立场，落实到新儒家的儒家文化元典研究则表现为以新道统学说为载体的"开出"说。

自熊十力开始的新儒家均表现出强烈的道统意识，但他们既不重视传道世系的建构，也没有"传心"之说，"而是以对'心性'的理解和体认来判断历史上的儒者是否见得'道体'"③。因此，我们在第一、二代新儒家的著作中仍可大量见到关于"心""性""道体"等传统儒学命题

---

① 郭齐勇：《现当代新儒学思潮研究》，人民出版社2017年版，第2页。

② 学界大致认为可以纳入到现代儒家序列的学者有：第一代第一群：梁漱溟（1893—1988）、熊十力（1885—1968）、马一浮（1883—1976）、张君劢（1887—1969）。第一代第二群：冯友兰（1895—1990）、贺麟（1902—1992）、钱穆（1895—1990）、方东美（1899—1977）。第二代第三群：唐君毅（1909—1978）、牟宗三（1909—1995）、徐复观（1903—1982）。第三代第四群：余英时（1930— ）、刘述先（1934—2016）、成中英（1935— ）、杜维明（1940— ）。参见郭齐勇：《现当代新儒学思潮研究》，人民出版社2017年版，第11—12页。

③ ［美］余英时：《钱穆与新儒家》，《现代危机与思想人物》，生活·读书·新知三联书店2012年版，第548页。

的讨论，但其学说的指向性已经发生了偏离。他们追求的不再是由"内圣"而至"外王"的道德体认之路，而是希望由"道统"开出"政统"，由老"内圣"开出新"外王"。"新儒家的两个'开出'说事实上是为了安顿'民主'与'科学'的主张，因为这种单纯'西化'的主张使中国文化在现代转化中完全失去了作用。"①新儒家的学者们延续的是康有为、谭嗣同等人以打通儒学与西方思想联系的思考模式，基于"开出"说的定位，儒家传统的"内圣"思想成为新儒家学说的价值依据。他们根据康德的本体界、现象界的划分方式适度加以变换，成为"内圣"与"外王"得以区分的依据。同时，他们还借鉴了黑格尔的"精神"客观化来强化"内圣"的客观性价值。

新儒家的儒家文化元典研究为儒家思想保存了一份来自人文科学研究领域的存身之所，使其在中西方学术界都有所延续、有所发展，但未能在古老的传统与当下的社会现实需求之间建立起一种有效的沟通。单纯从这一角度来说，无论是西方汉学界视儒学为"游魂"或"木乃伊"的研究，还是新儒家试图由"老内圣"通往"新外王"的努力，都无法为儒家文化在未来的发展指明前进的方向。我们需要找寻到一种既能昭示儒家文化元典发展脉络、又能展现儒家文化元典未来价值的研究方法。

（三）以西释中

自 20 世纪初引入西方哲学，并在中国高等教育体系中确立中国哲学专业，以哲学的视角审视儒家文化元典，就成为很多研究者的首选。不仅从事哲学研究的专业学者习惯于此种方式，即使是普通大众和其

---

① ［美］余英时：《钱穆与新儒家》，《现代危机与思想人物》，生活·读书·新知三联书店 2012 年版，第 557—558 页。

他人文社会科学研究者也热衷于从哲学视角理解儒学。不过，需要说明的是，所谓中国哲学并非是说中国自古以来就有一套与西方的"Philosophy"保持一致的思想传统，今日之中国哲学更多是以西方哲学的概念、术语、范畴切割传统思想的产物。如冯友兰先生，他在《中国哲学史》一书开篇即写道："哲学本一西洋名词，今欲讲中国哲学史，其主要工作之一，即就中国历史上各种学问中，将其可以西洋所谓哲学名之者，选出而叙述之。"① 而他的《中国哲学史》也是按照西方哲学宇宙论、人生论、知识论的结构来书写的，比如他在探讨宋代仁学思想时未曾就程颐展开讨论，即为明证。其后的《中国哲学简史》更进一步将他撰写哲学史的指导思想表述为："根据中国哲学的传统，哲学的功能不是为了增进正面的知识（我所说的正面知识是指对客观事物的信息），而是为了提高人的心灵，超越现实的世界，体验高于道德的价值。"② 冯先生对中国哲学的界定虽点明了以儒家为代表的中国哲学思想形而上的意义，却忽略了所谓中国哲学诞生的现实土壤。因为孔子所谓"孝悌为本，仁义内在"不仅是对儒者修身之道的论述，其背后更隐藏着"天下有道则现"的现实关怀，二者实为一体二面的存在，未可轻言废弃。再如侯外庐先生，他在《宋明理学史》的序中写道："宋明理学是封建社会后期的统治思想，'性与天道'是理学讨论的中心内容，这是哲学问题，同时也涉及政治、教育、道德、史学、宗教等许多内容。"③ 侯先生从马克思主义唯物主义哲学的高度详细分析了宋明理学的生发过程，对其义理精微处的分析，常令后学有醍醐灌顶之感。但宋明理学的建构不仅在于服务于正统皇权，也是儒者应对"儒门淡泊，收拾不住，尽归释氏"的思想残破，以援释道入儒的思想创新，对于汉民族本位文化

---

① 冯友兰：《中国哲学史》上册，商务印书馆 2001 年版，第 1 页。
② 冯友兰：《中国哲学简史》，天津社会科学院出版社 2007 年版，第 9 页。
③ 侯外庐：《宋明理学史》，中国社会科学出版社 1984 年版，第 1 页。

的复兴颇有贡献。

总的来说，以西方哲学的视野审视儒家文化元典虽有大量成果问世，却存在一个难以克服的问题——"这个体系的所有层面和板块主要是西方的，包括所有的研究范型、理论工具、方法路径、设计旨趣等，基本上是一种全盘性的横向移植。"① 因此，"以西释中"的阐释模式存在两个问题：其一，缺乏基于对中国国情、中国文化特质的"同情之理解"，虽有十分深刻的分析，但在细节上常会有龃龉不合之处；其二，难以与中国社会未来的发展产生共鸣的长效机制。有鉴于此，我们希望从中国自身的文化传统和社会需要着眼，努力寻找到一条不盲从于西方，又符合中国自身的道路。西方学者也意识到这一问题，如美国著名汉学家包弼德先生就明确指出："目前中国的发展，在借鉴世界先进技术与文化的同时，更应着眼于自己的历史和文化……中国历史上许多思想家关于社会制度、政治、经济、文化以及如何改善人类福祉的看法，对于今天的中国和世界仍然具有借鉴意义。"② 由此可见，在经历了20世纪百年的"以西释中"模式的探索之后，回归中国文化本土语境是当下学术研究的必然选择。

（四）超旧求新

思想史研究也是20世纪以来重要的研究范式之一。中国学术界采用思想史研究范式的历史可以追溯至1918年，傅斯年在写给蔡元培的信中指出中国"本没有所谓哲学"③。受其影响，胡适也在1929年表示要

---

① 王学典：《把中国"中国化"——人文社会科学的近期走向》，人民出版社2017年版，第2页。

② 张海：《以史为桥，沟通哈佛与中国——访哈佛大学副教务长包弼德教授》，《华中科技大学学报》（社会科学版）2016年第4期。

③ 傅斯年：《傅斯年选集》第三册，台北文星书店1967年版，第423页。

将《中国哲学史大纲》改为"中国思想史"。此后，唐君毅先生也指出："哲学之名，本中土所未有，如昔所说道术、理学、心学、玄学之名，与西方所谓哲学意义均不同。"[①]20 世纪初的研究者已然意识到哲学史的名称不足以涵盖中国传统学术，才主张要以"思想史"取代"哲学史"，但很多学者并未能在自己的研究中有效地贯彻这一理念。因此，直到 1935 年出版的荣肇祖撰写的《中国思想史参考资料》和 1940 年向达翻译的《社会科学史纲要》，思想史研究才算是正式进入中国学术界。当时的学者们认为，思想史的研究是"序述各时代思想的体系、派别，及其演化的进程"[②]。其后的思想史研究未能取得较大突破，直至 20 世纪 90 年代。

思想史研究范式较具代表性的成果是侯外庐先生的《中国思想通史》和葛兆光的《中国思想史》。侯先生在《中国思想通史》第一卷的序言中写道："斯书更特重各时代学人的逻辑方法之研究，以期追踪他们的理性运动的轨迹，发现他们的学术具体的道路，更由他们剪裁或修补所依据的思想方法，寻求他们的社会意识以及世界认识。"[③]根据侯先生的论述，他试图将逻辑方法、理性思考、借鉴的学术思想和历史上学者所处时代的社会意识、世界认识都纳入其中，旨在构建一种超越哲学的新的学术体系。然而，在看似宏大的学术视野之下，其内在的疏离却十分明显。正如葛兆光先生所说："思想史真的可以包容哲学、意识形态、逻辑学说乃至政治、法律、科学的一个'大历史'吗？"[④]答案自然是否

---

① 唐君毅：《略论作中国哲学史应持之态度及分期》，《中国思想史方法论文选集》，台北大林出版社 1981 年版，第 109 页。

② 蔡尚思：《中国思想史研究法》，商务印书馆 1939 年版，第 1 页。

③ 侯外庐：《中国思想通史》第一卷《古代思想编》卷首，新知书店 1947 年版，第 1 页。

④ 葛兆光：《思想史的写法》，《中国思想史·导论》，复旦大学出版社 2015 年版，第 6 页。

定的，思想史自有其相对稳定的研究对象、研究方法。其重点在于一般知识、思想与信仰，因而思想史的研究就要凸显孕育、影响和制约前述三者的复杂因素，通过不断剥离后世学者赋予某一个概念、观点、流派身上的神秘感，来回到其诞生的最初语境。

海外汉学界亦有类似的研究方法，代表性著作有余英时的《朱熹的历史世界》和他的学生田浩完成的《朱熹的思维世界》。前者多被认为是关于宋代文化史与政治史的综合研究，实则是以文化与政治的互动为管锥，探索宋代儒学复兴的进程，特别针对宋代士大夫阶层围绕政治改革展开的学术话语建构和话语权力建构之间的深层次结构关系。而《朱熹的思维世界》表面上看是从陈亮、朱熹二人的文书往来、观点争鸣中讨论，实则是在哲学与文化的互动中采取了思想史的研究进路。此外，金观涛、刘青峰完成的《兴盛的危机》《开放中的变迁》和《中国现代思想的起源》（第一卷）、汪晖早年出版的《现代中国思想的兴起》等，虽不是直接针对儒家思想或儒家文化元典的研究著作，但他们所采用的计量分析、知识与制度之间互动关系的研究方法，却在很大程度上促进了当代儒家文化元典研究视野的开拓。

思想史研究提供给儒家文化元典研究的是来自其他领域学者"隔岸观火"的真知灼见，其符合儒家文化元典诞生语境的阐释和促进儒家文化元典研究视野不断拓展的功能，理应得到肯定。但思想史研究的关注焦点并不在儒家文化元典本身，我们需要的是一种既能开阔视野，又能收束研究范围的新方法。

有鉴于上述四种研究范式各有侧重及利弊，我们提出以"关键词"为入径方法来研讨儒家文化思想。在我们看来，轴心时代华夏文化和文明的精髓以"关键词"的方式生成并存活在各家各派的文化元典之中，这些"文化元典关键词"不仅创生出先秦时期中华文明的辉煌，而且成为秦汉以降中国文化的源头和轴心。历朝历代的文化在与异域文化冲突、对话、交流和融汇之际，在重建本土文明之时，都会自觉地重返文化元典，重返文化元典关键词。在今天这个全球化时代（或曰新轴心时代），中国文化同样面临与异域文化的冲突、对话、交流和融汇，面临对传统文化的重释和阐扬。所以我们主张用"关键词"方法整体性地研究轴心期中华文化元典，通过对中华文化元典关键词之词根性、坐标性和再生性的考察和阐释，为中华文化的现代传承与创新提供词语学依据，从而在关键词的特定领域昭明中华文明的文化底蕴、生命活力、民族精神和核心价值观，获取全球化时代与异域文化平等交流的话语权，提高并增强文化多元格局下中国文化的软实力及影响力。

三、儒家文化元典关键词考索

先秦各家之中，儒家最显。自孔子而下，孟子、荀子、子思、曾参等人均从不同层面建构儒家元典精神。自汉代"罢黜百家，独尊儒术"后，儒家元典确立了"经"的地位，遂成中国文化之主脉。儒家思想之发展，多由对先秦元典之阐发而来，程朱理学，阳明心学，清代汉学、宋学之争，均在此义上展开。儒家文化元典关键词承载了儒家文化的核心价值体系，儒家思想的历史演变通过对这些关键词进行阐释而得以展现，并对其产生影响。近代文化思想转型过程中，对儒家思想的批评、反思、利用、转化，也是通过对关键词的辨析被感知和被置于各种历史视域之中。所以儒家文化元典关键词研究以儒家文化元典为切入点，立足历史语境的分析，在考察儒家文化元典的核心关键词"仁""性""礼""乐""和"等生成、定型的基础上，从历时性角度出发，考辨其发展、演变的历史轨迹，并对其在近代转型过程中词义的转换和进入近代思想文化中的形态展开探讨，在历史演变的动态背景中把握儒家文化元典的精神内涵及其转换再生。

（一）"礼"的考索

从"礼"的发生来看，它起源于上古时期原始的宗教祭祀活动。《说文解字·示部》云："礼（禮），履也。所以事神致福也。从示，从豊，豊亦声。"首先，"礼"即"履"也，意指践履、行动，强调礼的践行性。《左传》孔疏云："《易》《尔雅》并训履为礼，是礼名由践履而生也。"其次，"从示""从豊"则是从字形分析的角度，将"礼"归结为以器行礼、祭神祈福的活动。因为"示，神事也。凡示之属皆从示。"（《说文解字·示部》）"豊，行礼之器也，从豆，象形。凡豊之属皆从豊。读与礼同。"（《说文解字·豊部》）王国维通过对甲骨卜辞"豊"字的考释，指出："此诸字皆象二玉在器之形。古者行礼以玉，故《说文》曰：'豊，行礼之器。'其说古矣……推之而奉神人之酒醴亦谓之醴，又推之而奉神人之事通谓之礼。"他认为"礼"字最早指以器皿盛两串玉献祭神灵，后来也兼指以酒献祭神灵，再后来指一切祭祀神灵之事。

《礼记》是战国至秦汉年间儒家学者解释说明经书《仪礼》的文章选集，是这一时期社会制度、礼仪风俗和人们观念的反映、继承和发展。《礼记·礼运》通过孔子之口十分详细地论述了"礼"的起源：

> 夫礼之初，始诸饮食，其燔黍捭豚，污尊而抔饮，蒉桴而土鼓，犹若可以致其敬于鬼神。

可见，"礼"与原始自然崇拜，与祭祀神灵的仪式之间的确有着密切的关系。远古先民们的祭祀仪式和行为就是最初的"礼"。故《大戴礼记·曾子天圆》说："神灵者，品物之本也，而礼乐仁义之祖也。"

值得注意的是，最初作为祭祀仪式的"礼"与后来成熟形态的"礼"存在很大差别。因为原始社会是"天下为公"的"大同"社会，没有阶级，只有等级。

《礼记》中所说"大道既隐，天下为家"的时代，正是夏商周时期。此时，中国第一次形成了比较完整的国家礼仪制度，提出了许多重要的礼仪概念和礼仪规范，确立了崇古重礼的文化传统。春秋战国时期，奴隶社会向封建社会转变，"礼崩乐坏"的哀叹和周公的"制礼作乐"其实是新旧礼仪冲突剧烈、社会礼仪制度发生变革的表征。此时，先秦诸子尤其儒家在"礼"的理论阐释和礼仪实践的规范化等方面做出了重大贡献，为此后封建社会礼制、礼仪的发展奠定了坚实的基础。对于"礼"的起源和发展，李宗桂先生有一段话足以总括："早在我国远古时代，礼就孕育于原始社会的风俗习惯之中。到了西周时期，周公制礼作乐，揭开了中国礼乐文明的序幕。后经儒家的丰富完善与历代统治者的倡导和推行，礼逐渐成为维护社会秩序的重要手段，礼治最终成为中国古代社会的治国方略。综观中国历史，礼作为约束人们思想和行为的重要准则和维持社会秩序的基本规范，不仅是中国传统文化的主体，而且成为华夏文明的标志。"①

上述从发生角度展开的分析，主要是针对"礼仪"，也即"礼"的仪式、风俗习惯而言的。这些形式存在于人们的生活中，同时也承载着"礼"的精神和内涵，也即"礼义"。那么，弄清了"礼"的起源问题，接下来就要追问"礼"的精神了。"礼"最主要的特性就在于规约，它对人们的思想、行为以及整个社会的运行起到了约束和指向的作用。孔子所谓"克己"（《论语·颜渊》）即是"礼"落实于个人的表现。无论是原始社会体现着人神关系、家庭伦理和社会伦理的"礼"还是后来阶级社会体现尊卑权力的"礼"都以约定俗成或规定的方式制约着人们的行为，调节着人的主观欲求与客观现实之间的矛盾，从而稳定社会秩

---

① 张自慧：《礼文化的价值与反思》，学林出版社 2008 年版，李宗桂序 1。

序，使社会长治久安、稳步发展。

"礼"之义理即礼之内涵和内在精神实质。如前所述，礼是一种内涵极为复杂、覆盖面极广的文化现象，包括礼仪、礼义、礼俗、礼制、礼器等多方面内容。由于礼仪、礼俗、礼制等都属于表现形式和外在形态，因此对"礼"之义理的分析重点应该放在属于内容和本质的"礼义"上。

礼最根本的特性源自它的基本功能——规约、节制。它通过对人们道德行为的规范、情感欲望的控制，让世间君臣父子、长幼尊卑、善恶美丑、男女内外、正邪雅俗、公私物我各有分别，使万事万物各行其是、有条不紊。人之生而有情有欲，然而情、欲作为人内在的主观意愿一旦听任本能地放纵，自然会产生不良的后果。因此，礼的节制功能就十分重要了。

礼的义理之三就是一个"义"。"义"又有二义：一曰宜，二曰理。首先，义即宜也，有合宜之意。在《左传》《荀子》《礼记》等著作中，"礼义"二字常连用，且出现频繁。如《左传·桓公二年》："义以出礼。"《左传·僖公二十八年》："礼以行义。"

因此，礼既要本于人情又要不为情所困，既要限制人非分的欲望又能保持和鼓励人的合理欲望。

（二）"仁"的考索

作为儒家文化元典关键词，"仁"是基于春秋乱世人伦失范、礼乐僭凌等现实问题而出现的。它以"敬天保民""敬德保民"为理论预设将自身与西周礼乐文化紧密联系在一起。在王纲解纽的春秋时代，"礼"与"仪"的分化和社会的动乱促使人们重新思考周初以来的"敬德保民"思想，为"仁"从"殊德"之一升华至"全德"之名开辟了道路。而孔子以因革损益的方式在改造礼乐制度的同时，也赋予了"仁"全新的内涵。一方面，以"孝悌为始，仁内义外"的理论建构赋予失去政治载体的礼乐制度全新的精神内核；另一方面，又在处理"仁"与"礼"的关系时着重强调"仁以为质，礼以为文"的原则，从而最终确立起由"礼"至"仁"的学术发展方向。而孔子身后的七十子、孟子、荀子则分别继承了孔子仁学思想的不同面向，在为后世儒学思想发展提供多个向度的同时，有效地提升了儒学的思辨性和理论性。

有汉一代，汉武帝"罢黜百家，独尊儒术"，儒家关键词"仁"也开启了理论再造的新篇章。董仲舒所建构的"以天为本"的宇宙论实则应理解为是在为"仁"服务，从某种意义上来说，以"天"释"仁"是理解董仲舒思想关钥所在。正如董仲舒本人所言："是故仁义制度之数，尽取之天。"① 这一思想是在继承孔孟儒学传统的基础上，突破孔孟从人自身论证"仁"之合理性依据的角度，在外部世界中开辟了一种全新的论证模式。同时又有效地避免陷入荀子采取"隆礼重法"思想所可能导致的法家倾向。换言之，董仲舒一方面以"天"的权威来强调"仁"（或者"义"）的权威；另一方面又"以仁安人，以义正我"的思路延续了孔子的忠恕之道，从而实现了在限制皇权与表达儒家批评立场之间的平衡。

此后，儒家"仁"学思想的发展由于"儒门淡泊"而走入低谷，直到中唐至北宋才迎来新的理论高潮。韩愈的"仁"学思想可以概括为"博爱之谓仁，行而宜之之谓义"。这一思想针对的是中唐以来政治制度失衡和价值伦理失范的现实，韩愈为求解决之道构建起上起二帝三王、下至孔孟的儒家道统序列，使得早期儒家思想中若隐若现的道统意识渐趋清晰明朗起来。基于道统序列的建构为目标，圣人的意义被定性为化生万物的"博爱"精神，世人则是依据圣人制定的原则，谨遵"行而宜之"

① （清）苏舆：《春秋繁露义证》，中华书局1992年版，第351页。

来指导自己在日常生活中的行为。韩愈的思考并未完全超越汉唐儒学的既有的理论模式，它对普通人与圣人之间关系的思考尚不及孟子、荀子。但韩愈的圣人观蕴涵宇宙生成论和万物化生论，与宋代儒学有相通之处。迨宋儒登上历史舞台为求解决之道，才最终选择在五经系统之外另觅以生命个体成德为主要内容的新儒学体系。

由于孟子开创的心性传统和佛教提供的话语资源，儒家"仁"学思想将在宋儒的手中迎来华丽的转身。宋儒构建的新儒学基于中唐以来藩镇割据、人伦失范、思想混乱、士人寡廉鲜耻的社会风气，以重塑名教、再振纲常为目标，落实为为了维护社会稳定的目的而大力发展儒家"仁义"思想。他们的工作主要从两个方面展开：其一，继承儒家"仁义"思想，确立以"天理"（或"理"）为最高原则的思想体系，同时批判性地继承佛道思想的思辨性哲学，特别是强调儒学道统序列传统和哲学理论体系的建构，让儒学从"五经"为中心过渡到以"四书"为中心。其二，以自建的儒学思想为依据针对佛道思想的流弊、政治改革中存在的问题、社会伦理失范的现实展开批评，努力建构以约束君权、批判朝纲不正为具体手段的干预措施，试图让新兴的儒学思想成为统领社会各阶层的理论武器。就其内部而言，大致可以分为两大线索：一者是从周敦颐、二程到朱熹的"仁理"之学，另一者是陆九渊到王阳明的"仁心"之学。

明亡清兴的社会剧变深刻刺激了儒家思想的发展。清代仁学思想最具代表性的学者是戴震和阮元。戴震在继承程朱理学的基础上，以解决程朱理学中儒家以经世为目标的现实关怀与内化道德为内容的理想型人格形态之间二元化结构矛盾的方式，开创了一套贯穿气化生生为本体、人道之生生诉求的新仁学思想。阮元以"相人偶"为基础论"仁"，又兼摄"相人偶"和"仁者人也"的内涵，是以音韵、考证为基础的学术方式来揭示"仁"中蕴藏的人际关系的伦理意义。而他认为"仁"与恭、宽、信、敏、惠有紧密联系，即所谓"兼五者之长行之天下，始可谓仁。比如此，始能爱其天下臣民也，又何疑于敬恕之非仁乎！"① 则充分展现了清代汉学家们以考据为基础探索儒学本源的学术功底。但我们也要看到，以音韵、训诂、考据为主要特征的汉学崛起，是明清易代之际儒学发展中最大的变化。清代汉学家们最初的目的在于"回向原典"②，却不幸滑入"婢作夫人"的误区中，"原来当作工具的考据注疏之学不自觉地变成目的。"③ 这一转变带来的结果是儒家思想中的超越意识极大弱化，"仁"作为最能彰显超越意识的形上本体地位极大地被削弱。如阮元以"相人偶"解释"仁"，仅是将"仁"视为人际关系的范式，最能说明问题。当然，这一结果的出现也不是一蹴而就的，而是与清代社会变迁影响下的学术发展相伴随的。

自明代中叶西方传教士进入中国，各种西方的器物、人物、文化和知识先后以不同的形式涌入，并缓慢渗透进中国既有的知识系统中。但这一进程在相当长的时间内并未产生较为明显的影响，这是因为中国五千年的文明史足以提供无尽的历史话语资源，并以漫长的历史中积淀的知识、思想及其所建构的信仰世界和现实政治体系支撑的制度世界为中国人提供来自精神和现实的依靠。这一进程落实到儒家"仁"学思想的发展，则细化为三个阶段："第一是必须接受关于知识的新地图，即世界上有另一种或多种绝不亚于中国文明的文明独立存在，第二是确认这些文明从'体'到'用'有着另一个全然不同于中国知识与思想的体系，第三是可能真的有放之四海而皆准的真理，而这一真理可能不一定

---

① （清）阮元：《揅经室集》，中华书局 1993 年版，第 180 页。
② ［美］余英时：《中国近代思想史上的胡适》，台北联经出版事业公司 1984 年版，第 79 页。
③ 张灏：《幽暗意识与民主传统》，新星出版社 2006 年版，第 57 页。

在中国。"①三个阶段的代表性人物依次是魏源、康有为、谭嗣同。他们以西方文化孕育的"自由、平等、民主、博爱"思想作为改造中国社会的参考标准，一方面深刻批评中国社会的诸多弊端，另一方面努力弥合传统文化与西方文化之间的差距。"仁"作为重要的桥梁之一，借由被赋予新内涵的方式在近代社会的历史变迁中获得一席之地。

（三）"性"的考索

儒家思想作为构建和塑造中华义化基本面貌的理论体系，"性"在其学术话语体系中也占有极为重要的地位。1993年湖北郭店楚简中《语丛二》《性自命出》等篇的出土，为学术界了解夫子罕言的"性"与"天道"提供了宝贵的资料，充分说明孟子与荀子围绕"性善""性恶"问题的不同立场有着来自儒学内部的力量基础。

《孟子·告子上》："食色，性也。"或许是世人对儒家学说中"性"一词最为熟悉的表述，但纵观先秦典籍就会发现"性"的内涵不止于此，它往往与"情"紧密联系在一起。"在先秦的许多思想家那里，'性'和'情'往往分得不是那么清楚的。"②先秦时期"情"与"性"的互用现象实则透露了早期先民对"性"的界定是建立在"情"基础上的，正如郭店楚简《语丛二》所说的"礼生于情"和《性自命出》篇的"情生于性"。而儒家学者对"性情"问题的关注不仅与春秋战国时期的社会动乱有关，也与轴心期思想界的整体状况有关。随着"礼乐征伐自诸侯出"的春秋战国时代的到来，学术思想的发展步入到了"百家争鸣"的新时代。此时中国社会中精英阶层的思想已悄然发生变化——殷商重鬼神的思想经由以周公等人的改造发展出明显的理性化特征。陈来先生将其总结为：

---

① 葛兆光：《中国思想史》第二卷，复旦大学出版社2015年版，第395页。

② 陈来：《荆门竹简之〈性自命出〉篇》，《郭店楚简研究》（《中国哲学》第二十辑），辽宁教育出版社1999年版，第305页。

"周人的至上观念'天'是一个比较理性化了的绝对存在，具有'伦理位格'，是调控世界的'理性实在。'"① 基于这一因素的客观存在，被后世儒家学者所津津乐道的周礼表现出了鲜明的社会规范意义，"是在整体上对生活方式的系统化和理性化"②。随着社会生产力水平的提高，以及周王室地位的降低，曾经对社会全体成员的行为方式、价值观念产生巨大影响力和塑造力的周礼走到了"礼崩乐坏"的境地。诸子们所共同要面对的是"人的主体性空前凸显，天地神灵便失去了制约人的行为的信仰力量"的时代。"而当作为制约人的行为的现实力量的礼法制度又礼崩乐坏的时候，人的情感世界的混乱无序、纵情泛滥就自在难免。"③这是社会的大不幸，却是诸子的大幸。孔子及其儒家学说正是在回答情欲何以治之的思考中建构起原始儒学的理论体系。

不过，需要说明的是，在《论语》一书中虽很难看到孔子对"性情"问题的分析，但我们认为，夫子并非不言"性"与"天道"，只是他论述的角度不同而已，并身体力行地完善了以"学"为基本手段的君子之"性"的培养模式。在孔子之后，"七十子"以"性自命出"、孟子以"性恶"、荀子以"性善"等不同主张，充分展现了先秦时期儒家性情学说的复杂性。《论语》中未能展开的"性"留给了"七十子"来完成，但长期以来关于"七十子"的构成、观点都缺乏足够的文献资料，直至1993 年湖北郭店 M1 号墓出土的竹简，为世人提供了孔门后学"七十子"的一些情况，这一问题才有所澄清。其中，《性自命出》篇围绕"性"的问题展开了较为深入的讨论。此后，"性情"问题的讨论主要由孟子、

① 陈来：《古代宗教与伦理——儒家思想的根源》（增订本），北京大学出版社 2017 年版，第 9 页。

② 陈来：《古代宗教与伦理——儒家思想的根源》（增订本），北京大学出版社 2017 年版，第 12 页。

③ 叶春青：《儒家性情思想》，西南交通大学出版社 2011 年版，第 52 页。

荀子来承担，而同一时期的墨家、道家、法家也在不同程度上涉及"性情"问题。但真正让儒家"性情"学说发扬光大，则要迨至中唐学者援释老思想入儒之后。

李翱率先在《复性书》中提出以回归人之本性的方式摒除欲望的遮蔽，以实现"圣人可学"的目标。李翱认为"情"将会引导人走向恶的未来，唯有"复性"才能实现"灭情"的目的。因此，他在《复性书》中将"反性"和"灭情"作为对立的两极，就是为了强调"灭情"和实现复归本性之间的内在联系。整体而言，"《复性书》的复性论体系以诚为本体，以性善论为主线，以探究人作恶的原因及复性归善的可能性及复性的方法为核心，以无思无虑、寂然不动的至诚回归诚明之境为复性的最高境界"①。此后，从北宋五子到道南学派，再到朱熹，儒家学者就是在释道学说的滋养中，以"天道"为本体，以格物、致知为入径，努力建构由"内圣"通往"外王"的新儒家。与此同时，从陆九渊到王阳明则发展了一套全新的儒家性情学说。在陆九渊与陆门学人看来，"本心"获证就是圣人之道的确证。因此，他们强调要直面生活，试图在现实生活的潇洒应对中使"本心"得到验证。而朱熹则在此添加了较为复杂的"持敬""渐习"的学理探索过程，最终导致了两派学术思想的根本分歧。

发展至明代，王阳明则在性情学说的基础上提出了"良知"说。按照王氏学说，本无所谓"正心"与"不正心"。因为心之本体都是天理的表现，而人之天性自然就是正的，是符合良知的。人所要做的就是让私欲不泛滥而已，而当人的"本己"受到私欲的影响或侵蚀，"良知"的价值才得到彰显。由此可见，儒家的"性情"思想在陆王心学的视域中发生了变化，特别是这一学说发展到王阳明之后，其内涵早已逾越了

029

---

① 韩丽华：《回归诚明——李翱〈复性书〉研究》，巴蜀书社2015年版，第16页。

程朱理学家们设定的方位。正如王氏本人所说："来书云：'夫子昨以良知为照心。窃谓良知，心之本体也。照心，人所用功，乃戒慎恐惧之心也，犹思也。而遂以戒慎恐惧为良知，何欤？'能戒慎恐惧者，是良知也。"①"照心"即是良知，能让人生发出戒慎恐惧之心，既指心之本体的内涵所在，也是化生万物的价值诉求。

迨至清代，儒家"性情"思想的发展直接受惠于儒学，后者前后历经清初实学、颜李学派、乾嘉学派、今文经学和晚清儒学五个阶段。清初实学力矫晚明学术风气，改空谈为实证，经世思想进一步发展，出现以颜元、李塨为代表的颜李学派，重点批判了宋明理学家强调"天命之性""气质之性"的学术倾向，但在儒家性情思想发展上并未有所突破，只是单纯地强调要回归孟子的"性善论"。乾嘉学派则延续了明末清初以来的实学倾向。其后兴起的今文经学中最具典范意义的是常州学派，它的出现是对乾嘉学派的一次反动，也未在儒家性情思想上取得明显成果。在新儒家出现以前，晚清儒家除强调自身守道之外，更为看重的是"辅世""借时"。特别是曾国藩提出的"中学为体，西学为用"深刻影响了当时的儒学思潮，但洋务派和维新派都没有在儒家性情思想的内涵上取得明显进展，这一项工作交给了新儒家们来完成。

儒家"性情"思想在现代迎来新的曙光，大体可概括为两个阶段：其一，"据于内圣，新开外王"，代表人物有梁漱溟、熊十力、马一浮。梁漱溟从儒家思想面对的冲击和中国人现实的生存境遇出发，强调人的情感意志是理解"性"的关键。熊十力吸纳佛教天台宗"性修不二"的思想，试图将儒家"继善成性"的主张与儒家学说相融合，最终凝练成为《新唯识论》中提出的在本体论前提下建构心性思想的新主张。马一

---

① （明）王阳明撰，邓艾民注：《传习录注疏》，上海古籍出版社 2012 年版，第 135 页。

浮则始终围绕为个人和民族寻找安身立命之道来完善儒家性情学说，他主张的"心统性情"即一切为心性本体的外化形态，是试图以道德主体来涵摄社会各类文化现象的学说。其二，"出入中西，返诸六经"，代表人物如牟宗三、徐复观。牟宗三上承陆王心学，通过借鉴西方哲学试图重建儒家心性学说。他从"心""性""道"实为一体的立场出发，强调"心"为万物之源，"性"非食色之性，"心"与"性"皆为道德的本心与道德实践之所以可能之先天根据。徐复观则以"人性论"为中心，实则是讨论中西文化冲突之下的文化价值。前述两派即都是新儒家的中坚力量，其影响力一直延续到 20 世纪 80 年代，一方面有效地促进了海外儒学、海外汉学的研究，另一方面，也为 20 世纪 80 年代后期至今的传统复兴热潮奠定了基础。

（四）"乐"的考索

乐是宇宙的谐和。而礼是"天下之大本"，乐是"天下之达道"，作为外部强制性规定的"礼"不过是一种本原，一种手段，一个前因，一种铺垫，而作为内部自发性生成的"乐"则只可能是一种目的，一种后果，一种归宿，一种享受。先王制礼作乐，就是为了万民和宁。这种礼乐合一的音乐观显然并非能够按照今天的眼光把它当作一种纯粹的音乐，而只能看作为一种在当时体制下的礼乐并行的音乐观。这种音乐观与儒家的主流正统地位是相符合的，也就是说与儒家的中和思想相一致。其中，"礼"即"中"，"乐"即"和"，一旦"礼乐齐备"则万事莫不中和。

《礼记·乐记》云：

> 凡音者，生于人心者也。乐者，通伦理者也。是故知声而不知音者，禽兽是也；知音而不知乐者，众庶是也。唯君子为能知乐。

伦，辈也。伦理即人与人相处的道德准则和行为规范。这段话意思是说一切音乐都产生于人的内心。乐是能够通伦理的东西。所以，只懂得声音不懂得音乐的，是禽兽。只懂得音乐而不懂得乐理的，是普通百姓。只有君子才懂得乐理。"乐者，通伦理者也"，高度概括了"乐"的功用——强大的政治意志与丰富的道德精神。如何通伦理，儒家的礼乐规范自有一整套体系、准则和运行机制。

关于乐的审美功能，《礼记·乐记》作为先秦儒学美学思想的集大成者，有比较深层的论述。它强调音乐给人们的愉悦感受是人类生活不可缺少的，如它认为："夫乐者，乐也，人情之所不能免也。""乐者，德之华也。"高度概括了音乐对于人的道德熏陶、品德修养教化的作用。音乐结合情感来以情动人、以情感人、以情化人的手段将充分调动受教者的积极性，提升其完美人格和健全人性。雅俗共赏，潜移默化，以音乐的神韵来感动人民。所以朱光潜先生说："音乐对于人的情感不仅能'发散'而且能'净化'，就因为它本身是和谐，对于人的心灵自然能产生和谐的影响。我们有听音乐经验的人都知道在凝神静听之后，全身筋肉脉搏都经过一番和谐的震荡，心灵仿佛在困倦之后洗过一回澡，汗垢尽去，血液畅通，有心旷神怡之乐。""音乐由感动至感化，因为它的和谐浸润到整个身心，成为固定的模型，习惯成为自然，身心的活动也就处处不违背和谐的原则。内心和谐则一切不和谐的卑鄙龌龊的念头自无从发生，表现于行动的也自从容中节。"[①]

音乐的审美功能——乐和，也称和乐，既有利于个人身心的健康，品德的培养，感情的愉悦，又能审乐知政，以利教化，于公于私，于国于家，均善莫大焉。可以说，和，既是乐的特性——由乐和而至和顺、

---

① 朱光潜：《朱光潜美学文集》第九卷，安徽教育出版社1993年版，第142、144页。

和亲、和敬，又是乐的境界——道德情感体验与审美愉悦体验的高度完美的结合，是儒家所追求的真善美的完美的和谐的统一；既是音乐的主要精神和主要内容，又是乐文化、音乐美学乃至文学艺术的基础与发生路径。

乐者，天地之和也。既是天地之间的谐和，又包含了乐的调和感情的作用。乐在"和"中开始生化，心物感应，人对现实客观事物的感动是产生音乐的前提与根本。只有人心能够感物，能够制作出美妙的音乐，因而音乐为人类所独占与独享。由于人心有所动，情动于中，就有了声、文、音的次第发生，其间反复强调的是音乐的表情达意的功能，因而，情为乐之显，音乐离不开感情，其本质就是表达人类丰富独特的思想感情；声音与感情具有高度的一致性。乐发生之后，还要通过种种手段使产生的"乐"能够达到乐以知政，乐以载道——即治心的功用——"审声以知音，审音以知乐，审乐以知政，而治道备矣。"这便构成了《礼记·乐记》的逻辑文本："乐"起于"和"，发于"物"，本于"心"，显为"情"，形于"声"，成为"文"，文成"音"，音为"乐"，务（服务）于"政"，评于"德"，宰于"君"，最后臻于"道"。臻于"道"者，心之治也。"治心"既是乐的机理的最终一个环节，也是乐的重要作用，是乐的归宿，是乐唤起人心向善人心向美的旷达情怀的重要手段。

乐之准则，简称"乐准"，即音乐的评价标准，也是文学艺术的评级标准。关于这些标准的看法的理论，就是"乐准论"。笔者根据五音之"五"将《礼记·乐记》所阐述的乐准论的主要准则确定为五个，姑且称之为"五则"：

一曰德。"德"是《礼记·乐记》艺术评价的圭臬。二曰和。"和"是《礼记·乐记》艺术评价的主要标准。三曰正。四曰诚。诚，也就是真。五曰味。乐可致味，滋味、兴味、余味、韵味等，味味引人入胜。

（五）"和"的考索

"和"文化及其深厚内涵在我国源远流长的传统文化中占据重要位置，无论是儒家还是道家思想，无论是自然范畴还是人本范畴，"和"都深深扎根并深刻影响着我国礼义文化的构建。在原始史料记载中，"和"的字义还并没有被纳入人本范畴而仅局限于自然事物的融合之意。我国古代最早关于"和"的说法大致有两种，即形容声音配合的"和"与形容食物调和的"和"，二者的共通之处在于事物的融合、配合，其后才逐渐发展出"和谐"之意。

和，首先是形容声音配合。在商周甲骨文和早期金文中的"和"字作"龢"（从龠，禾声），《说文解字》中指出形旁"龠"意为"乐之竹管，三孔以和众声也"，是我国古代一种"竹管""三孔"的编管吹奏乐器；"龠"加声旁"禾"组成"龢"，说文中释义为"调也"，"经传多借和为龢"。整字是形声兼会意字，表现了声音规律的配合与协调。《吕氏春秋·孝行》中有"正六律，和五音以悦耳，杂八音，养耳之道也"，其中的"六律"是十二律中黄钟、太簇、姑洗、蕤宾、夷则、亡射这六个阳律，有时也泛指音律，对于乐器标准有一定影响；"五声"是指宫、商、角、徵、羽这五个音阶，作为乐曲创作的元素，不同音阶也能够相互调和成悦耳的音乐；"八音"则是金、石、丝、竹、匏、土、革、木这八种不同材质制成的乐器，泛指古代乐器统称或乐器分类方法，也有说法认为"八音"即八卦之音。

其次是形容食物调和。"龢"是"和"的古体字，在古代金文中通"盉"，形声字（字从皿，从禾，禾亦声），《说文解字》中释"盉"为"调味也"，其本义是指古人用来调和酒、水的器具。声旁"禾"兼有五谷之义，下部形旁"皿"是盛器，所以"盉"指的是把五谷所酿成的酒放到容器里配比品尝。《尚书·说命下》中有"若作和羹，尔唯梅盐"。

从古到今，"和"都普遍存在于自然世界与人情社会之中，其实质是事物的矛盾统一。除了前文所说的形容声音配合的"声音之和"以及形容食物调和的"饮食之和"，其他范畴中还存在着许多内涵丰富的"和"文化与"和"思想，这些都是我国古人日常生活经验所得到的思想总结。儒家在人与人、人与自然的关系上提出了"和而不同"的论点，即使发展到今天，该思想对于构建中国特色社会主义和谐社会，推进世界各国的合作与发展多元化仍具有重要指导意义。

《国语·郑语》的记载中，西周太史史伯最先提出"和"与"同"这两个概念。时值西周正衰败之际，史伯从国家政治弊端着手分析西周存亡问题与天下大势，并上升至哲学领域，提出"和实生物，同则不继"的重要观点。史伯的"和同之辩"立足于"和"与"同"的实际意义与文化内涵，探讨其中的差异："和"是同质与异质的有机结合，自身包含差异与对立，因此能够不断发展生成新质，处于活跃生动的状态；而"同"是同质的机械结合，内在不包含异质的对立，缺乏创造与生成的能力。这一观点明确强调了"和实生物"与"同则不继"本质上的对立性，把和谐思想从自然与人事范畴提升到了哲学本体高度。

继史伯以后，齐相晏婴对哲学范畴的"和"进一步发展并针对"和同之辩"问题做出回答。齐侯问："和与同异乎？"时，晏婴用熬制羹汤和和谐五音的道理强调追求有差异的"和"的重要性，反映了朴素的辩证思想。"和"与"同"在哲学上是两个对立的概念，如果说"和"是辩证思想的体现，那"同"则是形而上思想的表现，"和"中有"同"，也有"不同"。

第三是自然法则之"和"。帝尧则天，是人类摆脱蒙昧的人间之始。上古乃至先秦时代，因为生产力极度不发达，文化科技十分薄弱，社会经济发展水平相对落后。人们对各种自然现象无法做出科学解释，往往把难以解释的自然现象的发生原因归结于超自然的力量比如鬼神的作用。这样，天，成为一种不可逾越的神圣的东西。重大事件需要占卜问天。正如《中庸》所云："仲尼祖述尧舜，宪章文武。"天人合一，则昭示人与自然的和谐关系。

形容声音配合的"和"能够在一定程度上从美学角度体现和谐思想，既能够表示乐器声音之间的和谐，也可以表示人在欣赏音乐时达到的心灵境界，即"天人合一"。《尚书·尧典》中记载："诗言志，歌永言，声依永，律和声，八音克谐，无相夺伦，神人以和"，反映出我国先秦时期将自然力量看作人类力量的对立，认为自然力能够超脱人界，是神的意志的体现，而音乐因其超脱世俗的神奇力量能够达到"神人以和"的效果，同时揭示出人与物质对象之间的异质同构关系。《左传·昭公二十年》中有："和如羹焉……清浊、大小、短长、疾徐、哀乐、刚柔、迟速、高下、出入、周疏、以相济也。君子听之，以平其心，心平德和"，这一文段说明音乐不仅自身要求和谐相济，而且还具有调和人心、使人心境平和的作用，与"神人以和"异曲同工。《国语·周语下》中乐官州鸠说道："夫政象乐，乐从和，和从平，声以和乐，律以平声……夫有平和之声，则有蕃殖之财。于是乎道之以中德，咏之以中音，德音不愆，以合神人，神是以宁，民是以听"，同样反映了"天人合一"的思想主题，认为音乐的和谐可以使神达到宁静平和状态，使人的诉求能够被神灵听到，使神与人能够和谐相处，国家太平。

最后是人道之"和"。在社会交往的问题上，孔子最先提出"和为贵"，把"和"作为化解人际冲突、实现"礼"治的重要手段，这里的"和"不仅包含人与人的交际关系，还包含群体与群体的交际关系。"和为贵"的人际关系强调人与人相互实施仁爱以实现人际和谐与人情社会稳定，同时也实现天下"必也使无讼乎"的状态；另一方面，孔子又以"克己复礼""正名"的思想针对阶级不同的社会群体强调礼制规范的遵守，致力于构建伦理关系和谐、政治等级严格的理想社会。孟子"老吾老以及人之老，幼吾幼以及人之幼"(《孟子·梁惠王下》)的思想同样表达了对理想社会关系的刻画，而且与孔子的大同之世在一定程度上有相似之处，重视仁义的作用，认为应该用仁义来处理人与人关系。荀子则针对群体作用提出"人，力不若牛，走不若马，而牛马为用，何也？曰：人能群，彼不能群也"(《荀子·王制篇》)用来强调团结的重要性，把群体作为人存在和发展的基础，把人与人之间的关系看作是互相扶持、合作的和谐关系。

在以中庸观念为思想指导的政治实践中，孔子提出"礼乐不兴则刑罚不中"(《论语·子路》)、"君子之行也，度于礼。施，取其厚；事，举其中；敛，从其薄"(《左传·哀公十一年》)，将礼乐制度与中庸思想联系起来，认为中庸的实现应当以"礼"为前提基础。具体探究中庸和礼制的关系，可以从政治制度、社会风气和人格特质等方面加以考察，在政治制度层面和精神特质方面加以考索。

第一章 原"礼"

中国素有"礼仪之邦"之称，华夏文明素称"礼乐文明"。从先秦的"六经"到宋代定型的"十三经"，从最初的《礼经》到后来的"三礼"(《周礼》《仪礼》《礼记》)，"礼"学之书在儒家元典中一直占有十分重要的地位。其中，《周礼》和《礼记》主要偏重于典章制度和礼节仪度的记载，而《礼记》则着重从学理层面阐释儒家的礼治思想。《三礼》皆由《礼》分而来，而《礼》则是开启"六经"的一把锁匙。清代礼学家凌廷堪《学古诗》云："儒者不明礼，六籍皆茫然。于此苟有得，自可通其全。"他认为《礼》之于"六经"，"如衣之有领，如官之有联"(《校礼堂诗集》)。不通"礼"，就不能通"六经"。由于儒家思想是中国传统文化的主体，儒学又以"六经"为核心，从这一意义上讲，"礼"就是了解儒家思想、了解中国传统文化的关键。

英国著名历史学家阿诺德·约瑟夫·汤因比 (Arnold Toynbee) 在其巨著《历史研究》中，吸收 P. 巴格比 (Bagby) 对"文化"所下的定义，认为文化是"一个社会成员内在和外在行为的规则"①。根据这个定义，在中国历史上长期作为社会成员内在和外在行为规则的"礼"，自

---

① ［英］阿诺德·汤因比：《历史研究》，刘北成、郭小凌译，上海人民出版社2005年版，第19页。

然就成为与中国文化内蕴几乎同等的概念。可以说，作为调整人们行为的重要准则和维持社会秩序的基本道德规范，"礼"不仅是中国传统文化的重要组成部分，而且成为中华民族独特的标志。选取最具中国文化特征的"礼"来进行寻根溯源的研究，能从中国文化的核心部位解读"礼仪之邦"的核心人文精神和价值追求。

第一节 "礼"之溯源与内涵

在古代中国社会，"礼"是个人修身立命的行为准则，也是治理国家的政治原则。上至王朝典章、国家制度，下至家族宗法、人伦物理，无出"礼"之范围。那么，面对内涵、如此丰富、外延如此广大的范畴，我们不禁要问："礼"从何而来，缘何而起？"礼"之为礼的基本依据又是什么呢？

一、夫礼，必本于大一："礼"之溯源

"源"有起源和根源二义，前者指事物的发生、开始；后者则意指事物产生发展的根源。因此，要追溯"礼"之源头，应当从发生学和根源两个层面展开。发生学意义的探源着眼于"礼"产生的历史事实；根源上的发掘则可以从根本上解决"礼"的内在根据和存在的必然性等基本问题。

从"礼"的发生来看，它起源于上古时期原始的宗教祭祀活动。《说文解字·示部》云："礼（禮），履也。所以事神致福也。从示，从豊，豊亦声。"首先，"礼"即"履"也，意指践履、行动，强调礼的践行性。《左传》孔疏云：《易》《尔雅》并训履为礼，是礼名由践履而生也。"

其次，"从示""从豊"则是从字形分析的角度，将"礼"归结为以器行礼、祭神祈福的活动。因为"示，神事也。凡示之属皆从示。"（《说文解字·示部》）"豊，行礼之器也，从豆，象形。凡豊之属皆从豊。读与礼同。"（《说文解字·豊部》）王国维通过对甲骨卜辞"豊"字的考释，指出："此诸字皆象二玉在器之形。古者行礼以玉，故《说文》曰：'豊，行礼之器。'其说古矣……推之而奉神人之酒醴亦谓之醴，又推之而奉神人之事通谓之礼。"他认为"礼"字最早指以器皿盛两串玉献祭神灵，后来也兼指以酒献祭神灵，再后来指一切祭祀神灵之事。[①] 郭沫若也持类似看法：

> 礼是后来的字，在金文里面我们偶尔看见有用豊字的，从字的结构上来说，是在一个器皿里面盛两串玉具以奉事于神。《盘庚》篇里面所说的"具乃贝玉"就是这个意思。大概礼之起，起于祀神，故其字后来从示，其后扩展而为对人，更其后扩展而为吉、凶、军、宾、嘉的各种仪制。这都是时代进展的成果。愈往后走，礼制便愈见浩繁，这是人文进化的必然趋势，不是一个人的力量可以把它呼唤得起来，也不是一个人的力量可以把它叱咤得回去的。[②]

因此，从字源角度的分析可以得出"礼"源于祭祀的结论。

《礼记》是战国至秦汉年间儒家学者解释说明经书《仪礼》的文章选集，是这一时期社会制度、礼仪风俗和人们观念的反映、继承和发展。《礼记·礼运》通过孔子之口十分详细地论述了"礼"的起源：

---

① 参见王国维：《观堂集林》第一册，中华书局 1999 年版，第 291 页。
② 郭沫若：《十批判书》，东方出版社 1996 年版，第 96 页。

夫礼之初，始诸饮食，其燔黍捭豚，污尊而抔饮，蒉桴而土鼓，犹若可以致其敬于鬼神。

故玄酒在室，醴醆在户，粢醍在堂，澄酒在下。陈其牺牲，备其鼎俎，列其琴、瑟、管、磬、钟、鼓，修其祝、嘏，以降上神与其先祖。以正君臣，以笃父子，以睦兄弟，以齐上下，夫妇有所，是谓承天之祜。

可见，"礼"与原始自然崇拜，与祭祀神灵的仪式之间的确有着密切的关系。远古先民们的祭祀仪式和行为就是最初的"礼"。故《大戴礼记·曾子天圆》说："神灵者，品物之本也，而礼乐仁义之祖也。"虽然这些祭祀活动其起始的目的和意义是"致其敬于鬼神"，最终却能起到"正君臣、笃父子、睦兄弟、齐上下、夫妇有所"的作用。《礼记》认为这一切均是承接上天的赐福，获得神灵的佑护。事实上，之所以有这样的作用，是因为宗教祭祀仪式所具有的公共性和集合性会对社会组织和人际关系产生影响。正如英国社会人类学家马林诺夫斯基所说："在原始社会以内，崇拜典礼所有的公共性质，宗教信仰与社会组织之间所有的交互影响，至少是与高等文化同样显著的。试看我们提到的各种宗教现象，便足以知道子女降生的礼，成童入世的礼，人死以后的丧礼、葬礼、悼伤、追慕、祭祀，以及图腾等礼，无一不是公共的，集合的；行礼的时候，常是影响了整个部落，集中了所有的精神气力。"[1] 正是通过这样的原始礼仪活动，社会成员获得了教育，生产、生活能按照民主、平等的社会秩序和规范有序进行。

值得注意的是，最初作为祭祀仪式的"礼"与后来成熟形态的"礼"

---

[1] ［英］马林诺夫斯基：《巫术科学宗教与神话》，李安宅译，中国民间文艺出版社1986年版，第37页。

存在很大差别。因为原始社会是"天下为公"的"大同"社会，没有阶级，只有等级。此时的"礼"只包含等级观念，这种等级不带有政治上的不平等和不民主性质。之后，随着生产力的发展，相对剩余产品的出现和不公平分配逐渐形成了人与人之间不平等的关系，阶级逐渐产生。进入阶级社会，礼在阶级对抗中曲折发展，或转化为权力的象征，或成为统治者对其他社会成员进行约束的重要手段。对此，沈文倬先生说："在一个阶级统治另一个阶级的社会里，统治阶级为了贯彻阶级意志、推行其政治设施来确保它所统治的社会的正常秩序，需要建立一些制度规程。在古代历史上，很大一部分制度规程就是礼……礼不是超现实的东西，无论哪一种礼典，其具体意识都是从统治阶级的现实生活中提炼出来的，只不过被加以装潢和粉饰，成为一幕幕庄严肃穆、令人敬畏的场面而已。"[1]可以说，礼制的确立是与阶级社会的出现同步的。《礼记·礼运》：

> 今大道既隐，天下为家，各亲其亲，各子其子，货力为己，大人世及以为礼。城郭沟池以为固，礼义以为纪；以正君臣，以笃父子，以睦兄弟，以和夫妇，以设制度，以立田里，以贤勇知，以功为己。故谋用是作，而兵由此起。禹、汤、文、武、成王、周公，由此其选也。此六君子者，未有不谨于礼者也。以着其义，以考其信，著有过，刑仁讲让，示民有常。如有不由此者，在势者去，众以为殃，是谓小康。

《礼记》中所说"大道既隐，天下为家"的时代，正是夏商周时期。此时，中国第一次形成了比较完整的国家礼仪制度，提出了许多重要的

---

① 沈文倬：《宗周礼乐文明考论》，浙江大学出版社1999年版，第4页。

礼仪概念和礼仪规范，确立了崇古重礼的文化传统。春秋战国时期，奴隶社会向封建社会转变，"礼崩乐坏"的哀叹和周公的"制礼作乐"其实是新旧礼仪冲突剧烈、社会礼仪制度发生变革的表征。此时，先秦诸子尤其儒家在"礼"的理论阐释和礼仪实践的规范化等方面做出了重大贡献，为此后封建社会礼制、礼仪的发展奠定了坚实的基础。对于"礼"的起源和发展，李宗桂先生有一段话足以总括："早在我国远古时代，礼就孕育于原始社会的风俗习惯之中。到了西周时期，周公制礼作乐，揭开了中国礼乐文明的序幕。后经儒家的丰富完善与历代统治者的倡导和推行，礼逐渐成为维护社会秩序的重要手段，礼治最终成为中国古代社会的治国方略。综观中国历史，礼作为约束人们思想和行为的重要准则和维持社会秩序的基本规范，不仅是中国传统文化的主体，而且成为华夏文明的标志。"①

　　上述从发生角度展开的分析，主要是针对"礼仪"，也即"礼"的仪式、风俗习惯而言的。这些形式存在于人们的生活中，同时也承载着"礼"的精神和内涵，也即"礼义"。那么，弄清了"礼"的起源问题，接下来就要追问"礼"的精神了。"礼"最主要的特性就在于规约，它对人们的思想、行为以及整个社会的运行起到了约束和指向的作用。孔子所谓"克己"（《论语·颜渊》）即是"礼"落实于个人的表现。无论是原始社会体现人神关系、家庭伦理和社会伦理的"礼"还是后来阶级社会体现尊卑权力的"礼"都以约定俗成或规定的方式制约人们的行为，调节人的主观欲求与客观现实之间的矛盾，从而稳定社会秩序，使社会长治久安、稳步发展。《荀子·礼论》就论述了"礼"在限制约束人的欲求方面的功能：

---

　　①　张自慧：《礼文化的价值与反思》，学林出版社 2008 年版，李宗桂序 1。

礼起于何也？曰：人生而有欲。欲而不得，则不能无求。求而无度量分界，则不能不争。争则乱，乱则穷。先王恶其乱也，故制礼义以分之，以养人之欲，给人之求；使欲必不穷乎物，物不必屈于欲，两者相持而长，是礼之所起也。

荀子认为，人生而有欲望，有欲望就有所求。但社会资源和财富是有限的，如果欲求没有限制就会产生矛盾和混乱，矛盾混乱多了社会就不能长治久安。于是圣人就制定礼仪以控制人的欲求，使合理适当的欲求得到满足，但又不让"欲"穷于物，不让物屈于"欲"。荀子的话固然有道理，但对于回答"礼"产生的根源和存在之依据却并非最完美的答案。应该说，作为人类行为的规范和准则，礼既顺应了人情、人性，反映了社会生活的客观现实，又渗透着人类的理性智慧，是一种文化的表现形式。归根结底，"礼"的产生、存在和发展其实是顺应了文明发展的需要。

二、礼也者，理也："礼"之义理

"礼"之义理即礼之内涵和内在精神实质。如前所述，礼是一种内涵极为复杂、覆盖面极广的文化现象，包括礼仪、礼义、礼俗、礼制、礼器等多方面内容。由于礼仪、礼俗、礼制等都属于表现形式和外在形态，因此对"礼"之义理的分析重点应该放在属于内容和本质的"礼义"上。对此，先秦典籍多有论述：

子曰："礼云礼云，玉帛云乎哉？乐云乐云，钟鼓云乎哉？"（《论语·阳货》）

公如晋，自郊劳至于赠贿，无失礼。晋侯谓女叔齐曰：

"鲁侯不亦善于礼乎？"对曰："鲁侯焉知礼！"公曰："何为？自郊劳至于赠贿，礼无违者，何故不知？"对曰："是仪也，不可谓礼。礼，所以守其国，行其政令，无失其民者也。今政令在家，不能取也；有子家羁，弗能用也；奸大国之盟，陵虐小国；利人之难，不知其私；公室四分，民食于他；思莫在公，不图其终；为国君，难将及身，不恤其所。礼之本末，将于此乎在？而屑屑焉习仪以亟。言善于礼，不亦远乎？"君子谓："叔侯于是乎知礼。"（《左传·昭公十五年》）

这两段材料都清晰地表现出对"礼"（礼义）和"仪"（礼仪）的区分。它们认为郊劳、赠馈、章服制度一类只是"礼"的表现形式而不是"礼"的根本，作为精神内核的"礼"（礼义）才是守国、行政、得民的原则和依据，体现时人对政治秩序的抽象的、哲理化的认识。《礼记·郊特牲》也表达了类似的观点："礼之所尊，尊其义也。失其义，陈其数，祝史之事也。故其数可陈也，其义难知也。知其义而敬守之，天子之所以治天下也。"《礼记》认为，"礼"有义和数之分，"义"指礼的精神实质、思想内涵，即礼义；"数"指仪式的陈设规模、程序行为，也即礼仪、礼制、礼器等。相对于"数"而言，"义"是最重要的，它是"礼"的价值和意义所在，但"数"易见而"义"难寻。即便如此我们还是要"知其义而敬守之"，如此方能使社会安定、天下太平。因此，廓清"礼"的内蕴十分必要。

（一）"礼"的义理之一："节"

礼最根本的特性源自它的基本功能——规约、节制。它通过对人们道德行为的规范、情感欲望的控制，让世间君臣父子、长幼尊卑、善恶美丑、男女内外、正邪雅俗、公私物我各有分别，使万事万物各行其是、有条不紊。人之生而有情有欲，然而情、欲作为人内在的主观意愿一旦听任本能的放纵，自然会产生不良的后果。因此，礼的节制功能就十分重要了。

儒家早已看到人之天性与物与礼乐之间的关系，看到人之情欲需要控制：

> 人生而静，天之性也。惑于物而动，性之欲也。物至知知，然后好恶形焉。好恶无节于内，知诱于外，不能反躬，天理灭矣。夫物之感人无穷，而人之好恶无节，则是物至而人化物也。人化物也者，灭天理而穷人欲者也。于是有悖逆诈伪之心，有淫泆作乱之事，是故强者胁弱，众者暴寡，知者诈愚，勇者苦怯，疾病不养，老幼孤独不得其所，此大乱之道也。是故先王之制礼乐，人为之节。衰麻哭泣，所以节丧纪也；钟鼓干戚，所以和安乐也；昏姻冠笄，所以别男女也；射乡食飨，所以正交接也。礼节民心，乐和民声，政以行之，刑以防之。礼乐刑政，四达而不悖，则王道备矣。（《礼记·乐记》）

人之天性为静，受外物的诱惑而产生欲望好恶。如果"好恶无节"，人就会为物所控制，欲望无限膨胀，天理由此而灭。于是，犯上作乱、欺诈虚伪之心生而骄纵淫逸、为非作乱之事起，最终导致天下大乱。解决问题的途径就在于制礼乐而节民心。这段材料一共用了五个"节"字，"节"之作为"礼"的重要作用不言而喻。除此之外，班固也在《汉书·礼乐志》中说："象天地，制礼乐，所以通神明、立人伦、正性情、节万事者也。"

由"礼"之节制可以进一步引申出"礼"的禁乱功能，前者是针对个人修养而言，后者则是从社会治理的角度出发：

夫礼，禁乱之所由生，犹坊止水之所自来也，故以旧坊为无所用而坏之者，必有水败；以旧礼为无所用而去之者，必有乱患。故昏姻之礼废，则夫妇之道苦，而淫辟之罪多矣；乡饮酒之礼废，则长幼之序失，而争斗之狱繁矣；丧祭之礼废，则臣子之恩薄，而倍死忘生者众矣；聘、觐之礼废，则君臣之位失，诸侯之行恶，而倍畔侵陵之败起矣。（《礼记·经解》）

《礼记》认为圣人之所以"重礼"就在于礼可以通过细微而隐蔽的方式施行教化以达到"止邪也于未形，使人日从善远罪而不自知"的效果。从"礼"之节制到施行教化，再到治道平天下，儒家已经完全将"礼"融入其从修身到治国的政治思想体系，使之成为不可或缺的一个组成部分。因此，除"节"之外，《礼记》还常用"治""齐"来指称礼仪制度教化民众、巩固等级观念、维护社会秩序的作用。如《礼记·礼运》："圣王修义之柄，礼之序，以治人情。故人情者，圣王之田也。"《礼记·祭统》："凡治人之道，莫急于礼。"《礼记·经解》："安上治民，莫善于礼。"《礼记·哀公问》："古之为政，爱人为大。所以治爱人，礼为大。"《礼记·缁衣》："子曰：夫民，教之以德，齐之以礼，则民有格心。"古有"礼治"一词，意谓"礼"可以治天下，即是在这一意义上的用法。从历史的角度出发，周朝正是中国古代社会施行"礼治"的重要开端。西周立国之后，吸取殷商灭亡的教训，以高度的礼乐文明治理国家，出现了长治久安的局面。《春秋左传》《尚书大传》以及《礼记·明堂位》等文献都可以证明西周初年周公制礼作乐以安天下的记载确有历史依据。

（二）"礼"的义理之二："义"（含"宜"与"理"）

"义"又有二义：一曰宜，二曰理。首先，义即宜也，有合宜之意。

在《左传》《荀子》《礼记》等著作中，"礼义"二字常连用，且出现频繁。如《左传·桓公二年》："义以出礼。"《左传·僖公二十八年》："礼以行义。"《礼记·礼运》："故礼也者，义之实也。协诸义而协，则礼虽先王未之有，可以义起也。……为礼不本于义，犹耕而弗种也。"《礼记·乐记》："礼近于义。"《大戴礼记·曾子制言》："夫行也者，行礼之谓也……此礼也，行之则行也，立之则义也。"从这些表述都可以看出"礼"与"义"相通，礼即是义。《礼记·中庸》："仁者，人也，亲亲为大；义者，宜也，尊贤为大。亲亲之杀，尊贤之等，礼所生也。在下位不获乎上，民不可得而治矣！故君子不可以不修身；思修身，不可以不事亲；思事亲，不可以不知人；思知人，不可以不知天。"知天、知人方能事亲、修身、治国，知天与知人实际就是了解和顺应事物与人的属性，也即所谓"宜"。类似的看法在《礼记》中比比皆是：

> 孔子曰："夫礼，先王以承天之道，以治人之情，故失之者死，得之者生。《诗》曰：'相鼠有体，人而无礼。人而无礼，胡不遄死！'是故夫礼，必本于天，殽（效）于地，列于鬼神，达于丧、祭、射、御、冠、昏、朝、聘。故圣人以礼示之，故天下国家可得而正也。"（《礼记·礼运》）
>
> 礼也者，合于天时，设于地财，顺于鬼神，合于人心，理万物者也。（《礼记·礼器》）
>
> 天尊地卑，君臣定矣。卑高已陈，贵贱位矣。动静有常，小大殊矣。方以类聚，物以群分，则性命不同矣。在天成象，在地成形，如此，则礼者天地之别也。（《礼记·乐记》）
>
> 凡礼之大体，体天地，法四时，则阴阳，顺人情，故谓之礼。訾之者，是不知礼之所由生也。（《礼记·丧服四制》）

这些材料中出现的"本""骰（效）""合""顺""体""法""则"等都有效法、源出、顺应之意。可见，《礼记》认为"义"既是"礼"产生的客观因素，也是最终效果，要体现天理人情。"义者，宜也"意即礼只有正确地反映客观存在的社会生活和人类主观世界的欲望与情感，并能对人的言行举止做出恰当适度的约束与规范，才能对社会的运行秩序和人类文明的发展产生积极作用。

因此，礼既要本于人情又要不为情所困，既要限制人非分的欲望又能保持和鼓励人的合理欲望。王阳明亦云："礼也者，理也；理也者，性也；性也者，命也……故仁也者，礼之体也；义也者，礼之宜也。"①"义"作为"礼"的内涵之一，意即礼的产生发展要顺应天理人情，礼的制定与实施要适度、恰当。所谓"故礼义也者，人之大端也，所以讲信修睦而固人之肌肤之会，筋骸之束也。所以养生送死事鬼神之大端也。所以达天道，顺人情之大窦也"（《礼记·礼运》）。可见，古人意识到礼作为人的行为规范和举止标准，应当符合现实的需要。这与前述荀子所谓"养欲"并给人之求，使欲不穷乎物、物不屈于欲的思想一致。顺应规律，肯定人的合理欲求，通过"礼"来加以约束和维持，这既是先民理性智慧的结晶，又是礼之所以产生、发展、存在的根本依据。

其次，义即理也，有正理和理所当然之意。这一内涵是建立在"宜"的前提和基础之上的。《礼记·礼运》有"人义"之说：

何谓人情？喜怒哀惧爱恶欲，七者，弗学而能。何谓人义？父慈，子孝，兄良，弟弟，夫义，妇听，长惠，幼顺，君仁，臣忠，十者，谓之人义。讲信修睦，谓之人利。争夺相杀，谓之人患。故圣人所以治人七情，修十义，讲信修睦，尚

① （明）王阳明：《王阳明全集·悟真录》，上海古籍出版社1992年版，第243页。

辞让，去争夺，舍礼何以治之？

"礼"是达到"义"的手段，"义"是"礼"的最终指向。这里的父慈、子孝、兄良、弟弟（通"悌"）等虽然是"礼"的表现或规约的结果，但也是人之常情、常性。因此"义"本身就包含了对人性（包含普世价值）和人类正常情感的肯定。它甚至成为确证人的本质的重要标志：

> 鹦鹉能言，不离飞鸟；猩猩能言，不离禽兽；今人而无礼，不亦禽兽之心乎？夫唯禽兽无礼，故父子聚麀。是故圣人作，为礼以教人，使人以有礼，知自别于禽兽。（《礼记·曲礼上》）
>
> 凡人之所以为人者，礼义也。（《礼记·冠义》）

在儒家看来，语言并非人区别于人与其他动物的标志，只有礼（义）才是人之所以为人的根本。如果进一步推究，我们还会发现，这种将礼义视为人之存在标志的定位不仅在于它肯定了人性、人情，更在于它的根本特性——由理性智慧所带来的归约性。从这一意义上说，"义"就是"理"，暗含了理性的精神。

《礼记》还将这种"义"的范围扩大到君王和士大夫的使命和责任。"礼运"篇云："故国有患，君死社稷谓之义，大夫死宗庙谓之变。故圣人耐以天下为一家，以中国为一人者，非意之也，必知其情，辟于其义，明于其利，达于其患，然后能为之。"它认为国家有难，君王与国家共存亡、大夫与宗庙共存亡是天经地义的道理。此时"义"与"礼"的内涵已完全转移到理所当然和绝对正确、不可移易的道理的层面。从这一意义上讲，"礼"（"义"）就是"理"或"理"的体现。正如《礼记·仲尼燕居》说："礼也者，理也。"《礼记·乐记》说："礼也者，理之不可易者也。""理"无所不在，所以"礼"亦无处不在。《左传·昭公二十五年》说:"甚哉!礼之大也!""礼,上下之纪,天地之经纬也,民之所以生也,是以先王尚之。故人之能自曲直以赴礼者,谓之成人。大,不亦宜乎?""夫礼,天之经也,地之义也,民之行也。"这是认为"礼"的伟大之处就在于它是世间万事万物的纲纪,"礼"的实施推行是天经地义的事。

由于有这样的内涵,"礼"就进一步被演变为宇宙自然的常理,被上升到天理和宇宙本体的地位。《礼记·礼运》:

> 是故夫礼,必本于大一,分而为天地,转而为阴阳,变而为四时,列而为鬼神。其降曰命,其官于天也。夫礼必本于天,动而之地,列而之事,变而从时,协于分艺,其居人也曰养,其行之以货力、辞让、饮食、冠昏、丧祭、射御、朝聘。

礼"必本于大一""必本于天"云云,已经将"礼"上升至形而上本体论的层面。而追根溯源,"礼"之为"礼",是由它具有"义"("宜")的内涵决定的。既然"礼"源自天,本于太一,那么"礼"就是处理人际关系、治理国家社会不可不循、不可不遵守的规则。所以说"礼之于人也,犹酒之有蘖也","治国不以礼,犹无耜而耕也;为礼不本于义,犹耕而弗种也"(《礼记·礼运》)。至此,"礼"已经达到至高无上的地位。它既反映了中国古代文化对人情、人性的充分肯定,更是理性智慧在社会文明发展过程中绽放的最耀眼光芒。

三、言忠信,行笃敬:"礼"之笃行

"礼"作为儒家思想的重要内容,一向被视为儒学的核心。儒家的代表人物孔子、孟子、荀子等对"礼"的作用和价值给予了高度的肯定,

纷纷强调"礼"对于个体人格修养、社会和国家治理的不可或缺性。如孔子说"克己复礼为仁"（《论语·颜渊》），"不学礼、无以立"（《论语·季氏》），"道之以德，齐之以理"（《论语·为政》），孟子说"以仁存心，以礼存心"（《孟子·离娄下》），荀子"人无礼则不生，事无礼则不成，国家无礼则不宁"（《荀子·修身》）。《礼记》更是从政治、道德和人们日常生活中等各个方面阐述了"礼"的重要性："道德仁义，非礼不成；教训正俗，非礼不备；分争辨讼，非礼不决；君臣上下、父子兄弟，非礼不定；宦学事师，非礼不亲；班朝治军、莅官行法，非礼威严不行；祷祠、祭祀、供给鬼神，非礼不诚不庄。"（《礼记·曲礼》）既然"礼"如此之重要而不可替代，那么切实地推行、践行"礼"就成为弄清礼之"源"、明确礼之"义"之后的重要内容。

　　如前所述，《说文解字》："礼，履也。所以事神致福也。"履即实施、实行、实践之意。可见礼本起源于祭祀神灵而求福的实行方法、实践过程。《左传·昭公二十五年》："夫礼，天之经也，地之义也，民之行也。""民之行"就是强调礼的践行性，这是将礼视作天、地、人之常理的必然结果。就"三礼"产生的时间先后而言，以记载礼仪、礼制为主要内容的《仪礼》《周礼》在前，以阐述礼义的《礼记》居后。这说明"礼"并非从天而降，而是起源于实践，绝非空洞的义理。就"三礼"各自的内容而言，《仪礼》和《周礼》作为记录"礼"的具体实践内容、仪轨、时令、使用器物等的文本，其产生和存在本身就是为了垂范后世以使人们更好地推行实践各种礼制。《周礼》从以人法天的角度，设立"六官"官制，涵盖了当时人类生活的全部领域；《仪礼》更是将礼制直接落实到人们的日常生活和交际往来的行为举止中。而《礼记》对某一礼制的总体阐述或对某些具体礼仪规则的阐析和记载，又有利于践礼者明白该礼制的人文含义，从而培养起践礼的自觉性或为礼制的实施提供可供参考的具体案例。这些文本本身的存在就说明儒家对"礼"之笃行的明确主张。

1934 年 5 月至 6 月，胡适在当时的政论杂志《独立评论》上连续发表了三篇关于民族文化"信心与反省"的文章。其中，他以理性的文化民族主义和世界主义胸怀反思和批判了中国的文化发展史。他指出："在仁爱的'实行'上，我们实在远不如人"；"忠孝仁爱信义和平等等并不是'维系并且引导我们民族向上的固有文化'，他们不过是人类共有的几个理想，如果没有作法，没有热力，只是一些空名词而已"（胡适《再论信心与反省》）。胡适此论应该说这是承继"五四"新文化运动打倒封建旧文化传统、批判言行不一的"假道学"的思想余绪。尽管胡适在这一系列文章里表现出的彻底反思和批判精神值得今人深思和回味，但在当时波澜壮阔的反封建浪潮中，以他为代表的一些学者还是忽略了传统礼学坚持践行的主张和精神导向，也忽略了古代典籍记载诸多礼仪制度的意义和价值。事实上，传统礼文化发展到封建社会后期的不良表现并不能消泯其最初源头的主张。在儒家看来，"行"不"笃"就等于不忠、不信、不敬，无法立足于天下。《论语·卫灵公》云：

> 子张问行。子曰："言忠信，行笃敬，虽蛮貊之邦，行矣。言不忠信，行不笃敬，虽州里，行乎哉？立则见其参于前也，在舆则见其倚于衡也，夫然后行。"子张书诸绅。

忠、信、笃、敬这四个字的意义有交叉重叠，其所指涉范围包括了"言"和"行"两个方面，涵盖一个人立身行事的全部内容，是很全面的人格修养和道德主张。这与《礼记·大学》所提倡的从格物、致知到诚意、正心，再到修身、齐家、治国、平天下的理论是完全吻合的。"诚意""正心"其实是强调实践者要自觉地以"礼"来规范和约束自己。可以说，"礼"的切实践行与忠义诚信的人格理想是高度统一的，儒家对"礼"的崇尚弘扬绝非空喊口号。法国启蒙主义思想家孟德斯鸠曾在《论法的精神》中对中国的礼文化及其实践推行做了如下论述:"他们（按:中国古代统治者）把宗教、法律、风俗、礼仪都混在一起。所有这些东西都是道德。所有这些东西都是品德。这四者的箴规,就是所谓礼教。中国统治者就是因为严格遵守这种礼教而获得了成功。中国人把整个青年时代都用在学习这种礼教上,并把整个一生用在实践这种礼教上。文人用之以施教,官吏用之以宣传;生活上的一切细微的行动都包罗在这些礼教之内,所以当人们找到使它们获得严格遵守的方法的时候,中国便治理得很好了。"① 这虽然是外国人看中国文化的眼光,但其中论及"礼"之笃行的特点不失为公论。

第二节 "礼"之传承与演变

一、道、墨、法诸家之"礼"

(一) 道家之"礼"

春秋战国之际,礼崩乐坏,孔子代表的儒家试图恢复周礼,而道家则是典型的反礼治,以道为上,批判礼治弊病,主张顺物自然、绝圣弃智、无为而治。老子有言:"失道而后德,失德而后仁,失仁而后义,失义而后礼。夫礼者,忠信之薄,而乱之首。"② 礼意味着人为的秩序,道、德、仁、义皆失才有礼,礼是乱之首。而庄子承接老子思想,对此

---

① ［法］孟德斯鸠:《论法的精神》上册,商务印书馆 1978 年版,第 313 页。
② 朱谦之:《老子校释·三十八章》,中华书局 2000 年版,第 152 页。

进行了阐释:"道不可致,德不可至。仁可为也,义可亏也,礼相伪也。故曰:'失道而后德,失德而后仁,失仁而后义,失义而后礼。'礼者,道之华而乱之首也。"①庄子将礼视为道之伪饰、祸乱之首,礼的推行只是相伪相诈。道法自然,而德、仁、义乃至礼皆为人为,是反道的。祸乱自人为,作为人为的极致——礼,则为祸乱之首。

道家的理想社会是"邻国相望,鸡狗之声相闻,民至老死,不相往来"②。在这样的社会中,人皆素朴自然,无知无欲,逍遥而游,无君子小人之别,无尊卑等级之分,也就不存在对德、仁、义、礼的诉求,自然与人皆处于自在自为的天人合一的状态。而人为产生的德、仁、义、礼是对天人合一自然状态的破坏,造成人性的复杂化,人民由无知无为转而虚伪,礼乐文化的产生使人有了等级区分,人不再是无分别的同一。而儒家视仁义、礼乐为社会根基,试图以礼治治天下,束缚人的行为、思想,这是反自然本性的,使人由自然本真走向伪饰欺诈,进而天下大乱。故礼治为治之末也,"礼法度数,形名比详,治之末也"③。庄子否定礼治,主张道治,"以道观言而天下之君正,以道观分而君臣之义明,以道观能而天下之官治,以道泛观而万物之应备"④。以道治天下,则万物顺自然之本性,君臣、百姓皆无等级、尊卑之别,天下清平。

老庄反对的"礼"特指儒家之"礼",而非反对礼。老子深于礼乐,老子曾任周守藏室之史,《史记·老子韩非列传》载"孔子适周,问礼于老子"。而《庄子·知北游》《庄子·天运》两载孔子问道于老子,《庄

---

① 郭庆藩:《庄子集释·外篇·知北游》第1234册,中华书局1985年版,第133页。

② 朱谦之:《老子校释·八十章》,中华书局2000年版,第239—240页。

③ 郭庆藩:《庄子集释·外篇·天道》,中华书局1985年版,第502页。

④ 郭庆藩:《庄子集释》第二册,中华书局1997年版,第404页。

子·天道》载孔子与老子探讨仁义。老子论其反战思想，亦论及礼，"吉事尚左，凶事尚右。偏将军居左，上将军居右。言以丧礼处之。杀人之众，以悲哀泣之；战胜，以丧礼处之"①。出兵打仗以丧礼之仪处之，打了胜仗因为杀人之众也应以丧礼处之。细究之，老子的出发点是出兵大战死伤太众，是不吉之哀事，故应表达悲哀之情，以丧礼处之，重在丧礼所表达的情感内容，而非形式。礼在内在之质而非外在之形。

庄子对礼乐的认知和庄子顺天运自然的思想相关，从道自然运行、变化无极的思想出发，自然人间的一切现象皆是此理，应顺时顺自然之变化无穷，礼义亦如是。《天运》篇载黄帝张咸池之乐于洞庭之野，谓北门成曰："吾奏之以人，征之以天，行之以礼义，建之以大清。夫至乐者，先应之以人事，顺之以天理，行之以五德，应之以自然。然后调理四时，太和万物。"②在庄子的思想里，礼乐亦是顺天理自然。此篇庄子继续借师金告颜渊批判孔子追求恢复周礼的主张，庄子认为："三皇五帝之礼义法度，不矜于同而矜于治。故譬三皇五帝之礼义法度，其犹柤梨橘柚邪！其味相反而皆可于口。故礼义法度者，应时而变者也。"③三皇五帝礼义法度皆不同，不在于同而在于治，礼义应顺时而变。庄子批判孔子不懂得"无方之传，应物而不穷"④之道。在庄子看来，"古今非水陆与？周鲁非舟车与？今蕲行周于鲁，是犹推舟于陆也！"⑤古今之不同犹如水陆之别，周鲁之不同犹如舟车之别，孔子恪守周礼，试图推行周礼于当世鲁国，犹如推舟于陆，"劳而无功，身必有殃"⑥。

---

① 朱谦之：《老子校释》，中华书局2000年版，第152页。
② 郭庆藩：《庄子集释·三十一章》，中华书局1985年版，第133页。
③ 郭庆藩：《庄子集释·外篇·天运》，中华书局1985年版，第287页。
④ 郭庆藩：《庄子集释》，中华书局1961年版，第287页。
⑤ 陈鼓应：《庄子今注今译》，中华书局1983年版，第373页。
⑥ ［晋］郭象注，［唐］成立英疏：《庄子注疏·天运》，中华书局2011年版，第278页。

从庄子的逻辑出发，礼乐应顺道顺时顺自然，不违背自然之性。真正的礼不在形式，而在顺乎性情，以丧礼为例，儒家丧礼重礼节仪式，而庄子在《渔父》篇中借渔父之口言"处丧以哀，无问其礼"①，处丧表达自然真实的情感和人性，此即为礼，而不在于遵循一套外在形式的礼仪规范。处丧，可哀亦可歌，视乎人情。《大宗师》篇载子桑户、孟子反、子琴张三人同道相友，子桑户死，孟子反与子琴张"或编曲，或古琴，相和而歌曰：'嗟来桑户乎！嗟来桑户乎！而已反其真，而我犹为人猗'"②。二人视子桑户之死为脱却形骸返本归真，是可歌之事，故面对往吊之孔子弟子子贡"临尸而歌，礼乎"的质疑讥笑其"恶知礼意"，不懂礼的真正含义。庄子视孔子为游方之内者，重一套世俗礼义，而游方之外者，早已忘却世俗之礼，忘却形骸死生，"与造物者为人，而遊乎天地之一气"，"芒然彷徨乎尘垢之外，逍遥乎无为之业"③。

"德无不容，仁也；道无不理，义也；义明而物亲，忠也；中纯实而反乎情，乐也；信行容体而顺乎文，礼也。礼乐偏行，则天下乱矣。彼正而蒙己德，德则不冒，冒则物必失其性也。"④庄子的仁义礼乐观是道家化的，以"无无"的心态应对万物，达到一种"无待"的逍遥境地，重在强调仁义礼乐应顺物、顺人自然情性，而非以外在的形式来规范人，推行儒家之形式化的礼的结果是"丧己于物，失性于俗""无几，则顺物"⑤。儒家之礼在于序上下、别贵贱，讲究礼的外在形式，而庄子认为礼出乎人心性情，不应为形式所拘，在乎礼的内质情感。

---

① 郭庆藩：《庄子集释》，中华书局1961年版，第1032页。

② 郭庆藩：《庄子集释·内篇·大宗师》，中华书局1985年版，第310页。

③ 郭庆藩：《庄子集释》，中华书局1961年版，268页。

④ 王先谦：《庄子集解·卷四》，上海书店1982年版，第98页。

⑤ 郭庆藩：《庄子集释》，中华书局1961年版，第21页。

（二）墨家之"礼"

墨子是墨家学派的创始人，墨家主张兼爱、非攻，尚节用。墨子的礼学观与其尚节用思想相关。

与儒家相同，墨子肯定礼的政治功能和社会功能，"无君臣上下长幼之节、父子兄弟之礼"[①] 则天下大乱。墨子亦认同礼具有等级性，礼以区分贵贱上下、亲疏尊卑。《墨子·经上》释礼曰："礼，敬也。"[②]《经说》解之曰："礼，贵者公，贱者名，而俱有敬焉。等异论也。"[③] 礼意在表达行礼者的恭敬之情，贵者称公、贱者称名，都有敬意，而等级不同。因之，礼具有区分人的社会等级性。

墨子有着浓厚的利民思想，认为礼之作用在维持社会秩序，有利于民，故墨子重祭礼、葬礼等。《墨子·明鬼下》证鬼神之存在，认为鬼神有"赏贤而罚暴"[④] 之权力，故祭鬼神能使人生敬畏之心，谨言慎行；祭祀鬼神能得鬼神庇佑。墨子认为葬礼亦为必要之礼，但葬礼应有节，有节度的葬礼既能表达对逝者的缅怀和敬意，又不损害生者利益。墨子反对厚葬，认为厚葬并非爱亲利亲，"以臧为其亲也而爱之，非爱其亲也；以臧为其亲也而利之，非利其亲也"[⑤]。

墨子从实际出发，认为厚葬有损于"富国家"，贵族阶层"棺椁必重，葬埋必厚，衣衾必多，文绣必繁，丘陇必巨"[⑥]，厚葬劳民伤财，耗费大量钱财，府库为之一空，普通百姓则"殆竭家室"，倾家荡产。久

---

① 孙诒让：《墨子间诂·尚同中》，中华书局2001年版，第78页。
② 孙诒让：《墨子间诂·经上》，中华书局2001年版，第490页。
③ 孙诒让：《墨子间诂·经上》，中华书局2001年版，第490页。
④ 孙诒让：《墨子间诂·明鬼下》，中华书局2001年版，第200—201页。
⑤ 孙诒让：《墨子间诂·大取》，中华书局2001年版，第403页。
⑥ 孙诒让：《墨子间诂·节葬下》，中华书局2001年版，第103页。

丧之礼使得统治者不能治理政务，百姓不能事于生存，天下不能得富。此外，厚葬久丧亦不利于百姓休养生息，居丧之礼不利于百姓添丁，有损人口增长；不利于"治刑政"，国贫民寡则刑政乱，这与法家"仓廪实则知礼节，衣食足则知荣辱"①观点一致，只有国富民安，才能刑政有序；不利于"止攻国"，国贫民寡刑政乱，无以修城固国，则易招致大国攻打；不利于"事鬼神"，国贫则祭祀之礼难以全备，人口少，则事鬼神之人少。简言之，厚葬久丧会导致国家混乱、百姓贫困、人口减少、政治动荡、社会不安，在征伐不断之乱世有亡国之危。因之，墨子断言厚葬久丧非"尧舜禹汤文武之道"②。以此，墨家提倡薄葬短丧，"棺三寸，足以朽骨；衣三领，足以朽肉。掘地之深，下无菹漏，气无发泄于土，垄足以期其所，则止矣。哭往哭来，反，从事乎衣食之财，佴乎祭祀，以致孝于亲。故曰子墨子之法，不失死生之利者，此也"③，丧葬之礼从实际出发，节度适宜即可，送葬完毕回家即从事生产，以助祭祀致用，尽孝于双亲。至于短丧之期，墨子定为三月，"墨者之葬也，冬日冬服，夏日夏服，桐棺三寸，服丧三月"。墨子批评儒家"繁饰礼乐"，"繁登降之礼以示仪，务趋翔之节以观众"④。墨子认为礼本于情，丧礼的目的在于表达生者对逝者的哀思之情，"丧虽有礼，而哀为本焉"⑤。

墨子对礼的态度可用"节礼"来概括，墨子"非乐"主张也体现了其"节礼"思想。墨子非乐，认为圣人不为乐。墨子同时认为乐没有实际作用，制乐劳民伤财，赏乐使人溺于乐而荒废劳作公务，故墨子主

---

① 黎翔凤：《管子校注·牧民》，中华书局 2004 年版，第 2 页。
② 孙诒让：《墨子间诂·节葬下》，中华书局 2001 年版，第 185 页。
③ 孙诒让：《墨子间诂·节葬下》，中华书局 2001 年版，第 188 页。
④ 孙诒让：《墨子间诂·非儒下》，中华书局 2001 年版，第 299—301 页。
⑤ 孙诒让：《墨子间诂·修身》，中华书局 2001 年版，第 7 页。

张"欲求兴天下之利、除天下之害，当在乐之为物，将不可不禁而止也"①。墨子是劳动人民的代表，墨子的"节礼"主张代表了民间的礼仪主张，从实际出发，注重实用性而非繁文缛节之形式化。相比于儒家恢复周礼的主张，墨家则是"背周从夏"，墨子认为在礼崩乐坏的社会，应秉承大禹治水风餐露宿、甘为民先的朴实作风，倡节俭、实用，以"兴天下之利，除天下之害"。

（三）法家之"礼"

《管子》一书托管仲之名所作，部分为管子言行记载，反映了法家思想。《管子》一书法家对礼的认识是基于其以法为上的思想。《管子·枢言》有言："法出于礼，礼出于治，治、礼，道也。万物待治、礼而后定。"② 治即理，礼自理出，则法也从理出。《管子·任法》中又有"仁义礼乐者皆出于法"③之说，这与《管子》一书成书复杂、编写者众相关，但综合起来看，礼、法皆自道出，礼以法为基础，法是礼的保障。礼治以"礼义廉耻"之国之四维来教化民众，法治则以惩戒为手段来约束人。礼法兼治，则能达到惩戒与教化的双重效果。

《管子·心术》释礼曰："义者，谓各处其宜也。礼者，因人之情，缘义之理，而为之节文者也。故礼者谓有理也。理也者，明分以谕义之意也。故礼出乎义，义出乎理，因乎宜者也。"④ 这里涉及义、礼、理三个概念，"义"指事物处置合宜，而礼在于依人情性，缘义之道理而制定的礼仪，理则指分清身份等级以明义。故礼出于义，义出于理，则可言礼本于理，应顺乎人情。法家之礼基于人性人情，"以人性情理为基

---

① 孙诒让：《墨子间诂·非乐上》，中华书局 2001 年版，第 254 页。
② 黎翔凤：《管子校注·枢言》，中华书局 2004 年版，第 467 页。
③ 黎翔凤：《管子校注·任法》，中华书局 2004 年版，第 902 页。
④ 黎翔凤：《管子校注·心术》，中华书局 2004 年版，第 770 页。

础之礼观"①，目的是使人各安其分，各司其职。

国家实行法治，辅以"礼义廉耻"之道德规范，意在维护社会秩序。管子视"礼义廉耻"为国之四维，"国有四维，一维绝则倾，二维绝则危，三维绝则覆，四维绝则灭。倾可正也，危可安也，覆可起也，灭不可复错也。何谓四维，一曰礼，二曰义，三曰廉，四曰耻。礼不逾节，义不自进，廉不蔽恶，耻不从枉。故不逾节则上位安，不自进则民无巧诈，不蔽恶则行自全，不从枉则邪事不生"，"四维不张，国乃灭亡"②。其中礼即指礼仪规范，"登降揖让、贵贱有等、亲疏之体谓之礼"③。所谓"礼有八经"，"上下有义，贵贱有分，长幼有序等，贫富有度。凡此八者，礼之经也"④。论礼的作用，管子观点与儒家观点相同。礼为四维之首，无礼则社会混乱，有礼则各人皆守其礼度，社会井然有序，礼的作用在于使"下不倍上，臣不杀君，贱不逾贵，少不凌长，远不间亲，新不间旧，小不加大，淫不破义"⑤。《管子·五辅》还提出"礼"与"恭敬""尊让""逾越"的逻辑关系，进一步强调礼在社会生活中的重要作用。推行礼治，应从小礼到大礼，"凡牧民者，欲民之有礼也；欲民之有礼，则小礼不可不谨也。小礼不谨于国，而求百姓之行大礼，不可得也"⑥。小礼关乎教化百姓，大礼则关乎治国之策，所谓"远举贤人，慈爱百姓，外存亡国，继绝世，起诸孤；薄税敛，轻刑罚，此为国之大礼也"⑦。

然管子对礼的认识的出发点与儒家有别，儒家之礼从人性本善之绝对道德的高度以要求人，而管子从人性的利益诉求角度论礼，所谓"仓

① 陈鼓应：《管子四篇诠释》，商务印书馆 2006 年版，第 151 页。
② 黎翔凤：《管子校注·牧民》，中华书局 2004 年版，第 197—198 页。
③ 黎翔凤：《管子校注·心术》，中华书局 2004 年版，第 758 页。
④ 黎翔凤：《管子校注·五辅》，中华书局 2004 年版，第 198 页。
⑤ 黎翔凤：《管子校注·五辅》，中华书局 2004 年版，第 198 页。
⑥ 黎翔凤：《管子校注·形势》，中华书局 2004 年版，第 56 页。
⑦ 黎翔凤：《管子校注·中匡》，中华书局 2004 年版，第 386 页。

廪实则知礼节，衣食足则知荣辱"①，满足了人的温饱等基本生存需求，才有对礼节、荣辱的感知，让百姓遵守"礼义廉耻"之道德规范，应先保障百姓的物质生存条件，也即礼义教化的前提是基本物质诉求的满足，用西方人本心理学马斯洛的需求层次理论言之，即先满足最基本的生理需求，然后才有更高层次的精神需求。

韩非子作为法家思想的集大成者，继承了荀子的"性恶论"并有所深化，认为人皆有自利之心，所谓"人之急利甚也"②。利是人态度行为的出发点，"故人行事施了，以利之为心，则越人易和；以害之为心，则父子离且怨"③。基于人性趋利的观点，韩非子认为治国当据人情依法而行，"凡治天下，必因人情。人情者有好恶，故赏罚可用，赏罚可用则禁令可立，而治道具矣"④。故韩非子重法，明言法治之重要，主张明确，"君无术则弊上，臣无法则乱于下，此不可一无，皆帝王之具也"⑤，"抱法处势则治，背法去势则乱"⑥。以法治天下百姓，"法者，编著之图籍，设之于官府，而布之于百姓者也"⑦。法治具有普遍性，"法之所加，智者弗能辞，勇者弗敢争。刑过不避大臣，赏善不遗匹夫"⑧。但治国仅凭法治不足以安定，还需要礼以维护社会等级，"礼者，所以貌情也，群义之文章也，君臣父子之交也，贵贱贤不肖之所以别也"⑨。

礼法兼治，构成了法家的治国思想。"群臣不用礼义教训则不祥；

---

① 黎翔凤：《管子校注·牧民》，中华书局 2004 年版，第 2 页。
② 陈奇道：《吕氏春秋新校释》，上海古籍出版社 2000 年版，第 928 页。
③ 陈奇道：《吕氏春秋新校释》，上海古籍出版社 2000 年版，第 683 页。
④ 梁启雄：《韩子浅解·八经》，中华书局 2009 年版，第 448 页。
⑤ 陈奇道：《韩非子新校注·功名》，上海古籍出版社 2000 年版，第 957—958 页。
⑥ 梁启雄：《韩子浅解·难四》，中华书局 2009 年版，第 946 页。
⑦ 梁启雄：《韩子浅解·难三》，中华书局 2009 年版，第 381 页。
⑧ 陈奇道：《韩非子新校注》，上海古籍出版社 2000 年版，第 111 页。
⑨ 梁启雄：《韩子浅解·解老》，中华书局 2009 年版，第 141 页。

百官伏事离法而治则不祥。"① 礼与法，缺一不可；"法度者，万民之仪表也；礼义者，尊卑之仪表也。"②"明主内行其法度，外行其理义。"③行法治，则赏罚分明，百官百姓皆有序；行礼治，则心服于法而守礼，政令易行，尊卑等级分明，此谓天下常道，"臣事君，子事父，妻事夫，三者顺则天下治，三者逆则天下乱，此天下之常道也，明王贤臣而弗易也"④。

二、汉唐经学视域中的"礼"

关于经学的形成，学界观点不一。一派观点认为经学始自孔子，一派认为经学形成于西汉，以汉武帝罢黜百家、独尊儒术，立五经博士为标志。狭义来说，儒学经学化始自西汉，清人皮锡瑞尝言："武、宣之间，经学大昌，家数未分，纯正不杂，故其学极精而有用。"⑤宣帝时的石渠会议使经学得到迅速发展，"不仅极大地提高了经学的地位，也极大地扩大和加强了儒家礼仪制度对社会的控制力量"⑥。

汉代经学的治学特点是重师传家法、训诂考据，谓之章句之学。正如皮锡瑞《经学历史》所言："汉人最重师法。师之所传，弟之所受，一字毋敢出入；背师说即不用。师法之严如此。"⑦汉人治经师法如何形成，李振宏先生认为："经学之师法家法，应是随着同一经而立不同博

---

① 黎翔凤：《管子校注·任法》，中华书局 2004 年版，第 904 页。

② 刘向校：《管子》，《诸子集成》第五册，上海书店 1986 年版，第 330 页。

③ （唐）房玄龄注，（明）刘绩补注，刘晓艺校点：《管子》，上海古籍出版社 2015 年版，第 401 页。

④ 梁启雄：《韩子浅解·忠孝》，中华书局 2009 年版，第 121 页。

⑤ 皮锡瑞：《经学历史》，中华书局 1981 年版，第 18 页。

⑥ 金春峰：《汉代思想史》，中国社会科学出版社 2006 年版，第 276 页。

⑦ 皮锡瑞：《经学历史》，中华书局 1981 年版，第 77 页。

士并置博士弟子员开始的，由于教授弟子的原因而演化出来的。"①东汉时章帝发有诏书，讲明"孝宣皇帝以为去圣久远，学不厌博，故遂立大、小夏侯《尚书》，后又立京氏《易》。至建武中，复置颜氏、严氏《春秋》，大、小戴《礼记》博士。此皆所以扶进微学，尊广道艺也"②。既可扶进微学，尊广道艺，又避《五经》章句繁多之弊，"使诸儒共正经义"③。章帝建初四年，白虎观会议举行，诸儒讲议《五经》同异，进一步统一关于儒学经典的观点。

白虎观会议成果之《白虎通义》由班固整理编辑，流传至今。《白虎通义》确立了儒家的三纲六纪的儒家伦理道德观，使礼定型为纲常伦纪。与墨、道、法等诸家相比，"夫儒者以六艺为法。六艺经传以千万数，累世不能通其学，当年不能究其礼，故曰'博而寡要，劳而少功'。若夫列君臣父子之礼，序夫妇长幼之别，虽百家弗能易也"④，儒家学说尤其是建立在人伦纲常上的儒家礼制有利于别尊卑等级、教化百姓、巩固统治，"礼者，继天地，体阴阳，而慎主客，序尊卑、贵贱、大小之位，而差外内、远近、新故之级者也，以德为象"⑤。董仲舒将君臣、父子、夫妇之三纲关系与天道相联系，以此论证王道，《白虎通义》则对"三纲六纪"作了具体解释："三纲者，何谓也？谓君臣、父子、夫妇也。六纪者，谓诸父、兄弟、族人、诸舅、师长、朋友也。故含文嘉曰：'君为臣纲，父为子纲，夫为妻纲。'又曰：'敬诸父兄，六纪道行，诸舅有义，族人有序，昆弟有亲，师长有尊，朋友有旧。'何谓纲纪？纲者，张也。纪者，理也。大者为纲，小者为纪。所以张理上下，整齐人

① 李振宏：《汉代儒学的经学化进程》，《中国史研究》2013年第1期。
② 范晔：《后汉书·肃宗孝章帝纪》，中华书局2000年版，第137—138页。
③ 范晔：《后汉书·肃宗孝章帝纪》，中华书局2000年版，第137—138页。
④ 司马迁：《史记·太史公自序第七十》，中华书局2013年版，第3967页。
⑤ 苏舆：《春秋繁露义证·奉本第三十四》，中华书局1992年版，第469页。

道也。人皆怀五常之性，有亲爱之心，是以纲纪为化，若罗网之有纪纲而万目张也。"①《白虎通义》释三纲六纪，定礼制人伦，"引经书以定礼制，以为治国的凭借"②。

"礼"为五经之一，两汉"三礼"学兴盛。叔孙通是西汉治礼第一人，汉高祖任其为博士，定宗庙仪法、汉诸仪法等。约汉武帝后期至宣帝前期后仓撰成《曲台记》，此后礼学研究渐趋昌盛，班固《汉书》卷八《儒林传》记曰："仓说礼数万言，号曰《后氏曲台记》，授沛闻人通汉子方、梁戴德延君、戴圣次君、沛庆普孝公。孝公为东平太傅；德号'大戴'，为信都太傅；圣号'小戴'，以博士论石渠，至九江太守。由是礼有大戴、小戴、庆氏之学。"③

后仓之学多不可考，然其弟子庆普、戴德、戴圣将其学发扬光大，分别创立庆氏、大戴、小戴礼学家法。其中大小戴《礼记》，郑玄《六艺论》有言："今礼行于世者，戴德、戴圣之学也。"释二者名曰："戴德传《记》八十五篇，则《大戴礼》是也；戴圣传《礼》四十九篇，则此《礼记》是也。"④《小戴礼记》即今通称《礼记》者，四十九篇皆存。学界多认为《礼记》定本于西汉，如任继愈先生认为："《礼记》的作者非一人，著作时代从战国延续到汉初，而以汉初儒家的作品比例最大。"⑤后仓之后，戴圣被立为礼学博士，戴圣"显示了礼学的革新一面：收入《月令》和《明堂阴阳》表明礼义派对于帝国宗教制度建设予以关注；收入《经解》《中庸》和《大学》等篇，体现了对于礼哲学的关怀；收入《文王世子》《内

---

①　陈立：《白虎通疏证·三纲六纪》，中华书局1994年版，第373页。

②　季乃礼：《三纲六纪与社会整合——由〈白虎通〉看汉代社会人伦关系》，中国人民大学出版社2004年版，第3页。

③　班固：《汉书·儒林传》，中华书局2009年版，第1566页。

④　皮锡瑞：《经学通论·三礼》，见潘斌整理《皮锡瑞儒学论集》，四川大学出版社2010年版，第162页。

⑤　任继愈：《中国哲学发展史（秦汉卷）》，人民出版社1998年版，第165页。

则》《学记》等篇，显示了对于教育的关注"①。

礼学为经学之重，"从某种意义上来说，两汉官方经学的整合在很大程度上就是以礼学为基础的礼仪制度的整合，而两汉礼学的传承和发展之集大成的结果，又是以郑玄《三礼注》的出现为标志的"②。汉代礼学至东汉郑玄出现为最盛，郑玄编注群经，又以三礼学为最著，清人黄丕烈言："郑氏之学，惟'三礼'最精；'三礼'之注，惟郑氏最善。"以《周礼》《仪礼》《小戴礼记》为三《礼》，始自郑氏，"郑氏以前未有兼注三《礼》者，故舍郑无所宗也"③。自郑玄注《礼记》后，《礼记》从附属于《仪礼》之地位而与《仪礼》《周礼》并举，刘师培释曰："东汉以前，本无《三礼》之名，《周官经》《小戴礼记》本不得称之为经，不过与《礼经》相辅之书耳。自郑玄作《三礼注》，而《三礼》之名遂一，定而不可易。"④

《后汉书》总结郑学功绩，对烦琐的章句之学做了评说："自秦焚六经，圣文埃灭。汉兴，诸儒颇修艺文；及东京，学者亦各名家。而守文之徒，滞固所禀，异端纷绘，互相说激，遂令经有数家，家有数说，章句多者或乃百余万言，学徒劳而少功，后生疑而莫正。郑玄括囊大典，网罗众家，删裁繁诬，刊改漏失，自是学者略知所归。"⑤郑玄之前，经学重家法，各家自有其说。而郑玄则遍采诸家，打破了门户之见，完成了今、古文经的整理，使文本规范化、统一化。郑玄作三礼注，贯通三礼，以礼注礼，通过训诂，"删裁繁诬，刊改漏失"。郑玄贯通三礼，建

① 丁进：《礼学文献的重现与两汉礼学的演变》，《学术月刊》2012年第6期。
② 王启发：《礼学思想体系探》，中州古籍出版社2005年版，第248页。
③ 黄侃：《礼学略说》，陈其泰等编：《二十世纪中国礼学研究论集》，学苑出版社1998年版，第16页。
④ 刘师培：《经学教科书·两汉礼学之传授》，《刘申叔遗书》，江苏古籍出版社1997年版，第2079页。
⑤ 范晔：《后汉书·张曹郑列传第二十五》，中华书局1973年版，第1212—1213页。

立起完善的礼学体系，后世礼学，多出之郑玄。

郑玄注经，兼采今古文，"注仪礼并存今古文；从今文则注内叠出古文；从古文则注内叠出今文。是郑注仪礼兼采今古文也。周礼古文无今文，礼记亦无今古文之分，其注皆不必论"①。郑玄重视《周礼》，认为"《周礼》乃周公致太平之迹"，希冀以礼济世，以礼制典章的重建来巩固皇权统治，维护社会秩序。

郑注倡导尊礼在尊义的观点，《礼记·郊特牲》曰："礼之所尊，尊其义也。失其义，陈其数，祝史之事也。故其数可陈也，其义难知也。知其义而敬守之，天子之所以治天下也。"郑注："言礼所以尊，尊其有义也。言政之要尽于礼之义。"孔疏："言礼之所以可尊者，尊其有义理也。""若不解礼之义理，是'失其义'。惟知布列笾豆，是'陈其数'，其事轻，故云'祝史之事'也。""言圣人能知其义理而恭敬守之，是天子所以治天下也。"②

经学经历了玄学、佛教的冲击，于唐代重兴。唐初制定国策，以汉为师，以儒为本，经学复兴。唐修《五经正义》，于《三礼》独取《礼记》，盖因《周礼》记典章制度，而《仪礼》专记具体仪式，皆为"礼之末节"。

唐礼学秉承汉经学之治学方法，以训诂考据为主，考证翔实。经学中，唐三礼研究以孔颖达《礼记正义》成就为最。郑注孔疏《礼记》代表了《礼记》学的最高成就，清《十三经注疏》中《礼记》未有新疏，而是用孔颖达《礼记正义》。唐太宗命孔颖达与诸儒撰《五经正义》，《礼记》遂入经书。郑注简奥，孔疏典瞻，二者合二为一，珠联璧合。

孔颖达疏《礼记正义》，以郑玄《礼记注》为底本，强调"礼是郑学"，同时兼采众本，裁定讹误。《礼记正义》对《礼记》多有考释，辨

---

① 皮锡瑞：《经学历史》，中华书局1959年版，第142页。

② （汉）郑玄注，（唐）孔颖达等正义，黄侃经文句读：《礼记正义》，上海古籍出版社1990年版，第503—504页。

析经、记混淆处，校勘文本，订正讹误，疏通经文，并保留有大量异文以备后学参考。对于郑注之简奥难懂，孔疏经、注并注，尊郑学而旁征博引，吸取诸家之说，一一考证郑注之说。孔颖达治《礼记》，贯通三礼，清人陈澧评之，"孔冲远于《三礼》，惟疏《礼记》，实贯串《三礼》及诸经"①，孔疏以三礼互证，疏《礼记》同时疏解《周礼》及《仪礼》。

孔颖达对唐前《礼记》学研究作了简述："于是博物通人，知今温古，考前代之宪章，参当时之得失，俱以所见，各记旧闻。错总鸠聚，以类相附，《礼记》之目，于是乎在。去圣逾远，异端渐扇，故太、小二戴，共氏而分门；王、郑两家，同经而异注。爰从晋、宋，逮于周、隋，其传《礼》业者，江左尤盛。其为义疏者，南人有贺循、贺场、庾蔚、崔灵恩、沈重、范宣、皇甫侃等；北人有徐遵明、李业兴、李宝鼎、侯聪、熊安生等。其见于世者，唯皇、熊二家而已。"②

《礼记正义》对《礼记》一书作者、成书、成篇都有考论，断《礼记》为孔子之言，"七十二之徒共撰所闻，以为此《记》。或录旧礼之义，或录变礼所由，或兼记体履，或杂序得失，故编而录之，以为《记》也"；对《礼记》内容、题旨、要义皆有论述；对《礼记》及郑玄注之发凡起例、篇章结构、修辞文法皆有论述。《礼记正义》以义训、声训、形训三种方法释词；考证人物、名物和礼制。

孔疏于典制考证之外，亦深于义理。孔颖达秉着正儒学的思想，反对以老庄道学释儒，认为老庄之"道德"非儒家之"道德"，认为"《老子》意有所主，不可据之以难经也"。孔颖达认为儒家之道德以礼为核心，所谓"道德仁义，非礼不成"，孔疏曰："道者通物之名，德者得理之称，仁是施恩及物，义是裁断合宜，言人欲行四，事不用礼无由得成，故云

---

① 陈澧、黄国声：《陈澧集》，上海古籍出版社 2018 年版，第 179 页。

② 郑玄注，孔颖达疏：《礼记正义》第一册，北京大学出版社 1999 年版，第 3 页。

'非礼不成'也。道德为万事之本，仁义为群行之大，故举此四者为用礼之主，则余行须礼可知也……今谓道德，大而言之则包罗万事，小而言之则人之才艺善行。无问大小，皆须礼以行之，是礼为道德之具，故云'非礼不成'。"① 道是圣人之道，道、德、仁义礼为一体。

《礼记·礼运》"是故夫礼，必本于大一。"孔疏："'必本于大一'者，谓天地未分，混沌之元气也。极大曰大，未分曰一，其气既极大而未分，故曰大一也。礼理既与大一而齐，故制礼者用至善之大理以为教本，是'本于大一'也。"②

孔颖达释礼曰："夫礼者，经天纬地，本之则太一之初；原始要终；体之乃人情之欲。"认为礼本于太一之初，以人情体会之。人性有欲，故须以礼约之，"夫人上资六气，下乘四序，赋清浊以醇酬，感阴阳而迁变。故曰：人生而静，天之性也；感物而动，性之欲也。喜怒哀乐之志，于是乎生；动静爱恶之心，于是乎在。精粹者虽复凝然不动，浮躁者实亦无所不为。是以古先圣王鉴其若此，欲保之以正直，纳之于德义……道之以德，务之以礼"。孔颖达分礼为尊卑之礼与五礼，五礼为吉、凶、宾、军、嘉五礼，对其起源皆有考述。孔颖达强调礼的意义在安上治民，治国以礼，"纲纪万事，雕琢六情。非彼日月照大明于寰宇，类此松筠负贞心于霜雪。顺之则宗柘固，社稷宁，君臣序，朝廷正；逆之则纪纲废政，政教烦，阴阳错于上，人神怨于下。故曰，人之所生，礼为大也。非礼无以事天地之神，辨君臣长幼之位，是礼之时义大矣哉"！③ 孔颖达视礼为理，他继承了《礼记·仲尼燕居》《孔子家语》的观点，谓"礼者，理也"。孔颖达之重义理，启后世宋儒以理代礼之说。

---

① 李学勤：《十三经注疏·礼记正义》（标点本），北京大学出版社 1999 年版，第 15 页。

② 孔颖达：《礼记正义》，上海古籍出版社 2008 年版，第 939 页。

③ 孔颖达：《礼记正义》，上海古籍出版社 2008 年版，第 1912 页。

三、融"礼"入"理"的宋明礼论

宋代理学疑古之风开，宋明理学家不重经学，重义理旨要而疏于考据，改变了汉唐以来注疏五经的传统，转而求四书之义理，逐渐改造传统儒学，形成宋儒新理学。宋儒认为千余年来儒家礼教为佛教冲击破坏，礼义废弛，宋代礼学的兴起以对抗佛道为目的之一，所谓复兴儒学，重建礼教，其思想文化背景是宋代理学的兴起。由汉至唐，三礼之学皆以郑注为准的，重文字训诂，名物考证；至宋儒，"摆落汉唐，独研义理"①，考证之学，逐渐发展为"辨"之学。皮锡瑞有"汉儒多言礼，宋儒多言理"②之论断，意即"汉儒说礼，考礼之制；宋儒说礼，明礼之义。各有优长，自可兼采"③，指说宋代礼学融"礼"入"理"的理论倾向。

北宋周敦颐释礼："礼，理也；乐，和也。阴阳理而后和，君君、臣臣、父父、子子、兄兄、弟弟、夫夫、妇妇，万物各得其礼，而后和。"④周敦颐即已有"以礼为理"的思想，周敦颐之"理"还不具有后来二程"天理"之"理"的内涵，指的是人伦礼仪规范。

周敦颐之后，张载亦有以理论礼之论："盖礼者理也，须是学穷理。礼则所以行其义，知理则能制礼，然则礼处于理之后。"⑤张载主张理是礼之本，礼在理后，知理然后才能制礼。礼自理出，理涵盖天地万物，则礼非人之专有，故张载认为："礼不必皆出于人，至如无人，天地之理自然而有，何假与人？天之生物便有尊卑大小之象，人顺之而已，此

① 纪昀：《四库全书总目》卷一，中华书局1965年版，第1页。
② 皮锡瑞：《论言理不如言礼之可据》，《经学通论》三，中华书局1954年版，第25页。
③ 张舜徽：《四库提要叙讲疏·礼类叙》，台湾学生书局2002年版，第33页。
④ 周敦颐：《通书·礼乐》，《周敦颐集》，中华书局1990年版，第65页。
⑤ 张载：《经学礼窟·礼乐》，《张载集》，中华书局1978年版，第326页。

所以为礼也。学者有专以礼出于人，而不知礼本天地之自然。"①按照张载的逻辑，天之生物便有尊卑大小之象，而人有尊卑等级之分，是顺天而已，非人为之礼，礼出于天地自然之理，体现了天地自然的秩序法则。张载又认为"礼之原在心"，礼"本出于性"，即礼自人的本性而出。人的本性与天地自然相通，则"知礼以成性，性乃存，然后道义从此出"②。至此，张载完成了礼为理、知礼然后明道义的逻辑言说。

张载的思想为二程所继承，二程程颢、程颐，是北宋中期两位重要的理学家。二程进一步将张载之"理"上升到宇宙本体之"天理"的概念，以"天理"为其自家所立学说之理论核心，"吾学虽有所受，天理二字却是自家体贴出来"③。二程之"天理"，指宇宙间天地万物、自然至人之一切事物的普遍道理和法则，"万物只是一个天理"④。

二程虽未有专门的礼学著作，但其礼学是其理学体系的重要组成部分。二程以训诂为学者之弊病，"今之学者有三弊：一溺于文章，二牵于训诂，三惑于异端"⑤。二程认为今之学者治经首在识义理："古之学者，先由经以识义理。盖始学时，尽是传授。后之学者，却先须识义理，方始看得经。"⑥二程反对汉人以训诂考证解经，认为古代礼制之全貌今已不可考，"孟子之时，去先王为未远，其所学于古者，比后世为未却也，然而周室班爵禄之制，已不闻其详矣。今之礼书，皆掇拾秦火之余，汉儒所傅会者多矣，而欲句为之解，字为之训，固已不可，又况一一追故迹而行之乎"⑦？在二程看来，礼学研究应是探求义理，

---

① 张载：《经学礼窟·礼乐》，《张载集》，中华书局1978年版，第44页。
② 张载：《横渠易说·系辞上》，《张载集》，中华书局1978年版，第192页。
③ 程颢、程颐：《二程集》，中华书局1981年版，第424页。
④ 程颢、程颐：《二程集》，中华书局1981年版，第157页。
⑤ 程颢、程颐：《二程集》，中华书局1981年版，第187页。
⑥ 程颢、程颐：《二程集》，中华书局1981年版，第164、165页。
⑦ 程颢、程颐：《二程集》，中华书局1981年版，第1206页。

"大凡礼，必须有义。礼之所尊，尊其义也。失其义，陈其数，祝史之事也"①。

从"天理"说出发，程颢释礼曰："礼者，理也，文也。理者，实也，本也。文者，华也，末也。"②礼有"理"与"文"两方面，"理"是实质根本，"文"是外在形式末节而已。"举礼文，却只是一时事。要所补大，可以为风后世，却只是明道。"③道即天理，二程认为重要的不在礼文，而在天理。按照二程的理论逻辑，既然天人万物之本质相同，都为天理，而现象上人之秉性各不同，那就要通过灭除人自秉性之不同而达到对天理的体认，即以"存天理，灭人欲"的方式向人的本质——理回归，所谓"视听言动，非理不为，即是礼，礼即是理也。不是天理，便是私欲。人虽有意于为善，亦是非礼。无人欲即皆天理"④。天理与人欲对立，依天理而行，非理不为，即是礼。

程颐认为礼即是天理，是天地之序，"礼只是一个序，乐只是一个和，只此两字，含蓄多少义理"⑤，"大卜尢一物无礼乐，且置两只椅子，才不正便是无序，无序变便乖，乖便不和"⑥。天下自然万物皆按"序"而运行，序即礼，礼即天理，天理自有其运行，"自是理自相续不已，非是人为之。如使可为，虽使百万般安排，也须有息时。只为无为，故不息。《中庸》言：'不见而彰，不动而变，无为而成，天地之道可一言而尽也'"⑦。天理之序落在人事上，便有君臣父子、上下尊卑之别。人

---

① 程颢、程颐：《二程集》，中华书局 1981 年版，第 177 页。
② 程颢、程颐：《二程集》，中华书局 1981 年版，第 125 页。
③ 程颢、程颐：《二程遗书》卷十五，上海古籍出版社 2002 年版。
④ 程颢、程颐：《二程集》，中华书局 1981 年版，第 144 页。
⑤ 程颢、程颐：《二程集》，中华书局 1981 年版，第 226 页。
⑥ 程颢、程颐：《二程集》，中华书局 1981 年版，第 226 页。
⑦ 程颢、程颐：《二程集》，中华书局 1981 年版，第 225—226 页。

伦社会之礼即是天理，"视听言动，非理不为，即是礼；礼即是理"①之说，"上下之分，尊卑之义，理之当也，礼之本也，常履之道也"②。

朱熹继承了二程的思想，将二程之"天理"说发扬光大，建立起自己的理学体系，使得宋代理学成为儒学的新形态，并经官方确立，成为主流学说。朱熹认为"理也者，形而上之道也"③，朱熹将理定义为形而上之道，是天地万物之本源，是其逻辑哲学的本体。"盖尝窃谓先生之言，其高极乎无极太极之妙，而其实不离乎日用之间；其幽探乎阴阳五行造化之赜，而其实不离乎仁义礼智刚柔善恶之际。其体用之一源，显微之无间，秦汉以下，诚未有臻斯理者。"④宇宙万物生生不息恰好可以体验天地之心，《朱子语类》记载："向者先生教思量天地有心无心。近思之，窃谓天地无心，仁便是天地之心。若使其有心，必有思虑，有营为。天地曷尝有思虑来！然其所以四时行，百物生者，盖以其合当如此便如此，不待思惟，此所以为天地之道。"曰："如此则《易》所谓复其见天地之心，正大而天地之情可见，又如何？如公所说，只说得他无心处尔。若果无心，则须牛生出马，桃树上发李花，他又却自定。程子曰：'以主宰谓之帝，以性情谓之乾。'他这名义自定，心便是他个主宰处。所以谓天地以生物为心。"⑤在朱熹天理说的逻辑下，传统儒家的伦理道德体系具有了宇宙本体论的依据，伦理道德具有了先验存在性，"未有这事，先有这理"⑥，君臣之理、父子之理在有君臣、父子之前，

---

① 程颢、程颐：《二程集》，中华书局 1981 年版，第 144 页。

② 程颢、程颐：《二程集》，中华书局 1981 年版，第 749 页。

③ 朱熹：《答黄道夫书》，《朱熹集》卷五八，四川教育出版社 1996 年版，第 2974 页。

④ 朱熹：《隆兴府学先生祠记》，《文集》卷七八，《朱子全书》第二十四册，上海古籍出版社、安徽教育出版社 2002 年版，第 3748 页。

⑤ 黎靖德：《朱子语类》卷一，中华书局 1986 年版，第 4 页。

⑥ 朱熹：《朱子全书》卷九五，上海古籍出版社 2002 年版，第 3204 页。

推及夫妇、兄弟、朋友皆如此。儒家的三纲六纪、礼仪规范也就成为必须无条件遵守的永恒天理。朱熹以理为礼，言："礼即理也"①，主张"克己复礼"，"然己者，人欲之私也；礼者，天理之公也。一心之中，二者不容并立，而其相去之间，不能以毫发，出乎此则人乎彼，出于彼则人于此矣"②。朱熹只有去人欲才能存天理，将人的本质抽象化、本体化，通过"存天理，灭人欲"来塑造道德完人。

"礼"之本为"理"，但天理无行迹可言，"今复礼，便是天理。但此理无形无影，故作此礼文，画出一个天理与人看，教有规矩可以凭据，故谓之天理之节文。制而为礼，则有品节文章之可见矣"③。如果视"礼"为"天理"节文，那么天理则可见矣，制礼是为了体现理之行迹，人之践行礼仪准则，即是遵循天理。

就礼的践行言之，朱熹认为古代典礼分明，而今礼制没落，"古礼学者是专门名家，始终理会此事，帮学者有所传授，终身守而行之，凡欲行礼有疑者，则就质问。所以上自宗庙朝廷，下至世俗乡党，典礼各各分明。汉唐时犹有此意，如今直是无人"④。朱熹认为："礼乐废坏两千余年，若以大数观之，亦未为远，然已都无稽考处。后来须有一个大大底人出来，尽数拆洗一番，但未知远近在几时。"⑤朱熹自觉地承担了重建礼制的责任。

朱熹对儒家原贵族之礼世俗化、平民化，推广至百姓日常礼仪规范。朱熹认为礼的作用在于教化修身，"齐之以礼者，是使之知其冠婚

075

---

① 朱熹：《晦庵先生朱文公文集》，上海古籍出版社2002年版，第2893页。

② 朱熹：《四书或问·论语或问》，上海古籍出版社2001年版，第295页。

③ 朱熹：《朱子语类》卷四二，上海古籍出版社2010年版，第1494页。

④ 朱熹：《朱子全书》第十七册，上海古籍出版社、安徽教育出版社2002年版，第2884—2885页。

⑤ 朱熹：《朱子全书》第十七册，上海古籍出版社、安徽教育出版社2002年版，第2876页。

丧祭之仪，尊卑小大之别，教化知所趋"①。何以教化？朱熹认为礼由日常人伦起步，"古人设教，自洒扫、应对、进退之节，礼、乐、射、御、书、数之文，必皆使之抑心下首以从事于其间而不敢忽，然后可以消磨其飞扬倔强之气，而为人德之阶"②。洒扫、应对、进退之节，这些都是践行礼的过程。朱熹因重视礼的践履性而主张礼因时而变，"'礼，时为大。'有圣人者作，必将因今之礼而裁酌其中，取其简易易晓而可行，必不至复取古人繁缛之礼而施之于今也。古礼如此零碎繁冗，今岂可行！亦且得随时裁损尔。孔子从先进，恐已有此意"③。古人繁缛之礼不可施于今，重建礼学之一要便是建立适行于今的一套礼仪，裁去繁文缛节，使礼可践履，"所谓礼之实者，皆践而履之矣"④。

朱熹建立了一套自己的礼学理论，以理释礼，使"礼"具有了天理本原的属性而不可更改、永恒存在，然后制定了一套具体的礼仪规范，增强礼的践履性，使得儒家礼仪进入百姓日常生活，使礼成为礼教。

明代学者治礼，秉宋人"论说之学"而来，亦讲究推寻义理。明礼学家柯尚迁著有《周礼全经释原》14 卷，认为"武周之治迹，孔孟之作用"皆备于《周礼》，柯尚迁治《周礼》思路是"会众说而折其中，洗千年之晦蚀，决诸儒之壅塞"，在每篇训释之后作"原"以推原经之本义，柯尚迁释礼，与道、法、心等相联系，"盖礼也者，道之体也。法也者，道之用也。心也者，道之管也。道与心一，斯心与政一矣。心与政一，斯法与礼一矣。法与礼一，然后谓之王制也。心与政

---

① 黎靖德编，王星贤点校：《朱子语类》卷二三，中华书局 1994 年版，第 549 页。

② 朱熹：《朱子全书》第二三册，上海古籍出版社 2002 年版，第 3069 页。

③ 朱熹：《朱子全书》第十六册，上海古籍出版社、安徽教育出版社 2002 年版，第 2877—2878 页。

④ 朱熹：《讲礼记序说》，《朱文公文集》卷七四，上海古籍出版社、安徽教育出版社 2002 年版，第 3585—3586 页。

一，然后谓之王道也。道与心一，然后谓之天德也。故程子曰，有天道斯可与王道；张子曰，不闻性与天道而言制作者，未矣。是以君子格物以诚意，慎独以养心，则天德具矣，立诚以动物，由心以行政，顺应以平施，则王道行矣。则地稽天，损益因礼，变通宜民，则制作协乎自然矣。故能会心政礼法为一道，则成周之治"①。柯尚迁以理学解经，视道为核心，礼为道之体，法为道之用，心为道之管，心政礼法为一道，由心以行政，能成周之治。柯尚迁之解经释礼已带有明显的心学色彩。

郝敬著有《仪礼节解》《礼记通解》等，郝敬治礼，亦重礼之精神而非具体仪节，认为"《仪礼》皆古人虚影。学者精神淹贯，方有理全"，讲求治礼得其要，"得其要，即一拜一揖，见古人之精神，不得其要，虽三千三百，不偶而衣冠耳"。故其解《仪礼》，弃郑注孔疏不用，以己见取之，言治礼之方法，"读礼切忌附合，凡礼家言，非出一人一手，世远传疑，安得尽同，但据本文解释，同者自然吻合，异者不妨并存，牵强比附，失之愈远"，"校勘同异，辨正文字，按本演习，如傀儡得场，无生机血脉"②。郝敬亦视礼道一也，"先儒以《大学》《中庸》两篇为道学之要，别为二书，夫礼与道非二物也"③。

王阳明以"致良知"的心学修正程朱理学。其心学体系以心立言，以良知释心，谓"心即理也，天下又有心外之事，心外之理乎？"④"心之虚灵明觉，即所谓本然之良知也。"⑤王阳明认为良知才是天理的体现，圣贤之学即是心学。心即理，则礼亦为理，"礼字即是理字。理之发见，

---

① 柯尚迁：《周礼全经释原·自序》，文渊阁四库全书影印本，自序。
② 郝敬：《仪礼节解·读仪礼》，四库全书存目丛书本，第345页。
③ 郝敬：《礼记通解·读礼记》，四库全书存目丛书本，第641页。
④ 王守仁：《王阳明全集》卷一，上海古籍出版社1992年版，第22页。
⑤ 王守仁：《王阳明全集》卷一，上海古籍出版社1992年版，第15页。

可见者谓之文；文之隐微，不可见者谓之理，只是一物"①。礼是制度节文，乃内在之理之外在体现。而良知之仁义知皆围绕礼而行，"仁也者，礼之体也；义也者，礼之宜也；知也者，礼之通也"②。如此，礼是一切行为的标准，言行举止应合乎礼，心为主宰，礼从修身正心起，"目非礼勿视，耳非礼勿听，口非礼勿言，四肢非礼勿动"，"心者，身之主宰，目虽视而所以视者心也，耳虽听而所以听者心也，口与四肢虽言动而所以言动者心也。故欲修身在于体当自家心体，常令廓然大公，无有些子不正处"③。

王阳明的礼学观代表了心学一派的礼学观，是对程朱理学"存天理，灭人欲"的反驳，认为天理自心而出，行礼当先正心。

四、清儒对"礼"的发挥与总结

明末清初，有识之士反思亡国原因，视空疏游谈无根之王学末流为一大弊病，故黜虚尚实，倡导实学经世。清初以来，"以经学济理学之穷"学术思潮成为主流，清儒治礼一反宋学的空疏，注重文字训诂，核名实，为汉学之路数；通经致用、从训诂求义理的治礼方法明显有别于宋明理学尤其是王学末流空谈义理之空疏弊病。

顾炎武首开清代学风之先，治于经学，旨在"以明道也，以救世也"，达到"明学术、正人心、拨乱世，以兴太平之事"④之经世致用目

---

① 王阳明：《传习录》，中州古籍出版社 2008 年版，第 38 页。

② 王阳明：《语录文录四·礼记纂言序》，《王阳明全集》卷七，上海古籍出版社 2014 年版，第 338 页。

③ 王守仁著，吴光等编校：《王阳明全集》（新编本），浙江古籍出版社 2010 年版，第 130—131 页。

④ 顾炎武：《日知录集释》，花山文艺出版社 1990 年版，第 9 页。

的。顾炎武有感于明末清初世风浇漓、礼教衰弛，强调以孟子的"君子以仁存心，以礼存心"（《孟子·离娄下》）的观念修身养性，而仁与礼从学问中求，"未有不学问而能明者也"（《日知录》卷七，《求其放心》）。顾炎武希冀士人"博学于文"，返于六经之学，依圣人之道，以期教化，民风重归于淳。以经学为本，顾炎武治礼重在"教化纪纲"，所谓"转移人心，整顿风俗，则教化纪纲为不可阙也"①。

顾炎武认为"礼者，本于人心之节文，以为自治治人之具"②，礼是自治治人之具，"周公之所以为治，孔子之所以为教，舍礼其何以焉"③。在其《日知录集释卷七·未有义而后其君者也》中认同《礼记·哀公问》中的"非礼无以节事天地之神也，非礼无以辨君臣、上下、长幼之位，非礼无以别男女、父子、兄弟之亲，婚姻疏数之交也"。礼关乎社会安定，尊卑等级，长幼有序，关乎人伦纪纲，是维护社会秩序的重要手段。顾炎武认为礼虽春秋以来多有其变，但"辨上下，别亲疏，决嫌疑，定是非"（《亭林文集》卷二，《仪礼郑注句读序》）则是礼白三工以来未曾变过的作用。

顾炎武治礼，虽未有专著，但治学有方，提出"因句读以辨其文，因文以识其义，因其义以通制作之原"④的研经治礼的方法，在其著作中，对三礼之学多有考证，影响了后来乾嘉学者的治经治礼思想和方法。

---

① 顾炎武：《与人书九·亭林文集·卷四》，《顾亭林诗文集》，中华书局 1959 年版，第 93 页。

② 顾炎武：《亭林文集卷二·仪礼郑注句读序》，《顾亭林诗文集》，中华书局 2009 年版，第 84—85 页。

③ 顾炎武：《亭林文集卷二·仪礼郑注句读序》，《顾亭林诗文集》，中华书局 2009 年版，第 85 页。

④ 顾炎武：《亭林文集卷二·仪礼郑注句读序》，《顾亭林诗文集》，中华书局 2009 年版，第 84 页。

清人治礼，力图纠正朱熹等宋明理学家、心学家治礼空谈义理之弊，而注重礼之践履，弃理言礼，戴震即主张"理义非他，存乎典章制度"，认为理学应根于经学。戴震治礼，倡"理存于礼"之说。戴震认为理"察之而几微必区以别之名，是故谓之分理、条理"，条理即礼，"何谓礼？条理之秩然有序，其著也"，"礼者，天地之条理也"①，认为理在礼重，只有切实践履礼，才有秩然有序之条理。因此，戴震礼学研究重礼制的辨析考证，"以古礼正今俗"，并从逻辑上言明理在礼重，其礼学思想为凌廷堪继承并阐扬。

乾嘉时期礼学家凌廷堪治学，长于考据，尤专礼学，撰《礼经释例》13卷，作《复礼》3篇。凌廷堪的礼学研究代表了乾嘉礼学研究的高峰。乾嘉之际，汉宋之争日趋激化，经学开始出现汉宋兼顾倾向，正如陈居渊先生所言，"恪守考据传统的学者的学术研究已游离汉学的藩篱，那些曾经为考据家所轻视的理学经典与理论再度回归到学人的视域中来，他们对宋学中关于人的自然欲望与社会道德责任的命题进行了新的论证和解读"②。凌廷堪的礼学研究体现了兼采汉宋的倾向，以考据为本，兼顾义理以致用。乾嘉学者治经严格区分经与传、注、疏、解之别，凌廷堪视《仪礼》为礼之本经，故专于《仪礼》，证以《周礼》《礼记》，走以训诂明义理之治学路径，寻根溯源，阐明古人礼之宗旨本义，旨在通经致用，复归古礼。

凌廷堪反对宋儒理学家"以理代礼"，认为儒学的中心是礼而非理，尝谓："《论语》记孔子之言备矣，但恒言礼，未尝一言及理也。"③认为《论语》都在谈论礼而未尝空言理，"夫《论语》，圣人之遗书也。说圣

---

① 戴震：《孟子字义疏证》，中华书局1982年版，第384页。

② 陈居渊：《凌廷堪"慎独格物说"的礼学诠释》，《复旦学报》（社会科学版）2009年第2期。

③ 凌廷堪：《校礼堂文集·复礼下》，中华书局1998年版，第31页。

人之遗书，必欲舍其所恒言之礼，而事事附会于其所未言之理，是果圣人之意邪？后儒之学本出于释氏，故谓其言之弥近理而大乱真。不知圣学礼也，不云理也，其道正相反，何近而乱真之有哉"①！凌廷堪认为孔子未尝言礼，而后儒不谈孔子所言之礼，而事事讲求理，这是受了释家影响而空言义理，与圣人之学相违背。因之，凌廷堪认为礼才是核心，应舍理言礼，"以礼代理"。

凌廷堪视礼为复性、修身、平天下之本。凌廷堪认为"圣人所以教，大贤所以学，皆礼也"②，"圣人之道本乎礼而言者也，实有所见也；异端之道外乎礼而言者也，空无所依也"③，"礼之外别无所谓学也"④。圣人之礼，乃制定一套社会规范，事皆有礼可依之而行，使百姓遵守这套礼仪规范，维护社会制度，"自元子以至于庶人，少而习焉，长而安焉，礼之外，别无所谓学也"⑤。凌廷堪与二程、朱熹"存天理，灭人欲"相反，凌廷堪从人之本性论礼，认为道和礼相辅相成，道在理（礼），礼（理）中也有道，礼以复性："夫人之所受于天者性也，性之所固有者善也，所以复其善者学也，所以贯其学者礼也，是故圣人之道，一礼而已矣"。⑥

同时他也认为："夫圣人之制礼也，本于君臣、父子、夫妇、昆弟、朋友，五者皆为斯人所共由，故曰道者，所由适于治之路也，天下之达道是也。"⑦从礼制中明白纲理伦常，礼本于人之性。凌廷堪认为礼乐的制定缘于人情，"夫性具于生初，而情则缘性而有之也。性本至

---

① 凌廷堪：《校礼堂文集·复礼下》，中华书局 1998 年版，第 32 页。
② 凌廷堪：《校礼堂文集·复钱晓征先生书》，中华书局 1998 年版，第 221 页。
③ 凌廷堪：《校礼堂文集·复礼下》，中华书局 1998 年版，第 30 页。
④ 凌廷堪：《校礼堂文集·复礼上》，中华书局 1998 年版，第 27 页。
⑤ 凌廷堪：《校礼堂文集·复礼上》，中华书局 1998 年版，第 27 页。
⑥ 凌廷堪：《校礼堂文集·复礼上》，中华书局 1998 年版，第 27 页。
⑦ 凌廷堪：《校礼堂文集·复礼中》，中华书局 1998 年版，第 30 页。

中，而情则不能无过不及之偏，非礼以节之，则何以复其性焉"①？父子之亲，君臣之义，夫妇之别，长幼之序，朋友之序等人之天伦从性情出，而性情由礼来节制，只有以礼来约束言行举止，使天下人、天下事皆依礼而行，整个社会才尊卑有序。因而，只有复礼，才是真正儒家之学。

凌廷堪以礼释慎独格物："性至隐也，而礼则焉者也；性至微也，而礼则显焉者也。故曰'莫见乎隐，莫显乎微，故君子慎其独也'。三代盛王之时，上以礼为教也，下以礼为学也。"②凌廷堪提倡复归古礼，君子慎独，如《礼记·礼器》所言："礼之以少为贵者，以其内心者也。德产之致也精微，观天下之物，无可以称其德者，如此，则得不以少为贵乎？是故君子慎其独也。"凌廷堪释曰："此即《学》《庸》慎独之正义也。慎独指礼而言。礼之以少为贵，《记》文已言之。然则《学》《庸》之慎独，皆礼之内心精微可知也。"③在凌廷堪看来，慎独在强调君子谨慎行礼，发之内心而不拘于形式，在乎内心之德，表现为"礼之内心之精微"。"君子曰：无节于内者，观物弗之察矣。欲察物而不由礼，弗之得矣。故作事不以礼，弗之敬也。出言不以礼，弗之信矣。故曰：礼也者，物之致也。此即《大学》格物之正义也。格物亦指礼而言。礼也者，物之致也。"④物即"礼之器数仪节"，格物指从仪节器物明礼意，进而求礼之精微。

在凌廷堪看来，所有的学问都在礼，百姓修习从"士冠之礼""聘

---

① 凌廷堪：《校礼堂文集·复礼上》，中华书局1998年版，第27页。
② 凌廷堪：《校礼堂文集·复礼上》，中华书局1998年版，第27—28页。
③ 凌廷堪：《校礼堂文集·慎物格物说》，《凌廷堪全集》三，黄山书社2009年版，第144页。
④ 凌廷堪：《校礼堂文集·慎物格物说》，《凌廷堪全集》三，黄山书社2009年版，第144页。

觌之礼""士昏之礼"到"乡饮酒之礼"等一整套具体的礼仪规范，此即为道。钱穆先生对凌廷堪之理论观点留有质疑，他评价道："次仲十年治礼，考核之精，固所擅场，然必装点门户，以复礼为说，笼天下万世之学术，必使出于我之一途，夫岂可得？此皆当时汉学家意气门户之见驱之使然，亦不必独病次仲也？"[1] 凌廷堪通过训诂求义理，"以礼代理"而探求孔孟之道，他的礼学主张为之后礼学家孙诒让继承并有所发展，引发晚清重礼思潮。

晚晴曾国藩是"中兴名臣"，亦是学者，"无学不窥，默究精要"，从治学到治功，有"国藩事功，本于学问"之说，反映了其经世致用思想。礼学是其治学重心。曾国藩认为礼治是治世根本，"圣人经世宰物，纲维万事，无他，礼而已矣"。"先王之道，所谓修己治人、经纬万汇者何归乎？亦曰礼而已矣。"[2] 曾国藩认为"隆礼"是古圣人先儒之道之根本："至圣暨先贤先儒将欲黜邪慝而反经，果操何道哉？夫亦曰：'隆礼'而已矣。先王之制礼也，人人纳于轨范之中。白其弱齿已立制防，洒扫沃盥有常仪，羹食肴胾有定位，绥缨绅佩有恒度。既长则教之冠礼，以责成人之道；教之昏礼，以明厚别之义；教之丧祭，以笃终而报本。其出而应世，则有士相见以讲让，朝觐以劝忠；其在职，则有三物以兴贤，八政以防淫。其深远者，则教之乐舞，以养和顺之气，备文武之容；教之《大学》，以达于本末终始之序，治国平天下之术；教之《中庸》，以尽性而达天。故其材之成，则足以辅世长民，其次亦循循绳矩：三代之士，天或敢遁于奇门者，人无不出于学，学无不衷于礼也。"[3] 在曾国藩看来，学问宗旨，以礼为归，明礼仪则已明

---

① 钱穆：《中国近三百年学术史》，商务印书馆 1997 年版，第 547—548 页。
② 曾国藩：《圣哲画像记》，《曾国藩诗文集》，上海古籍出版社 2005 年版，第 291 页。
③ 曾国藩：《诗文·江宁学府记》，《曾国藩全集》，岳麓书社 2011 年版，第 83 页。

治国平天下之术。所以说，"盖古之学者，无所谓经世之术也，学礼焉而已"①。

曾国藩治礼学，兼采汉宋，义理与考据兼重，如其自言："一宗宋儒，不废汉学。"②尝言："乾、嘉以来，士大夫为训诂之学者，薄宋儒为空疏；为性理之学者，又薄汉儒为支离。鄙意由博乃能返约，格物乃能正心，必从事于《礼经》，考覆于三千、三百之详，博稽乎一名、一物之细，然后本末兼该，源流毕贯。"③曾国藩的逻辑前提是以礼治人，则先要考证古礼，礼非考据不明，而后能以礼"经纶万物"。考据为方法，义理为指归，就义理言之，礼在内为修身，在外为经世，"修身、齐家、治国、平天下，则一秉乎礼。自内焉者言之，舍礼无所谓道德；自外焉者言之，舍礼无所谓政事"④。

晚清黄以周师承其父黄式三，黄式三认为"经无汉宋"，主张"取汉宋之所长者兼法之"，讲究实事求是之学，"天下学术之正，莫重于实事求是"。黄式三治礼，宗义理而不废考据训诂。黄式三认为"礼者理也，古之所谓穷理者，即治礼之学也"，作有《复礼说》《崇礼说》《约礼说》三篇以阐其旨。《复礼说》以孔子"克己复礼为仁"为理论基点。基于此，黄式三进一步提出崇礼之说，"君子崇礼以凝道"，"去礼而滥问学，所道或流于支离"，这是批判汉学之重考据训诂而轻义理，明言"不崇礼即非至德，何以能凝至道"，主张会通汉宋之学，而求理之方法则在约礼，故有《约礼》篇。黄以周承继其父思想，亦主张兼采汉

① 曾国藩：《曾国藩全集》第十四册《诗文·孙芝房侍讲刍论序》，岳麓书社1986年版，第256页。

② 曾国藩：《书信二·复夏弢甫》，《曾国藩全集》，岳麓书社2011年版，第12页。

③ 曾国藩：《曾国藩全集·书信二》，岳麓书社1994年版，第1576页。

④ 曾国藩：《曾国藩全集·日记二·同治五年九月》，岳麓书社1995年版，第1305页。

宋，各去其弊，各取其长，"去汉学之琐碎而取其大，绝宋学之空虚而核诸实"。黄以周倡导"礼学即理学"之说，其说秉顾炎武"经学即理学"思想而来，尝言，"经以载道，经学即是理学"，并谓"读《日知录》可会之"，主张通经以求义理。关于礼与理之关系，黄以周指出："圣门之学者，重约礼。礼者，理也"，谓"考礼之学，即穷理之学"。穷理之目的何在？黄以周认为："古人言学，近之以治其身心，远之以治其国家，不越乎礼。礼也者，诚正之极则，治平之要道也。"[①]穷理在于近治身心、远治国家，而治身治国无非礼，则考礼即穷理也。

晚清孙诒让作有《周礼正义》《周礼政要》等著作，孙诒让以《周礼》为"致太平之书"，认为应习古之政教用于当世，认为古今政教不同在于"其治之迹与礼俗之习已耳"，但"政教之闳意眇恉，固将贯百王而不敝，而岂有古今之异哉"，政教不同在制度器物层面，但政教之闳意眇恉所宣扬的民本主义古今无不同，所谓"学无新旧，惟其致用"，这是孙诒让研习周礼以经世致用的逻辑立场，意在由"考礼"而"用礼"，由"治经"而"用世"。

有清一代，经学复兴，其中礼学又为最著。顾炎武开清代之学风，治礼讲究明道救世。顾炎武治礼主张影响后世诸儒，至清中叶崇礼思潮兴起，凌廷堪提出"以礼代理"说，主张兼采汉宋之学，一方面体现了乾嘉学术重考据训诂的特点，另一方面也表现出经世致用的思想主张，所谓"考订礼制的目的，是在制度中求取治世之方"，可以说治礼学旨在寻求治世良方，以考据为手段，以治世为目的。凌廷堪考古礼以用世的思想为孙诒让继承。晚清曾国藩治礼亦以治世为要，会通汉宋之学；曾国藩之后，黄以周"礼学即理学"思想定型。

085

---

① 黄以周：《答周官问》，《儆季杂著》文钞四，《定海黄氏遗书》，同治、光绪年间刻本。参见史革新《清代理学史》（下卷），广东教育出版社2007年版，第404页。

第三节 "礼"与近现代文明

一、礼观念与近代道德体系建设

（一）礼的起源和发展

结合前论，中国古代的礼，是古代社会的生活规范、规矩，包括等级秩序等。古代礼的本质是统治阶级维护自身统治的工具。之所以成为工具，是因为遵循封建统治者"制礼作乐"之"礼仪"的"礼"能成功维护封建统治内的所谓"稳定"与"和谐"，避免造成冲突和动荡。在这个意义上来说，"礼"并不是真正意义上的以"仁"为本。

关于"礼"的起源有两种说法：第一，维持家庭和部落的秩序，也就是"等级礼"；第二，表达善意，"善意礼"。两种起源说各有道理。很显然，古代礼属于前者。随着时代与社会的发展，固定于等级的礼逐渐成为一种礼节、善意和仪式的表达，从时间节点上，它更晚；从适用范围上讲，它更为普及；从级别上，它更高级。综合这三点，可以看出，善意礼是高于、晚于等级礼出现的更趋现代社会文明要求的礼观念。很多学者认为礼起源于西周时期。其实在中国传统文化范畴中，作为一个观念存在的礼观念的形成是在春秋争霸时期才逐步得以形成的。因为礼观念的出现和礼制度的出现是两种概念，两种路径，亦即说它们是两回事。"善意礼"的出现既是人类社会活动范围扩大的标志，也是人类平等价值观逐步实践的标志。

随着时代的发展，尤其是中西文化融合与交流，"等级礼"越来越趋向于"善意礼"，英国资产阶级革命、法国大革命和美国独立战争等使西方资产阶级思想传入了封建中国，"自由、平等、博爱"的思想使

"等级礼"向"善意礼"靠拢。再之后的戊戌变法、辛亥革命、五四运动等，改革、科学、民主等观念的逐步深入人心，都使"等级礼"不断遭到削弱，人们对"善意礼"的呼唤也越来越高，这体现了"礼"发展的时代进步性。

（二）近代道德体系的建立

宋代以降，中国的传统道德观一直是以"三纲五常"为主流，把培养注重"私德"的圣贤君子作为目标，以此来维护封建王朝的统治。换言之，中国的传统道德观是封建王朝维护自身统治的一种工具。鸦片战争之后，西方列强用坚船利炮打开了中国闭关锁国的大门，随之而来的西方文化和思想观念对中国的传统思想造成了猛烈的冲击，中国以"礼""仁"为核心的传统道德观开始了其近现代化进程。

梳理这一近现代化进程，可以发现其道德体系有两个比较大的转变：

第一，从传统的"三纲五常"到追求"自由、平等、人权、博爱"的转变。

道德是时代的产物，道德思想的产生与当时社会政治经济文化的发展水平紧密联系，社会政治经济文化的发展影响人们对道德的认识水平和其所到达的高度。近代以降，随着中国资本主义的发展和西方资产阶级思想的传入，顽固派和洋务派顽固地坚守着封建统治之根——三纲五常，而与此同时，具有近现代先进思想的中国人不断地对封建思想进行猛烈的抨击。这种从传统的"三纲五常"到追求"自由、平等、人权、博爱"的转变就是近代的大同思想。但是这一大同思想又有别于古代修身齐家治国平天下的儒家传统的大同思想。其中最具代表性的人物就是严复、康有为和梁启超。他们的大同思想是特定历史时期、特殊历史语境、特定社会现实、特定社会背景和特定现实需要的合力形成的。这里既有西学东渐现实条件下对西学的具体运用，也有对列强国力、科技、文化等的具体思考，更有对社会现实的整体观照。

严复在《天演论》中批判道德不变论，主张实行维新变法。康有为秉承严复观点，他在其著作《新学伪经考》中以今文经学的思想对古文经学进行了严厉的批判。他尤为强调"人道主义"和"天赋人权论"。康有为认为，正因为古文经学对孔子的歪曲，才使"公理不明，仁术不昌，文明不进，昧昧两千年，瞀焉惟笃守据乱之法而治天下"①。梁启超批判封建体制的压迫，认为人的自由和平等权利是上天赋予的，是不可以被剥夺的。他批评"三纲五常"是统治者创造的，是统治者愚民的工具。封建礼教不仅使人丧失了自由、平等、独立的权利，还束缚了劳动力，阻碍了社会的发展。他和康有为一样，一方面，大力宣传西方资产阶级的"天赋人权"思想，另一方面抨击封建专制制度和传统的纲常伦理。谭嗣同少年气盛，青年得志，其经历、处境决定了其个性，相较严复和康有为，更显犀利、泼辣和尖锐。他尖锐地指出，封建君主专制制度之所以能够"虐四万万之众"，是由于它"赖乎早有三纲五伦字样，能制人制身者，兼能制人之心"。"文化之消长，每与日用起居之繁简得同式之比例。……教化极盛之国，其言者必简而轻灵，出于唇齿者为多，舌次之，牙又次之，喉为寡，深喉则几绝焉。发音甚便利，而成言也不劳；所操甚约，而错综可至于无极。教化之深浅，咸率是以为差。"②梁启超作为在中国近代史上明确提出"废君权、倡民权、变不平等为平等"的纲领性口号的思想家，他对于封建道德的批判毫无保留，毫无情面，也为他实现道德革命的设想做了思想和行动等方面的充分准备。

---

① 康有为：《大同书》，中州古籍出版社 1998 年版，第 108 页。
② 谭嗣同：《仁学·谭嗣同全集》，中华书局 1998 年版，第 361—362 页。

第二，从关注"私德"到崇尚"公德"的转变。

中国的传统道德建设，是以培养个人典范——"君子"为目标。儒家思想代表人物孔子对人物的品评带有明显的二分法，非君子即小人。所以君子既是士大夫的人格高地，也是统治者和大众的价值追求。而对于如何成为君子，靠的就是礼乐。《礼记·乐记》讲："礼乐之说，管乎人情矣。"无论是礼乐政治还是礼乐文明，都说明礼乐的施行来源于或者说最大的动力是人内在善行、君子修为的启蒙，而不是外在强制力量的规定性执行。所以封建社会最为主要的政治实践方式也是重教化，是顺应人性的教化作为维护统治的根本。但问题来了，君子盛行或者说追求君子盛行的时代，为什么我们却在西方坚船利炮的侵略面前如此不堪一击？为何泱泱清朝的国都居然在几千侵略者的攻击下就沦陷？我们的国力为何如此衰败？我们的经济为何如此凋敝？随着近代西方思想的传入，越来越多的人意识到中国民众讲究私德而缺乏公德意识。他们过于关注个人品行、内在修为等体现私人领域的道德品质，而忽视规则、制度、信仰、选择等公共道德天地。近代的一些思想家认为公德的缺失正是中国国力衰落，并最后导致落后挨打的原因。

具有西方先进思想文化的中国人意识到要使国家富强，人民富足，就必须要开展"兴民德"的工作。鲁迅先生弃医从文的行动，"救救孩子"呐喊都对中国国民的劣根性——愚昧、麻木、封闭进行了切肤之痛的疗救。救国救民应该从唤醒国民意识做起；而要唤醒国民意识，则必然要提高中国人缺失已久的公德意识做起。无疑，其道德价值更多地体现了公德意识的、盛产伦理思想家的西方成为我们借鉴的他者。

在如何对待、吸收、借鉴西方伦理道德价值，因政治立场、学术眼光和价值追求的不同，体现出了两种迥异的取径方式：一种立足于中国文化传统，吸收西方近代道德观念。康有为、严复、谭嗣同、梁启超都支持这一种观点。梁启超在肯定中国传统道德的同时，盛赞西方"自由、平等、博爱"的思想观，强调学习西方重视公德的思想观。另一种则是以西方的"自由、平等、博爱"的人道主义伦理道德为纲领，融合中国传统道德。孙中山、蔡元培都十分支持这一种观点，并为之努力了很久。比如孙中山一生努力践行"三民主义"，来表达他对西方近代人道主义伦理道德的赞同和支持。

（三）礼与近代道德体系构建

随着西方资本主义思想的传入和先进国人的觉醒，重新建立和近代社会相适应的新的道德体系已经是顺势而为、自然而然发生的事情。秉承批判继承、古为今用的基本原则，在近代注入时代内涵的新兴发展的"礼"已经为新的道德体系发展提供了肥沃的土壤。

第一，礼缘于人情的本质为近代道德体系的构建提供了人性基础。作为千百年来的人情社会，礼本来就是为了适应人生情感的需要而设立的，会随着世间人情的变化而变化。孟子所谓"恻隐之心，人之端也"，言下之意道出道德的源泉在于人的感情。人的内心本有感情和理智两方面，礼仪和道德既要符合情感也要符合理智，需要兼顾情和理。比如亲人的离世，单单从理智上来看，人死不能复生，也没有灵魂的存在，那么举行丧礼就失去了意义，但是人们还是大张旗鼓地举办丧礼，这就是源于人情，为了求得心灵的慰藉。在封建传统伦理道德——三纲五常的束缚下，人们的感情被长久地压抑，随着西方"自由、平等、人权、博爱"的思想传入，国人越来越有发泄情感的需要，所以中国近代的礼仪更多的是朝着追求人本身发展的"善意礼"发展，道德体系因此也从"三纲五常"变成了追求"自由、平等、人权、博爱"，从关注"私德"到崇尚"公德"。

第二，礼应时而生的特点为近代道德体系的构建提供了流变依据。

《礼记·礼器》所言"礼时为大"，意即道德礼仪要随着时代的发展而发展，顺应时代的变化而变化。只有根据当时社会的发展制定的道德规则，才是真正有用的社会道德。中国社会传统道德文化之所以在近代受到猛烈抨击，是因为当时的社会现实条件决定了"三纲五常"并不适用于当时受到西方"自由"思想冲击的中国社会，近代的道德体系的构建必然会伴随传统道德伦理瓦解、新的道德体系建立的过程。古代的礼仪制度立足于维护统治者的家天下，繁文缛节，等级森严，既不适应环境越来越开放的近代，也不适合生活节奏越来越快捷的近代。再加之西方"自由、平等、人权、博爱"的思想传入，近代道德体系对于中国传统的"礼仪"应该是有选择地继承了中国的"善意礼"，舍弃了很大部分"等级礼"。

第三，礼流而不息的特质为近代道德体系的构建提供了发展脉络。礼随着时代的发展而发展，随着时代的进步而进步。究其发展脉络，其流变既有变化，更有传承，是在传承上的变化，也是在变化上的传承，流而不息，芳载千古。近代道德体系的构建一样秉承礼的渐进式变化模式，是遵循在继承传统礼的基础之上的建构、流变与发展脉络。一方面，道德具有相对独立性，不会随着社会经济的变化而立即变化；另一方面，道德具有内在积淀性，不会与社会经济的变化完全同步。礼本来包含文与质两个方面的内容，但礼到最后出现了文胜质的趋势，礼的表面形式胜过了礼的本质。在近代礼的发展中，越来越多先进的中国人强调应注重礼的本质，强调质胜文，提倡甚至真正舍弃表面形式上的"繁文缛节"。

二、礼乐文明与西方文明

礼乐文明与西方文明既是在从内涵到外延、从体系到方法、从追求到实践等诸多方面迥异的两大文明，又是既对立又融合、既冲突又交流的两大文明。

（一）礼乐文明的价值内核

中国人谈到历史，尤其是关于礼的历史，都不可能忽视夏、商、周这三个朝代。中国的历史，800 年的周朝一直有尚文的特色。尚文的主要表现就体现在以礼乐教化对人民进行统治与管理，从管理成效看，较商朝晚期的无道、杀伐、暴政更具统治效果。持之以恒的审美教化虽然在短时间内成效不彰，但是显然比强制统治更易为人们喜闻乐道，更易于接受。对此，顾颉刚先生表示，中国文化的基本格局在春秋战国时期就已经基本奠定了，在以后漫长的社会发展过程中，它只有量变，而没有质变。中国文化以"礼"为灵魂的局面是从殷周之际开始的，周公制礼作乐，中国文化成为一个道德理性的文化是从周开始的。王国维在评价这一伟大创举时曾讲："其制度文物与其立制之本意，乃出于万世治安之大计，其心术与规摹，迥非后世帝王所能梦见也。"① 从人性出发的礼乐教化的审美政治之于国家长治久安更具实际效果，更易于为人们习惯、接受，也更具重要性。所以礼乐文明的核心价值在于内生于人之本性，外发于审美感受，至诚于礼乐教化。

《左传》在叙事时常常会提到周公的思想，《左传》注释《春秋》，《春秋》记载了鲁国的十二个公、两百多年的历史，其中第一个叫鲁隐公。鲁隐公有一天到棠这个地方，看到有人在捕鱼，想上前去看，下边马上就有人站出来大声劝他，你是一国的诸侯，你怎么能去看这个东西，诸侯有诸侯应该做的事情，你不能做那些不该是你做的事

---

① 王国维：《殷周制度论》，载《王国维全集（第八卷）》，浙江教育出版社 2009 年版，第 320 页。

情。鲁隐公坚持去看，于是《春秋》把它记下来，说"五年，春，公矢鱼于棠"。显然，大家是把他平庸执政、不听劝当作笑料来听。类似像这样的故事在《左传》里有很多，对一件历史事件的评论通常是"礼也""非礼也"，就是评判有没有道德，符不符合道德理性。《乐记》更是强调"礼也者，理之不可易者也"。解释来说就是，礼是不能替代的法则。

在这里，礼就上升到了法的功能。显然，关于礼的功能，并不仅仅是法这一种功能。它还有一些其他的讲法和意义。比如：礼防、礼治、礼制、礼教等等，《坊记》的坊，通防，取提防的意义。礼使情感欲望的表达有所节制，防止过度。礼治的治，包含水治和刀制，涵盖很多面，礼乐刑政四者相协调才叫"礼治"。而礼制仅仅只是刀制的制，强调制度、体制层面，与"法"是相关的。礼乐文明中"乐"的功能也有很多种。"审一以定和""致乐以治心"等，都是人们耳熟能详的著名论断。乐是礼乐刑政四种治理社会的方式之一。礼教和乐教相配合，构成了礼乐文明，在中国古代社会发挥了无可替代的作用，也可以称为"礼乐之治"。礼乐礼乐，还是以礼为中心，乐为重要补充。从根本上来说，礼教使社会有序化，乐教则使社会和谐化。

因本书将另辟章节专论"乐"范畴，此处不做过多探讨。

（二）西方文明的独特取向

西方文化源于宗教文化，认为人性是恶的。这要从亚当和夏娃说起：亚当和夏娃不听上帝的话，偷吃禁果，为了表示惩罚，上帝把他们赶走。尽管这样，上帝仍然不解气，为了表示更严厉的惩罚，就给他们订下了一个契约：你们的孩子生下来以后，他们的灵魂里都会有一个与生俱来的魔鬼——撒旦。这个撒旦在你体内会怂恿人去做坏事，所以人们需要向上帝祷告，否则，就会无恶不作，称为恶魔。根据韩水法教授的理解，西方文明的核心因素大体可以分为四个方面①：

第一，是西方社会—历史中的核心观念。简言之，一是古希腊文明的内涵，包括哲学、科学、文化、艺术以及政治、法律等观念。二是宗教信仰及其观念，主要是基督教。三是启蒙运动之后的核心理念，涵括理性、自然、实证、教育等。以上诸种观念构成西方社会的价值准则和政治制度，构成西方文明的行为准则和动力源泉。

第二，西方社会的核心制度。包括法律制度、民主理念、资本主义与市场经济、西方大学和学术制度。

第三，西方社会—历史上的决定性事件。即：

（1）文艺复兴的重要性在于它使西方社会与其古典辉煌而伟大的文明恢复了联系；

（2）宗教改革，它标志了全部基督教祛巫历史过程的逻辑终点；

（3）启蒙运动奠定了现代西方文明基础；

（4）法国大革命，直接导致了《人权与公民权宣言》以法律形式确立自由财产、安全及反抗压迫公民权利。

第四，西方独特的精神产物。西方的文学、艺术、建筑、音乐和体育等，都是体现西方文明精神独特性的形式，它们是西方文明最为生动、活泼的部分，是西方文明中性情的表达。比如：（1）古希腊的建筑和雕塑；（2）古希腊神话和史诗；（3）文艺复兴以来的西方绘画；（4）古典音乐；（5）古典舞蹈；（6）现代艺术；（7）电影。

关于西方文化，有很多种说法，其中有汤因比的文明整体论和文明多元论，还有欧洲文明中心论等等。西方文明在世界文明史上确实占有举足轻重的位置，它代表了先进的人文思想和理性思维，但与此同时也

---

① 韩水法：《如何理解西方文明》，《华东师范大学学报》（哲学社会科学版）2008 年第 1 期。

存在着许多弊病，需要通过像中国文明这样的东方文明来摆脱其自身所存在的危机。

（三）礼乐文明与西方文明的差异

礼乐文明是与西方文明迥异的一个独特的存在。二者在很多方面存在着巨大的差异。这种差异与文化氛围、入思方式、社会结构、经济水平甚至地理气候都有千丝万缕的联系。概括起来说，二者的差异主要体现在以下几个方面。

第一，是此岸与彼岸的交汇——礼乐文明和西方文明在哲学体系上不同。古希腊哲学重"智"，中国古代哲学重"仁"。重智则爱智，爱智则注重客观的知识系统，重人则爱人，爱人则导致"仁学""心学"发达。

第二，是内在与外在的碰撞——礼乐文明和西方文明在时间方式上不同。二者虽都关注人的发展和实现，关注德性，但是礼乐文明重视内在形塑，西方文明关注外在建构。如在人的自我实践过程中，亚里士多德认为自我完成不是一个统一的过程，人类功能各个部分的不同使成长过程不同，而孔子孟子无论性善行恶都认为人是一个本性。

第三，是理想与功利的激荡——礼乐文明和西方文明在价值判断上不同。礼乐文明是对人性的拷问，是一种理想主义的追求，西方文明是建立在物质世界的基础上对现实世界的驾驭，带有极大的功利主义倾向。

第四，是自律他律并重与他律的对举——礼乐文明和西方文明的道德建构方式上不同。礼乐文明中的礼，主外，是一种强制性规范行为，具有他律的倾向，乐，主外，动于内心，用于对礼的补充与深化，属于自律型。所以礼乐文明当下意义的彰显就在于其道德他律和自律的齐头并进。显然，西方文明的法律制度、宗教制度等均属于外显的他律型的强制性规定。

20 世纪末期一直到 21 世纪的到来，全球化浪潮席卷全球。21 世纪被许多人称为新的"轴心时代"，新的轴心文明时代或第二轴心时代是国际学术界对未来世界文化发展的一个广泛认识，今天的信息的衍生使得文明的对话变得更加频繁。在这个大数据时代乃至人工智能时代，人们对世界的认识以及国家制度内容和社会道德观念、行为方式、生存方式、生活方式等都发生了极大的变化，机器、技术、媒介等在日常生活中的地位与作用前所未有，前所未见。价值和意义的评判标准着眼于现实世界的功利主义与享乐主义，追逐名利的极端倾向使人们更易于变得浅薄、浮躁、脆弱。

在德国学者卡尔·雅斯贝尔斯眼中，孔子与苏格拉底、佛陀以及耶稣并列，都是"轴心文明"的思想创造者。他说道："在这个时代产生了我们今天依然要借助于此来思考问题的基本范畴，创立了人们至今仍然生活在其中的世界宗教。"新的轴心文明时代表明，21 世纪随着世界经济的全球化，各种文明都会相互合作、互通有无、交流融合。最基本的欧洲文明、中国文明、印度文明、阿拉伯文明都将在相互交流与对话中贡献各自文明的生态智慧。雅斯贝尔斯认为，在古代的希腊、印度和中国都提出过探求人类生存的根本问题，力求解放，为自己树立最高目标的"轴心期"命题。[①] 这个时代，中国传统的礼乐文明，对功利性的现实世界的工具理性和价值理性更具参考价值。

（四）礼与现代人文精神

关于礼的定义，在第一章已经讨论论过，在此不再赘述。而关于人文精神，有很多种说法，这里选取几种具有代表性的观点：人文精神是人类对完满人生和理想社会的追求；人文精神是对人存在意义的关注；人

---

① 参见高尚：《从歌颂古代到追求未来》，《牡丹江大学学报》2018 年第 9 期。

文精神追求人的终极价值和终极关怀；人文精神是人类的理性态度；人文精神是人类文化的根本精神。《易传》中第一次出现"人文"一词，意指人际间相互关系的准则。

中国人文精神形成于唐尧、虞舜、夏禹时期，那时中华民族就形成了丰厚的人文传统，古代圣贤尧、舜、禹、汤、文王、武王和周公都以他们的高尚的品格和精神铸就了中华民族特有的人文精神，表现为"重人""敬德"。《礼记·礼运》云："故人者，其天地之德，阴阳之交，鬼神之会，五行之秀气也。故大秉阳。垂日星；地秉阴，窍于山川。播五行于四时，和而后月生也。是以三五而盈，三五而阙。五行之动，迭相竭也。"从表面上看，这里人生论的五行理论具有一些唯心主义倾向，业已为时代所不容。但是理论的背后却具有很强的指向性和意向性。这种具有意向性的本根意识，其实就是我们今天所说的"人文精神"。这也是最早的关于中国人文精神的文字表述。无论儒墨道法诸家，无不以人间伦常、现实政治为务，"舍诸天运，征乎人文"成为中国文化的主要价值取向。从历史与现实考虑，礼文化与人文精神都有天然的联系。而在欧洲在文艺复兴之后，人文精神出现了危机，于是很多主流思想家对人文精神进行了多路向的反思、重估与再建。

首先是价值体系的重估。人是理性和非理性的统一，现代人文精神的危机与理性主义价值观对人的非理性世界的忽视有直接关系。因此反对理性主义的过度，恢复人的非理性世界地位，重估人类价值体系成为人文精神反思的重要内容。

其次是人道理想的重建。在工业文明条件下，对人的异化状况批判和人道理想的重建，反映人类对传统价值观的超越，也反映人类对新的生活方式的美好憧憬。

最后，人学的自觉。随着科学主义和人本主义对话和融合，文化哲学和哲学人类学兴盛了起来。哲学从本质上来说其实是一种人学，每当人类自我认识陷入人自身设置的陷阱无法自拔时，哲学总是出现一种人类"回归自身"的强烈要求。

而在中国，礼乐文明体系下的中华大地，人文精神一以贯之，表现出鲜明的地域特色、文化特色。作为礼文化灵魂的人文精神具有以下特征：

第一，礼文化与现代人文精神追求和谐同步。"己所不欲，勿施于人""己欲立而立人，己欲达而达人"都是这种同步性的表现。

第二，礼文化与现代人文精神的实践理性同向。忠君爱国、恕己明道等无不强调日常枝微末节的做人之道。

第三，礼文化与现代人文精神都具有极强的家国情怀。孔子的修身齐家治国平天下，《礼记》的"不望其报，君得其志。苟利国家，不求富贵"都是这种家国情怀的显现。

第四，礼文化与现代人文精神都表现出内在与超越、自然与人文、道德与宗教结合的人文特征。

此外，奉献精神、协作精神、担当精神等无不体现出礼文化的影子。

礼乐文明实际上是具有宗教性的人文精神，礼乐文明具有终极人文关怀。礼是人文性的宗教，是道德性人文宗教的自觉。礼不仅是人间的秩序，也是天地、宇宙的秩序。郭齐勇教授说道："我们中国与外国文化的区别，就在于中国有系统的'礼'，而不只是有宗教与法制。这不是说外国没有礼仪、礼貌、礼敬，而是说外国文化中没有礼制，外国文化中虽然很重视礼仪，但是没有把'礼'作为统整性的大文化系统。外国强调的是宗教与法律，中国则强调人文性的礼。礼包含宗教与法律，但不堕入盲从性、排他性的教，也没有堕入太过刚性的法。"[1]《礼运》

---

[1] 郭齐勇：《儒家礼乐文明的人文精神及其现代意义》，《国际儒学论丛》2017年第2期。

借孔子之口回答了言偃的问题："礼必本于天，殽（效）于地"。"天地"指的是人的父母，"天地"有着价值本体含义又有宗教性意义。《礼记》里天神是至上神，对天神的崇拜重于对地神的崇拜，还有对山川诸神的崇拜。除了祭祀上神与自然神，还要祭祀祖宗神灵。如《礼记·孔子闲居》篇中有"五至"（志至、诗至、礼至、乐至、哀至）与"三无"（无声之乐、无体之礼、无服之丧）等思想。

总之，《诗》以道志，《书》以道事，礼以节情，礼以道行，乐以发和。细微末节的日常规定性，需要礼来节制，体现其别，而声音的相感而产生的和谐性需要乐来体现。在别和通的基础上体味或和合或悲哀或欢欣的心态，通过六艺成就真善美的生活世界与人心灵的内在相通，通过具有人文精神的六艺把儒家经典与中西融通的终极关怀和人文情怀统一起来，把礼乐文明与人文精神的内核统一起来。

第四节　"礼"之会通

礼学作为中国传统文化的主流，既是知识分子安身立命的理念和根本，也是社会秩序的伦理和规范，还是我们文化自信的依托和根源。简言之，礼学就是关于"礼"的学问与研究"礼"的学术。

何谓礼？礼是维护封建道德伦理规范的主要工具。礼由祭礼而仪礼而礼制而礼乐，由制度而文化，礼乐制度不仅成为封建社会固化社会秩序的一种行为准则，而且礼乐文化成为中华文明的重要文化根柢。在此基础上发展起来的礼乐文化更是上升为一种伦理道德规范体系、理论形态知识体系和文化系统价值体系。《礼记》开篇曰："道德仁义，非礼不成。教训正俗，非礼不备。纷争辩讼，非礼不决。君臣、上下、父子、兄弟，非礼不定。宦学事师，非礼不亲。班朝治军，涖官行法，非礼威严不行。祷祠祭祀，供给鬼神，非礼不成不庄。"① 这就全面阐发了礼的重要作用。荀子更直言道："礼者，人道之极也。"② 他把"礼"上升到在现实社会如何做人的头等大事的重要地位来看待，他认为最完美的"礼"能够尽善尽美地表达人们的思想感情，具有深厚道理的"礼"是做人的最高准则。作为古代社会尤其是封建社会做人的头等大事、做事的主要行为准则之"礼"的内涵与外延虽然也随着时代的发展而逐渐发展，其意义更趋丰富与完善，但是其来源、本质、功能、体系等基本内容则一以贯之，具有独特的思想资源和理论体系。

人道，关乎社会伦理、人性道德与人类权利。不知礼，不知道人类伦理，难以通伦理；不知乐，不懂人性道德，难以通教化；不知法，不能享有自身权利，难以通——以法律的规则保护自身。中华文明之所以称为礼乐文明，之所以能够迥异于西方文明并成为唯一不间断的文明，正是具有基本范畴又有独特体系的礼学能够让人内外兼修，通人道之不通。在现代大学制度条件下，在国学热逐渐升温的现时代，在中国梦圆梦时刻，"礼学"以其"通人道之不通"的独特魅力，对于回答现实世界是什么，人类社会的责任与义务在哪里，当下社会究竟应该怎么做等终极追问具有价值观和方法论意义，应成为通识教育的主要资源和重要抓手。

一、通伦理：礼与理的变异与融通

众所周知，尚公、重礼、贵和，是儒家伦理道德的基本精神。重礼而重理，礼与理的合一、分野乃至融合，成为儒家伦理的重要内容。

---

① 王文锦：《礼记译解》，中华书局 2001 年版，第 3 页。
② 《荀子·礼论》。

东汉许慎《说文》言："礼，履也。所以事神致福也。从示，从豊。"豊亦声。灵启切。王国维认为："豊，行礼之器也。从豆。象殷墟卜辞■字。"①王国维说："奉神人之事通谓之礼。"（王国维《观堂集林卷六·释礼》）广义上，礼指天文地理、日月星辰、岁令时节、政治制度、社会制度、文化制度、道德伦理、吉凶军宾嘉（五礼）等礼仪规范，在中国传统文化成为无所不包的代名词。我们依礼之起源与礼之流变来分析礼的意义，从其形式与内容、知识与实践、逻辑与结构等方面阐释其意义，大致可以梳理出"礼"的二个方面的主要意蕴：

其一，从来源形式看，礼者体也。从礼的起源与本质看，"礼有三本：天地者，生之本也；先祖者，类之本也；君师者，治之本也。"②这句话的意思是说天地是生命之源，祖先是类群（民族）之原，君（主）师（长）是治理之本。礼，最初是原始社会蒙昧时代对鬼神天地的敬畏而产生的祭祀天地神祇的一种习俗，也就是所谓的盛玉以奉神之器。在人们逐步认识自然改造自然的过程中，"礼"从祭祀天地（生之本）逐步演变为奉先祖之事（类之本），表现为，由民间不成文的社会习俗逐步演变成借助器物、音乐、仪式、辞令和程序进行某一规范化的礼节，由规范化的礼节逐步被固化为一种规定了的仪式，即仪典。并在此基础上进而标明不同等级身份的个人在仪节社会等级中所处的不同的位置，在不同的等级，不同的位置，任何人均不能逾礼而行，即礼制。

概言之，这个礼即体，也就是事物之体貌、体势、体制。这个"体"，规定了万物万事之"序"，人类社会政治经济生活之所以能够合乎规律合乎逻辑地正常运转，是因为"礼"之体的具体规范。无规矩不成方圆，规矩即为其序。"群物皆别"的原因正是礼之"序"。所以《礼

---

① 古文字诂林编纂委员会：《古文字诂林》第一册，上海教育出版社2000年版，第87页。

② 《荀子·礼论》。

记·礼运》这样表述："故先王秉蓍龟，列祭祀，瘗缯，宣祝嘏辞说，设制度，故国有礼，官有御，事有职，礼有序。"对于"礼"之"序"，清人孙希旦云："惟上下一于礼，故官有所御，而事得其职，所行之礼莫不顺其次也序。……故天下国家可得而正之意，而极言其功效之盛也。"[①]人非圣贤，每个人会有耳目口舌等欲望，而欲望无穷，社会资源却有限，纷争不可避免。如何化解这些纷争？以礼之体来区隔每个人，他们在社会生活中的位置不同，所以等级也有不同；因为等级不同，所以自然享用的礼仪不同。反之亦然，从礼仪亦能反观个体、群组的等级与位置。

其二，从制度执行看，礼者履也。任何礼，都有实践、践履的意义在里面。一方面，任何体势，任何仪礼，任何礼制，再完美的制度与仪式，都离不开在现实生活中如何加以贯彻、落实和执行的层面。另一方面，礼也只有在贯彻与执行中才能知道其好坏优劣，也才有改进与完善的可能。天子制礼作乐，需要将礼的"本原"和"实用"完美结合起来。只有完美结合，才是最盛大的天子礼的表现。这既是《荀子·礼论》所谓礼的贵本与亲用的完美结合——"祭，齐大羹而饱庶羞，贵本而亲用也，贵本之谓文，亲用之谓理，两者合而成文，以归大一，夫是之谓大隆"，也是《礼记·大传》所载的"立权度量，考文章，改正朔，易服色，殊徽号，异器械，别衣服"等制度或习俗的多层次概括。

其三，从逻辑关系看，礼者理也。礼的本意是履，理的本意是治玉，二者在本意上具有相通之处。礼的基本原则和具体规定，需要合乎逻辑的"理"这一内核来驱动，来践行。一般来说，礼是后天出现的，理是先天存在的；礼是或然，理是必然；礼是人类社会特有，理是天地万物皆有；礼是可以改进、演化、变革的，理是不能变异、改造、重塑

---

① 孙希旦：《礼记集解》，中华书局 1989 年版，第 614 页。

的。在这几个意义层面，礼与理似乎并不相通。但是《礼记》《战国策》《孔子家语》等典籍都不仅把人之"礼"看作天之"理"而存在，而且都是把"礼"作为本质上的"理"加以阐释并详加利用的。如《管子·心术》："礼者，因人之情，缘义之理，而为之节文者也。故礼者谓有理也。理也者，明分以喻义之意也。故礼出乎义，义出乎理，理因乎宜者也。"仪礼、礼义、义理，是一个礼制的逻辑线条。没有仪式不成礼，没有意义亦不成礼。而义则出于理，礼则意味有理。礼义的合称，揭示出其事物本身所具有的既存乎天地之理义合乎人情道义的一面。显然，礼是自然的天道之理，客观存在的天道作用于人脑，有一个后天接受的问题，自然与对自认的认识，并非对等或者完全对等，很多时候它只是一种倾向或者追求达到天人合一境界的思想与逻辑。礼由自然而物质，由物质而心理，再由心理而自然，其由理到礼，再由礼到理的过程，是一个具有逻辑合理性和圆满美誉度的轮回的相得益彰的过程。一句话，礼就是理。《说文解字》曰："理，治玉也。顺玉之文而剖析之，从玉里声。良止切。""理"的本义就是按照自然的纹理治玉，但在段玉裁的注释和戴震的疏证中，都谈到一个重要的关键词"情"。虽然礼的发展过程也就是用自然之"礼"（理）打造人伦之"礼"（理）或者音乐之"礼"（理）的过程，但无不情动于中，缘情而发。唯其精心打造、精雕细琢，外表粗陋的顽石才能打磨成晶莹剔透的宝玉；唯其情动于中，礼才有生命活力，才有人文情怀，才有绮丽光彩。

通识教育需要通过教育让受教育者在世界观、人生观、价值观方面有一个全面的提升，不仅需要在本体论与认识论方面，对受教育者的日常生活知识、专业学科知识的领会、把握、创新与超越，而且需要在人生观、伦理观与价值观层面，对人生理想的意义进行整体观照，对人的生命本然进行理性思考，对人生的终极目标教学价值判断。专业知识教育并不能较为全面、顺畅地解决个人价值观与人生观的问题。礼（制）

之理的根本目的是将自然人伦关系规范化、制度化，将"礼"作为处理君君臣臣、父父子子关系的行为准则，用"礼"来定亲疏，别异同，辨是非。礼与理的变异与融通，不同与和合，正好赋予了如何把社会道德规范（礼）内化为个人品质品格（理）的内涵、价值与意义。"礼"特别强调了万物万事乃至人类等级的"别"与"分"，从伦理上规定了哪些能做，哪些不能做；哪些该做，那些不该做；都富有独立精神、思辨品质和责任担当的境域。同时，礼是不变之天理在人类社会的反应，是宇宙万物的天体规律在社会生活的体现，是思想等级观念、宗法等级制度的规范性条文，特别是礼依理将各种节制性的东西作用于无穷之欲望并进而体现出依礼而治、即事之治的通伦理的由知识到能力的成功方法，凡此种种，都无不体现出通识教育重在人的培养的核心教育理念。

二、通教化：礼与乐的共鸣与交响

礼仪重分，强调的是礼制的等级强制规定性和不可逾越性。礼理融通，强调的是客观事物与主观意象的交汇。天子制礼，对维护封建统治、促进社会政治经济发展起到了举足轻重的重要作用。但是，作为社会规范的"礼"，正因为它有社会等级强制规定性，不同等级之间的社会分层自然有难以逾越的心理鸿沟，这种鸿沟又潜在地制造着种群之间的社会矛盾、等级之间的情感隔阂。复杂多样的社会仅有强制性规定并不能让时代的链条健康地有条不紊地长时间运转。社会和谐需要润滑剂，时代巨轮的运转同样需要润滑剂。因而社会需要在"礼"不可能担当此阶级调和的重任时用另外一种新的方式和手段——"乐"——这个润滑剂来促进社会层级之间的整合与沟通。奏乐与听乐的"乐"（yue）与"乐"（le）之双方情感互动，言语沟通，而达到情意和谐。在和谐的局面下进一步强化族群认同与归属，并进而促进心灵的共鸣与交响。

礼学视野下的音之所由生的"乐"通于伦理，重于教化。礼与乐的共鸣与交响，才使人类从蒙昧到觉醒，从知识外化到修养内化，从物质纷争到精神互谐，才使社会流而不息，合而同化，才使天地万物归于秩序，有利于社会、人际间的和谐共处。

其一，礼仪重分，礼乐重和。

礼以治外，乐以修内。礼以治道，乐以修心。在先秦，礼的强大的政治意志不容置疑，但乐的丰富的道德精神也同样不可或缺。乐体现了人性人情，强调了礼乐教化。礼之体，乐之用。乐既是移风易俗的重要内容，是化解矛盾的重要手段，也是成就人生理想的重要途径，是实现人生价值的重要砝码。

《礼记·乐记》云："乐者，天地之和也；礼者，天地之序也。和故百物皆化；序故群物皆别。"[①]"乐者，天地之和也"这句话将音乐上升到深层哲学本体高度加以描述，没乐即无和，不和则天地万物凋零，百业凋敝。反之，和谐则合同，则乐兴起。因此《礼记·乐记》又曰："天高地下，万物散殊，而礼制行矣。流而不息，合同而化，而乐兴焉。"[②]"流而不息，合同而化，而乐兴焉"，孔颖达疏"言天地万物流动不息，会合齐同而变化者也"，强调了合同齐同，万物生长发展，万事齐备顺畅，无不是诸合力齐心协力的结果。

一般而言，音乐起源早于文字而产生，甚至早于语言的产生。华夏民族有据可考的音乐文献可谓汗牛充栋。商代末期的音乐肇始，历朝历代的音乐思想"流而不息"，周代有史伯、晏婴"和""同"论；春秋战国时代，有老庄的"道法自然""大音希声""大美""坐忘"，墨子的"非乐"，孔子的"兴于诗，立于礼，成于乐""乐而不淫，哀而不伤"，两

---

① 王文锦：《礼记译解》，中华书局 2001 年版，第 533 页。
② 王文锦：《礼记译解》，中华书局 2001 年版，第 535 页。

汉时期的《礼记·乐记》；魏晋时代的《声无哀乐论》；宋元明清时期的《溪山琴况》《读律肤说》《瑟谱》《律历融通》等一系列重要的音乐文艺思想。这些典籍中仅先秦两汉时期就有多种著作从不同侧面阐明"乐"通教化之功用，仅举数例：

关于音乐种类和作用的如《周礼·春官》："以六律、六同、五声、八音、六舞大合乐，以致鬼神示，以和邦国，以谐万民，以安宾客，以悦远人，以作动物。"

关于音乐审美功能的，如《荀子·乐论》曰："乐者，圣人之所乐也，而可以善民心，其感人深，其移风易俗，故先王导之以礼乐而民和睦。"

关于音乐疏瀹五脏，澡雪而精神的如孔子"乐其可知也。始作，翕如也；从之，纯如也，绎如也，以成"。

通识教育强调客观之礼（理）需要内化为主观之格（品），中间需要解决如何内化、如何用的问题。无论乐有多少种功用，一言以蔽之，礼为体，乐为用。如何使用这个"用"？"礼之用，和为贵。先王之道，斯为美；小大由之。有所不行，知和而和，不以礼节之，亦不可行也。"① 这里孔子借用由子的话强调了礼的作用，指出乐贵在能够和谐。虽然有礼这个强制性制度规范，但是据礼而行并不是一味冷冰冰的或面目可憎的，而是温情脉脉的很有人情味的。如何按照礼来处理一切事情，并让人与人之间、人与物之间的关系处理的恰如其分，恰到好处？"礼也者，动于外者也。乐极和，礼极顺。内和而外顺，则民瞻其颜色而弗与争也，望其容貌而民不生易慢焉。故德动于内，而民莫不承听，理发诸外，而民莫不承顺。故曰：致礼乐之道，举而错之，天下无难矣。"② 不仅需要内和而外顺，而且如何调整人际关系，需要据礼而行

---

① 《论语·学而》。

② 王文锦：《礼记译解》，中华书局2001年版，第558页。

以达和谐。

乐准是音乐的评价标准，其实更是政治的评价标准。乐准有德、和、正、诚、味五则（详见拙著，在此不赘）。[①] 其中一个重要的准则即是乐和。特别是"和"这一评价标准，既是音乐（可以进而推及所有艺术样式）的主要评价标准，也是政治的主要评价标准。和，则乐；乐，则和民之性，则政通人畅，乐者敦和。对个体来说，乐不仅是体之菁，它能够让人内心和畅，慈爱平易，正直大方，气达自然，神通天道，以致平气通津，延年益寿，而且是德之华，它对人类社会整体的道德熏陶具有举足轻重的作用，音乐使人情动于中，身心愉悦，受教者事半功倍，能够让人的人格更趋完美，人性更趋健全。对群体来说，在学科日益细化，社会分工日益明细，知识获取更趋便捷，信息传播到5G与量子时代的当下，好的教育、成功的教育不在于教育者传授了多少学科与专业方面的硬知识，而在于这些硬知识如何变成受教者的能力与素养；与此同时这些能力与素养还必然是合规规范、合乎逻辑、合乎理性的正能力与素养。乐之和（或和之乐），则正具备将礼（理）内化之功效，惟其具备这方面的功用与效果而成为通识教育的重要内容。乐，必然是春风化雨，润物无声，以音乐的乐音愉悦身心；必然是雅俗共赏，潜移默化，以音乐的韵律来感动人民。审一定和，审乐知政，既利于个人，更利于家国。

其二，与民同乐，礼乐教化。

统治者独乐乐不如众乐乐，众乐乐才是王道。所以统治者是否王道，以乐即可窥其端倪。诸子百家见其礼而知其政，闻其乐而韶其德。《礼记·乐记》曰："礼节民心，乐和民声，政以行之，刑以防之。礼乐

---

① 刘金波：《礼以节情　乐以发和》，载李建中主编：《中国古代文论范畴发生史》，武汉大学出版社2009年版，第156—158页。

刑政，四达而不悖，则王道备矣。"① 用礼调节民心，用乐来协和民声，乐和而准，不教不成。只有礼乐与刑政二者并行不悖，王道才有可行并行之有效。

诸子百家既追求以乐准求王道，更追求以乐用致王道。乐之用如前文所述，有多种，但是都可以概括成两大类，即政治的或艺术的（审美）的两大类。无论是政治的教化（重在"教"）还是音乐的教化（重在"化"），都有化育万物之意在里面。礼乐文化之乐，成了修身齐家治国之后的更高一层——平天下——的治平之道。上古五音宫、商、角、徵、羽中的"宫君、商臣、角民"三音本身就代表三种社会阶层。依次分析，音乐本身就是政治生活的衍生品，就是政治生活的最本能最直接的反映，是统治者如何统治并如何平天下的重要工具。所以"乐者为同，礼者为异。同则相亲，异则相敬。乐胜则流，礼胜则离。合情饰貌者礼乐之事也。礼义立，则贵贱等矣；乐文同，则上下和矣；好恶著，则贤不肖别矣。"② 乐者为同，即乐和是为了和同感情；同则相亲，即情感和同而能互相尊敬；乐胜则流，即乐章相同，上下得到交流也就能够互相和谐了。

分析先秦诸子的乐和思想，我们可以归纳出四个方面的深刻意涵。第一，必须通过礼乐之教来化万民，以维护封建统治；第二，欣赏音乐追求艺术享受的时候可以得到身心和谐与道德教化；第三，先王之礼乐具备修内与修外交错运行之结构，是体系完备、功能齐全的教化体系；第四，乐和与政和是并行不悖、相辅相成的。和，既是乐的特性与境界，更是乐的目的与归宿。音乐的功用虽然是全方位多角度多维度多侧面的立体式的，如调和政治矛盾，愉悦亲情伦理，享受艺术审美，协调

---

① 王文锦：《礼记译解》，中华书局 2001 年版，第 530 页。
② 王文锦：《礼记译解》，中华书局 2001 年版，第 531 页。

个人身心，等等，但是，音乐是为政治服务的，没有政和，乐和就没有存在的价值与意义，所以政和才是前提与基础。礼乐之和刚柔相济，互补互动，礼乐之和美善相乐，互利互惠。以不同表象、文采和感动出发创作的乐教正是德教的表象。察乐而知声，是郑卫之音还是正音一目了然；同样，察乐而知政，乐和与政和是否完美统一，也是化育成功与否的重要表现。

总之，乐和，既能和自身，也能审乐知政。礼乐文化最重要的功能就是通教化。应用于通识教育，一方面，好的艺术样式，"德成而上，艺成而下"，都是政治标准第一，艺术标准第二，即所谓"生民之道，乐为大焉"，"德音谓之乐"。另一方面，"文质彬彬，然后君子""温柔敦厚""发乎情，止乎礼义"等不仅仅是文艺家们应该保有的原则，更是每一个受教者在品格、道德、修养方面的绳墨规矩，是自然之理化育之后的必然之乐，循礼守制，将价值理性广泛应用于工具理性，不仅是尊崇礼乐文化的儒家的人格理想和道德精神，更是新一代学生应该尊崇的做人、做事或者做学问的重要的原则和法度。

三、通工具：礼与法的对立与契合

礼学，是一个早在西周就得以系统化、政治化和制度化的秩序的存在。但是无论是礼制之通伦理，还是礼乐礼教之通教化，在很多情况下都是告知我们怎么做，而并非必须怎么做（如何做）。如《礼记》曰："夫礼者所以定亲疏，决嫌疑，别同异，明是非也。礼，不妄说人，不辞费。礼，不逾节，不侵侮，不好狎。修身践言，谓之善行。行修言道，礼之质也。礼闻取于人，不闻取人。礼闻来学，不闻往教。"① 这些"不"

---

① 王文锦：《礼记译解》，中华书局 2001 年版，第 2 页。

都是告诉人们不应该干什么，而不是应该干什么或者怎么干。礼学强调以礼为治。虽然礼治、德治、法治、人治都是不同的政治统治方式，但儒家孔孟礼学的礼治强调以"亲亲""尊尊"为基本原则，其前提是以"礼"为"制"。以礼为治、以礼乐教化的结果是人与人之间还存在一个私德与公德的问题，远未达到"治"的目标。那么如何达到礼治而通工具？

自荀子开始的融"法"于"礼"的礼治思想更具现实可操作性。在此对"礼法"之治略做探讨。

"礼"与"法"是中国传统文化的两个极其重要的元关键词，它们涉及社会生活的方方面面。礼法，也就是礼仪法度，最早出于《商君书·更法》"礼法以时而定；制令各顺其宜"，它是等级社会的典章制度，社会行为的规范、传统习惯。通过对古代礼、法观念的溯源与流变的考察，可以发现礼法的秩序观和法律观是对立与契合的矛盾的统一。厘清这一统一体，有助于我们理解中国文化博大精深的深刻内涵，领会中国文化的元典精神的要义，并进而构建中国具有时代精神的本土化法制体系。礼法之治将应然性、可能性与自然性、必然性结合，将治世与治心结合，将外铄与内省结合，更具时代感和可操作性。

其一，礼法对立，矛盾统一。

礼与法是一个矛盾的两个方面，构成了一个矛盾统一体。礼，繁体字写作"禮"，从示，从豊。"豊"是行礼之器，在字中也兼表字音。举行仪礼，祭神求福；法，繁体字写作"灋"。从"水"，表示法律、法度公平如水；从"廌"，即解廌，以神兽之角去触理曲的人。从本意看，二者是一个对立统一体。言对立是说二者的特性与规律不同；言统一是说二者在治理手段上其目标与方式具有相互依存的关系，可以共生共存。

第一，在起源上，礼的自然准则与法的人为法则的对立。礼，是原始社会即出现的一种唯心意义上的自然法，是天道，是原始公理。其目的主要是规范天子、国君的行为，为了规范政权更替而制定的法则。推而广之，逐渐成为规范君臣关系、人际关系的日常礼节或规范。如《礼记·丧服四制》有言："凡礼之大体，体天地，法四时，则阴阳，顺人情，故谓之礼。訾之者，是不知礼之所由生也。"[1]法，则自商代才开始出现，是谓法律、法令。《史记·李斯传》即有"乃更为法律"之言。法的主题是刑，是客观公正的规范，是依照神意而进行的裁决。具有御用性、强制性特征。法作为一种较为规范的社会控制手段是与国家、政权分不开的。

第二，社会地位上，中国传统文化之礼是主导，是核心，是基础，法是从属，是辅助，是补充。礼是原则性规范，强调血缘关系，神明亲情，天人相通，是缘于人情的伦理道德——人道，它是永恒的目标，不可改变。法则是条文式明确性规定，强调正义与公平，是方法、制度和手段，可以因世存废，因时变通。

第三，价值取向上，礼仪的精神体现（礼义）与法的规则（法条）不符。礼为儒家，以宗法、家族、亲情为纽带，注重感性，构筑传统社会组织，礼有严格的等级观念和差别待遇，主要为统治阶级服务。政体上，君贵臣贱，等级森严；家族内，长幼有别，尊卑有序。礼重感性，其价值取向是人伦道德。法则无差别对待，执行法律可谓人人平等，既为统治阶级服务，也为人民大众服务。法重理性，其价值取向是公平正义，具有刑处、杀罚之职能。

其二，礼法契合，互融互补。

礼与法是中国传统法不可或缺的组成部分。传统文化中的礼法契合主要表现在性质上的互通、流变上的互契、内容上的互融和功能上的互补。先秦的礼学体系是一体两面，这两面即道德形态的礼（理）和法律

---

[1]　王文锦：《礼记译解》，中华书局2001年版，第950页。

形态的礼（法）。它们之间是形式与内容、外显与内表的关系。上文所言的礼乐与刑政都是"礼"这个内核的外在表现。

第一，性质上，礼的神圣性与权威性和法的要求是一致的。"礼法"这一合成词即表示二者在性质上的相通性。二者不仅在祭奠天地鬼神方面具有唯心的神秘论倾向，而且，无论是事神致福的礼还是公平正义的法，都有一定意义上的强制规定性，都是为了维护体制能够正常运转。

第二，从流变看，中国历史上，礼法合一，混一而分化，对立而契合。原始蒙昧时代，"礼"作为原始宗教祭祀活动，便"治其麻丝，以为布帛，以养生送死，以事鬼神上帝，皆从其朔"①。春秋战国时代，法出于礼而独立，儒法对立，礼法分隔。汉代以降，儒法合流，礼入于法，德主刑辅，以刑弼教的原则重新主导中国的政教思想和实践。19世纪末，伴随着列强环伺，炮舰外交，国势颓危，革新政教之变不可避免，清末礼法之争礼的支配性权威地位受到严重挑战，礼法一体的格局开始动摇。及至现代，法律的形式平等又得到进一步的发展。

第三，内容上，礼的内容虽然包罗万象，但是二者在维护皇帝和家长方面都具有"尊尊""亲亲"的互融性；同时礼的祭祀仪式和程序的规范性——礼制、礼仪需要严格遵守，和法宣判的庄严性、法条的强制性要求相一致。

第四，功能上，礼以节情的作用和法的礼法准则是相通的。孔子主张"有教无类"，孟子主张"教以人伦"，其礼教价值观浸润生活的方方面面，更熔铸在法的规范之中。礼是法外显的目标和归宿，法是礼内核的渠道与手段，礼法具有一体两面之性质，礼为本（或言德为本），法为用。如荀子所言"隆礼重法"，唐律《名例律·疏》所提"德礼为政教之本，刑罚为政教之用"都有这方面的意蕴。

---

① 王文锦：《礼记译解》，中华书局2001年版，第291页。

概言之，礼与法既对立又统一，礼的等差性和法的特权性是一致的，礼法互补，礼法互契；礼为原则，法为准绳；礼是内隐，潜移默化，移民心于微末，法是外显，明正典刑，彰善恶于既显。礼是法的前提和目标，法是礼的渠道和手段。礼是天道也是人道，是文化也是政治，是规范也是法律，是伦理也是道德，是情感也是制度。礼是一种现实性理想，具有较多的不平等性和特权性，即所谓"礼不下庶人"①。礼具有理想主义人文主义的色彩，是一种温情的思想。与此不同，法则更具强制性、可操作性与平等性。在很大程度上，法不容情。推而广之，文无定法之法，工具理性之法，处理问题之活法与礼法之法在方法论上的会通更是礼法通工具的价值所在。

综上，礼学作为中国传统文化的主流，以其"通人道之不通"的独特魅力，对于回答现实世界是什么，人类社会该承担哪些责任与义务，当下社会怎么做等终极问题具有价值观和方法论意义，为人类社会提供了中国智慧，是大学通识教育的主要资源和重要抓手。笔者认为，通伦理的礼制为礼学通识教育人与自然的融通提供了现实条件与学理依据。礼学视野下的礼制，人文之礼与自然之理的合一、分野乃至融合，成为儒家伦理的重要内容，成为通识教育的客观对象与现实基础。通教化的礼乐为通识教育的人才博雅提供了物质基础与合理内核。礼学视野下的音之所由生的"乐"通于伦理，重于教化。礼与乐的共鸣与交响，才使人类从蒙昧到觉醒，从知识外化到修养内化，从物质纷争到精神互谐，才使社会流而不息，合而同化。通工具的礼法为通识教育的会通提供了方法借鉴与手段创新。礼与法的对立统一，一体两面，礼法互补与互契，节情与不容情，都为我们认识世界、改造世界提供了具体的会通路径与方法。

① 《礼记·曲礼上》。

113

第二章 "克己复礼曰仁"

　　"仁"作为贯穿两千余年儒学发展史的文化元典关键词，在不同时期的儒家学者眼里有不同的内涵：原始儒学侧重"仁本礼用"的道德仁学；汉唐儒学强调"德主刑辅"的经典儒学；宋明儒者聚焦于"修己治人"的经世仁学；清儒转而发展以"经世致用"为中心的力行仁学；清末近代是"中体西用"的维新仁学；现代是"开新外王"的心性仁学；当代则是"新体新用"的创新仁学。① 在漫长的历史发展中，"仁"不仅是儒家思想的最高追求，也是儒家学者为中国人建构的意义世界。

第一节 "仁"之溯源与内涵

　　"仁"作为儒家文化元典关键词之一，历来众说纷纭。概括来说大致分为两种形态，传统学术模式和现代学术模式。传统研究以音韵、训诂为基础，或着意阐发微言大义，或注重音韵训诂。现代学术界受西方学术话语模式影响，多聚焦于从认识论或伦理学领域讨论。如冯友兰先

---

　　① 吴光：《从道德仁学到民主仁学——儒家仁学的回顾与展望》，《社会科学战线》2014 年第 10 期。

生就认为："作为四德之一的仁，是一种道德范畴伦理概念，对于它的讨论，是伦理学范围之内的事。作为全德之名的仁，是一种人生境界，对于它的讨论，是哲学范畴之内的事。"① 两种研究形态各有所长，各自从不同角度丰富了儒家仁学思想内涵。但无论何种研究方式，都可以回溯至其最初的本源及原始儒学的孔、孟、荀场域。

一、"仁"之溯源

东汉许慎《说文解字·人部》云："仁，亲也。从人二。𢒫，古文仁，从千心作。𡰥，古文仁，或从尸。"② 从字形上看，"仁"最初有三种异体：其一，"仁"（"从人二"），左右结构，由"人"和"二"组成，通用至今；其二，"𢒫"（"从千心"），上下结构；其三，"𡰥"（"或从尸"），上下结构。需要强调的是，无论"从人二"，或写作"𡰥"，"二"都不应理解为序列之意，而应视作重写符号，即"仁"中含有两个人。清儒阮元正是据此分析，"𡰥"中两人肯定不是背对而立，也非如影随形，只可理解为相对而立，进而得出结论"仁"是由"相人偶"之礼发展而来。而综观历代注家，在阐发"仁"之内涵时，也多聚焦于其中的"二"。如孔颖达注《毛诗正义》，或言"人也，读如'相人偶'之人，以人意相存问之言"，或言"人偶者，谓以人意尊偶之也。"③ 段玉裁更是明言："按人耦犹言尔我想亲密之词，独则无耦，耦则相亲，故其字从人二。"④ 传

---

① 冯友兰：《对于孔子所讲的仁的进一步理解和体会》，《孔子研究》1989 年第 3 期。

② （汉）许慎撰，（清）段玉裁注：《说文解字注》，上海古籍出版社 1988 年版，第 365 页。

③ 《十三经注疏·毛诗正义》，上海古籍出版社 1997 年版，第 1623 页。

④ （汉）许慎撰，（清）段玉裁注：《说文解字注》，上海古籍出版社 1988 年版，第 365 页。

统学术界的观点虽小有不同，但论证思路却保持了高度一致——即认为"相人偶"礼所确立的人与人之间的情感，是理解"仁"的关键所在。

现当代学者在溯源解读"仁"时，则走了一条全新的道路。大家围绕"仁"字最早见于何时，在甲骨文中是否存在等问题，见仁见智，众说纷纭。1913 年，罗振玉在《殷墟书契》中收录了一个疑似"仁"字的甲骨。① 由此，学界产生了两种迥然不同的意见。一种将其释为"仁"字，以商承祚、孙海波、徐文镜为代表；② 一种则持谨慎怀疑态度，以叶玉森、于省吾为代表。③ 随后，怀疑和否定殷商甲骨文中有"仁"字的意见一直占着主流。如郭沫若 1944 年曾断言："'仁'字是春秋时代的新名词，我们在春秋以前的真正古书里找不出这个字，在金文和甲骨文里也找不出这个字。"④ 侯外庐亦强调指出："'仁'字在可靠的古书中，不但不见于西周，而且不见于孔子以前的书中"，"更据地下材料，'仁'字不但不见于殷代甲骨文，更不见于周代吉金，其为后起之字，实无问题。"⑤ 相较而言，"甲骨四堂"之一的董作宾则更为严谨。一方面，他指出："甲骨文中，所谓仁字者只此一见，盖由于误认。"该字"右边二字，乃是记卜兆次数之数字，正在卜兆上，与下方之一同，非仁字右边之二也"。另一方面，他又认为："仁之一字关系吾国政治哲学人生哲学

---

① 罗振玉：《殷墟书契》，日本永慕园影印本 1913 年版，卷二，第 19 页。

② 商承祚编，罗振玉考释《殷墟文字类编》（番禺商承祚不移轩刻本 1923 年）、孙海波编《甲骨文编》（大东书局 1934 年）、徐文镜《古籀汇编》（上海商务印书馆 1934 年）皆将其释为"仁"字。

③ 叶玉森注曰："亻上不完，似非仁字。"参见叶玉森《殷墟书契前编集释》（卷二，上海大东书局影印本 1934 年，第 34 页）；于省吾指出："商承祚编《殷虚文字类编》第八有'仁'字，系误摹。""初无仁字，后世以人事日繁，用各有当，因别制仁字。仁德之仁，至早起于西周之世。"参见于省吾：《释人尸仁[尸二]夷》，《天津大公报·文史周刊》，1947 年 1 月 29 日。

④ 郭沫若：《十批判书》，《郭沫若全集》第二卷，人民出版社 1982 年版，第 87 页。

⑤ 侯外庐：《中国思想通史》第五卷，人民出版社 1956 年版，第 612 页。

者至钜，为伦常道德之本原，儒家思想之中心。而考之甲骨金文，皆不可见。此不足证殷周之必无仁字也。"[1] 换言之，殷周到底有无"仁"字，有待新史料的出现。

1974 年 11 月至 1978 年 6 月，考古人员在河北省平山县发掘了战国时期中山国墓葬群，出土了许多带有铭刻的铜器。其中 M1 号墓出土了一件"中山王鼎"，据专家考证，其制作当在公元前 314 年之后，公元前 306 年之前。[2] 其铭文为：

> 天降休命于朕邦，有厥忠臣，克顺克卑，亡不率仁，敬顺
> 天德，以左右寡人，使知社稷之任。[3]

对此出土文献中的"仁"字，学界虽略有争议[4]，但"仁"字在战国时期金文中业已存在几成共识。

无独有偶，1981 年 8 月 4 日，周原考古队在陕西省扶风县黄雄乡强家村发掘了一座西周墓，其中编号 81 强 M1 里出土了一件夷伯夷簋，被定性为西周晚期之器。该器分甲乙簋，器、盖同铭，称为《夷伯夷簋器铭》。其盖铸铭文云：

---

[1]　董作宾：《古文字中之仁》，《董作宾先生全集》乙编第四册，台北艺文印书馆 1977 年版。

[2]　朱德熙、裘锡圭：《平山中山王墓铜器铭文的初步研究》，《文物》1979 年第 1 期。

[3]　河北省文物管理处：《河北省平山县战国时期中山国墓葬发掘简报》，《文物》1979 年第 1 期。

[4]　如朱德熙、裘锡圭认为此"仁"字应当读作"夷"。参见《平山中山王墓铜器铭文的初步研究》，《文物》1979 年第 1 期。容庚认为应当读为"仁"。参见《金文编》中华书局 1985 年影印本，第 559 页。白奚认为此"仁"乃"是金文中迄今所见唯一的一个'仁'字"。参见《仁字古文考辨》，《中国哲学史》2000 年第 3 期。

　　佳（唯）王征（正）月初吉辰才（在）壬寅尸（夷）白（伯）尸（夷）于西宫益贝十朋敢对阳（杨）王休用乍（作）尹嬉宝簋子二孙二永宝用

器铸铭文云：

　　佳（唯）王征（正）月初吉仁白（伯）尸（夷）于西宫益贝十朋敢对阳（杨）王休用乍（作）尹嬉宝簋子二孙二永宝用①

　　盖、器两铭相照，差异有二：其一，器铸铭文比盖铸铭文少"辰在壬寅"四字；其二，盖铸铭文"尸白"与器铸铭文"仁白"不同。此一发现，意义非凡，不仅证实"仁"字在西周金文中出现，而且为"尸""仁"同为一字的论断提供了文献依据。比平山中山王墓铜器铭文中的"仁"字还早了近500年。

　　1993年湖北荆门郭店楚简的出土，堪称是"仁"字溯源研究的里程碑。郭店楚简中有儒道两家著作凡16种，"仁"字凡67见。其中，写成上"身"下"心"的"𢚇"55见；写成上"人"下"心"的"忎"6见；写成上"千"下"心"的"忎"6见。对此三种构形，刘宝俊先生通过分析，指出"仁"字是战国时期的秦国文字；其古文字"忎"，与楚简从"心"的"𢚇""忎"都同属战国楚系文字；其古文字"𡰥"源自三晋文字，与战国楚简读为"尸"或"夷"的"𡰥"是同形字的关系。后秦统一天下，废六国文字而专尊秦篆，于是"仁"字遂成为传世文献的通用字。② 白奚先生则认为，"仁"字在先秦有南北两条演变的线索：南

---

①　霍彦儒、辛怡华：《商周金文编》，三秦出版社2009年版，第16页。

②　刘宝俊《论战国古文"仁"字》，《中南民族大学学报》（人文社会科学版）2013年第3期。

方的"仁"字以郭店楚简为代表，写作"**忎**"，又简化作"忈"；北方（含秦国）的"仁"字以中山王鼎铭文为代表，写作"**尸二**"。[①] 如果这一观点成立，则在秦始皇推行"书同文，车同轨"的政策之前，中华大地上"仁"字书写方式确有多种形态，而这一状况在汉代以后则逐渐消失。显然，"仁"在早期的多种形态也为中华文明多元一体格局提供了一个具体而微的考察范本。

二、孔子之"仁"

据考证，《论语》所载"仁"凡 109 见，"礼"凡 75 见[②]，似乎向世人昭示着孔子对"仁"的重视高于"礼"。实则不然。孔子提出的"仁"是作为与外在的"礼"相对应的内在规范，彰显着人之为人的内在道德力量。而西周礼乐制度原本就是建立在"尊尊、亲亲"的宗法血缘关系基础上，即使是礼乐制度的崩溃也无法割裂人与人之间的血缘亲情。因此，孔子提炼的"仁"必然要以血缘亲情孕育的孝悌为起点，进而确立起一整套既符合儒家理念，又适应社会现实的人伦关系。尽管孔子的仁学思想带有鲜明的道德理想主义色彩，但仍然展现出一种理论凝练性和现实适应性间的平衡。

（一）孝悌为始，仁内义外

据《论语》首篇记载，有子曾言："其为人也孝弟，而好犯上者，鲜矣；不好犯上，而好作乱，未之有也。君子务本，本立而道生，孝弟也者，其为仁之本欤！"[③]围绕"君子务本，本立而道生"，历代注家有多种

---

① 白奚：《仁字古文考辨》，《中国哲学史》2000 年第 3 期。
② 杨伯峻：《论语译注》，中华书局 1980 年版，第 16 页。
③ 杨伯峻：《论语译注》，中华书局 1980 年版，第 2 页。

解读。宋以前的代表性人物是何晏，宋以后的注解则由于程朱理学的崛起，以朱熹所著《四书章句集注》为代表。何晏注曰："本，基也。基立而后可大成也。"皇侃则将"本"疏为"孝悌"。① 朱熹继承二程思想，认为"仁者，爱之理、心之德也。'为仁'犹曰'行仁'……所谓孝弟，乃是为仁之本。……（程子曰：）为仁以孝弟为本，论性，则以仁为孝弟之本。……行仁自孝弟始，孝弟是仁之一事，谓之行仁之本则可，谓是仁之本则不可"②。显然，两者的分歧在于"为"的不同理解——前者将其解读为"是"，后者将其注释为"行"。究其实，两种解释虽有理论运思方式之别，但就价值取向而言并不矛盾。据《论语·阳货》记载，宰我曾向孔子请教为何要有"三年之丧"。孔子解释道："子生三年，然后免于父母之怀。夫三年之丧，天下之通丧也。"③"孝"以血缘为纽带，通过"子生三年，然后免于父母之怀"的抚养，建立起人与父母之间最为真实、最为自然的感情，对于任何人来说都是难以割舍的。这样，孝悌成为德性成就的现实载体，也就奠定了孝悌为"仁"之始的基本思路。换句话说，"孝悌"不仅是人的自然诉求，也是成人、成圣的德性载体。尽管后世的阐发各有不同，"孝悌为始"作为仁德成就的现实基础却毋庸置疑。它既是由君子而至圣人的要求，自然也应该是孔子之"仁"的逻辑起点。

"孝悌为始"不仅阐明了"仁"由何而来的问题，同时也回答了"仁"如何与现实对接的问题。如孔子在回答宰我是否可以不守三年之期时，对其给予了极为严厉的批评，认为宰我是"不仁"。在回答樊迟就"仁"发出的疑问时，以"爱人"作答。还对林放"问礼之本"给予了高度肯定，并认为"奢"不如"俭"、"易"不如"戚"。由此可见，孔子所谓

① （魏）何晏集解，（梁）皇侃义疏：《论语集解义疏》卷一，丛书集成初编本，商务印书馆1934年版，第3—4页。

② （宋）朱熹：《四书章句集注》，中华书局1983年版，第48页。

③ 杨伯峻：《论语译注》，中华书局1980年版，第186页。

121

"仁"不是遥不可及的道德要求，而是作为日常生活的现实规约。不过，"孝悌"作为基于血缘亲情而自然生成的情感，虽为人与人之间和谐人际关系的产生创造了条件。但这并不意味着孔子就具有新儒家所强调的"新外王"精神，诚如周继旨所言："儒家的'孝悌为仁之本'即以血缘的亲疏有别来体现'爱有等差'。'仁'的'泛爱众'精神只是理想并非普遍现实。所以儒家的'仁学'所直接继承的只是体现'文武之道'的西周以来'礼、乐'文化。"[1] 这是奠基于西周礼乐制度的儒家思想所必须遵循的原则，也是孔子针对"礼崩乐坏"的现实给出的解决之道。

以"孝悌为始"作为起点，孔子进一步阐述了君子如何行"仁"的问题。他强调"君子义以为上"，即将"义"作为确立和解决问题的关键。但孔子本人并未就"义"与"仁"的关系问题加以说明，后人多从《中庸》所谓"仁者人也，亲亲为大；义者宜也，尊贤为大"[2] 出发，又借鉴《周易·说卦》中"立人之道，曰仁与义"的论述，强调"义"是"仁"的延伸。传统学界曾围绕"子罕言利与命与仁"[3] 有激烈的争论，在我们看来，孔子并非不言及"利""命"，而是较少将"利""命"与"仁"放在一起讨论。作为一位终身追求行道的儒者，孔子更为重视的是分辨君子与小人之间的细微差别。诚如孔子本人所言"女为君子儒，莫为小人儒"[4]，这不仅是对弟子的告诫，也是对不合于"义"的小人儒的明确表态。另，据《孟子》记载，告子曾以"仁内义外"之说与孟子展开辩论，但近年出土的郭店楚简刷新了这种传统认识，其与事实明显不符。[5]

---

① 周继旨：《论"祖述尧舜，宪章文武"》，《孔子研究》1990 年第 4 期。

② （宋）朱熹：《四书章句集注》，中华书局 1983 年版，第 28 页。

③ 杨伯峻：《论语译注》，中华书局 1980 年版，第 85 页。

④ 杨伯峻：《论语译注》，中华书局 1980 年版，第 59 页。

⑤ 参见刘丰：《从郭店楚简看先秦儒家的"仁内义外"说》，《湖南大学学报》（社会科学版）2001 年第 2 期。

由上可知，基于儒家学说与礼乐制度间关系所在，孔子将孝悌作为"仁"的现实之源。他通过对君子儒、小人儒的分辨，进一步强调了"义"的重要性，为士子如何成"仁"提供了参考标准。而这也正是儒家仁学的特殊性之所在，它自孔子伊始就强调"义"是"仁"的附属，而非依据"义"去判断行为之对错。这一点与法家以"义"为基础论证"法"之必要的思路截然不同，儒家将"义"涵摄于"仁"之中，法家则从"义"之所当行中去制定"法"。

（二）仁为其质，礼为其文

"孝悌为始，仁内义外"仅仅是孔子仁学思想的第一层面，还应看到孔子提出的"仁"与礼乐制度有紧密关系。传统观念认为，孔子更为重视"仁"，而将"礼"置于相对次要的位置。这种观点的形成是由于学者们理所当然地认为，孔子身处"礼坏乐崩"的时代，"礼"只是他本人及其弟子心心念念的理想，而非现实的存在。事实上，孔子始终是将"仁"与"礼"置于同等重要的地位来考量的。如果说"仁"是依据，"礼"就是标准；如果说"仁"是君子道德修养的准则，"礼"就是君子日常生活的参考。二者的关系可以概括为"仁为其质，礼为其文"，其关系应视为若相表里。

据《论语》记载，孔子曾言："恭而无礼则劳，慎而无礼则葸，勇而无礼则乱，直而无礼则绞。"[1]他所批评的正是春秋乱世的社会现实，此观点恰与孔子回答樊迟"请学稼""请学圃"形成鲜明对比：

> 樊迟请学稼。子曰："吾不如老农。"请学为圃。曰："吾不如老圃。"

---

[1]　杨伯峻：《论语译注》，中华书局 1980 年版，第 79 页。

樊迟出。子曰："小人哉，樊迟也！上好礼，则民莫敢不敬；上好义，则民莫敢不服；上好信，则民莫敢不用情。夫如是，则四方之民襁负其子而至焉，焉用稼？"①

传统观念认为这是孔子鄙视农业生产的具体表现，实则要从孔子对弟子设定的教育目标着眼。他所强调的不是"学为稼""学为圃"的表面技能，而是"好礼""好义""好信"的内在涵养。孔子曾感慨："人而不仁，如礼何！仁不仁，如乐何"；并对弟子将"礼"理解为玉帛、钟鼓的粗陋见解深表遗憾。孔子所发表的一切意见，最终都指向"礼之本"。"'仁'就是'礼'这种行为得以贯彻落实的内在依据或内在的心理根源；在缺乏内在之'仁'的情况下，所谓'礼乐'就会沦落为'玉帛'与'钟鼓'这些空洞的形式。"② 有鉴于此，我们说孔子提炼的"仁"是与孔子所处的时代、他本人的人生追求密切相关的。终其一生，孔子都将周公视为自己心中的圣人。但孔子毕竟未能如周公一般——德位相匹，故"吾从周"的理念更多是以否定"学为圃""学为稼"的方式来表达。

上文论及孔子对春秋时代各种失礼行为的批判，此类情况绝非个例。在周王室政治地位降低和诸侯征伐不已的时代，礼乐制度早已泛化为掺杂了多种内容的复杂存在。一方面，礼乐制度的权威性不断被弱化，为从"王官之学"中游离出来的诸子之学创造了极为难得的发展空间；另一方面，贵族的堕落、诸侯国的灭亡，致使礼乐制度中丰富的内涵不断被遗忘。诚如孔子本人所言："殷因于夏礼，所损益，可知也；周因于殷礼，所损益，可知也。其或继周者，虽百世，可知也。"③孔子所

---

① 杨伯峻：《论语译注》，中华书局 1980 年版，第 135 页。

② 丁为祥：《发生与诠释》，人民出版社 2015 年版，第 199 页。

③ 杨伯峻：《论语译注》，中华书局 1980 年版，第 21—22 页。

言，一方面是强调自己创立的儒家学说与礼乐制度之间的紧密联系，另一方面则是指出历代的礼乐制度都会根据现实需要而损益，故自己依据礼乐制度加以创造也是合法的。他选择的手段正是前文所论的"仁"，而"仁"不仅和"义"关系紧密，也与"礼"密不可分。据《左传》记载，子产曾言："夫礼，天之经也，地之义也，民之行也。"① 将"礼"视为"天之经""地之义""民之行"固然是夸大之辞，却符合早期鲜明强调人法地、地法天的逻辑思路。

最为经典的例子莫过于《论语》中记载的了夏问诗：

> 子夏问曰："'巧笑倩兮，美目盼兮，素以为洵兮'，何谓也？"子曰："绘事后素。"曰："礼后乎？"子曰："起予者商也！始可与言《诗》已矣！"②

孔子对子夏能从"巧笑倩兮，美目盼兮，素以为洵兮"中体悟出"绘事后素"的根本在于"礼后"大为赞赏。以"洵"喻指"仁"，以"素"喻指礼。前者是内在的本质，后者是外在的修饰。"礼后"准确地点明了孔子之"仁"的精髓——"仁为其本，礼为其文"。颜炳罡先生指出："孔子划时代的贡献是引仁入礼，以仁释礼，复以礼释仁，在仁礼互释中，赋予礼义内在本质。"③ 即孔子所确立的"仁以为本，礼以为文"的"仁""礼"关系不仅是孔子对礼乐制度加以改造的最终成果，也是将礼乐文化与春秋乱世相结合的最佳选择。换句话说，孔子从崩塌的礼乐制度中提炼出"礼"与"仁"，并将"仁"作为"礼"的内在根据，进而

---

① 杨伯峻：《春秋左传注》，中华书局 1981 年版，第 1457 页。

② 杨伯峻：《论语译注》，中华书局 1981 年，第 25 页。

③ 颜炳罡：《论孔子的仁礼合一说》，《山东大学学报》（哲学社会科学版）2001年第 2 期。

促成了仁学思想的成熟。这一过程决定了孔子的"仁"不是独立的，它必然要受制于"礼"的约束。因此，孔子之"仁"暗含了"仁"与"礼"相互支撑、相互制约的特殊关系。它的形成缘于前文讨论的孔子之"仁"孕育于礼乐制度和孔子将"礼"视为行为准则和价值判断依据的思想背景。

总体而言，孔子的仁学思想建立在"孝悌为始，仁内义外"的基础上，同时又由于要针对春秋乱世的诸多问题，而必须以"仁为其本，礼为其文"作为归宿。二者的结合在塑造儒家仁政学说基本面貌的同时，也为孟子、荀子从不同角度阐发儒家仁学丰富的内涵提供了话语资源。

三、七十子之"仁"

"义者，宜也。"这是历代通行的关于"义"的经典训诂。它体现的是一种普遍意义的道德原则，"义"是对道德模式中应然状态的描绘，而"宜"则是儒家所秉承的道德理想主义与现实对接的体现方式。庞朴先生指出："宜"在甲骨文中应解读为"杀"，是杀牲而祭的礼仪活动。[①]由杀戮而至礼仪，"义"的原始含义中蕴涵着以其作为行为约束、道德规范的含义。但这并非是一种由内部生发的意义，而是由外部世界所强加赋予的。二者的结合则说明，外在的行为和内在价值判断之间有精深的沟通性。当它沉淀在礼乐制度中又经孔子的提炼，最终成为"义"时，宗教祭祀的原始成分荡然无存，取而代之的是在孔子的阐发下成为一种教导的德性标准。如《论语》中记载的"君子义以为质""君子义以为上"，都主要是从道的角度来界定"仁"的行为，但"义"的地位始终是居于"仁"之下，它只是"仁"的一种外化表现形式，或者说是"仁"之一端。因

---

① 参见庞朴：《儒家辩证法研究·仁义》，中华书局 1984 年版，第 21—23 页。

此"义"与"礼"在儒家学者看来具有内在的一致性，而判断标准就是"礼"。我们还可以从《礼记·礼运》中所记载的"礼者，义之实也"，《乐记》中记载的"礼近于义"等得到印证。总之，儒家的"礼"与现实对接之后最为直接的体现方式就是"义"，二者的本质是一致的。这正是前文所讨论的孔子仁学思想逻辑结构中的"仁内义外"。只不过"仁内义外"的思想在孔子的时代还只是萌芽，真正将其发扬光大的正是《郭店楚简》的作者七十子。

《郭店楚简》中记载有"仁形于内谓之德之行，不行于内谓之行"文字的竹简，因其与长沙马王堆汉墓出土帛书的内容相近而被学界所熟悉。而后者则经庞朴先生早已定名为《五行》，故沿袭旧名。其文曰：

> 仁形于内谓之德之行，不形于内谓之行。义形于内谓之德之行，不形于内谓之行。礼形于内谓之德之行，不形于内谓之行。智形于内谓之德之行，不形于内谓之行。圣形于内谓之德之行，不形于内谓之德之行。德之行五，和谓之德，四行和谓之善。善，人道也。德，天道也。[①]

学界一般认为《五行》一篇为子思所作，而收录于《礼记》中的《中庸》《坊记》《表记》《缁衣》四篇也被认定为子思所作，正可作为对照。关于子思所作四篇的主旨，清人孙希旦在《礼记集解》中就指出，《坊记》一篇在"章疑别微，以为民坊者也。故贵贱有等，衣服有别，朝廷有位，则民有所让"[②]。而《表记》则强调修德；《缁衣》一篇作为《表记》的姊妹篇，也在思想上保持着一致性。子思的思想延续了孔子"仁为其本，

---

① 荆门市博物馆：《郭店楚墓竹简》，文物出版社1998年版，第149页。
② 孙希旦：《礼记集解》，中华书局1989年版，第1280页。

礼为其文"的思路,稍有不同的是,他表露出对"礼"更为重视的倾向。这一点在《缁衣》《表记》等篇着重从礼的角度阐发君臣关系即可看出。而在郭店楚简的《五行》篇中,子思思想的另一面也有所展现。所谓"仁(义、礼、智、圣)形于内谓之德之行"和"不形于内谓之行"究其实质讨论的是儒家所强调的仁、义、礼、智、圣的特殊关系模式——"形于内"为"德","形于外"为"行"。"德"成为人的行为恰当与否的判断标准,也即人的道德属性决定和影响着人们的行动,而"行"则是"德"外化之后具体的表现。因此,"五行"也就是"五德",其根本依据是缘于人的内在属性。此外,我们还可以在《六德》《语丛一》等篇目中找到相近的表述。如《六德》中明确强调:"仁,内也。义,外也。礼乐,共也"①,不但直接言明了"仁内义外"的宗旨,还阐明了"礼乐"是共通"仁"与"义"的重要桥梁,亦或载体。李零先生根据文意在《语丛一》中"由中出者,仁、忠、信"之后补入"外入者,礼、乐、刑"②;郭奇勇先生则认为应补入"义、智、礼"。尽管补入的文字并未形成统一认识,但子思延续了孔子思想中"仁内义外"的思路应无疑义。当然,子思在继承的同时也有所创新,他进一步强化了孔子为衰微的礼乐寻找内在根据的理论建设工作。这一点从子思以"形于内""形于外"来划分仁、义、礼、智、圣就可以看出。"'德'是内在的道德属性,而'行'则是外在道德行为,这就是说五行作为五种德行,它是内在的、天生的……但是,它们同时作为道德行为,则又是表现于外的,就礼义来说,它们既具有内在的性质,但同时又是外显的。"③

---

① 荆门市博物馆:《郭店楚墓竹简》,文物出版社 1998 年版,第 188 页。

② 李零:《郭店楚简校读记》(增订本),中国人民大学出版社 2007 年版,第 532 页。

③ 刘丰:《从郭店楚简看先秦儒家的"仁内义外"说》,《湖南大学学报》(社会科学版) 2001 年第 2 期。

　　《郭店楚简》中的儒家学者们，自然也包括子思，对于"仁"和"礼"有了更为清醒的认识，特别是他们强调"仁"和"礼"之间的张力应由内在的"仁"作为判断标准解决问题的思路，为儒学思想由孔子过渡到孟子、荀子积累了经验。

　　《郭店楚简》《语丛一》和《语丛三》有两处值得重视的记载：

　　　　仁义为之槸。①

　　　　志于道，虡于德，匜于仁，游于艺。②

　　对于《语丛一》中的表述，"槸"是理解阐释的关键。何谓"槸"？李零认为"槸"字应是"臬"，可以解释为"归"。③也有学者认为："'臬'字本为箭靶，又引申为法度。简文'仁矣之为臬'就是以'仁义为准的'的意思。"④《语丛一》的作者正是试图为"仁"设定外在的判断标准，体现的正是"仁"为"礼"之本的思想。而《语丛三》的记载很容易让人联想起《论语·述而》中的"志于道，据于德，依于仁，游于艺"的记载。李零先生认为"虡"为"狎"，"匜"为"比"⑤，我们认为可以采信。故"虡于德，匜于仁"应与"据于德，依于仁"的含义相近。后世何晏注为："依，倚也。仁者，功施于仁，故可依。"⑥邢昺疏为："博施于民而能济

　　① 荆州市博物馆：《郭店楚墓竹简》，文物出版社1998年版，第198页。

　　② 荆州市博物馆：《郭店楚墓竹简》，文物出版社1998年版，第211页。

　　③ 参见李零：《郭店楚简校读记》（增订本），中国人民大学出版社2007年版，第215页。

　　④ 刘钊：《郭店楚简校释》，福建人民出版社2005年版，第186页。

　　⑤ 参见李零：《郭店楚简校读记》（增订本），中国人民大学出版社2007年版，第195页。

　　⑥ 何晏集解、皇侃义疏：《论语集解义疏》卷一，丛书集成初编本，商务印书馆1934年版，第23页。

众乃谓之仁，恩被于物，物应之，故可倚赖。"① 何晏、邢昺的注疏旨在强调仁化生万物、施德于众的特殊地位，使得它能够成为万物的根本。同时，"仁"还可以与外物形成互动关系。而"仁义之为桢"所强调的正在于此。将"仁"视为人与万物的依靠和根本，也就意味着赋予"仁"哲学意义的本体意味已然显现出来。

总之，在孔子的仁学思想体系中，"仁"不仅与基于血缘亲情的孝悌有关，更与外在的"礼"始终保持着紧密联系。一方面，孔子之"仁"脱胎于礼乐制度，"仁"和内涵与"礼"保持着价值取向的一致性。故孔子所谓的"仁者爱人"是奠基于礼乐制度的有等差的"爱"，而非新儒家试图论证的"爱无等差"。换言之，孔子的立场是由礼乐制度服务于宗法制的等级和亲亲、尊尊的关系所决定的。另一方面，孔子始终强调"礼"是判断"仁"的行为正确与否的标准，前文所引孔子对"恭而无礼则劳，慎而无礼则葸，勇而无礼则乱，直而无礼则绞"的批评就是明证，而孔子与子夏关于"绘事后素"的讨论，则将直接的评价引申至更高的理论层面。尽管学界对孔子思想中"仁"与"礼"的关系有不同的看法，但我们认为，基于礼崩乐坏的客观现实，礼乐教化应是比"仁"更难达成的境界。而孔子思想中"仁为其本，礼为其文"的思想到了《郭店楚简》作者的手中又有了新的发展。儒家仁学思想就是这样——在外界环境的刺激和儒家学者积极阐释的双重合力下，不断自我更新，滚滚向前。

四、孟子之"仁"

在《郭店楚简》之后，对儒家仁学思想贡献最大者首推孟子。孟

---

① （宋）朱熹：《四书章句集注》，中华书局 1983 年版，第 94 页。

子仁学思想的基础是他提出的"性善论"学说。以"性善论"为理论预设，孟子之"仁"可细化为两个方面：其一，以孝亲、敬长为出发点，采用"仁义并举"（对举）的策略，巩固了道德诉求与行为规范的联系，并构建了由具体德目之一的"仁"到形而上意义的"仁"之间复杂的深层次结构关系。其二，基于前述理论和战国时期的社会现实提出的仁政构想。

（一）仁义并举

在《孟子》一书中，"仁"与"义"作为复合词共出现 27 次，学者认为孟子的"仁义"可以理解为"简化了的仁义礼智"或者是"仁与义的某一方面"。[①] 还有学者认为，孟子对"仁"和"义"的界定可以从"抽象的思想、学术、原则、法则""意志的法则、准则"和"道德实践的内在根据"三个方面来理解，并进一步指出，从内容来看，"仁义无论是在内容和使用上都没有超出仁。因此，把'仁'看作孟子核心思想可能更适合。"[②] 我们认为孟子之"仁"虽可以从德之总名的角度去理解，但就《孟子》一书所展现的实际状况来看，孟子更多的时候是从"利"的对立角度，或针对某些具体情况来谈"仁"与"义"。因此，孟子口中的"仁""义"兼具现实针对性和哲理抽象性的双重意义。孟子本人在一生奔波中所要面临的就是儒家提倡本体论意义的"仁"与现实的矛盾，或者是单独强调"仁"或"义"所带来的诸多问题。为了解决这一问题，孟子最佳的选择就是"仁义并举"。而这一思想的形成也可在孔子以来的儒家思想发展脉络中找到理论依据。"仁内义外"的思想在孔子身后逐渐朝着"内外合一"的方向发展，思孟学派的儒家学者则着重

① 参见陈昇：《〈孟子〉讲义》，人民出版社 2012 年版，第 191—193 页。

② 梁涛：《郭店逐渐与思孟学派》，中国人民大学出版社 2008 年版，第 386—387 页。

强化了"仁义内外"之别的消融，试图以根于心性的理论来解决相关问题。子思在《五行》篇中阐述"仁形于内""智（义）形于内"的观点和孟子"性善"论，就是最佳证据。虽然孔子是从周礼来发展和建构儒家的仁学思想，其最终落脚点也仍未摆脱外在的"礼"，但他开启的"仁内义外"思想为"义"与"礼"搭起了沟通的桥梁。这种思想发展至孟子，就落实为为外在的"礼"寻找符合儒家思想逻辑的内在依据。孟子通过把"仁"和"礼""义"都划归为人之属性，并强调"四端"都根源于"性善"的方式解决了这一问题。从孔子"仁内义外"到孟子"仁义并举"，既符合儒家思想发展的内在逻辑，也充分彰显了儒家思想的理论活力。

《孟子》一书在列举"仁"和"义"时主要采用了两种形式：一为"仁"与"义"分列或"仁""义"对举；二为"仁""义"并举。但两种不同的言说方式都立足于一个共同的思想起点，即孔子仁学所依据的"孝悌"。孟子认为："人之所不学而能者，其良能也；所不虑而知者，其良知也。"又强调"孩提之童无不知爱其亲者，及其长也，无不知敬其兄也"。[1] 在孟子看来，"亲亲""敬长"是"不学而能"的良能、良知，并将其视为"仁""义"得以落实的开始。在这一点上，孟子超越了孔子，他将孔子提倡的"仁义礼智"四德目共同归纳到事亲、从兄的逻辑结构中，并重新诠释了"智"和"礼"的涵义：

> 孟子曰："仁之实，事亲是也；义之实，从兄是也；智之实，知斯二者弗去是也；礼之实，节文斯二者是也；乐之实，乐斯二者，乐则生矣；生则恶可已也，恶可已，则不知足之蹈之手之舞之。"[2]

---

① 杨伯峻：《孟子译注》，中华书局 1960 年版，第 307 页。
② 杨伯峻：《孟子译注》，中华书局 1960 年版，第 183 页。

他指出"智"是"知斯二者弗去",而"礼"是"节文斯二者",即"智"是对孝亲、尊长的坚持,"礼"是对孝亲、尊长的规范,而"乐"则被界定为仁义的践行方式,即"仁"是"乐"必须遵守的规则——"事亲""从兄"都要以"仁"为依据。孟子在此基础上进一步区分了"仁义之端"和"仁义之实",并且指出"亲亲""敬长"也应视为仁义之端,即仁义的开始。故阮元认为:"此章言仁之实事亲而加以'实'字。实者,对'端'字而言。盖恻隐为仁之端,充此端以行仁则孝。……实者,事实也,圣贤讲学,不在空言,实而已矣。……此实字最显最重,而历代儒者忽之,惟汉赵歧见之最显,故于《孟子》'言无实不详',特注之曰:'孝子之实,养亲是也。'"[①] 不难看出,孟子是将孝亲、敬长作为仁义的开端,又强调要借由"达之天下"的方式来充实"仁义之实际"。这种观点不仅与孟子仁政思想中强调君主要尊贤使能和保民富民教民的思想相吻合。而且进一步展现了孟子对孔子思想的发展。孔子未将"仁""义"并举,而是更多地采用"仁""义""礼""智"四个单独的德目,孟子则将其收摄于"仁义"之中。王夫之在评价"仁之实"时认为:"事亲方是仁之实,从兄方是义之实,知斯二者方是智之实,节文斯方是礼之实,乐斯方是乐之实。若不于斯二者尽得,则虽爱以为仁,敬以为义,明察以为智,习仪以为礼,娴于音律舞蹈以为乐,却都是无实;无实便于己不切,即非心德。孟子立言之旨,大概如此。"[②] 王夫之进一步发展了孟子的观点,他强调孟子是将"仁、义、礼、智、乐"的现实载体都落实到孝亲、敬长的行为中,才能最终实现道德修养目标的确立与道德践行的统一。

孟子"仁义并举"的思想建立在"性善"论的基础上,是对孔子"仁

133

---

① （清）阮元:《揅经室集》,中华书局1993年版,第206页。

② （清）王夫之:《读四书大全说》下册,中华书局1975年版,第615页。

者爱人"思想的发展。他对"人皆有所不忍，达之于其所忍，仁也；人皆有所不为，达之于其所为，义也"的论述①和对"仁"是"天之尊爵""人之安宅"的论述，不仅强化了"仁"与人的自然属性之间的紧密联系，更在于强调"仁"是人区别于动物的重要依据。因此，孟子的"仁"也是为人处世的根本所在，它内在地要求"仁"与"义"保持紧密的、不可分割的联系。从"仁"到"仁义"，孟子是在将"大人之事"作为"居仁由义"结果的同时，强化了"仁"与"义"的区别。正如陈昇所说："孟子把仁与义对举，其用意在于彰显仁与义的区别；而大量使用仁义连用，其用意在于暗示仁与义有无法分割的联系。孟子大量适用仁义连用，是向人们提出一个思维方法上的要求，即不应当把仁义视为相互绝对对立的二物，应当视'仁义'是一个既相互有着区别，同时二者又是相互关联的整体。"②即孟子思想中的"仁"与"义"应处于动态的平衡结构中，既要在个体道德修养中强调二者的结合，更要在道德实践、治国理政中努力调和二者的矛盾。这一论证模式与孕育儒家思想的家国同构文化有关。家作为缩小的国，孟子强调以孝亲、敬长为核心；国作为放大的家，孟子则主张君臣关系为立国之本。二者实则是统领社会、维系人际关系最为重要的精神支柱，缺一不可。

孟子的仁义思想是儒家学人在大争之世给出的解决方案，它试图通过对社会秩序中居于核心地位的人伦关系的把握来统领全体社会成员。一方面，孟子的仁义思想抓住了儒家道德诉求与现实社会中行为规范之间的结合点，从而制定出基于性善论的行为准则；另一方面，孟子的仁义思想强调"仁"兼具本体论的形而上意义和"仁"作具体德目之一所应有的现实价值，从而建构起"仁"的深层次结构，并试图将具体德目

---

① 杨伯峻：《孟子译注》，中华书局1960年版，第337页。

② 陈昇：《〈孟子〉讲义》，人民出版社2012年版，第97页。

的"仁"升华至本体论意义"仁"的演进过程作为人之道的根本所在。后者直接引导并促成了孟子仁学思想中的仁德修养论的成熟，表现为将孔子提出的"为仁由己"提升至"人皆可以为尧舜"的高度，故孟子之"仁"不仅要解决生命个体的道德修养，还要面临兼济天下的考验——孟子提出的仁政学说正是为了解决这一问题。

（二）仁政思想

孟子的仁政思想应从下述三个层面来界定：其一，作为仁政之始的"恒产恒心"与"义利之辨"；其二，孟子的王道理想和"民为贵"的民本思想；其三，个体的道德修养学说。①

1."恒产恒心"与"义利之辨"

孟子将理想中的仁政世界描绘为："五亩之宅，树之以桑，五十者可以衣帛矣。鸡豚狗彘之畜，无失其时，七十者可以食肉矣。百亩之田，勿夺其时，数口之家可以无饥矣。谨庠序之教，申之以孝悌之义，颁白者不负戴于道路矣。七十者衣帛食肉，黎民不饥不寒，然而不王者，未之有也。"② 从"五亩之宅"到"七十者可以衣帛食肉"，孟子试图以具体可观的对象来描绘儒家的仁政目标。这不仅是对儒家王道政治的具象化，也与孟子所处时代有关。正如黄俊杰先生指出，"七十者可以衣帛食肉"的表述与孔子所强调的"七十而从心所欲，不逾矩"的论述应联系在一起理解，它说明儒家认为"年龄必须与个人精神修养与时俱进"，③ 而孟子对"七十者可以衣帛食肉"的重视恰好说明了他心目中的王道政治是建立在与之匹配的物质基础上的。这一观点又与孟子提出的"反其本"相

---

① 关于孟子个体道德修养学说的论述，详见本书第三章，此处不赘。

② 杨伯峻：《孟子译注》，中华书局1960年版，第5页。

③ 黄俊杰：《〈孟子〉"七十者可以食肉"的社会史诠释》，《中山大学学报》（社会科学版）2007年第2期。

吻合，"明君知此，当先遂其生，使之养生丧死无憾；次富之，使仓廪实而知礼节；继教之，则反本而知仁。……民众之精神既为君权所塑造，欲使担国家社会之责，亦当先富后教，俾其有恒，是王政之本也"①。孟子以君主是否为民制产、富民、教民作为仁政实施的判断标准，这是将仁政落实为君主的行政举措。这一举措不仅使孔子"君君臣臣父父子子"的仁政理念更为充实，更在于通过具体的描绘有效地践行了孔子主张的"见之于行事之深切著明"的原则。而孟子绕开"齐桓晋文之事"后发表的意见，进一步佐证了为民制产、富民、教民的仁政是合理的。正如王夫之所言："王只以兴兵构怨为威服天下必不可废之术，而当时强大之邻，非战不足以服之，即不胜犹可以保国，故决意以求桓、文富强之术，不知适足以致灾也，在此句露出。"②王夫之的评论点明了孟子游说诸侯的核心诉求，即希望以制产、富民、教民为具体措施来推行仁政。由此可见，孟子是以"五亩之宅""七十者可以衣帛食肉"等现实中能够实现的目标作为现实基础来建构儒家仁政学说，并强调君主应保证人们获得基本的物质满足，因此，孟子的仁政必须建立在"恒心恒产"的基础上。

与此同时，孟子还从人之自身属性的角度对"恒心恒产"的成立展开了论证。他将目光投向人自身，强调人天然就具有"不忍人之心"和"老吾老以及人之老，幼吾幼以及人之幼"③的属性，其背后涌动的是以"不忍人之心"为依据而扩充和推广的儒家仁政理想。它与孟子所强调的"恒心恒产"说可谓是互为表里——前者为人性依据，后者为物质基础；前者为内在诉求，后者为外在表现。后世儒家仁学思想的发展始终是围绕着二者比重的多寡，在相互激荡和碰撞中不断发展。如张载购地实验"井田制度"就不仅是针对北宋土地兼并的现实，也是对孟子所提

①　邓秉元：《孟子章句讲疏》，华东师范大学出版社 2011 年版，第 42—43 页。

②　（明）王夫之：《船山全书》第六册，岳麓书社 1991 年版，第 276 页。

③　杨伯峻：《孟子译注》，中华书局 1960 年版，第 16 页。

出的"恒心恒产"说的尝试；而程颢所强调的"仁者浑然与物同体"和朱熹提出的"仁为心之德"虽掺杂了宋儒以天理为本体的哲学思考，却也是延续孟子强调"不忍人之心"的儒家心性学说在宋代的新发展。总的来说，"恒产恒心"奠定了孟子仁学的现实基础，它在引导孟子思考"仁"的问题同时，还由于《孟子》一书在宋代的升格而影响了后世儒学思想的发展。若世人皆有孟子提倡的"不忍人之心"和"老吾老，幼吾幼"推己及人的情怀，儒家的仁政理想自然就能实现。

但我们也要看到，孟子对"恒产恒心"的重视到他对王道理想的描绘，始终离不开孟子周游列国的背景以及他与各诸侯国君主讨论治国之道的思想火花。他所要面对的挑战不仅有诸侯昏聩的政治黑暗，更有分崩离析的社会充斥着的欲望。因此，"义利之辨"就成为孟子仁政思想中不可或缺的组成要素。

综观《孟子》全书，"何必曰利"是反复出现的表述。如孟子在为宋牼献策时就指出，以"利"说秦楚之王固然能换得罢三军之师的现实利益，但并非长久之计。只有"以仁义说秦楚之王"才会换来"为人臣者怀仁利以事其君，为人子者怀仁利以事其父，为人弟者怀仁利以事其兄"[1]的良好社会人伦关系，才能实现王道。因此，后人常会认为孟子排斥谈"利"，实则不然。他对"恒心恒产"的重视充分说明"利"在孟子仁学思想中占据重要位置。他所反对的是"上下交征利"以及由此所导致的对"仁义"的忽视和背弃。比如孟子对"所欲与之聚之"的重视既是"恒产恒心"的理论延续，也是为了更好地落实仁政理想。在孟子的思想中，统治者是否将民众的利益放在施政的首位因素加以考量，是判断其是否为仁政的重要判断依据。"仁"与不"仁"虽以"何必曰利"为起始，针对的却是"上下交征利"的现实。施政者为利忘义不仅会陷

---

[1] 杨伯峻：《孟子译注》，中华书局 1960 年版，第 280 页。

入"不仁"的境地,还会导致"身危国削""身弑国亡"的悲剧。从这一点来说,孟子以"恒心恒产"为基础提出仁政理想,以及他对"义利之辨"的深入分析,不仅有效地继承了礼乐制度中"敬天保民"的思想,也是儒家学说与社会现实相结合的成果。

2. 王道理想与民本思想

源于西周礼乐制度的儒家思想始终将恢复"礼乐征伐自天子出"作为本学派的政治目标,进而形成了儒家的大一统思想,落实到孟子思想中则体现为他对"天下"的追慕之情。"天下"有三种意义。最为基础的是空间概念——居住世界。其中是居住于"天下"的人,进而延伸出人心、民心,故天下既有空间意义,也有心理意义。而真正吸引儒家学者则是附着于前述二者之上的政治结构和人伦关系,"'天下'所指的世界是个'有制度的世界',是个已经完成从 chaos 到 kosmos[①] 的转变的世界,是个兼备了人文和物理含义的世界"[②]。"天下"作为中国哲学的精神基础,深刻影响了中国哲学的思维方式和理论视野当它作为一个文化尺度为儒家所接受,理所当然地转化为"天下有道""天下归仁"的理论表述。基于性善论立场的孟子,则以倡仁德、行仁政来作为实现"天下有道"的唯一手段,他将其界定为"王道"。

王道政治是儒家一直以来的追求,它以三代政治蓝图为合法性依据,实则采用师古与用今相结合的策略,强调尧舜禹禅让制度的基础是以德服人。后世的统治者只要坚持德治,不仅能教化万民,更能创造天下宾服的盛世,这一思想是对孔子"为政以德"思想的发展。而孟子所处的战国充斥的不是王道,而是"以力服人"的霸道,二者的差别是十

---

① chaos 意为混乱、无序,kosmos 意为秩序、有序。

② 赵汀阳:《天下体系——世界制度哲学导论》,中国人民大学出版社 2011 年版,第 28 页。

分明显的。孟子认为"国君好仁，天下无敌"①，又以天子不仁、诸侯不仁、卿大夫不仁、士庶人不仁可能造成的负面影响为例，最终得出以德行仁"百世不能改"的结论。

王道思想与孟子思想中基于人禽之别的人之四端直接相关，其理论源头应是孟子提出的性善论。受其影响，孟子不仅反对暴力，也更为看重民众的力量，追溯其源头正是礼乐文化中"敬天保民""敬德保民"思想在战国社会的发展。周公旦从王朝更替中看到了民众的力量，孔子则是从得民与否决定政权存亡的角度着眼，二者汇归于孟子后被提炼为"民为贵，社稷次之，君为轻"②的民本思想。

孟子民本思想的形成，是由于身处战国乱世的孟子看到了底层民众的力量，认为只有得到民众的拥护才能得天下。他对民心的重视与其对治国理政的思路相匹配，是儒家就大争之世的世界该走向何方的问题给出的答案。自然也就衍生出如何处理君臣关系的千古命题。根据儒家思想坚守"君君臣臣父父子子"的政治原则，孟子提出了"欲为君，尽君道；欲为臣，尽臣道"③的解决方案。实则是通过规范君臣的权利与义务，将现实与三代联系起来。同时，儒家思想所秉承的"礼以节情，乐以发和"④的传统又促使孟子的君臣观在与现实对接时表现为三种关系：其一是"君之视臣如手足，则臣视君如腹心"；其二是"君之视臣如犬马，则臣之视君如国人"；其三是"君之视臣如土芥，则臣之视君如寇仇"。⑤三种君臣关系中既有儒家学者的理想型，也有残酷现实的身影。

据史料记载，242 年的春秋史中共发生战争 483 次，另有诸侯会盟

---

① 杨伯峻：《孟子译注》，中华书局 1960 年版，第 168 页。

② 杨伯峻：《孟子译注》，中华书局 1960 年版，第 328 页。

③ 杨伯峻：《孟子译注》，中华书局 1960 年版，第 165 页。

④ （汉）司马迁：《史记》，中华书局 1959 年版，第 3297 页。

⑤ 杨伯峻：《孟子译注》，中华书局 1960 年版，第 186 页。

450 次。故有"春秋无义战"之说。基于儒家的政治立场和一直以来的仁政目标，孟子明确反对战争，并提出了诸多颇具操作性的政治主张。他认为"争地以战，杀人盈野；争城以战，杀人盈城"属于"率土地而食人肉"①的暴政。因此，他在回答梁惠王提出的如何才能"定于一"时，给出了"不嗜杀人者，则天下之民皆引领而望之"②的答案。孟子对不义之战的反对和他对解除民众痛苦战争的肯定，展现了高度的哲理思辨价值。为了配合自己提出的主张，孟子还进一步强调了以"省刑罚，薄税敛，深耕易耨""壮者以暇日修其孝悌忠信"③为主要内容的行政举措，目的则不限于减轻民众的负担，更在于要求统治者能够确立起以"制民之产"为基础的措施，从而实现养民、富民、教民的远大目标。因此，孟子进一步强调了要以恢复井田制作为手段来实现"制民之产"的目标。

五、荀子之"仁"

荀子最为著名的观点是他提出的"性恶"说，根据这一思路他对儒家仁政思想做了全新的阐发，集中体现在"隆礼重法"和"王霸之辨"两个方面。

（一）隆礼重法

前文在讨论孔子仁政思想时指出，孔子并未对如何引导人们走上道德修养之路的问题给出明确答案。孟子给出的方案虽然开辟了心性修养的路径，却与社会现实脱节。因此，真正的转折点还有待荀子的出现。荀子阐述的仁政学说在形式上与孟子所述有较大的相似性。他在《王制》

---

① 杨伯峻：《孟子译注》，中华书局 1960 年版，第 175 页。

② 杨伯峻：《孟子译注》，中华书局 1960 年版，第 13 页。

③ 杨伯峻：《孟子译注》，中华书局 1960 年版，第 10 页。

篇中指出王者"仁眇天下"方可实现"天下莫不亲"①。他还在《议兵》篇指出统治者要以"爱人"要求自己，君臣之间唯有以"爱人"维系关系才能维持良好的社会秩序，否则就会使社会在上行下效的机制下陷入混乱。但荀子的思想不同于孟子之处就在他意识到在大争之世去要求君主修德也许并不现实，进而转去谋求一种既能保障儒家理想得以在最低限度实现、又能保证民众从中获益的方案。荀子的这种理性策略使得他的仁政学说在内在逻辑和外化形式上都最终走上了不同于孟子的道路，最为明显的一点是，荀子接受和容忍了道德水平未达到"仁"的统治者存在的可能性，并将其作为儒家最高仁政目标与社会现实之间的过渡阶段，进而赋予其存在的合法性。

这一思路与孔子以"如其仁"评价管仲的深层动机如出一辙。在孔子看来，尽管齐桓公、管仲远未达到"仁"的标准，但他们的功绩却避免了"被发左衽"的悲剧。正如前文所述，孔子的仁政理想有两个层次，荀子继承和发展的正是第二层次。荀子在《非十二子》中曾针对"五行"展开过激烈批评，根据前文的分析，我们知道荀子针对的"五行"就是思孟学派所强调的"仁、义、礼、智、信"。"仁义礼智信"是儒者自身道德修养的入径，也代表了思孟学派对仁政的理解。在荀子看来，"浊世之政，亡国乱君相属"②不仅不会因为子思、孟子等人呼喊的"何必曰利"有所改变，还会招致"迂远耳阔于事情"的评价。为解决这一问题，荀子提出了著名的"隆法重礼"说。

所谓"道之以政，齐之以刑，民免而无耻；道之以德，齐之以礼，有耻且格"③，孔子不仅认为"礼"能够引导人们的行为准则，还可以激发内心深处的羞耻感。荀子继承了这一思想，但他更注意到道德无法促

---

① （清）王先谦：《荀子集解》，中华书局 1988 年版，第 186—187 页。

② （汉）司马迁：《史记》，中华书局 1959 年版，第 2348 页。

③ 杨伯峻：《论语译注》，中华书局 1980 年版，第 12 页。

使人们自动地走向道德之路。正因此它需要一种制度来作为保障，源自礼乐制度的"礼"就成为他的首选。首先，"礼"具有区分社会等级和提醒相应阶层社会成员依"礼"而行的引导作用；其次，"礼"具有引导社会成员通过道德修养提升自我的作用，在维持社会秩序中产生影响。因此，他认为"制礼"的目的在于"使有贵贱之等，长幼之差，知愚、能不能至分"①。正是由于"礼"具有如此特殊的功能，荀子才强调要"隆礼"：

> 不道礼宪，以《诗》《书》为之，譬之犹以指测河也，以戈舂黍也，以锥餐壶也，不可以得之矣。故隆礼，虽未明，法士也；不隆礼，虽察辩，散儒也。②

在这里，荀子将孟子以心性修养来建构仁政的理论视为"以指测河""以戈舂黍""以锥餐壶"的"不可以得之"的行为。其背后的逻辑是，荀子认为"礼"是实现社会秩序正常化的工具（或曰手段）。

> 礼之于正国家也，如权衡之于轻重也，如绳墨之于曲直也。故人无礼不生，事无礼不成，国家无礼不宁。③

圣人的意义就在于用"礼"区分了不同的社会成员，并为其厘定了应该享受的权利和义务。"所以，一旦人民都能按照'礼'来行为，不追求超出自己阶层的需求以外的东西，国家就会变得有秩序。"④荀子追

---

① （清）王先谦：《荀子集解》，中华书局 1988 年版，第 70 页。
② （清）王先谦：《荀子集解》，中华书局 1988 年版，第 16—17 页。
③ （清）王先谦：《荀子集解》，中华书局 1988 年版，第 495 页。
④ 孙伟：《重塑儒家之道——荀子思想再考察》，人民出版社 2010 年版，第 172 页。

求的不是完美的仁政社会，而是通过给予能够施惠于普通民众的统治者以"仁"的赞誉来赋予其存在的合理性。只要当这些统治者能够运用"礼"来治理社会，儒家的仁政就成为可能。

在强调"礼"的重要性的同时，荀子还对儒家较为反感的"法"给予了足够的重视。孔子"道之以政，齐之以刑"[1]并未触及道德修养的问题，却造成了道德羞耻感的缺失。孔子的解决方法是"礼"，但他也认识到"礼乐不兴，则刑罚不中；刑罚不中，则民无所错手足"[2]，即礼乐虽优于刑罚却不能彻底废弃。荀子则进一步发展了"法"的学说。

> 循法则、度量、刑辟、图籍、不知其义，谨守其数，慎不敢损益也；父子相传，以持王公，是故三代虽亡，法治犹存，是官人百吏之所以取禄职也。[3]

作为儒者的荀子所理解的"法"是源自三代圣王的道德垂范，对后世将产生道德模范作用。荀子的"法"是一套社会治理系统和相配套的法律体系，即他强调的"法则、度量、刑辟、图籍"。可见，前者是荀子之法的理论依据，后者则是荀子之法的现实形态，二者互为依托、缺一不可。三代圣王的率身垂范之所以在当时有现实意义，正是得益于统治阶层对符合其价值原则的法律体系的坚持和维护。"这就是说，法律和规则能够保护道德原则免受破坏。在这个意义上，'法'在统治中就是必不可少。"[4]基于此，荀子不仅肯定了"法"的存在意义，并且为其

143

---

① 杨伯峻：《论语译注》，中华书局1980年版，第12页。

② 杨伯峻：《论语译注》，中华书局1980年版，第134页。

③ （清）王先谦：《荀子集解》，中华书局1988年版，第59页。

④ 孙伟：《重塑儒家之道——荀子思想再考察》，人民出版社2010年版，第180页。

在儒家思想的逻辑结构中找到了存身之所。他还在《王霸》篇就"礼"与"法"的融通问题展开了论证。荀子认为"礼"和"法"都具有维护社会稳定的功能。"礼"的作用方式主要是通过外在礼仪形式、礼仪手段引发和唤醒人们内心深处的道德自觉；"法"的作用机制不仅缘于它可以对敢于违礼者、违法者产生恫吓作用，还在于"法"可以作为一种补充机制使得脱离了"礼"的约束的人回归到正常轨道，从而保障了社会秩序的稳定。前述两个维度的思考合而为一，就是荀子"隆礼重法"思想产生的逻辑思路及其现实意义。

（二）王霸之辨

孔子在创建儒学思想之初虽将仁政视为终身奋斗目标，但他也深知"如有王者，必世而后仁"，即使是王者也需要治理三十年才可以称为"仁政"。既然"仁政"是如此遥远的目标，儒家又为何要坚持呢？我们认为，这在于孔子为人们描绘的是道德理想的至高境界，人们在为这一目标而奋斗的道路上实现的自我道德提升、社会改善都会积累下经验。这些所得、所获是最终引导人们走向"仁政"所不可或缺的。故而，孔子并不排斥"霸道"。正如傅斯年先生所说："孔子之宗教以商为统，孔子之政治以周为宗。以周围总，故曰：'如有用我者，吾其为东周乎。'其所谓'为东周'者，正以齐桓管仲为其具体典范。故如为孔子之政治论作一名号，应曰霸道，特此所谓霸道，远非孟子所界耳。"①傅氏将孔子仁政界定为"霸道"或有可商榷之处，但他对孔孟仁政差别的分析却是极为准确的。作为将儒家学说理想主义色彩发挥到制高点的思想家，孟子认为只有将"仁"作为终极诉求或曰目的本身才具有合理性，并始终要求人们按照"仁"的标准来要求自己的行为以求实现理想中的社会

---

① 傅斯年：《性命古训辨证》，广西师范大学出版社 2006 年版，第 121 页。

形态。但这一思想的缺陷也是十分明显的，"只有完全为正确的东西所激励的人，才能在长远的意义上造就出一个优良的社会，哪怕偶尔也会出现管仲那样的著名人物，他们能够取得某些符合仁德的成果，而不论其动机和手段"①。孟子对管仲的负面评价使得他的仁政学说中存在的与现实之间巨大的差距暴露无遗，这是孟子周游各国而不得其用的根本所在。

荀子仁政学说不同于孔孟的关键就在于，他认识到孔孟仁政学说与现实的龃龉不合，从儒家思想的立场并结合战国晚期的社会现实对孔孟仁政学说做出了适当的调整。在荀子的早期阶段，他延续了孟子严厉批评霸道的立场。比如在《仲尼》篇，他指出"仲尼之门人，五尺之竖子言羞称乎五伯"②。此处所描绘的五尺竖子严厉批评五霸的态度，就与孟子并无二致。荀子所认可的统治者应该是符合儒家标准的"王"，即在道德节操和人格修养层面符合儒家标准的统治者。随着世局的变动，荀子的思想发生了变化。如他在《王霸》篇中就将统治者划分为三类，分别是"义立而王""信立而霸""权谋立而亡"③。第一种类型的代表者就是儒家肯定的三代圣王，第二种则是春秋五霸的"齐桓、晋文、楚庄、吴阖闾、越勾践"，第三类则是荀子所批评的对象。从他给予第二类统治者肯定性评价的话语中，我们可以看到，尽管春秋五霸没有在道德层面达到至高的境界，但他们能够"尊王攘夷""合诸侯"以及给予民众现实的利益，荀子仍然肯定了他们的功绩。而他所批评的第三类统治者则主要是由于上下都是"惟利之求"，即过分求"利"将引发一系列的问题。这一点与孟子"何必曰利"的深层次动机并无二致。荀子还在《强

---

① ［美］本杰明·史华慈：《古代中国的思想世界》，程钢译，江苏人民出版社2004年版，第276页。

② （清）王先谦：《荀子集解》，中华书局1988年版，第105页。

③ （清）王先谦：《荀子集解》，中华书局1988年版，第239页。

国》篇中详细描述了自己对秦国的认识：

> 入境，观其风俗，其百姓朴，其声乐不流汙，其服不挑，甚畏有司而顺，古之民也。及都邑官府，其百吏肃然，莫不恭俭、敦敬、忠信而不楛，古之吏也。入其国，观其士大夫，出于其门，入于公门；出于公门，归于其家，无有私事也；不比周，不朋党，偶然莫不明通而公也，古之士大夫也。①

秦国历来被儒家视为虎狼之国，是暴政和霸道的典型代表。但荀子在游历一番后，他的观感则全然不同。他看到的是，此处的人民具有符合古之民"声乐不流汙，其服不挑，甚畏有司而顺"的特质，官吏也是"出于其门，入于公门；出于公门，归于其家，无有私事"的古之吏。唯一的不足在"其殆无儒邪"。荀子将"粹而王"视为仁政的至高境界，如果无法实现这一目标，至少也要达到"驳而霸"的水平。

总的来说，荀子"隆礼重法"的思想是与他对霸道的肯定有着内在的理论联系。由于儒家追求的"粹而王"的仁政在战国末世难以实现，荀子意识到能够为民众提供现实利益的"霸道"应被视为一种合理的存在。"霸"在"法"的指导下，依据儒家的理性原则也可孕育道德觉醒的人物，从而在孟子严苛的仁政学说之外开拓了全新的模式。荀子的意义就在于他从现实出发，结合自己的观察和社会的现实需求，认识到能够施惠于民的"霸道"有其存在的合理性和必要性。引导人内心自觉的"礼"和约束人外在行为的"法"同时被赋予合法性，二者都能在引导人的道德觉醒中发挥积极作用，最终达到"仁"的理想境界。但我们也需要认识到荀子毕竟不是法家，他将"法"引入儒家思想实则是与他对

① （清）王先谦：《荀子集解》，中华书局1988年版，第303页。

"霸道"的有限肯定密切相关的，即"法"是追求"王道"的过程性手段，而非法家学说的唯一目的。正如成中英先生所说："我们看到儒者们从未质疑过'法'在一般意义上的重要性。一个政府如果没有规则或组织的构造就不会被构建并发挥作用。同样，一个社会如果没有标准化的制裁或禁令就会陷入无序之中。但儒者们会坚持认为，将任何组织或规范引入政府和社会，一个人必须要理解这样的组织或规范是为了服务于通常意义上的人文主义和人道主义的目的。它应该将人保持成一个自我完善的个体并将社会保持为一个保护和实现仁爱的网络。"① 因此，后世儒家对荀子肯定"霸道"的评价实则是缘于他对"法"的肯定，而其中又掺杂着将荀子视为手段的"重法"界定为最终目的的误读。而真正理解荀子将"隆礼重法"作为手段来肯定"霸道"存在合理性的学理依据，还需要通过荀子以"法先王"和"法后王"为依托，从形而上的层面对其学说的合理性和周延性展开论证。

第二节 "仁"的传衍与再造

以"罢黜百家，独尊儒术"为契机，儒家思想在汉武帝一朝走上了转型之路。"仁"作为儒家文化元典关键词之一，其理论内涵和文化意义也都发生了变化。从墨、道、法诸家围绕"仁"发表的不同意见到董仲舒提出"仁义法"，可视为儒家之"仁"的第一次转型。在董仲舒之后儒家仁学思想的政治化、神秘化色彩渐浓，延宕至魏晋南北朝则出现了仁学玄化倾向，但都未能在学理层面有较大突破。直到百代之中的中

---

① 孙伟：《重塑儒家之道——荀子思想再考察》，人民出版社 2010 年版，第189—190 页。

唐时期，儒家仁学思想的发展才又闪现出新的光辉，代表性人物正是唐宋八大家之首的韩愈。韩愈提出的以"博爱行宜"为中心的仁学观，后随着唐宋儒学的转型而分化为以程朱"仁理"之学和陆王"仁心"之学两派。清代实学之风兴起后，儒学仁学再度转型，戴震提出的"生生之仁"是对传统的继承，而阮元以"相人偶"释"仁"充分体现了清代儒学的学术特色。

一、道、墨、法诸家之"仁"

在诸子争鸣的先秦时期，不仅有儒家学者对"仁""仁义"的问题展开论述，还有道、墨、法等学派的学者对其展开思考，正可谓是"仁者见仁"。如果说儒家是中国传统历史长河的主流，那么，道、墨、法诸家则是其不可或缺的支流。因此，考察儒家仁学的同时，也需关注其他学派的仁学思想，它们共同构成了中华仁学思想波澜壮阔的思想画卷。

（一）"复归于朴，天地不仁"

就具体观点、语言表达方式和侧重点而言，先秦时期道家思想的代表人物老子和庄子可谓各有特色。但在如何看待"仁"的问题上，二人却保持了一致——即从春秋战国的社会现实出发，希冀于回归到"道术未裂"的自然状态。受其影响，先秦时期的道学在关于"仁"的问题上的思考，可以概括为基于"复归于朴"的哲学基础而提出"天地不仁"的仁学观。

1."复归于朴"

通过前文的梳理，我们了解到儒家仁爱思想的诞生与西周礼乐制度有直接关系。孔子、孟子、荀子三人的运思方式虽各有不同，但都采用了"无视万物的自然本性而依据社会治理的外在需要而设计"① 的逻辑思路。而道家的理解角度则完全不同，老子从要回归到"道术未裂"的自然状态立论，认为现实的世界是"大道甚夷，而民好径。朝甚除，田甚芜，仓甚虚。服文彩，带利剑，厌饮食，财货有余，是谓盗夸。非道也哉"②。因此，道家哲学的基本立场是追求"复归于朴"的自然状态，而理解这一思想的最佳注脚莫过于《庄子》"应帝王"篇中"浑沌之死"的寓言：

> 南海之帝为倏，北海之帝为忽，中央之帝为浑沌。倏与忽时相与遇于浑沌之地，浑沌待之甚善。倏与忽谋报浑沌之德，曰："人皆有七窍，以视听食息，此独无有，尝试凿之。"日凿一窍，七日而浑沌死。③

陈鼓应在注解此段时写道："三者称帝，谓帝王之道，以纯朴未散自然之为贵也"④。当代学者则认为："'报'与'德'无疑是浑沌寓言中最重要的两个关键词，二者之间的紧张是浑沌之死的奥秘所在。"⑤ 事实上，"报"与"德"的矛盾并非只在"混沌之死"中出现，它是道家一直关注的话题。二者落实到现实政治形态直接对应的是五帝时代和三王时代，即所谓"大同"与"小康"。很显然，"浑沌之死"的寓言暗含了"大同"高于"小康"的价值判断，并透露出道家认识社会发展的独特思维。

---

① 许建良：《老子道家仁学论》，《桂海论丛》2015 年第 4 期。

② （魏）王弼注，楼宇烈校释：《老子道德经注校释》，中华书局 2008 年版，第 141—142 页。

③ 陈鼓应：《庄子今注今译》，中华书局 1983 年版，第 228 页。

④ 陈鼓应：《庄子今注今译》，中华书局 1983 年版，第 229 页。

⑤ 陈赟：《"混沌之死"与"轴心时代"中国思想的基本问题》，《中山大学学报》（社会科学版）2010 年第 6 期。

这一点在《道德经》第三十八章、第十八章中有更为详细的表述：

> 上德不德，是以有德；下德不失德，是以无德。上德无为
> 而无以为，下德为之而有以为。上仁为之而无以为，上义为之
> 而有以为，上礼为之而莫之应，则攘臂而扔之。故失道而后
> 德，失德而后仁，失仁而后义，失义而后礼。夫礼者，忠信之
> 薄而乱之首。前识者，道之华而愚之始。是以大丈夫处其厚，
> 不居其薄；处其实，不居其华。故去彼取此。①

> 大道废，有仁义；慧智出，有大伪；六亲不和，有孝慈；
> 国家昏乱，有忠臣。②

老子认为"上德"与"下德"的差别在于："上德"不需要名号以字之，
而"下德"则必须借助名号来强调自己的存在。据此，"上德"与"下德"
构成了两个序列：一者基于无为而成，不需细分；二者因"有为"而成，
应分为"上仁""上义""上礼"。"从'上仁'到'上礼'以及它们与上
德之间的距离，是一个逐渐递降的取向；在有为的程度上，则是一个逐
渐递增的向度。"③老子根据"上德""下德"的差别得出了"礼者，忠信
之薄而乱之首"的结论。这与庄子以"混沌之死"比喻道术为天下裂的
学理动机如出一辙，即道家认为社会的发展是"大道"沦丧的产物。受
其影响，人内在德性的缺位为世俗世界中"仁"的诞生创造了条件。按
照这一逻辑，"大道"有缺就产生了"仁"，"仁"的缺失就促成了"义"，

---

① （魏）王弼注，楼宇烈校释：《老子道德经注校释》，中华书局 2008 年版，第
93 页。

② （魏）王弼注，楼宇烈校释：《老子道德经注校释》，中华书局 2008 年版，第
43 页。

③ 许建良：《老子道家仁学论》，《桂海论丛》2015 年第 4 期。

"义"的不足孕育了"礼"。

根据上文对《道德经》文本和《庄子》"浑沌之死"的分析，我们看到，道家对"仁"的理解和界定是从与儒家完全相反的角度展开的。但这并不意味着道家仁学思想是对人类文明的否定，前人对此的理解多有偏颇。正确理解这一问题要参考简帛本《道德经》的相关内容：

> 绝圣弃智，民利百倍；绝仁弃义，民复孝慈；绝巧弃利，盗贼无有。① （通行本）
>
> 绝智弃辩，民利百倍；绝巧弃利，盗贼无有；绝伪弃诈，民复季子。② （竹简本）

1993 年出土的郭店楚墓竹简为世人理解老子思想提供了新的材料。通行本《道德经》第十九章的"绝圣弃智"和"绝巧弃义"在竹简本中分别为"绝智弃辩""绝伪弃诈"。众所周知，老子素来反对"智"和"巧辩"，竹简本的含义应更接近老子的原意。而"绝伪弃诈"则主要是对人的行为及其产生的人与人之间的欺诈行为的否定，也与老子的意思相吻合。反观通行本中"绝圣"的表述可知，它与老子一贯对圣人的肯定相矛盾，文本中"绝仁弃义"与"民复孝慈"也存在着难以调和的矛盾。如许建良便指出："'仁义'和'孝慈'都属于生活道德，都与爱存在关联，应是同类的东西，所以，靠弃绝仁义来达到复归慈孝的运思，显然缺乏思维逻辑合理性的支持。"③ 显然，在内容表达上，竹简本《老子》较之通行本更为接近老子思想的原始形态。基于此，我们认为根据竹简本来

---

① （魏）王弼注，楼宇烈校释：《老子道德经注校释》，中华书局 2008 年版，第45 页。

② 荆门市博物馆：《郭店楚墓竹简》，文物出版社 1998 年版，第 111 页。

③ 许建良：《老子道家仁学论》，《桂海论丛》2015 年第 4 期。

理解老子的思想，或许更接近历史原貌。所谓"绝智弃辩，民利百倍；绝巧弃利，盗贼无有；绝伪弃诈，民复季子"，应理解为民众可以从弃智、弃巧辩等无为的方式获得巨大利益，而当整个社会杜绝了机巧、欺诈之心，盗贼也就不会产生，从而最终实现"民复季子"的本真、自然状态。这一观点不仅和前文老子对"上德""下德"的分疏相吻合，也解释了庄子以"混沌之死"喻指"道术"为天下裂的真实动机。老子思想动机的形成与春秋乱世的社会现实有直接联系，这可从老子强调"佳兵者，不祥之器"的相关论述中看出：

> 夫佳兵者，不祥之器。物或恶之，故有道者不处。君子居则贵左，用兵则贵右。兵者，不祥之器，非君子之器。不得已而用之，恬淡为上，胜而不美。而美之者，是乐杀人。夫乐杀人者，则不可以得志于天下矣。吉事尚左，凶事尚右。偏将军居左，上将军居右。言以丧礼处之。杀人之众，以悲哀泣之，战胜，以丧礼处之。①

老子所谓"兵"（包括武器和战争）均为不祥之器。这种否定不是单纯地否定"兵"的存在意义，而是道家追求"复归于朴"思想的隐喻表达。

2."天地不仁"

由上可知，无论是庄子以"混沌之死"为喻，还是老子析分"上德""下德"，两人最终的目标都是"复归于婴儿……复归于无极……复归于朴"的最早境界。以"复归于朴"作为思考的出发点，道家学派逐渐形成了"天地不仁"的仁学观，并派生出"无为而无不为"的政治观

---

① （魏）王弼注，楼宇烈校释：《老子道德经注校释》，中华书局 2008 年版，第 80 页。

以及"尊道贵德""长德"与"忘形"相对应的哲学思想。

这一观点的形成与春秋乱世的社会有关。道家提出以"复归于朴"来解决社会矛盾，落实到"仁"，即是所谓"天地不仁，以万物为刍狗；圣人不仁，以百姓为刍狗。"① 一方面，"不仁"直接针对的是儒家基于血缘基础建构的"亲亲""尊尊"为纽带的仁学主张。孔子主张的"仁者爱人"在发展中渐变为"仁，亲以为宝"，即基于血缘的孝，是一种"等差之爱"。楚墓竹简《尊德义》更有"仁为可亲也，义为可眷也，忠为可信也，学为可益也，教为可类也"② 的记载，也是对基于血缘亲疏的亲情的重视。儒家的仁学始终是围绕血缘亲疏远近而展开的等差之爱，具体的践行方式则始于"事亲""从兄"的"孝悌"。另一方面，老子认为"始于孝悌"的儒家仁学在内部只能适用于血缘亲疏远近的家族，对外则无法处理广大、宽泛意义的社会。老子的思考显然忽视了儒家仁学的另一维度——"推己及人"，这是他的哲学立场所决定的，无须苛责。根据"复归于朴"的哲学立场，老子试图建立的是超越了血缘亲疏远近并符合自然本真状态的"道术未裂"的世界。由此可见，理解"天地不仁"的"仁"不能从儒家"爱人"的角度来思考，"天地不仁"应理解为天地万物的本然状态。因此，老子对婴儿给予了极高的评价。所谓"知其雄，守其雌，为天下谷。为天下谷，常德不离，复归于婴儿。知其白，守其黑，为天下式。为天下式，常德不忒，复归于无极。知其荣，守其辱，为天下谷。为天下谷，常德乃足，复归于朴"③。"守雌""守辱"是老子所肯定的"常德"，也是"复归于朴"的必由之路，其背后的动机在于民众

---

① （魏）王弼注，楼宇烈校释：《老子道德经注校释》，中华书局 2008 年版，第 13—14 页。

② 荆门市博物馆：《郭店楚墓竹简》，文物出版社 1998 年版，第 173 页。

③ （魏）王弼注，楼宇烈校释：《老子道德经注校释》，中华书局 2008 年版，第 73—74 页。

以回归自然状态的方式来摒弃"人为"因素的干扰。而这种思想延伸至政治领域就是"无为而无不为"的道家政治哲学。诚如许建良所说:"老子主张,在以万物自然本性的发展为最高准则的政治场域里,社会的一切事物都应以创设适合万物自然本性发展的最佳氛围而努力,统治者丝毫不能也不敢无视万物而有任何有意的行为举措。"① 老子并非是要统治者或百姓不采取任何措施,而是要求他们能够摒弃仁义礼智信等外来的施为,最终实现"复归于朴"的目标。因此,老子才会对"众人熙熙"的现实极为反感:

> 众人熙熙,如享太牢,如春登台。我独泊兮其未兆,沌沌兮如婴儿之未孩。儽儽兮若无所归。众人皆有余,而我独若遗。我愚人之心也哉!俗人昭昭,我独昏昏;俗人察察,我独闷闷。澹兮其若海,飂兮若无止。众人皆有以,而我独顽似鄙。我独异于人,而贵食母。②

他追求的是"浊泊兮""独若遗"的状态。他在婴儿的身上看到的是没有人之施为"无为"状态,为了实现这一目标,他强调要"抟气致柔",即以气的聚合实现人的自然状态的回归。

相对于儒家对仁道原则的重视,道家思想更多地表现出对朴素自然状态的肯定。他们以回归到人的自然状态为理想境界,故而主张"无以人灭天"。"这种看法注意到了文明进步所带来的某些消极面,并有鉴于文明社会的规范与准则不应违背自然,但同时却未免会忽视了自然的人

---

① 许建良:《老子道家仁学论》,《桂海论丛》2015 年第 4 期。

② (魏)王弼注,楼宇烈校释:《老子道德经注校释》,中华书局 2008 年版,第 48 页。

化及人的尊严问题。"① 尽管由于自身学术立场的限制，导致道家仁学思想表现出较为明显的消极色彩，但作为先秦时期百家争鸣的重要一派，道家关于"仁"即"仁义"问题的思考仍是不容忽视的。

（二）"兼即仁义，交相利"

作为墨家学派的创始人，墨子早年习儒，后舍弃儒学另立新说。他基于对儒家学说中繁文缛节的反感和自身的阶级立场，提出了"兼相爱，交相利"的仁学观。

1."兼即仁义"

由于墨子早年曾受业于儒家的特殊背景，我们不妨以儒家仁学思想作为对照来审视墨子仁学思想的形成。"仁"作为由孔子率先提炼出的价值准则，强调以基于血缘亲疏为基础的孝道原则为其根本宗旨。"内在的含义便是要求将自然的关系人文化，它同时从一个侧面强调了仁道原则超越自然的性质。"② 可见孔子提出仁道原则的重要目标在于实现自然的人化，也即以儒家的原则规划社会秩序。而墨子给出的答案则是"皆起不相爱"③，他不是从自身内部的特性出发来探索解决现实社会中混乱现象的答案，而是从社会化的人际关系角度来思考。墨子的仁学是以"兼"为中心，即人生活于现实世界不仅要考虑到自己的利益，也需要考虑到他人的利益——即"兼爱"。

墨子基于此提出了"兼即仁矣、义矣"的观点，此乃墨家仁学观的逻辑起点。孔子仁道的超越色彩在墨子的改造下彻底消弭，他主张以"强不执弱，众不劫寡，富不侮贫，贵不傲贱，诈不欺愚"④ 的方式应对

---

① 杨国荣：《善的历程》，上海人民出版社 2006 年版，第 15 页。
② 杨国荣：《善的历程》，上海人民出版社 2006 年版，第 12 页。
③ 辛志凤、蒋玉斌等：《墨子译注》，黑龙江人民出版社 2003 年版，第 85 页。
④ 辛志凤、蒋玉斌等：《墨子译注》，黑龙江人民出版社 2003 年版，第 89 页。

礼崩乐坏的社会乱局。这并非儒家提倡的基于和而不同的"和谐"，儒家的"和谐"是基于自我实现的群己关系，故而主张"礼之用，和为贵"，即"礼"在尊重人的意愿的同时，强化了"礼"作为行为准则的普遍性。"从消极的方面看，主要是化解主体间的紧张与冲突，正是在此意义上，孔子把无讼视为一种理想……就积极的方面而言，'和'则指通过彼此的理解与沟通，达到同心同德、协力合作。"① 反观墨家在处理此类问题时采取的则是一种要求全体社会成员的行为方式和价值准则保持高度统一的立场——"兼相爱"，以此为基础和前提，才能进一步引导出"国与国不相攻，家与家不相乱，盗贼无有，君臣父子皆能孝慈"② 的理想社会。墨子将能够尊奉自己思想、践行"兼爱"主张的人称为"仁人""善仁"，不能执行的人则被称为"不仁""别士""别君"。从形式上看似乎与儒家对君子、小人的界定有相似之处，实则不然。儒家在处理群己关系时从不强调要泯灭个人的意志，而是主张以忠恕之道协调个人与集体。"一方面，自我构成了整个行为的出发点：立人、达人，首先以立己、达己为前提，就此而言，忠恕无疑体现了对自我的确认；但另一方面，主体又不能停留于立己、达己之上，而应推己及人，由立己、达己进而推展到立人、达人。"③ 而墨子则完全忽略了自我与达人之间互为犄角的关系模式，并试图以唯一性和不可动摇的方式解决一切问题。由此可见，墨家倡导的"兼相爱"实则就是一种忽略了个体差异，力图将自我与他人的差异性消弭于"爱的世界"的学说。

由于墨子追求的仁爱，既无血缘之亲作为现实载体，也无形上之本体为皈依，故他主张的"兼即仁爱"的学说是一种完全脱离了社会现实的主张，难以付诸现实。后期墨家学者主要针对"兼爱"说的不足进行

---

① 杨国荣：《善的历程》，上海人民出版社 2006 年版，第 22 页。

② 辛志凤、蒋玉斌等：《墨子译注》，黑龙江人民出版社 2003 年版，第 85 页。

③ 杨国荣：《善的历程》，上海人民出版社 2006 年版，第 20 页。

了补充，也未能从根本上逾越墨子设定的逻辑体系。

2."交相利"

基于"兼相爱"的立场，墨子顺理成章地提出了"交相利"的主张。就其本质而言，"交相利"不过是延续着群己关系的逻辑线索，试图寻找到现实社会的支撑。墨子强调"利"的重要性并将其作为践行"兼相爱"的标准：

> 今有一人，入人园圃，窃其桃李，众闻则非之，上为政者得则罚之。此何也？以亏人自利也。至攘人犬豕鸡豚者，其不义又甚入人园圃窃桃李。……当此，天下之君子皆知而非之，谓之不义。今至大为攻国，则弗知非，从而誉之，谓之义。此可谓知义与不义之别乎？①
>
> 子墨子曰："万事莫贵于义。今谓人曰：'予子冠履，而断子之手足，子为之乎？'必不为。何故？则冠履不若手足之贵也。又曰：'予子天下，而杀子之身，子为之乎？'必不为。何故？则天下不若身之贵也。争一言以相杀，是贵义于其身也。故曰：万事莫贵于义也。"②

墨子以"今有一人，入人园圃，窃其桃李，众闻则非之"为喻，指出"利"与"义"具有相通性，进而得出"万事莫贵于义"的主张。"利"成为处理主体与他人之间关系的重要标准，既要避免"亏人自利"，又强调要在"冠履"和"手足"之间择其贵者。可见墨子的"利"是在"公利"和"私利"之间寻求平衡，但由于他的理论基础是"兼相爱"，必然导

---

① 辛志凤、蒋玉斌等：《墨子译注》，黑龙江人民出版社2003年版，第106页。
② 辛志凤、蒋玉斌等：《墨子译注》，黑龙江人民出版社2003年版，第379页。

致"公利"压倒"私利"的结果。

基于对"公利"的肯定和对"私利"所持有的谨慎态度，墨子进一步提出了"非攻""尚贤""节用""节葬""非乐"的主张。尽管这些主张在现实社会层面对于生产力的发展和劳动财富的积累有积极影响，但我们也应看到，其本质仍然是基于"兼相爱"为基础的伦理原则和行为方式在社会管理或国家治理层面的落实。因此，墨子的仁学由于其理论立场的错位，未能就群己关系给出符合社会现实的分析，不可避免地暴露出难以克服的理论缺陷。但墨家作为百家争鸣时代曾产生较大影响的思想流派，其历史地位和思想史意义仍应得到积极肯定和正面评价。将墨家学派的思想与儒家思想加以对比，就会发现儒家从群己关系中提炼出的是"君子喻于义，小人喻于利"①的君子、小人之别。基于"君子"与"小人"的道德差距，儒家探讨了"义"与"利"的问题，这是因为自我与他人之间最为直接的联系除了血缘，就是现实的利益。"义"与"宜"通，可理解为应当；"利"则不仅指经济利益，也指事实的功效和结果。根据儒家的原则，"义"与"利"的关系可以解读为"道德"与"事功"的关系。"义在某种意义上体现了理性的要求，而利则往往落实于感性需要的满足，因而义利关系又内在地关联着理欲关系，正是通过对道德的内在价值、利益中的公私关系、人的理性品性与族类本质等方面的规定，孔子奠定的儒家价值观获得了更具体的内涵。"②

同样是讨论"仁"的问题，儒、墨两家由于基本立场不同，具体手段有差，最终导致最高目标有别。究其根本在于，他和孔子、老子、韩非子、孟子等人都面临同样的时代命题——礼崩乐坏的现实世界应去向何处，或曰采取何种措施才能建构有序的社会。不同的立场，最终孕育

---

① 杨伯峻：《论语译注》，中华书局 1980 年版，第 39 页。
② 杨国荣：《善的历程》，上海人民出版社 2006 年版，第 23 页。

出不同的答案。

（三）"仁义用于古不用于今"

法家对待"仁"的态度可以简单概括为"仁义用于古而不用于今"，下文拟从该套学说的生成机理和逻辑结构两个方面切入相关问题并略作梳理。

1."圣人不法古，不修今"

先秦时期法家思想的代表人物有商鞅、申不害、慎到和韩非，前述三人分别是法家中法、术、势三派的代表，而韩非则是前述三人思想的整合和集大成者。法家内部虽关注点各有不同，治国手段也各有侧重，但在对待"仁"的问题上却保持了高度的一致性：

> 天地设而民生之。当此之时也，民知其母而不知其父，其道亲亲而爱私。亲亲则别，爱私则险民众，而以别险为务，则有乱……圣人不法古，不修今，法古则后于时，修今者塞于势。①
>
> 古者，……人民少而财有余，故民不争。是以厚赏不行，重罚不用，而民自治……是以古之易财，非仁也，财多也；今之争夺，非鄙也，财寡也。轻辞天子，非高也，势薄也；重争士橐，非下也，权重也。故圣人议多少、论薄厚为之政。故罚薄不为慈，诛严不为戾，称俗而行也。故事因于世，而备适于事。……故明主之国，无书简之文，以法为教；无先王之语，以吏为师；无私剑之捍，以斩首为勇。是境内之民，其言谈者必轨于法，动作者归之于功，为勇者尽之于军。是故无事则国

---

① 蒋礼鸿：《商君书锥指》，中华书局 1986 年版，第 51—54 页。

富，有事则兵强，此之谓王资。既畜王资而承敌国之釁，超五帝侔三王者，必此法也。①

　　商鞅从社会演进的角度出发，强调"亲亲"会导致"爱私"，而"爱私"则会"以别险为务"。换句话说，人们爱自己的亲人就会区别亲疏，心存邪恶谋取私利，而民众都趋"别"防"险"就会导致社会混乱。因此，他强调要向圣人学习"不法古，不修今"的治理原则，既不效法古代，也不拘泥于当今。这一观点的背后涌动的是法家学者线性思维逻辑的历史演进观，韩非继承这一思想撰写了《五蠹》一文。强调社会发展带来民众增多，而民众为获取有限的财富就会相互争夺。他强调古代圣人治世是"竞于道德"，自己所处的时代则是"争于气力"。因此，法家认为"仁义"并不能解决乱世的问题，而主张以"法治"为手段来实现社会秩序的条理化，即"以法为教""以吏为师"。

　　可见，商鞅、韩非等人对"法治"的强调实则也是基于对人性之恶、唯利是图的社会现实展开的思考。所谓"好利恶害，夫人之所有"②，法家学者甚至将其上升为人性共通的缺陷。同时他们还认为"喜利畏罪，人莫不然"③，进而将解决现实问题的手段建立在以利益的再分配为基础的逻辑上，最终孕育出法家独有的"仁义用于古而不用于今"的仁学观。

　　2."仁义用于古而不用于今"

　　事实上，今不如昔的观点并非专属于法家，几近是诸子争鸣时代学者的共识。但儒家试图通过一以贯之的仁道来解决；道家则强调要回到"道术未裂"的朴素时代；法家立场则更为现实。他们清醒地认识到古

---

① （清）王先慎撰，锺哲点校：《韩非子集解》，中华书局1998年版，第443—452页。

② （清）王先慎撰，锺哲点校：《韩非子集解》，中华书局1998年版，第369页。

③ （清）王先慎撰，锺哲点校：《韩非子集解》，中华书局1998年版，第369页。

今之别，试图以符合现实社会状况的理论来解决问题：

> 古者文王处丰、镐之间，地方百里，行仁义而怀西戎，遂
> 王天下。徐偃王处汉东，地方五百里，行仁义割地而朝者三十
> 有六国。荆文王恐其害己也，举兵伐徐，遂灭之。故文王行仁
> 义而王天下，偃王行仁义而丧其国，是仁义用于古而不用于今
> 也。故曰：世异则事异。①

韩非以文王据百里之地行仁义而王天下与徐偃王据五百里行仁义而
身死国灭作对比，旨在强调"仁义用于古不用于今"的基本立场。根据
这一观点，韩非进一步指出了儒、墨两家仁义思想的内在缺陷。但法家
的立论基础是强调法的不可动摇和贯彻"以吏为师"的教化手段，不免
有偏颇之嫌。概括起来，韩非对儒墨仁学思想的攻击有三：其一，他认
为孔子虽为圣人，但处于"海内说其仁美其义，而为服役者七十人"②的
境遇。若儒家仁学真能安放众生，就应该是天下云集响应，绝不至厄于
陈、蔡之间。其二，韩非认为"始于孝悌"的儒家仁学必须面对现实中
"孝子爱亲，百数之一"的客观事实。其三，韩非从战国时期的社会现
实出发，强调当时的诸侯都是言利之徒，儒家的主张难以被君主接受。
他甚至认为，"儒以文乱法，侠以武犯禁"，就不免有些许的偏见了。

二、从"仁义法"到"博爱行宜"

儒家思想在"罢黜百家，独尊儒术"之后，逐渐取得一尊地位。政

---

① （清）王先慎撰，锺哲点校：《韩非子集解》，中华书局 1998 年版，第 445 页。
② （清）王先慎撰，锺哲点校：《韩非子集解》，中华书局 1998 年版，第 446 页。

治地位的提升促成了儒学理论形态的变化，最为突出的一点是，我们在荀子的思想中就已经看到的实用的入世倾向到叔孙通身上得到了进一步的发展。这时的"儒家理想主义终于向实用主义靠拢，而儒者的思想学说也终于向政治意识形态倾斜"。其背后的深层机理是"一种思想学说要成为世间的制度法律或意识形态，必须借助策略而不能单凭理想"①。从此儒学开始向儒术转变，儒家关键词"仁"也开启了理论再造的新篇章。

原始儒学并未就宇宙本体论问题展开讨论，孔子虽然讲过"唯天为大"的话，但也认为"天何言哉"。这一缺陷造成了两个问题："一方面使得儒学中关于人与社会的道德学说与礼乐制度的合理性仿佛缺少自然法则的支持，其不言而喻的权威性便不免脚下空虚，一方面使得儒学无法与民众生活所尊奉与需要的实用技术与知识彼此沟通……儒学似乎只能处理道德层面上的问题而不能深层地进入生活，不能给人们提供生活上自信与知识。"②思孟学派的学者曾以五行（"仁义礼智圣"）来弥补，但正如上文所指出的，思孟学派本身存在的道德理想主义色彩又从内部制约了这一努力的现实效应；荀子虽从"隆礼重法"和肯定"霸道"的角度出发试图解决这一问题，但也没有能够取得较为令人满意的结果。这一局面直到秦亡汉兴才出现新的曙光。

汉初儒家学者中对仁学发展做出贡献的首推陆贾。陆贾在《新语》开篇引述《易传》构建了一种全新的宇宙：

> 传曰："天生万物，以地养之，圣人成之。"功德参合，而道术生焉。故曰张日月，列星辰，序四时，调阴阳，布气治性，次置五行，春生夏长秋收冬藏……苞之以六合，罗之以纪

---

① 葛兆光：《中国思想史》第一卷，复旦大学出版社2015年版，第235页。
② 葛兆光：《中国思想史》第一卷，复旦大学出版社2015年版，第237页。

纲，改之以灾变，告之以祯祥，动之以生杀，悟之以文章……
故在天者可见，在地者可量，在物者可纪，在人者可相。①

在天地人三要素构成的宇宙生成模式中，"天"是终极依据，"地"和"人"则是依据"天"的运行法则来运转。同时，"人"还必须深刻洞悉宇宙运行的规律，否则就会导致"恶政生恶气，恶气生灾异"②的结果。陆贾将其概括为"治道失于下，则天文变于上；恶政流于民，则蟊虫生于野"③。在陆贾建立的宇宙生成模式中，现实与宇宙有紧密的联系，并初步展现出"天人感应"学说的理论特色。但陆贾仅限于将"仁义"视为儒家最重要的思想，以及评价尊卑、贫富、贵贱的标准，如"治以道德为上，行以仁义为本。故尊于位而无德者黜，富财而无义者刑，贱而好德者尊，贫而好义者荣"④。而真正提升儒家仁学理论境界的工作则有待董仲舒的出现。

（一）董仲舒的"仁义法"

董仲舒是真正将儒学从先秦诸子之一的学术形态推向成熟化意识形态建构的第一人，他的思想主要保留在《春秋繁露》和《天人三策》中。董仲舒在《春秋繁露》中常以"天道""阴阳""五行"等为议题，实则是为儒家主张的三纲五常存在的必然性寻找理论依据。一方面，董仲舒所有的理论阐述都服从并服务于西汉王朝的政治诉求；另一方面，运用"天道""阴阳""五行"等概念，不仅要解答人事何以如此的现实，也要为国家政治生活中面临的问题提供解决方案。两相结合，促使董仲舒

---

① 王利器：《新语校注》，中华书局 1986 年版，第 1—5 页。
② 王利器：《新语校注》，中华书局 1986 年版，第 155 页。
③ 王利器：《新语校注》，中华书局 1986 年版，第 155 页。
④ 王利器：《新语校注》，中华书局 1986 年版，第 142 页。

重新界定"天"之内涵：

> 天者，群物之祖也，故遍覆包涵而无所殊，建日月风雨以
> 和志，经阴阳寒暑以成之，故圣人法天而立道。①
>
> 以元之深正天之端，以天之端正王之政，以王之政正诸侯
> 之即位，以诸侯之即位正竟内之治，五者俱正而化大行。②
>
> 天之道，终而复始。故北方者，天之所终始也，阴阳之
> 所合别也。冬至之后，阴俛而西入，阳仰而东出，出入之处
> 常相反也。③
>
> 《春秋》之道，奉天而法古。……所闻天下无二道，故圣
> 人异治同理也。④

董仲舒赋予"元"作为"天"之本原的形而上地位。所谓"元犹原
也，其义以随天始终也"⑤，"元"化身成为万事万物得以成立和做出适
当调整的依据。因此，他提出的"以元之深正天之端"，以及由此衍生
的"五者俱正"，实则也可以理解为人得以成为人（人禽之别）的根本
所在，这就比孟子以恻隐之心剖分人禽之别更为深刻。同时，董仲舒还
将以"元"为依据成立的"天"与现实世界联系起来，也就有了"人之
形体，化天数而成，人之血气，化天志而仁，人之德行，化天理而义，
人之好恶，化天之暖清，人之喜怒，化天之寒暑，人之受命，化天之四

---

① （汉）班固：《汉书》，中华书局 1962 年版，第 2515 页。
② （清）苏舆：《春秋繁露义证》，中华书局 1992 年版，第 155 页。
③ （清）苏舆：《春秋繁露义证》，中华书局 1992 年版，第 339 页。
④ （清）苏舆：《春秋繁露义证》，中华书局 1992 年版，第 13 页。
⑤ （清）苏舆：《春秋繁露义证》，中华书局 1992 年版，第 68 页。

时"①。非但人的血气依"天"而成，就连人的好恶、喜怒、受命，也与"天"保持着紧密的联系。他还根据这一套理论在《人幅天数》中详细阐述了肉体、情感、四肢与"天"之间存在的一一对应的关系。他以阴阳与善恶、刑德相对应，从而构建起"天人感应"的哲学体系。根据这一套理论，人世间的一切行为都要与阴阳、五行相对应。故有所谓"剑之在左，青龙之象也，刀之在右，白虎之象也"②。

前述两个方面的论述旨在建构一套以"天"为依据用以确保社会运转流畅的哲学思想，"'天'不仅是宇宙的空间之象，也是宇宙的时间之维，在自然法则之外，历史影像也是人间秩序合理性的一个依据"③。但此种论证模式也面临着"载之空言"的现实考验，董仲舒根据儒家一贯的传统和孔子的启发，在《春秋》中洞悉出"奉天法古"的思想内涵。根据他的学说，"奉天"就是以"天"为依据的人世间一切行为原则、实体存在的形而上依据，而"法古"则是现实社会以历史存在为依据的合理性表达。这一传统可谓是自古有之，却在儒家学者的手中发扬光大。因此，董仲舒所强调的"《春秋》之法，以人随君，以君随天"④，既暗含了儒家将上古历史作为自己学术思想得以成立依据的理论预设，也隐含了以三代圣王道德故事来批评现实、针砭时弊的现实用意。而建立前述二者基础上的汉代儒家思想，又由于掺杂了"秦亡汉兴"的历史命题而成为以历史知识为表征的儒家政治哲学走向成熟的关键。

基于以"元"统"天"、"以天为本"的立场，董仲舒在《春秋繁露》"仁义法"一篇中详细论述了"仁"和"义"两大范畴。他明确指出"《春秋》

165

---

① （清）苏舆：《春秋繁露义证》，中华书局 1992 年版，第 318 页。

② （清）苏舆：《春秋繁露义证》，中华书局 1992 年版，第 151 页。

③ 葛兆光：《中国思想史》第一卷，复旦大学出版社 2015 年版，第 239 页。

④ （清）苏舆：《春秋繁露义证》，中华书局 1992 年版，第 31 页。

之所治，人与我也。所以治人与我者，仁与义也"。① 他将"仁"与"义"视为处理人与人关系所必须谨慎遵守的两大原则，即所谓"以仁安人，以义正我"②。

"以仁安人"主要是针对统治者而言，不仅要使民众生活有所保障，更在于做出相应行为的主体必须时刻以此要求自己。董氏又以晋灵公等事作为例证，旨在说明"仁"的关键在于"爱人"而不是"爱我"——将自己的关爱推及他人。"以义正我"也主要是针对统治者而言，董氏认为"义"不是对他人的要求，而是对自己的约束。他以楚灵王、齐桓公为例，阐明"义"的关键在于"正我"而不是"以义正人"。董仲舒没有延续孔、孟、荀等人采用的"仁内义外"的思路来界定"仁"和"义"，而是赋予二者全新的内涵。在孔、孟的时代，"仁"是儒家思想的最高境界或曰最高精神，而"义"则是"仁"与现实对接的点，更多地体现为具体化的法则和原则。孟子从内在依据出发强调"义"，必然要以"性善"为依据；荀子则从外在规范强调"义"，必然要以基于"性恶"的"化性起伪"为手段。董仲舒的贡献在于，他提出的"仁"针对的是他人，"义"则是要求他人的自我约束。"一方面，仁人之爱首先针对的不是自己，而是他人，仁人之爱的对象应该主要指主体以外及亲情血缘之外的、更为广大的人群。另一方面，作为外在原则规范的义，在要求他人严格遵循之前，我自己也应该首先无条件地予以接受。"③ 这一分析精准地点明了董仲舒仁义思想的精髓。

董仲舒"以仁安人，以义正我"思想的形成与上文讨论的董氏"以天为本"的宇宙论思想紧密相关。基于"以天为本"的宇宙论，董仲

---

① （清）苏舆：《春秋繁露义证》，中华书局 1992 年版，第 249 页。

② （清）苏舆：《春秋繁露义证》，中华书局 1992 年版，第 249 页。

③ 余治平：《董仲舒仁义之学的特殊性》，《北京青年政治学院学报》2006 年第 1 期。

舒认为"仁"是"天"的规则与人的血气相结合的产物："为人者天也。……人之形体，化天数而成；人之血气，化天志而仁；人之德性，化天理而义。"① 这就将"仁"的依据从人自身引申至"天"。在确保"仁"的存在不可动摇的同时，董仲舒也为不同的人所展现的不同程度的"仁"留出理论言说空间。一部分人有着较好的"血气"就可以很好地实现"化天志而仁"的目标，而另一部分人则需要进一步的引导。此外，董仲舒还从发生学角度就"仁"的生发展开了分析，他指出"人之受命于天"是获得"仁"的起点，也即人从"天"中了解和体悟了"仁"，此后就是人根据自己的"血气"化生为诸种美德。而人与人之间的血脉亲疏和人际网络，则进一步为个体的"仁"推而广之，以构筑起更为广泛意义层面的仁政世界——这是新的时代语境中孔子仁政思想的发展。董仲舒将"仁"与"天"对应，继承了孔孟基于血缘亲情推演仁学思想的基本逻辑，但又避免了为论证仁学思想而将其理念化、形式化的可能，从而确保了儒学思维逻辑的一贯性和延续性。至此，我们可以看到董仲舒给出的"天"，既不是自然意义的"天"，也非单纯道德意义的"天"，而是能够给予天道存在和运行规律合理的本体依据，人根据"天"再结合自身的血气就可以化生出"仁"。而无论是作为根本依据的"天"，还是化生的"仁"，都需要以具体的形式来呈现。董仲舒认为《春秋》是最能体现"仁"的形式——此处正好印证了孔子所言"我欲载之空言，不如见之行事之深切著明"——《春秋》的褒贬就是告诉人们何为"仁"、何为不"仁"。

简言之，董仲舒"以天为本"建构起"以仁安人，以义安我"的"仁义法"实则是用"天"的权威来论证"仁"（或者"义"）的权威，既有力地突破了孔、孟从自身论证"仁"之合理性依据，又有效地规避了荀

---

① 苏舆：《春秋繁露义证》，中华书局1992年版，第318页。

子采取"隆礼重法"思想所可能导致的"霸道"风险，为后世儒家仁学思想的健康发展奠定了坚实基础。

（二）韩愈的"博爱行宜"

韩愈的时代是儒学面临挑战的时代——曾经由儒家思想统领的话语体系和思想世界，正面临着门阀奠定的政治制度和信仰奠定的价值意义两个秩序的挑战，后世将这一状况概括为"儒门淡泊，收拾不住，尽归释氏"[①]。为了解决这一问题，韩愈创作了《原道》等文，核心诉求就在于以重新阐发的儒道作为基础，重新建构儒学统领的制度世界和信仰世界。韩愈的仁学思想也应置于此种语境来理解。

韩愈将"仁义"作为道统的核心，并视其为"先王之道""天下之公言"。但韩愈的道统说延续的虽是二帝三王的传统，却重点突出了孔孟的地位。按照传统的理解，"五帝时代的政教典范是德，三王的政教典范是礼，孔子的政教典范是仁"[②]。所以韩愈将"德""礼"置换为"仁义"便有着更为深远的用意：

> 博爱之谓仁，行而宜之之谓义：由是而之焉之谓道，足乎己，无待于外之谓德。仁与义，为定名；道与德，为虚位：故道有君子小人，而德有凶有吉。老子之小仁义，非毁之也，其见者小也。坐井而观天，曰天小者，非天小也。彼以煦煦为仁，孑孑为义，其小之也则宜。其所谓道，道其所道，非吾所谓道也；其所谓德，德其所德，非吾所谓德也。凡吾所谓道德云者，合仁与义言之也，天下之公言也；老子之所谓道德云

① （宋）陈善：《扪虱新话》卷三，商务印书馆 1934 年版，第 23 页。

② 陈赟：《"混沌之死"与轴心时代中国思想的基本问题》，中山大学学报（社会科学版）2010 年第 6 期。

者，去仁与义言之也，一人之私言也。①

韩愈所针对的一系列问题的背后，隐藏的正是汉唐儒学已不能凭借政教合一的模式解决唐王朝所面临的诸多社会问题。因此，韩愈明确指出"仁义为定名，道德为虚位"，即儒学关于道德的思考不能停留于神秘化、玄学化的模式中，而要与社会实践相结合。它必须也只能落实在"仁义"等具体的定名上才有实际的意义和操作的可能，从而为后世理学的诞生奠定了基础。一方面，韩愈将"仁"定义为"博爱"。"博爱"是属于圣人的，他具有"教之以相生养之道"的至高地位，并为世人提供了"为之君，为之师，驱其虫蛇禽兽而处之中土。寒，然后为之衣，饥，然后为之食"②的方法。而普通人只需要遵循"亲亲而尊尊，生者养而死者藏"的标准即可。这是一种极为传统的圣人创世说，由于圣人的"博爱"，才会有世间的芸芸众生和大千世界。另一方面，韩愈用"行而宜之"来界定"义"，实则是在汉唐儒学标榜的圣人创世说之外，为普通人提供了一套践行仁道的操作方案。如在《答李翊书》中，韩愈便以自己"行之乎仁义之途，游之乎《诗》《书》之源，无迷其途，无绝其源"③的为学、作文经验告诫后人如何实现为文明道。此外，韩愈还指出"道莫大乎仁义，教莫正乎礼乐刑政"④，将"仁义"与"刑政"联系在一起——"教"就成为"道"的体现，礼乐刑政则是仁义道德的载体，极大地丰

① （唐）韩愈撰，马其昶校注：《韩昌黎文集校注》，上海古籍出版社1986年版，第13—14页。
② （唐）韩愈撰，马其昶校注：《韩昌黎文集校注》，上海古籍出版社1986年版，第15页。
③ （唐）韩愈撰，马其昶校注：《韩昌黎文集校注》，上海古籍出版社1986年版，第170页。
④ （唐）韩愈撰，马其昶校注：《韩昌黎文集校注》，上海古籍出版社1986年版，第253页。

富发展了儒家仁义的思想内涵。

简而言之，与董仲舒"以天为本"从外部构建"仁义法"不同，韩愈以儒学内部上起二帝三王，下至孔孟的道统为根基，建构起"博爱之谓仁，行而宜之之谓义"的"博爱行宜"仁义观。不仅使早期儒学中本已若隐若现的道统清晰起来，更为其本人摆脱汉唐儒学藩篱创造了条件。在韩愈构建的道统体系中，圣人被赋予的"博爱"精神，实则是"仁"的具象化呈现；而大千世界的芸芸众生只需要根据圣人确立的原则"行而宜之"，就符合"义"，并最终达到"仁"的内在要求。不过，就圣人与普通人的关系而言，韩愈关于"仁"和"义"的思考并未超越汉唐诸儒，尤其是他对道家和佛教的排斥，如"斯吾所谓道也，非向所谓老与佛之道也"[1]的思想更在一定程度上限制了其理论视域，而这则在宋儒手中实现华丽转身。

三、从程朱仁理到陆王仁心

儒学发展在经历了晚唐五代藩镇割据、人伦失范、思想混乱的冲击之后，重塑名教、再振纲常成为宋儒首先要解决的问题。"真正开启了道学[2]之源头的，应该就是二程，特别是程颐本人。"[3]在二程正式登上

---

① （唐）韩愈撰，马其昶校注：《韩昌黎文集校注》，上海古籍出版社 1986 年版，第 18 页。

② 陈来先生指出："宋明理学，有人又称为宋明道学。其实，道学之名虽早出于理学之名，但道学的范围比理学要相对来得小。北宋的理学当时即称为道学，而南宋时理学的分化，使得道学之称只能适用于南宋理学中的一派。……所以总体上说，道学是理学起源时期的名称，在宋代它是理学主流派的特征，不足以囊括理学全部。……宋代道学之名，专指伊洛传统，并不包括心学和其他学派的儒家学者。"（参见陈来：《宋明理学》，生活·读书·新知三联书店 2011 年版，第 8—10 页。）

③ ［日］土田健次郎：《道学之形成》，上海古籍出版社 2010 年版，第 94 页。

历史舞台之前，为儒学发展做好铺垫的关键性人物首推胡瑗、孙复、石介和周敦颐。他们共同完成的工作可以概括为："首先，通过礼制的恢复与重建，确认权力的天赋正当性。其次，建立一个有权威的国家系统，恢复和确认政治、经济与文化的秩序，获得民众的认同。再次，是恢复与重建知识、思想、信仰世界的有效性，以教育和考试培养阶层化的知识集团，建立制度化的文化支持系统，以重新确立思想秩序。"[①] 而儒家仁学作为传统礼制、国家秩序和精神世界的根本所在，自然也成为宋儒必须要慎重处理的理论命题之一。

（一）程朱仁理之学

由程颢、程颐开创，经过漫长发展和激烈的思想斗争而最终汇归于朱熹的理学，是宋代儒学中最为璀璨的明珠。他们在明确提出"天理"学说的同时，也对源自孔孟的仁学思想的发展做出了贡献。

1. 上承洙泗，下启闽洛

在程朱理学诞生于历史舞台之前，被后世称为"宋学三先生"的胡瑗、孙复、石介已开始了新的探索，可谓理学之筚路蓝缕者。

胡瑗曾创"苏湖教法"以"经义""治事"二斋分科教学，又以《春秋尊王发微》《周易口义》著称，蔡襄将胡瑗思想总结为"解经至有要意，恳恳为诸生言其所以治己而后治乎人者。学徒数千人，日月刮劘为文章，皆传经义，必以理胜；信其师说，敦尚行实"[②]。胡氏治学方式的变化，是理学到来之前的理论准备。据《宋元学案》中"安定学案"记载：

> 安定说《中庸》，始于情性。盖情有正与不正，若欲亦有

---

① 葛兆光：《中国思想史》第二卷，复旦大学出版社 2015 年版，第 151 页。

② （宋）蔡襄：《蔡襄集》，上海古籍出版社 1996 年版，第 675 页。

正与不正，圣人之情见乎辞，岂得位情之不正乎？若我欲仁，斯仁至矣，岂为不正之欲乎？故凡以言情之不正者非也，言圣人无情亦非也。圣人岂若土木哉？[①]

胡瑗继承了孟子的学说，强调性恶源于"欲"，并将"欲"归于"情"。因此，他主张"情有正与不正，若欲亦有正与不正"，也即是说"情"与"欲"并非全是不正，而且圣人也是有情的。胡瑗作为理学先驱尚未就"情""欲"和"性"的关系问题形成较为全面的认识，讨论"情""欲""性"为何会引导人走向"恶"以及人采取何种措施才能在利欲攻伐之下求得中和，都需要由理学家们来完成。理学家中与胡瑗关系最为亲密的首推程颐，据《宋史·道学传》记载，程颐18岁时游于太学就在回答胡瑗所问"颜子所好何学"时，以"学以至圣人之道"博得胡瑗青睐。就传世文献看，我们虽尚未发现胡瑗就"仁""性"等问题展开过深入的思考和探讨，但他对程朱理学的影响仍是不可忽视的，这主要得益于他所培养的学生在理学发展中发挥了积极作用。

同为"宋学三先生"的孙复、石介主要是从道统建构角度为理学的诞生做好了贡献：

推明孔子，抑黜百家，诸不在六艺之科者皆绝其道，勿使并进，斯可谓尽心于圣人之道也。暴秦之后，圣道晦而复明者，仲舒之力。……文者，道之用也。道者，教之本也。故必得之于心，而后成于言。自汉至唐，以文垂世者众矣。然多杨墨佛老虚无报应之事，沈谢徐庾妖艳邪侈之辞。始终仁义不叛

---

① （清）黄宗羲原著，全祖望补修：《宋元学案》卷一，中华书局1986年版，第39—40页。

不杂者，唯董仲舒、扬雄、王通、韩愈。①

孙复强调"文者，道之用"既有"文以明道"的意味，更是对道统学说的发展。此外，他强调儒家道统的建立要以辟佛老、逐异端为主要手段，又赋予三纲五常道德意味。在孙复的思想中，人道与天道的联系得到了强化，也就意味着现实社会的人伦道德与天理运行的道德是一致的，初步显现出理学的理论形态。最为重要的是，"在孙复这里，'天'还带有人格神的色彩……道德伦理就有了永恒而不可抗拒的天意作为它的依据"②。道统学说之于宋代儒学的意义在于它将儒家学者和统治阶层的意志上升为不可动摇的天理，后经理学家的改造，逐渐淡化了人格神色彩，更具说服力。"宋学三先生"之一的石介提出的道统学说也应从这一角度来理解。总的来说，胡瑗、孙复、石介三人的思想洞悉到了儒学发展的新方向，并尝试着在"性""情""欲"等重要概念的阐发上有所突破。但他们的贡献是有限的，仁学思想的新局面尚有待二程的出现。

周敦颐作为理学宗师，他的思想汇集于《太极图说》《通书》中，黄百家曾指出："孔孟而后，汉儒止有传经之学，性道微言之绝久矣。元公崛起，二程嗣之，又复横渠诸大儒辈出，圣学大昌。故安定、徂徕卓乎有儒者之矩范，然仅可谓有开之必先。若论阐发心性义理之精微，端数元公之破暗也。"③黄氏所言点明了周敦颐理学宗师地位确立的关键是他揭示了"心性义理之精微"，成为引导二程、朱熹从全新的角度发

---

① （清）黄宗羲原著、全祖望补修：《宋元学案》卷二，中华书局1986年版，第98—99页。

② 侯外庐：《宋明理学史》上册，人民出版社1997年版，第37页。

③ （清）黄宗羲原著、全祖望补修：《宋元学案》卷十一，中华书局1986年版，第482页。

展儒学思想的精神导师。但我们应注意到，这是一种后发的追溯式认定，并非历史的本来面貌。正如杨柱才所说："就周敦颐一生而言，其著作及思想并没有广泛流布，了解者不多；加之官职不高，又处南方，其思想亦未能在整个社会产生较大影响。"[1] 我们认为，周敦颐生前并未对道学的发展产生较为直接的影响，只是随着理学的发展和完善，人们逐渐意识到二程所倡导的"穷性命之理，率性会道，体道成德，出处孔孟，从容不勉"[2] 与周敦颐思想有莫大关系。而南宋以后的学者更为深刻意识到周敦颐思想中"以诚为本，强调主静立极"的学术宗旨与儒家"心性之学"实为一体。"周子之学可谓拨千年迷雾而直溯诸孔孟，重掘'性道'之源，阐发心性义理之精微，是为得其统也。"[3] 从这一角度来说，周敦颐思想不仅是宋代儒学"破暗"第一人，更是儒家仁学思想"上承洙泗，下启闽洛"的关键。

关于周敦颐在理学（道学）学术脉络中的位置，宋人黄榦有过如下一段评述：

> 及至周子，则以诚为本，以欲为戒，此又周子继孔孟不传之绪者也。至二程子，则曰"涵养须用敬，进学则在致知。"……以是四者而存诸心，则千圣万贤所以传道而教仁者，不越此乎？[4]

---

[1] 杨柱才：《周敦颐在宋代道学中的地位》，《早期道学话语的形成与演变》，安徽教育出版社 2007 年版，第 13 页。

[2] （宋）程颢、程颐：《河南程氏外书》卷二，《二程集》上，中华书局 1981 年版，第 328 页。

[3] 杨柱才：《周敦颐在宋代道学中的地位》，《早期道学话语的形成与演变》，安徽教育出版社 2007 年版，第 29 页。

[4] （宋）黄榦：《周子全书》，商务印书馆 1939 年版，第 71—72 页。

黄榦是从儒学发展脉络的角度来评价周敦颐，不仅进一步巩固了周敦颐作为道学之祖的特殊地位，还巧妙地将二程、朱熹纳入了道统序列。由此可见，道学内部最迟在南宋末期已然确立了周敦颐上承洙泗、下启闽洛的学术史地位。而在同一时期的评述中，我们还注意到，理学家们主要是从周敦颐所著《太极图说》《通书》来阐发他的思想。而《通书》中最具代表性的观点之一就是"诚"：

> 诚者，圣人之本。大哉乾元，万物资始，诚之源也。乾道变化，各正性命，诚斯立焉，纯粹至善者也。故曰一阴一阳之谓道，继之者善也，成之者性也。元亨，诚之通；利贞，诚之复。大哉易也，性命之源乎？①

"诚"是周敦颐从《中庸》中拈出的关键词，他以《周易》为参考，试图建构"诚"为"圣人之本""万物之元""性命之源"的形而上依据。在这一理论中，"诚"既可以视为人伦五常的根本，又以资始于乾元、生发性命的方式最终成就"纯粹至善"的境界。不仅如此，周敦颐还以宇宙本体化生万物的思想与儒家的道德论相结合，建构起"阳生万物，阴成万物"的结构体系：

> 天以阳生万物，以阴成万物。生，仁也；成，义也。……故圣人在上，以仁育万物，以义正万民。天道行而万物顺，圣德修而万民化。大顺大化，不见其迹，莫知其然之谓神。……天下之本在君，君之道在心，心之术在仁义。②

---

① （宋）周敦颐：《周敦颐集》，陈克明点校，中华书局2009年版，第13—14页。
② （宋）周敦颐：《周敦颐集》，陈克明点校，中华书局2009年版，第23—24页。

在这一过程中，万事万物都必须遵循圣人的安排，而圣人至上地位的体现方式是生"仁"成"义"，即"仁育万物""义正万民"，人世间的一切就在此种模式中实现了"大顺大化"，而支撑圣人做到这一切的根本正是"诚"。据此，周敦颐将"诚"上升为化生万物、周转流变的精神本体。对于普通人来说，践行"诚"的最佳方式就是"无妄"和"无为"，即按照宇宙本源和人之本然的状态不加以任何伪饰。按照"无妄""无为"的要求，普通人通向圣人的方式不是修养的工夫，即所谓"诚则无事"。但此种解释存在着逻辑自治的内在张力：一方面，"诚则无事"强调不需要道德修养的工夫；另一方面，周敦颐又强调君子要"干干不息于诚"，并认为"惩忿窒欲，迁善改过"才能实现"后至"。我们认为，周敦颐的立场应解读为他认为圣人已然达到"诚则无事"的至高境界，而普通人尚需经过"惩忿窒欲，迁善改过"的道德修养才能提升自我。基于此种认识，我们再来审视周敦颐的仁学思想就会发现，他提出的"生，仁也；成，义也"是其圣人观的延伸。圣人以"仁"为原则化育万物、义正万民，此说与前文所论董仲舒的"仁义法"思想有逻辑思维的相似性，但周氏不同于董仲舒的地方在于，董仲舒不仅建构了"以天为本"的宇宙论，还以《春秋》为依托贯彻他主张"以仁安人，以义正我"的思想。而周敦颐则另辟蹊径，他以《周易》为依托，试图建构一种以生命个体接受圣人顺化的学说。同时，为了强调自己的思想不同于汉唐儒学的理论模式，周敦颐还以《大学》中"诚心、正义、修身、齐家、治国、平天下"的思想加以改造，使其成为圣人化育万物思想的载体：

> "圣人可学乎？"曰："可。""有要乎？"曰："有。""请问焉。"
> 曰："一为要，一者无欲也。无欲则静虚动直，明则通。动直

则公，公则溥。明、通、公、溥，庶矣乎！"①

周敦颐眼中的圣人可作两种解读：其一，化育万物，为天地立法，兼具宇宙本体和确立儒学合法性的双重意义。其二，圣人是儒家仁政思想的理想化表达。在变化无穷的现实世界中，人必然要面对"欲""利"的诱惑，也就有了"性善""性恶"之别。周敦颐在此确立圣人"无欲"的品质，即圣人是符合中正仁义的行事标准。能够达到此一境界就视为"静虚动直"，此说后经延展被表述为"无欲而静"，对宋明理学的发展产生了深远的影响。

2. 天理为本，仁分二途

在周敦颐之后对儒家仁学思想发展做出巨大贡献的学者首推二程。二程虽为兄弟，但二人的学术观点并不总是保持一致。学界早期的研究较为重视程颢，对程颐的关注则稍有欠缺。如冯友兰先生在《中国哲学史》中仅列有《明道所说的修养方法》一节，重点讨论了程颢的《识仁篇》。另一部《中国哲学简史》也只有一篇《程颢对"仁"的认识》，基本没有涉及程颐的仁学思想。"这说明冯友兰的关注所在始终在一般哲学史的问题，而不是儒学史的发展。"②稍晚的张岱年先生在其晚年完成的《中国古典哲学概念范畴要论》中指出："二程提出关于仁与前儒不同的解释，程颢以'与物同体'说仁，程颐以'公'说仁。"③不仅纠正了学术界在二程仁学思想研究中存在的重程颢、轻程颐现象，也准确地把握到了二程仁学思想的特质。我们认为理解二程仁学思想既要看到他们都强调"天理"为本的理学立场，更要看到"仁分二途"的思想发展

---

① （宋）周敦颐：《周敦颐集》，中华书局 2009 年版，第 31 页。

② 陈来：《朱熹的〈仁说〉与宋代道学话语的演变》，《早期道学话语的形成与演变》，安徽教育出版社 2007 年版，第 182 页。

③ 张岱年：《张岱年全集》第四卷，河北人民出版社 1996 年版，第 622—623 页。

脉络。

在探究二程仁学思想之前，首先需要解决的问题是，他们是采用何种方式来建构自身学说的。众所周知，《春秋》《周易》《周礼》是北宋时期儒家学者最为看重的三部著作，从理论建构的角度来说，"他们借《周易》论述世界和人生的哲理……借《春秋》倡导尊王攘夷……借《周礼》以发挥改革积弊的主张"。① 因此，宋儒如何阐发儒家经典就成为探究其思想轨迹的首选。就二程来说，凝聚程颐一生心血的《易传》更是凝聚和浓缩其思想的重要依据，并直接影响到二程"天理"思想的形成。

从《二程集》收录的《伊川易传》中可以看到，程颐认为"圣人作《易》"的目的是"准则天地"，世人研读《易》的目的则是"知幽明之故"，即知天地、通人事。据此可知，《伊川易传》建构的是从圣人法天制《易》到世人研《易》以晓天地准则的一套天人相通的哲学。故侯外庐先生认为，程颐"以'理'解释《易传》，认为观卦爻象即可见'理'；理为体，象为用"②。不过，程颐易学思想的形成并不完全受儒家思想的影响，也与他早年出入释老的经历有关。根据相关学者考证，对《伊川易传》影响最为直接的是华严宗：

> "某尝读《华严经》，第一真空绝相观，第二事理无碍观，第三事事无碍观，譬如镜灯之类，包含万象，无有穷尽，此理如何？"曰："只为释氏要周遮，一言以蔽之，不过曰万理归于一理也。③

---

① 侯外庐：《宋明理学史》（上），人民出版社1997年版，第133页。

② 侯外庐：《宋明理学史》（上），人民出版社1997年版，第137页。

③ （宋）程颢、程颐：《河南程氏遗书》卷十八，《二程集》上，中华书局1981年版，第195页。

程颐将华严宗提出的"凡事皆有理"加以总结，并否定了佛教基于万法皆空的立场强调要破除理障的主张。程氏在舍弃掉华严宗思想中"以障视理"的同时，还强调"万理归于一理"，也就是世界万事万物都能体现和表达"理"的内涵，而"一理"则是万物的根本。尽管理学家们极力否认释道思想的合法性，却不妨碍他们从中汲取营养来构筑儒学思想的新体系。二程以自己体贴出来的"天理"作为最高原则，强调"万物出于一理"。"天理"在二程的思想中兼具宇宙本体、德之总名和现实秩序的多种含义。首先，他们认为"所以谓万物一体，皆有此理，只为从哪里来"[1]。"天理"具有唯一的不容挑战的至高地位，自然也就否定了释道之理存在的可能性。作为超迈于万物之上的"天理"，不仅万世不朽，而且还具有育化万物的特殊功能。其次，"天理"还被赋予了德之总名的含义。所谓"父子君臣，天下之定理，无所逃于天地之间"[2]，人世间的一切都笼罩在"天理"之下。再次，二程还将"天理"从宇宙本体、道德总名拓展至社会制度。他们基于儒家学说的立场，认为"父止于慈，子止于孝，君止于仁，臣止于敬"就可以实现"万物庶事莫不各有其所，得其所则安"的理想状态，否则就会陷入"失起所则悖"的境地。此说是儒家正名思想与"天理"思想相结合的产物，并无太过鲜明的理论创新意义。

"天理"作为二程自己体贴出来的本体论学说，在儒学思想内部必然有能够与之相对应的概念，那就是"仁"。如其所言："仁，理也。人，物也。以仁合在人身言之，乃是人之道也。"[3]"天理"作为宇宙本体，其

---

① （宋）程颢、程颐：《河南程氏遗书》卷二，《二程集》上，中华书局1981年版，第33页。

② （宋）程颢、程颐：《河南程氏遗书》卷二，《二程集》上，中华书局1981年版，第77页。

③ （宋）程颢、程颐：《河南程氏外书》卷六，《二程集》上，中华书局1981年版，第391页。

所表现出来的化育万物的功能通过生生之理得到体现，当其落实到人的身上就体现为人道。因此，"天理"就与"人道"建立了联系，即二程所谓"合在人身"。而"人道"和"天道"能够统一在一起，正是因为"心譬如谷种，生之性，便是仁也"①。人的心就如同谷种一般具有生发的特质，经过后天培育、引导就可以成为体现"天理"的人道——"仁"。但在"仁"的内涵理解上，二程却走向了"仁分二途"的不同道路。

程颢论"仁"是从日用伦常着眼，如他借用中医术语"手足不仁"谈"仁"，背后暗含的正是将人身体的各部分视为统一整体的思维，这一观点与他肯定张载的《西铭》如出一辙。在程颢看来，《西铭》所揭示的"万物一体"思想，就是对"仁"的特性的最佳诠释。因此，他主张"学者须先识仁"，不仅是因为"仁"的特质是"浑然与物同体"，更在于人们只有通过识仁（观仁）的方式才能真正理解"仁之本"。但体认到"仁"还只是开始，程颢还强调要践行"仁"——"放这身来，都在万物中一例看"，也即"仁"不是自家躯壳的自我实现，而是个人与世界的共生互融。这一思想实则源自孟子提出的"恻隐之心""不忍人之心"。个人与万物之间原本就存在着内在的联系，当人之四端被欲望所遮蔽，人就会丢失自我的本性，也就无法达到"万物一体"的境界。这就不难理解程颢何以会选择中医术语中"不仁"来强调"万物一体"的重要性，并明确提出了"人之一肢病，不知痛痒，谓之不仁。人之不仁，亦犹是也"②的观点，"明道主张的作为仁的'知觉'并不是生理上的知痛知痒，而是在心理上把万物体验为自己的一

① （宋）程颢、程颐：《河南程氏遗书》卷十八，《二程集》上，中华书局1981年版，第184页。

② （宋）程颢、程颐：《河南程氏外书》卷三，《二程集》上，中华书局1981年版，第366页。

部分的内在验觉"①。程颢同时借用人的生理知觉、四肢、痛痒与全部身体来谈"仁"，但二者居于不同的意义层面。前者强调"仁"是可以为我所知、为我所感的直观形式，后者则将"仁"作为"万物与我同一"的境界。

从上文的分析可以看出，程颢论"仁"虽也涉及具体的言说对象，甚至是借用中医术语，最终都将"仁"引到了形而上的哲学层面。如他从《周易》所强调的"生生不已"的角度出发，强调"生"与作为万物本源的"元"是相通的，而后者止可理解为"仁"：

> 切脉最可体仁。②
> 观鸡雏，此可观仁。③

他以切脉和观鸡雏为例讨论"仁"，都是从"仁"是化育万物的宇宙本体的角度来论述的。根据这一原则，程颢希望人们能以"春意"观物，即"仁便是一个木气象，恻隐之心便是一个生物春底气象"④。至此，作为"万物一体"的"仁"和"生生之仁"在程颢的思想中统一起来，"万物一体"的"仁"是精神境界，而精神境界得以挺立的依据正是"仁"作为宇宙本体内涵的"生生之仁"的特性。

不同于程颢论仁的思路，程颐采取了另一种思维入径——"以公解仁"：

① 陈来：《早期道学话语的形成与演变》，安徽教育出版社 2007 年版，第 185 页。
② （宋）程颢、程颐：《河南程氏遗书》卷四，《二程集》上，中华书局 1981 年版，第 74 页。
③ （宋）程颢、程颐：《河南程氏遗书》卷四，《二程集》上，中华书局 1981 年版，第 59 页。
④ （宋）程颢、程颐：《河南程氏遗书》卷四，《二程集》上，中华书局 1981 年版，第 54 页。

仁者公也，人此者也。①

"唯仁者能好人，能恶人。"仁者用心以公，故能好恶人。公最近仁。仁徇私欲而不忠，公理则忠矣。以公理施于仁，所以恕也。②

"仁者公也"是程颐仁学思想的核心，这一思想可借由他对子贡问"仁"总结的忠恕之道来理解。杨伯峻先生注"忠恕"二字时指出，"忠"就是"己欲立而立人，己欲达而达人"，"恕"就是"推己及人"③。现代学界虽有新的阐发，但从程颐的角度而言，只能解释为"仁"是判断好、恶的参考标准，其根源则在于"仁者用心以公"。按照程颐阐发"仁"的方式，所谓"公"首在于"仁道难名，惟公近之，非以公便为仁"④，"公"虽然接近"仁"，却不是"仁"。故"公"应理解为为"仁"之方——"仁"的践行方式，它是"忠恕"的具体表现。基于此，程颐还提出了"公是仁之理""爱是仁之用"的观点，试图用体用结合的论证方式贯穿"公""仁""爱"的内在逻辑联系。但我们也注意到程颐并非只以体用结合的方式来论证"仁"，他在弟子问"仁"时，还先后就"恻隐之心，仁也""孝弟为仁之本"给出了明确回答。一方面，程颐否定了"孝弟为仁"，强调"仁自孝弟始"，这与本章前文分析孔子之"仁"的逻辑结构如出一辙。另一方面，程颐还否认了韩愈提出的"博爱之谓仁"，强调"博爱"只是"仁"的一种表现。总的来说，程颐是在针对弟子围绕

① （宋）程颢、程颐：《河南程氏遗书》卷九，《二程集》上，中华书局1981年版，第105页。

② （宋）程颢、程颐：《河南程氏外书》卷四，《二程集》上，中华书局1981年版，第372页。

③ 杨伯峻：《论语译注》，中华书局1980年版，第38页。

④ （宋）程颢、程颐：《河南程氏遗书》卷三，《二程集》上，中华书局1981年版，第63页。

何谓"仁"、行"仁"之方的问题时，就习见的错误认识给出了自己的看法。此外，他还曾在回答弟子"爱人是仁否"时明确指出"爱人乃仁之端，非人也"。程颐明确拒绝了以"爱人"来界定"仁"，实则与他否定"博爱为仁""孝弟为仁"的立场一致——"孝弟"是"仁"的开端和启示，而"爱人""博爱"都不过是"仁"的表现。至于其反对以"觉"训"仁"的相关论述亦当作此解。

程颢、程颐的仁学思想存在着"仁分二途"的内在差别，但二人思想都应置放在宋代儒学与释道思想对抗的文化语境中来思考。程颢所界定的作为精神境界的"仁"或宇宙本体的"仁"，主要是就"仁心觉情说仁体制感通与一体，重在仁体呈现的境界"而言。程颐的"以公训仁""是以仁为客观性理，而分析出其形式特性即公，以公为仁之理，即以公为仁的一种形式特性"①。他们的最终目的都在于为了将儒家思想重新确立为上辅皇权、下化万民的信仰体系，这成为引导二程仁学最终汇归朱熹仁学思想的关键。

3.仁者人心，汇归晦庵

二程身后的道学思想呈现分化的发展趋势，先后涌现出杨时、谢良佐、胡宏等人。但由于缺乏像二程一般的宗师，兼受国势衰退和新旧党争的影响，道南学派、湖湘学派始终未能形成学术的统一。这一局面的长期存在已然威胁到道学思想的发展，朱熹的诞生可谓恰逢其时。他不仅有效地继承了二程的学术立场，还将杨时、胡宏为首的两大道南学派的思想进行整合，又通过编纂《近思录》与吕祖谦取得了统一，还通过与陈亮、陆九洲的辩论对外阐明了理学的主张，最终实现了道学汇归于朱熹的学术格局。前辈道学大家的仁学思想也在这一过程中，经由朱熹实现了统合。朱熹的仁学思想分散保存在其众多著述中，较为集中的只

① 牟宗三：《心体与性体》上，上海古籍出版社1999年版，第299、303页。

有《仁说》一文。但《仁说》在朱熹思想中的重要性远不及《四书章句集注》和《太极西铭解义》等作品。正如陈来先生强调的："《仁说》的意义乃在于，它是己丑以后朱子在理论上清算湖南学派、纠正湖南学派、转化湖南学派、重建道学正统的系列论辩活动的重要一环。"[1]朱熹所从事的这一工作主要凸显了二程的学术逻辑，但也舍弃和否定了某些可能导致"异端"的学术发展方向。总的来说，考察朱熹仁学思想既要考虑到他与湖湘学派、道南学派、浙东学派论战中就相关问题展开的论辩，也需要审视《仁说》一文。

从积极意义来看，《仁说》提供给我们的不仅是了解朱熹仁学思想的学术范本，更在于它所展现的朱熹在道学话语发展过程中，如何整合二程学说和道南学派、湖湘学派之间的理论冲突，对于后人了解儒学思想史的发展提供了极为宝贵的资料。

朱熹仁学思想的基础仍然是道学家的"天理"观：

> 未有天地之先，毕竟也只是理。有此理，便有此天地；若无此理，便亦无天地，无人无物。都无该载了！有理，便有气流行，发育为物。[2]

他认为"理"是宇宙的根本，天地、万物、人事都是依"理"而生的。而"气"则是推动万物生发、演进、发展的动力，"气"的流转造就了宇宙生生不息的格局。朱熹的"理—气"思想对他的仁学思想产生了积极的影响。朱熹关于"理"与"气"的论述，我们应注意三点：其一，"天下未有无理之气，亦未有无气之理"[3]，即"理"为"气"本，"气"中有"理"，

---

[1] 陈来：《早期道学话语的形成与演变》，安徽教育出版社2007年版，第2013页。

[2] （宋）黎靖德：《朱子语类》卷一，中华书局1986年版，第1页。

[3] （宋）黎靖德：《朱子语类》卷一，中华书局1986年版，第2页。

不可偏废。其二，"理也者，形而上之道""气也者，形而下之器"①；"理"为形而上，"气"为形而下，不可混乱。其三，"人物之生，必禀此理，然后有性；必禀此气，然后有形"②，万物都是禀"理"而生，"理""气"相和，化为有形。根据这一思想，朱熹的仁学思想也被统领于"理为气之本，禀理和气化有形"的思维模式之下：

> 天地以生物为心者，而人物生之，又各得夫天地之心以为心者。故语心之德，虽其总摄贯通无所不备，然一言以蔽之，则曰仁而已矣。③

"仁"就是禀"理"而生的最完美形态——它既要求人能够"得夫天地之心以为心"，又要在化生有形的过程中做到"总摄贯通无所不备"。

从朱熹在《仁说》一文开篇对"仁"所下的定义来看，他的仁学思想带有鲜明的天理论色彩。这一思想的形成与他远承程颢、程颐，近接龟山、上蔡等人有直接关系，并最终通过《四书章句集注》得到体现。将《仁说》和《四书章句集注》对照分析，我们发现朱熹的仁学思想不仅在本体论层面依附于"天理"学说，在体用层面也与"天理"思想紧密相关。如他在注解《孟子》中"生之谓性"一句时指出："性者，人之所得于天之理；生者，人之所得于天之气也。性，形而上者也；气，形而下者也。人、物之生，莫不有是性，亦莫不有是气。然以气言之，

185

---

① （宋）朱熹：《朱子全书》第二十三册，上海古籍出版社、安徽教育出版社2010年版，第3719页。

② （宋）朱熹：《朱子全书》第二十三册，上海古籍出版社、安徽教育出版社2010年版，第3719页。

③ （宋）朱熹：《朱子全书》第二十三册，上海古籍出版社、安徽教育出版社2010年版，第3279页。

则知觉运动，人与物若不异也；以理言之，则仁、义、礼、智之禀，岂物之所得而全哉？此人之性所以无不善，而为万物之灵也。"①孟子认为人禽之别在于人有恻隐、羞恶、恭敬、是非之心，而告子则认为"性"为生而就有的属性，无所谓善恶之分。若按照告子的界定，人禽就无所分别了。不仅人之为人的精神境界无法建立，现实社会的人伦秩序也失去了理论支撑。朱熹在此引入"理"（天理）的概念，强调"告子不知性之为理，而以所谓气者当之"。此观点是理学家从"天理"为本的立场出发，同时强调禀理而成和气化有形的生成方式是世间万物得以形成的唯一途径。而"仁"作为最高的道德原则，具有近似于"天理"的至高地位，既是具体德目之"仁"，又是囊括"仁义礼智"的总德。"仁"正如"人性"一般，当天地生物因为有了人的观照就得"性"，便也就是"仁"。而"仁"所延伸的恻隐、羞恶、恭敬、是非都是"仁"外化而出的表现。朱熹从理学家的"天理"观出发对孟子与告子的辩论加以改造，实则是将儒家仁学置于"天理"统摄之下。孟子与告子之间围绕性善与性无善恶的论辩，在朱熹的调整下，成为新时代儒学思想的有机组成部分。

宋明理学的核心诉求之一"便是要为个人与社会的生活建立一个合理的秩序，也就是广义的伦理，从而作为良性社会的准则"②。这种以伦理秩序重建为表征的思想活动落实到儒家思想，最为深刻的就是仁学思想。周敦颐将其表述为"中正仁义"，朱熹则进一步阐发为"中，其处之也；正，其发之也；仁，其裁之也；义，盖一动一静莫不有以全夫太极之道而无所亏焉"③。"中""正"是儒家理想的人格境界，虽未达至圣人，却可教化民众。朱熹在这里没有用儒家惯用的"直""诚"来训解，透露出他所

① （宋）朱熹：《四书章句集注》，中华书局1983年版，第332页。
② 何俊：《南宋儒学建构》，上海人民出版社2004年版，第126页。
③ 程水龙：《〈近思录〉集校集注集评》，上海古籍出版社2012年版，第8页。

谓的"仁"还有更为深远的含义。我们认为，"中"与"正"作为非中性词，从积极方面肯定了人的行为和价值选择。而"仁"又和"义"相连，实则是在描述一种由个人意识出发并可以通过"推己及人"的方式影响他人的理论预设。但在朱熹之前的儒家学者对"仁"的内涵界定并不统一，这从前文的分析就可以看出来。因此，朱熹仁学思想最具影响力的一点，就在于他以《仁说》一文为载体整合前人观点，提出了全新的仁学思想，使得自周敦颐以来上承洙泗的仁学思想得以汇归于晦庵。

（二）陆王仁心之学

作为与程朱理学相比肩的儒学流派，由陆九渊开创、后经王阳明发扬光大的心学也对儒家仁学思想的发展做出了重要贡献。所不同的是，由二程至朱熹强调的是"天理"影响下的仁理之学，而陆王则从"本心"出发，建构了仁心之学。

1.心即理，心即仁

作为宋明理学中"心学"一脉的开创者，陆九渊从中年开始讲学活动，逐渐确立起以"本心"为核心概念的学术体系。他强调"恻隐仁之端，羞恶义之端也，辞让礼之端也，是非智之端也，此即是本心"的基本立场，强调"古人教人不过存心、养心、求放心。此心之良，人所固有。……此乃为学之门，进德之地"①。可见，"心"在陆九渊思想中占据重要位置。

"心即理"是陆九渊思想的精髓所在。"心"作为被宋儒经常提及的概念，不同的学者理解各有不同，归纳起来大致有三种："一者是生理功能的心；二是有心理知觉作用的心；三是有伦理道德品性的心"②。程

---

① （宋）陆九渊：《陆象山全集》卷五，中国书店 1992 年版，第 41 页。

② 侯外庐：《宋明理学史》上册，人民出版社 1997 年版，第 560 页。

朱一脉的学者主要是从心理知觉和伦理道德品性的角度来使用"心"的概念，陆九渊也不例外，"心"在陆氏的理论体系中也是一种"根源性的范畴"①。但陆九渊不同于程朱一脉学者的关键则在于他将"心"与"理"都置于本体论的层面来审视。陆九渊所界定的"理"有两层含义：其一，作为宇宙本源的理；其二，依宇宙本源之理化育万物体现的万事万物存在的依据和表现出的秩序。就前者来说，陆九渊强调：

> 此理充塞宇宙，天地宇宙且不能违，况于人？②
>
> 塞宇宙一理耳……此理之大，岂有限量？程明道所谓有憾动于天地，则大于天地者矣，谓此理也。③

他不仅认为"理"是充塞宇宙的存在，任何事物、任何人都不能违背；还将作为宇宙本源的"理"与程颢所强调的"憾于天地""大于天地"的"天理"联系起来，目的在于强调自身学说的正统性地位。就后者而言，"理"不仅是宇宙本源，同时也是天地、四时和人都需要遵从的基本原则，不可违抗。这就将哲学本体的"理"延伸至万物存在依据和现实表现的形而下层面，故有所谓"道塞宇宙，非有所隐遁，在天曰阴阳，在地曰柔刚，在人曰仁义。"④ 即"道"的呈现方式是多种多样的，表现在天是阴阳，表现在地是柔刚，表现在人则是仁义。这就建构起一套上至宇宙本体、下至现实社会和人伦秩序的"理"学大厦。而陆九渊又强调"心即理"，也即"理"在哲学意义和现实功能层面与"心"有相通之处。

---

① 侯外庐：《宋明理学史》上册，人民出版社 1997 年版，第 560 页。
② （宋）陆九渊：《陆象山全集》卷十一，中国书店 1992 年，第 91 页。
③ （宋）陆九渊：《陆象山全集》卷十二，中国书店 1992 年，第 99 页。
④ （宋）陆九渊：《陆象山全集》卷一，中国书店 1992 年版，第 6 页。

根据上文的分析可知，陆九渊的心学思想建立在理学思想基础上，他理解的"理"虽在理论表述方式上近似于程朱理学家，实则既不同于孟子的"理义之悦我心，犹刍豢之悦我口"中基于道德感情的"理"，也不是现实生活中的社会规则或自然法则，而是要从宇宙本体论意义来理解。基于此种理论语境形成的陆氏之"心"大致可以从两个层面来界定：

其一，是道德伦理意义的"心"。陆九渊认为"仁义者，人之本心也"①，将其与"心即理"联系在一起，也就意味着"仁义"是理。但不同之处也正在于此，陆九渊强调"四端者，人之本心也，天之所以与我者，即此心也"②，即他认为人遵守道德伦理的规约和引导而表现出的行为活动只是"心"的表现，而非程朱理学家所强调的日用伦常是"天理"化育成的结果。基于此，陆九渊明确指出："苟此心之存，则此理即明，当恻隐时即恻隐，当羞恶时即羞恶，当辞让时即辞让，是非至前，自能辨之。"③换句话说，"心"就不仅是人恻隐、羞恶的本源，也是人借以表达辞让和做出是非判断的依据。由此，陆九渊总结说："事父孝故事天明，事母亲故事地察，是学已到田地，自然如此，非是欲去明此而察此也。明于庶物，察于人伦已然。"④。孝事父母不仅是仁义的体现，也是"理"的落实。基于此种学说，心学一脉的学者表现出对格物致知之学的鄙弃，其理论特质颇有禅宗"明心见性，直指本心"的意味。陆九渊观点的形成是他直接以人为立足点来思考和求道的结果所致，他通过融生命主体于客体世界之中的方式来获得对道的体认。而朱熹虽然也强调"理一分殊"，并强调要以格物为入学之径，但他的学术宗旨在于主

① （宋）陆九渊：《陆象山全集》卷一，中国书店 1992 年版，第 6 页。
② （宋）陆九渊：《陆象山全集》卷十一，中国书店 1992 年版，第 94 页。
③ （宋）陆九渊：《陆象山全集》卷三十四，中国书店 1992 年版，第 252 页。
④ （宋）陆九渊：《陆象山全集》卷三十四，中国书店 1992 年版，第 279 页。

体要超越客体。

其二，由于陆九渊试图以主体融入客体的方式来贯彻体道，也就导致了视"心"为宇宙本源的必然结果，并且是将"心"视为实体性的本源。基于此，他提出了"道，未有外乎其心者"①的观点，并认为"万物森然于方寸之间，满心而发，充塞宇宙无非此理耳"②。人的心中所有就是能够充塞宇宙、体认万物的"心"。二者的融会贯通必然导致"心，一心也；理，一理也。至当归一，精义无二。此心此理，实不容有二"③的结论。至此，陆九渊构建起与程朱理解相对峙的学术话语体系，即以"人皆有是心，心皆有是理"④的心学思想。

根据"心即理"的学说，陆九渊的仁学思想可以概括为"心即仁"。如其所说："此理在宇宙间，固不以人之明不明，行不行而加损"⑤。这是强调"理"虽然要借助于语言的表达来展现，但并不因此受制于语言表达，颇有道家"道可道，非常道"的意味。但陆九渊又强调"道在宇宙间何尝有病，但人自有病，千古圣贤只去人病，如何增损得道"⑥。这是说圣人对"理"（道）也只能是体认、感受，而无法对"道"有所损益。因此，他指出："夫子以仁发明斯道，其言浑无罅缝。孟子十字打开，更无隐遁，盖时不同也。"⑦此说上溯孔子论"仁"之初以三代文教为基础，兼摄天道、易、乾坤于其中，以感于天、摄于心名之曰"仁"。孔子之"仁"既含有"性之"义，也含有"反之"义。故"仁"之一字，将先天后天、因位果位、有为无为、造作自然、现象本体，打成一片，

---

① （宋）陆九渊：《陆象山全集》卷十九，中国书店 1992 年版，第 145 页。

② （宋）陆九渊：《陆象山全集》卷三十四，中国书店 1992 年版，第 260 页。

③ （宋）陆九渊：《陆象山全集》卷一，中国书店 1992 年版，第 8 页。

④ （宋）陆九渊：《陆象山全集》卷十一，中国书店 1992 年版，第 94 页。

⑤ （宋）陆九渊：《陆象山全集》卷十二，中国书店 1992 年版，第 115 页。

⑥ （宋）陆九渊：《陆象山全集》卷三十四，中国书店 1992 年版，第 252 页。

⑦ （宋）陆九渊：《陆象山全集》卷三十四，中国书店 1992 年版，第 253 页。

混为一味，"浑无罅缝"，此为"中道"。

2.一体之仁

在陆九渊之后扛起心学大旗的儒学大师首推王阳明。以王阳明"良知"说的提出为分水岭，程朱理学在士人中的崇高地位已然动摇，发展到嘉靖、隆庆两朝已然是"笃信程朱不迁异说者，无复几人矣"[①]。在王阳明登上历史舞台之前，儒学思想内容发生了巨大的变化。一方面，儒家心性思想渐趋没落，另一方面，学者们不再热衷于讨论形而上的本体论问题。"人们逐渐发现要能不脱离现实、正视社会的失序与危机，必须摆脱形上学的色彩，用朴素平实的思想态度去逼近社会与自然。"[②] 这既造就了王阳明心学思想的历史语境，也是理解王阳明仁学思想必须要考虑的因素。于王阳明个人而言，思想的飞跃是在贵州龙场驿站。"因念圣人处此，更有何道"而生发出心中所念，"忽悟格物致知之旨，圣人之道，吾性自足，不假外求"，遂使于阳明的学术思想以"龙场悟道"为界标，进入到"默坐澄心为学""致良知"的新境界。[③] 前述两个方面因素相互作用，促使王阳明提出了"天地万物一体之仁"的学说。

"仁者，以天地万物为一体"最早由程颢提出，他是在继承儒家仁学思想追求"仁"为最高境界的传统中，强调了有机整体的宇宙，而引导此种思想形成的基础正是二程自家体贴出来的"天理"。此外，前文论及《周易》对二程思想形成产生影响时已经指出"理为体，象为用"是理解二程仁学思想的基础，就是指《周易》中所强调的"一阴一阳之谓道"为二程提供了勾画宇宙生生之源的力量，而乾坤天地则是阴阳的最大表征，也是阴阳化生之"象"，基于此种逻辑才会有张载在《西铭》中提出的"民胞物与"思想。宋儒抛弃汉唐儒学烦琐的注疏之学，强调

---

① （清）张廷玉：《明史》，中华书局 1974 年版，第 7222 页。

② 王汛森：《权力的毛细管作用》（修订版），北京大学出版社 2015 年版，第 1 页。

③ （明）王守仁：《王阳明全集》，上海古籍出版社 2011 年版，第 1228 页。

以心性之学为入径探索圣人之道。而孔孟以"仁者爱人""性善"立论的理论表述，被宋儒阐发为"观万物皆有春意"，"观鸡雏"即是"观仁"。这一思想被王阳明所继承，他解释"良知"时曾明确指出："夫人者，天地之心，天地万物本吾一体者也。"①但学界在考察王氏思想时多将关注点聚焦于"万物一体"，较少将其与"仁"联系在一起。正如有学者所指出的："人们却往往忽略该命题的全称'天地万物一体之仁'的'仁'字。其实，'一体之仁'是阳明学重构万物一体论的核心观念、本体依据。以'一体之仁'为根本旨趣的万物一体论既不同于先秦以来传统的万物一体论，也有别于程颢的由'识仁'而进至'浑然与物同体'的仁者境界说，而是新形态的以仁为本的'仁学一体论'。"②换句话说，理解王阳明的"一体之仁"应从整体性观照的角度来认识。

在王阳明看来，明王朝思想混乱、社会动荡和矛盾尖锐根源于道德沦丧，而导致道德沦丧的根本原因是程朱之学的流弊。因此，他以"正人心，息邪说"为出发点确立了"后天下可得而治"的人生目标，并对程朱理学展开批评，希冀为朱明王朝的统治危机提供一种全新的解决方案。王氏思想的这一特征赋予他的仁学思想兼具本体论和工夫论双重理论特质，也展现了心学一脉的儒家学者对仁学发展做出的新贡献。

基于救世除弊的目标，王阳明着力从天人合一的形而上本体论范畴来界定"仁"，认为源自天道、天德的"仁"最为鲜明的表征就是"人心"，故有"仁，人心也，良知之诚爱恻怛处，便是仁"③。换句话说，人若具有"仁"的品质，也就是有了"仁"心。不过，"仁"心并

① （明）王守仁：《王阳明全集》，上海古籍出版社 2011 年版，第 1344 页。
② 吴震：《论王阳明"一体之仁"的仁学思想》，《哲学研究》2017 年第 1 期。
③ （明）王守仁：《王阳明全集》，上海古籍出版社 2011 年版，第 990 页。

非外力所致，而是"根于天命之性而自然灵昭不昧者也"①。在王阳明仁学思想的理论架构中，"仁"既由"天命之性"所造就，也是"灵昭不昧"的表现。但二者并非相互依靠的关系，而是前者决定后者，后者表征前者。"灵昭不昧"本是佛教用语，王阳明借用过来表达的正是"仁"所达到的澄明之境，这一境界最为直观的表现方式是"造化生生不息"的万千世界。这就将本体论层面的"仁"逐渐引导至工夫论的层面，毕竟"仁"是需要人去践行的。王阳明将其解释为"然其流行发生，亦只有个渐，所以生生不息"②。"渐"不仅是万世万物出"仁"本体生发的表现，也是人们去"行仁""体仁"的过程和方法。"这个过程的发端处乃是'天地之心'，有此'天地之心'，故有'生理'或'生意'，故万物发于流行，生生不息。"③王阳明所强调的"生理"和"生意"可以互训，也就意味着"生意"是没有善恶之分的，他还以人们观花、观草为例，论证了自己的学说：

> 天地生意，花草一般，何曾有善恶之分？子欲观化，则以花为善，以草为恶；如欲用草时，复以草为善矣。此等善恶，皆由汝心好恶所生，故知是错。④

至此，王阳明从心学的学术立场出发，将他本人的人生感悟、龙场悟道所得和晚明社会的现实因素糅合在一起，赋予儒家仁学思想新的内涵。他所强调的"万物与人一体"的思想实则远溯先秦儒学、近追程颢，

---

① （明）王守仁：《王阳明全集》，上海古籍出版社 2011 年版，第 968 页。

② （明）王守仁：《王阳明全集》，上海古籍出版社 2011 年版，第 26 页。

③ 滕新才、曾超、曾毅：《中华伦理范畴——仁》，中国社会科学出版社 2006 年版，第 267 页。

④ （明）王守仁：《王阳明全集》，上海古籍出版社 2011 年版，第 29 页。

但又增加了新的内容。特别是在程颢基于"天理"建构的仁学思想中，渗透了更为丰富的儒者济世情怀，展现了一代儒家学者兼济天下的博大胸襟。

四、实学之风与清代仁学思想

明亡清兴的社会剧变深刻刺激了儒家士人，"很多人对文化、思想和政治都有太多的感慨，所以在明末清初出现了从未有过的反思和检讨，羼进了逆反的情绪，夹杂着'亡国'的沉痛，还携带了从明末以来就有的种种思考，在一种激烈动荡的感情支配下，对历史和现实展开激烈的痛苦的批评"①。儒学内部自明中叶就已出现的反对程朱理学形上学取向的学术思潮与明季社会的剧烈动荡相互缠绕，形成了以批判宋明儒学空疏无用学风为特征，强调以实证精神恢复儒学本来面貌的学术路径，清代仁学思想就是在此种语境中发展起来的。

（一）戴震的"生生之仁"

戴震虽是以汉学家的身份为后世所知，却保留有鲜明的肯定天道、重视人道的思想，为其学说展现出批判色彩奠定了基础。宋明以来儒学的理论难点主要在于宋儒提倡的以内化道德所依据的"天理"（或"道"）必然要以内化超越为前提，而人的内化超越则要面临来自外部的"利"和来自内部的"欲"的制约。围绕这一问题的有效解决，程朱理学和陆王心学的学者各自建构了一套学术话语体系，但在明代中叶以后的社会动荡中都逐渐丧失了针对现实的理论言说能力。

宋明时期的儒家学者曾先后建立起理本体论、气本体论和心本体论

---

① 葛兆光：《中国思想史》第二卷，复旦大学出版社 2015 年版，第 504 页。

三种形态的本体论学说。由周敦颐、二程到朱熹的理学经过两宋数百年的努力，终于实现了将"孝悌为始"的伦理之"仁"与人之品格的价值之"仁"统一起来，并使其成为与《周易》的生生易道相结合的新儒学。正是通过这种方式，"仁"逐渐升华至本体论境界。由此可见，理学家的贡献就在于他们把自然之理与人情之理联系起来，利用"仁"所具有的生生不息的理论特质实现了自然之理与人情之理的绾和。但理学家也存在着尚未解决的问题，即前文论及的内化道德与外在实践的矛盾。戴震对此给出了全新的阐发，故胡适曾指出："戴震的哲学，从历史上来看，可说是宋明理学的根本革命，也可以说是新理学的建设——哲学的中兴。"[①] 胡适的观点主要缘于经由明末至清初学者对程朱理学的批评，程朱理学至高无上的地位在戴震的解构下终于崩解。这种崩解最为直接的表现就是戴震针对程朱理学理论结构中存在的缺陷所做的工作。

戴震提出"气化流行，生生不息，仁也"[②]，并强调这是"仁"的理论特点。一方面，赋予"仁"形而上意义，使其成为统领人伦关系、社会行为准则的连接点；另一方面，"仁"内在地具有"流行不已，生生不息"[③]的内涵，也就意味儒家一直强调的践"仁"有了可能性和可行性的理论依据。二者的结合是戴震基于"气本体论"和"仁"作为人的生命特征的综合。这一立场与程朱理学的论证思路完全不同。朱熹作为理学宗师固然遵循"天理"为先的理论立场，但并未否定"气本体"的存在价值。此外，朱熹历来主张以"气化流行"的方式来理解和解释"天道流行"的问题。如其所言："天地初间只是阴阳之气。这一个气运行，磨来磨去，磨得急了，便拶许多渣滓。里面无处出，便结成个地在中

195

---

① 胡适：《戴东原的哲学》，《胡适学术文集》，中华书局 1991 年版，第 1038—1039 页。

② （清）戴震：《孟子字义疏证》，中华书局 1982 年版，第 48 页。

③ （清）戴震：《孟子字义疏证》，中华书局 1982 年版，第 94 页。

央。气之清者便为天，为日月，为星辰，只在外，常周环运转。地便只在中央不动，不是在下。"① 以"气化流行"的方式解释宇宙生成方式和化育万物是理学的一大亮点，但它与程朱理学所强调的"理本体"形成了矛盾。为了克服这种矛盾，戴震进一步强调了"仁"的"生生"和"条理"特征，从而为填补"气化流行"与践"仁"方式之间的理论空洞创造了条件：

生生，仁也。②

由其生生，有自然之条理。……惟条理，是以生生；条理苟失，则生生之道绝。③

生生，仁也，未有生生而不条理者。④

生生者，化之原，生生而条理者，化之流。……生生之呈其条理，显诸仁也。⑤

所谓"气化流行"可以解释为客观世界的物质运行；"生生不息"则不仅指自然世界，也指人的精神品格。这一思想原本是程朱理学家的功劳，戴震在继承前人思想的基础上有了一定的创新，他以"生生"和"条理"并举，旨在强调"气化流行"化育万物过程中必须遵循的原则——"主其流行言，则曰道，主其生生言，则曰德"⑥。戴震以"生生"和"条理"论"仁"，不仅是"气化流行"的总结，也是为了强化其作为社会

① （宋）黎靖德：《朱子语类》卷一，中华书局 1986 年版，第 6 页。
② （清）戴震：《孟子字义疏证》，中华书局 1982 年版，第 180 页。
③ （清）戴震：《孟子字义疏证》，中华书局 1982 年版，第 48 页。
④ （清）戴震：《孟子字义疏证》，中华书局 1982 年版，第 62 页。
⑤ （清）戴震：《戴震集》，上海古籍出版社 1980 年版，第 213 页。
⑥ （清）戴震：《孟子字义疏证》，中华书局 1982 年版，第 83 页。

运行法则的合理性。"生生"源自人的生命性动力，是"气化流行"中"化"的本原；而"生生而条理"则是"化"的派生和支流。戴震又强调"生生，仁也""生生之呈其条理，显诸仁也"，对二者共同归属于"仁"的统领展开了论证。具体来说，"生生"首先表现为人也是"气化流行"成就的，还可以进一步体现为"饮食男女，养生之道也，天地之所以生生也"①。而直接影响和作用于人体的阴阳五行也与"气化流行"的过程有关，戴震用"气化曰阴阳，曰五行"来描绘这一过程，并指出"阴阳五行杂糅万变而生人生物，凡分形气于父母，即为分于阴阳五行，人物以类滋生，皆气化之自然"②。而人在禀气化生的过程中具有的"血气心知"也就纳入其中，戴震将其称为"是故血气者，天地之化，心知者，天地之神"③。人的欲望也就顺理成章地成为"生生"的结果，人们要做的就是遵循"生养之道，存乎欲者"的规则。至此，"欲"不再是程朱理学家所强调的为了"存天理"而必须灭的"人欲"。由于采用了"生生"和"条理"来描绘"气化流行"的过程，并以具体的过程呈现和肯定了"欲"存在的必然性和合理性，戴震建构起一整套上至于"天道"，下达于"人道"，中兼"性""欲"的新学说，而"仁"是贯穿其始终的原则。"气化流行"不仅是"仁"最为生动的理论特征，也是区别于程朱理学家缥缈、遥远之"仁"的新仁学，故可称为"生生之仁"。

（二）阮元的"相人偶之仁"

与戴震不同，阮元的学术思想涉及训诂、校勘、目录、典章制度多个领域，很好地展现了清代汉学家深厚的学术素养。阮元以"相人偶"解说"仁"是汉学家一贯秉承的"辨章学术，考镜源流"的原则和"明

---

① （清）戴震：《戴震集》，上海古籍出版社1980年版，第215页。

② （清）戴震：《孟子字义疏证》，中华书局1982年版，第148页。

③ （清）戴震：《孟子字义疏证》，中华书局1982年版，第64页。

体达用"的目标相结合的产物：

> 相人偶者，为人之偶之也。凡仁必于身之所行者验之而始见，亦必有二人而仁乃见。若一人闭户斋居，瞑目静坐，虽有德理在心，终不得指为圣门所谓之仁矣。必人与人相偶而仁乃见也。①

阮元认为《论语》中孔子论"仁"都与"相人偶"的古礼相合，此观点实际导源于传统训诂学从字形角度解读"仁"的学术方法，堪称该种研究的集大成者，后世儒者以"博爱"论仁就直接造成了"仁"之本意的遮蔽。也正缘于此，阮元明确指出：

> 圣门论仁，以类推之，五十八章之旨，有相合而无相戾者。即推之诸经之旨，亦莫不相合而无相戾者。自博爱谓仁立说以来，歧中歧矣。吾固曰："孔子之道，当与实者、近者、庸者论之，则春秋时学问之道显然大明于世而不入于二氏之途。"吾但举其是者，而非者自见，不必多其辞说也。②

随着"仁"的理解歧义纷出，人们也就越来越无法真正把握"仁"的本意。这一观点实则是对先秦至两汉主流仁学思想的反驳，阮元推崇的是东汉郑玄的解读方法。郑玄在注解《礼记·中庸》"仁者人也"时指出"人也读如相人偶之人，以人意相存问之言"。孔颖达疏为"仁谓仁爱，相亲偶也，言行仁之法在亲偶"。③郑玄对"仁"的理解不同于许

---

① （清）阮元：《揅经室集》，中华书局1993年版，第176页。
② （清）阮元：《揅经室集》，中华书局1993年版，第177页。
③ 《十三经注疏·礼记正义》，上海古籍出版社1997年版，第1629页。

慎，这是一种以"相人偶"的古礼为基础，强调以"相存问"为内容阐发"仁"之内涵的界定方式。

为了论证自身观点的合理，阮元在《〈论语〉论仁论》一文中将《论语》中涉及"仁"的文句、章节逐一列出，再在其后以汉学家擅长的方式详细例证，旨在阐明"仁"的本意。但他在开篇则强调："诠解'仁'字，不必烦称远引，但举《曾子·制言篇》'人之相与也，譬如舟车，然相济达也。人非人不济，马非马不走，水非水不流'；及《中庸篇》'仁者，人也'。郑康成注'读如相人偶之人'。数语足以明之矣。"① 由此可见，阮元论"仁"的基点在于三点：其一，东汉郑玄以"相人偶"论"仁"；其二，曾子提出的"相人与"；其三，孟子提出的"仁也者，人也"。

第三节　近现代"仁"之价值转换

儒家仁学思想在近现代社会的变化，与近代社会的历史剧变有紧密联系。我们的考察不能单纯从儒学内部着眼，还要注重社会时局与儒家仁学思想之间微妙的关系。

一、"仁者，天地之心"

作为晚清著名的今文经学家，魏源被誉为近代中国睁眼看世界的第一人。尽管他的仁学思想并未在理论深度或思想精密程度上有超越前人的闪光点，但若将他的仁学思想与其所著《海国图志》一书以及他本人所处时代的特殊性联系在一起考察，则会有新的发现。

---

① （清）阮元：《揅经室集》，中华书局 1993 年版，第 176 页。

《海国图志》一书原名《四洲志》，原由林则徐倡议以英国编订的《世界地理大全》为参照撰写，后由于多种原因交由魏源来完成。魏源在《海国图志》一书的序言中首次提出了"为以夷攻夷而作，为以夷款夷而作，为师夷长技以制夷而作"①，可见他编纂此书的目的在于经世致用，并且是带有鲜明的民族主义立场的实用观念。所谓"夷夏"是儒家传统观念的表现，而所谓"长技"则是对西方现代文明存在的确认，这一态度与魏源作为今文经学家秉承的"以复古为解放"的学术立场深相契合：

至善无恶人之性，可善可恶人之心。②

因树以荣枯者华也，华之内有果，果之内有仁，迨仁既成而不因树以荣枯矣……仁者，天地之心也，天生一人，即赋以种子之仁，油然浡然不容己于方寸。③

魏源的仁学思想从人人皆有至善之性处立论，强调人人都拥有上天赋予的"种子之仁"，此种观念与宋儒一贯以来强调"生生不息"的万物化育思想保持着理论内涵的相似性。他以树木果实和果仁为喻，认为二者的关系就如同人的身体和心灵。"仁"是"性"根于"心"的内在化存在，具有导化为善的可能。他并未就人之"性"的善或恶给出明确界定，也没有指出"仁"是天赋所有，还是后天成就。但从魏源以果实喻人身、果仁喻"仁"的论证思路来看，他应是倾向于人性可善。这一点可以从他接下来的论证中找到佐证。他按照"果实"与"果仁"的关系，通过进一步推论，强调"更色而不更叶者松柏也，更叶而不更条者众木也，更条而不更根者百草也，更根而不更种者五谷也"，即是说松柏不

---

① （清）魏源：《魏源集》，中华书局1976年版，第207页。
② （清）魏源：《魏源集》，中华书局1976年版，第138页。
③ （清）魏源：《魏源集》，中华书局1976年版，第30页。

因色更而变其本性，众木不因叶更而变其本性，百草不因条更而变其本性，五谷不因根更而变其本性。所有的一切都仰赖于"谷种曰仁，实函斯活"。在背后推动一切的根本原因正是"仁者，天地之心也，天生一人即赋以此种子"①的本性。

魏源以种子喻"仁"并非首创，他的不同在于他关注的重点不在于善恶之辨，而是就如何保持"仁"的问题展开讨论。"仁"如同果实的种子是人的必然存在，并且有激发和引导着人向善的可能。故魏源的仁学思想可以概括如下：首先，"仁"是先天本有的，不会发生变化。这不仅是魏源仁学思想的理论出发点，也是魏氏仁学思想的理论依据。基于这一立场，魏源理解的"仁"不仅能够为人提供向善的方向，还在于天然地设定了"天下归仁"的价值目标。其次，魏源并未依据"仁"可引导善，而将"仁"置于人性必善的逻辑结构中，或许是由于思虑未臻周延，魏源并未就此给出较为明确的答案。

二、"博爱平等之仁"

恰如陈旭麓先生所说："正是西方的商品改变着中国社会的面貌。它没有大炮那么可怕，但比大炮更有力量，它不像思想那么感染人性，但却比思想更广泛地走到每一个人的生活。当它改变了人们的生活之后，它同时成了人们生活的一个部分了。旧与新，中与西，于是乎难分难割。"② 这一社会剧变进程逐渐渗透至儒家思想中，便成为引导"仁"与源自西方社会的"平等""博爱"相对接的社会背景，康有为、谭嗣同的仁学思想都应纳入此种背景中来分析。

---

① （清）魏源：《魏源集》，中华书局 1976 年版，第 30 页。
② 陈旭麓：《近代中国社会的新陈代谢》，上海人民出版社 1992 年版，第 218 页。

（一）康有为新仁学思想

康有为以今文经学为载体，融汇西方民主、科学思想，重新解读儒家思想，构建起一套以"仁"为核心的新的思想体系，开启了儒家仁学思想从传统走向近代的历史转折。

康有为仁学思想主要保存在《大同书》中，该书于 1884 年开始创作，成书于 1901 年至 1902 年间，曾于 1913 年在《不忍杂志》发表两卷，后于 1935 年由中华书局出版。据学者考证，《大同书》虽是成书于戊戌变法之后，但相关的思想早已萌发。"1885 年他从事算学，即'以几何著《人类公理》'，乃'手定大同之制度'，大约至 1887 年写成了一个初稿。……大约就在万木草堂讲学那个时候，康有为著成《实理公法全书》。这一著作虽未明确提出实现'大同'世界的主张，但是它强调社会制度必须以'最有益于人道者'为合理，并且明确主张'男女各有自主之权'，凡男女相悦者则立约，以三月为期，期满后，任其更与他人立约，'凡生子女者，官位设婴堂以养育之……'；'立一议院行政，并民主亦不立'，'权归于众'。"[1] 不难看出，康有为的思想具有鲜明的西化色彩，如果说魏源撰写《海国图志》的主体思想还停留于"中学为体，西学为用"的层面，康有为的思想则已迈进至系统性引进西方政治制度、民主观念的层面。从思想内容来看，康有为《大同书》中提出的思想是今文经学的"公羊三世"说与《礼记》中"大同"思想的融合，又吸收了康有为了解的空想社会主义学说、资产阶级民主主义和进化论思想。他认为列强入侵后的中国是"据乱世"，只有向处于"升平世"的欧美国家取法，才能为最终进入"太平世"的大同世界开辟前进的方向。尤其需要指出的是，康有为作为早期中国现代性思潮中的代表人物，他将儒家

---

[1] 邝柏林：《大同书·编序》，辽宁人民出版社 1991 年版，第 3—4 页。

思想对"三代"的崇拜和向往置换为对"乌托邦"的希望，不仅是当时儒学发展的新方向，也为后世儒家思想与民主、科学、共产主义等外来思想的嫁接预设了"伏笔"。尽管康有为及其主张的政治学说未能成为历史洪流的"弄潮儿"，但他基于中国社会早期性转型背景下对儒学仁学思想的再造仍然闪耀着智慧的光芒。

1. 形上本体之仁

以"仁"作为价值本体并赋予其形而上的哲学意义，是儒家思想一贯的学术传统。正如梁启超在《康有为传》中所指出的"先生之论理，以仁字为唯一之宗旨"，这是康氏仁学思想的理论基础：

> 先生之论理，以仁字为唯一之宗旨，意味世界之所以立，终生之所以生，家国之所以存，礼义之所以起，无一不本于仁，苟无爱力，则乾坤应时而灭矣。是故，果之核谓之仁，无仁则根干不能苗，枝叶不能萌……故悬仁以为鹄，以衡量天下之宗教之伦理之政治之学术……故先生之论政论学，皆发于不忍人之心，人人有不忍人之心，则其救国救天下也，其哲学之大本，盖在于是。①

康有为延续魏源以果实喻仁的学术传统，他明确指出"果之核谓之仁"，并强调"无仁则根干不能苗，枝叶不能萌"，即"仁"是万物存在的依据和赋予万物生生不息生命动力的源泉。康有为还为自己的仁学思想提供了源自儒学的学术依据，所谓"《春秋》本仁，上本天心，下贱人事"②。康有为认为孔子寄寓在《春秋》中的微言大义核心就在于"仁"，

---

① 梁启超：《康有为传》，《戊戌变法》第 4 册，神州国光社 1953 年版，第 19 页。

② 康同璧编：《南海康先生年谱续编》，《康有为自编年谱》附录，中华书局 1992 年版，第 104 页。

即天心与人事相对应。这就为"仁"从形而上的价值本体通向现实生活的日用伦常提供了理论依据。他进一步强调指出:"论人性则主善而体仁,始于孝弟,终于推民物;论学则养气而知言……论法治则本于不恶之仁。"① 他所提到的"孝弟"尚属儒学本有的概念,"民物""法治"则是源自西方社会的全新概念。康有为将其嫁接在一起,其背后的理论基础在于"仁是世界存在的根据,自在之物的世界是因为以仁为本体的进入才成为有意义的世界,事实世界的存在因为有了爱力的进入才富有价值意义,乾坤立、国家存、众生生,这三者是从价值层面上肯定了仁成为一切价值判断的标准"②。在将"仁"确立为可以评判和论断一切的衡量标准之后,康有为从自己的哲学原则出发,将康氏哲学中宇宙论最高范畴的"元"与"仁"相对接。因此"仁"就成为"元"之于人的表征,也即人在现实世界必须遵循的行为原则。不难看出,康氏仁学思想既注重形而上本体的哲学思辨,也极为重视如何将形而上的价值本体与现实世界相联系。

在康有为哲学思想的逻辑结构中,"元"作为最高范畴,为人和天提供了合法性依据。同时,他又延续董仲舒"人法天"的思想,承袭其"为生不能为人,为人者天也。人之人本于天,天亦人之曾祖父也"③之理路,使源自天的"仁"获得合法性地位之后,在日用伦常的现实世界即人道中也能得到呈现。从形式上看,"人本于天"和"天本于元"形成了冲突。实则不然,"从形而上的层次上来说,天人同本于元,表明了人的'神气'与天同起于元,是就人的灵气可能性而言;从形而下的层次来说,人的可见形体又是源于天的,是经过亿万年自然界演化而来

---

① 康有为:《康有为全集》第五集,上海古籍出版社 1990 年版,第 411 页。

② 李强华:《康有为新仁学形上之思探析》,《内蒙古社会科学》2005 年第 5 期。

③ (清)苏奥:《春秋繁露义证》,中华书局 1992 年版,第 318 页。

的"①。康有为建构仁学思想的根本目的是为"仁"提供形上本体的理论依据，而建构此一形上本体之"仁"的目的则是为了实现天道与人道的贯通，也就有了"人道博爱之仁"。

2. 人道博爱之仁

晚清社会的剧变不仅对传统社会的政治制度形成了冲击，也影响到人们的思维观念。这一时期的儒家学者开始接触西方文化，并由于"救亡图存"的迫切诉求，急于在"中学"与"西学"之间找寻沟通的桥梁。康有为从博爱、平等的角度出发，重新诠释了"仁"的内涵：

> 不忍人之心，仁也，电也，以太也，人人皆有之，故谓人性皆善……人之性善，于何验之？于其有恻隐、羞恶、辞让、是非之心见之。人性兼有仁义礼智之四端，故独贵于万物而参于化育……人人有是四端，故人人可平等自立。自谓不能，是弃其天与之资，卸其天然之任……故谓之自贼也。②

基于"不忍人之心"的原动力，以及对"人道之仁爱，人都之文明，人道之进化，至于太平大同，皆从此出"③的判断，康有为站在人性论的高度，将西方自然科学的"电""以太"纳入"仁"的体系中从而建构起人人"平等自立"的学说。这种处理方式看似与告子的"无善无恶"之说相似，实则由于纳入了新的考察对象导致了性善、性恶问题的界定模糊。在这一点上，康有为的思想与魏源有相近之处。我们认为，主要是由于二人不同程度地吸纳了西学元素，故对性善、性恶问题不做深入讨论，否则将无法为实现"中体西用"的目标服务。

---

① 李强华：《康有为新仁学形上之思探析》，《内蒙古社会科学》2005 年第 5 期。
② 康有为：《孟子微、礼运注、中庸注》，中华书局 1984 年版，第 9 页。
③ 康有为：《孟子微、礼运注、中庸注》，中华书局 1984 年版，第 9 页。

作为游历诸国、亲历戊戌的一代学人，康有为的仁学思想不可避免地掺杂了西方文化的核心价值观。诚如康氏本人所说："仁者，博爱。"①他以"博爱"训解作为形上本体的"仁"，必然引申出"仁"为体、"博爱"为用的结论。这是因为"博爱"是"人本于天""天本于元"的逻辑结构反向延伸的结果，即"博爱"是"仁"在现实社会的表征。康有为颠覆了传统的观念，他从"仁"与"智"的关系入手，强调"孔子多言仁智""孔子之仁，专以爱人类为主；其智，专以除人害为主，此孔子大道之管辖也"②。此说本为孔子所无，特别是所谓"专以除人害为主"，完全是康有为自己的创见，其目的在于强调孔子思想中"仁"为主"智"为辅的结构。在康氏看来，"上古之时，群生愚蒙，以智为仁，其重在智；中古之后，礼文既闻持守，先以仁为治，其重在仁"③。孔子的这一思想被后世儒家错误地将智消弭于仁，即是"此夫子所以诲学者以求仁也，此非后儒之所知也"④。为了改变这一状况，康有为以西方现代科学为参照物，重新排列了"仁"与"智"的关系。他以羊、鸟、犬、蚁为例对比做了说明，旨在强调人禽之别不在于"仁"，而在于"智"。需要指出的是，康有为强调的人道博爱之仁带有鲜明的时代痕迹。他之所以高度重视"仁"与"智"的关系问题，实则是与晚清社会的现实紧密相关。一方面，效法西方就必须广开民智，从而为科学技术进入中国奠定智力基础。另一方面，他还主张"人道以智为导，以仁为归"，即要在"智"的引导下划分人禽之别。由于禽兽无智必然导致爱恶无节、仁义不充。而人的优势正在于他有智，能够由爱自身推及爱他人，后者是"仁"的具体表现。"仁"是在"智"的促进下不断扩充和增长

---

① 康有为：《孟子微、礼运注、中庸注》，中华书局 1984 年版，第 238 页。

② 康有为：《春秋董氏学》卷六下，楼宇烈整理，中华书局 1990 年版，第 162 页。

③ 康有为：《春秋董氏学》卷六下，楼宇烈整理，中华书局 1990 年版，第 164 页。

④ 康有为：《康子内外篇》，中华书局 1988 年版，第 24 页。

的，它实则是社会发展的时间维度和人与万物的空间维度的双向建构中形成的。诚如康有为本人所说："人宜以仁为主，智义辅之。主辅既立，百官自举。"①

3.三世之仁

儒家仁学思想的理论基础是西周礼乐制度，它内在地要求将儒家仁爱思想容纳于礼的规范中，最终通过亲疏远近的划分，而达至泛爱众生的理想境界。而孔子亦曾强调"我欲载之空言，不如见之行事之深切著明"，此说被康有为借鉴。他以公羊学的"据乱世""升平世""太平世"为依据，创造了一种全新的儒家仁学思想。儒家学说以"克己复礼"为依归，强调上古三代是最理想的社会形态。但孔子所面临的是礼崩乐坏的乱世。因此，他只能是"退而修《诗》《书》《礼》《乐》"，在这一过程中完成了"作《春秋》"的宏大事业。这一记载被公羊学家发挥，认为孔子写《春秋》是"所见异辞，所闻异辞，所传闻异辞"，即有"所见""所闻""所传闻"的三世。后在《春秋繁露》中则被发挥成"《春秋》分十二世以为三等，有见，有闻，有传闻"。东汉何休据此正式提出"三世"说，即认为社会的兴衰更替存在着"乱世"——"升平"——"太平"。魏晋之后，公羊学渐成绝学，直至清末才又被学者提及。清代经学家刘逢禄从《春秋》三世中强调了"春秋起衰乱，以近升平，由升平以极太平"。发展至龚自珍，则溢出《春秋》的理论范畴，转而将其与《礼记·礼运》的思想联系在一起，提出了"通古今可以为三世"的观点。如果说在汉儒的语境中，三世说仅是强调社会由乱到治的过程，尚不具备社会性质发生变化的理论预设，而自龚自珍开始，公羊"三世"说已表现出社会性质逐渐演进的意味。

这种思想被康有为所继承，开创了以"春秋三世"与"小康""大同"

---

① 康有为：《康子内外篇》，中华书局1988年版，第24页。

相对接的新学说，并以"仁"作为贯彻该学说的理论前提：

> 孔子立三世之法：据乱世仁不能远，故但亲亲；升平世仁及同类，故能仁民；太平世众生如一，故兼爱物。仁既有等差，亦因世为进退大小。大同之世，人人不独亲其亲子其子。①

> 孔子之道分三等，亲亲、仁民、爱物，而道本于身，施由亲始，故爱亲为最大焉……盖仁者无所不爱，而行之不能无断限。②

> 仁者，人也。然则，天下何者为大仁，何者为小仁？鸟兽、昆虫无不爱，上上也；凡吾同类大小远近若一，上中也；爱及四夷，上下也；爱诸夏，中上也；爱其国，中中也；爱其乡，中下也；爱旁侧，下上也；爱独身，下中也；爱身之一体，下下也。③

康有为在吸收西方进化论思想的基础上，将公羊学"三世"说改造成为社会发展的三阶段说。从"仁不能远"到"仁及同类"再到"众生如一"，"仁"不仅是重要的判断标准，同时也是社会发展程度的重要指标。在进一步的逻辑推演中，康有为还将"仁"推演为由"乱世亲亲""升平世仁民""太平世兼爱物"的学说和"大仁""小仁"之九品说。这一思想既符合西方进化论的逻辑，也与儒家思想"推己及人"的学说相符。而前文论及的"智"也在康有为的"三世"学说中发挥着重要作用，康有为认为"智"推动人不断发展，并且是使人区别于禽兽的重要内在因素。但他并未将"仁"与"智"置于同一层面来处理，"仁"是兼具形

---

① 康有为：《孟子微、礼运注、中庸注》，中华书局 1984 年版，第 11 页。
② 康有为：《孟子微、礼运注、中庸注》，中华书局 1984 年版，第 208 页。
③ 康有为：《春秋董氏学》，楼宇烈整理，中华书局 1990 年版，第 155 页。

上本体与展现人道博爱精神的果实之核，"智"只是前者的表征——文明的形态。

由此可见，康有为"三世"说中的仁学思想就是强调"仁"引导作为个体的人在认知、道德修养和社会结构中发挥作用，乃至于影响到政治秩序的稳定。这是一个由自我意识的生发逐步过渡到社会群体、组织，乃至于最终影响到社会性质演进的发展过程。"依于仁"的儒家仁学思想是这一套学说得以贯通的核心。

（二）谭嗣同仁学思想

作为维新派第一部哲学著作，谭嗣同的《仁学》在恢复孔孟"仁爱"真义的基础上，又赋予"仁"与时俱进的时代内涵。

1.天地唯仁

谭嗣同仁学思想可以概括为"天地唯仁，仁在于通"，即他试图以"仁"来统领中西古今的一切思想，又以"通"与"不通"作为"仁"与"不仁"的判断依据。相较于康有为强调"元"为最高范畴，视"仁"为"元"的呈现，谭嗣同的仁学思想的本体论色彩更为鲜明：

> 仁以通为第一义。以太也，电也，心力也，皆指出所以通之具。……仁为天地万物之源，故唯心，故唯识。……仁者，寂然不动，感而遂通天下。……凡为仁学者，于佛书当通《华严》及心宗、相宗之书；于西书当通《新约》及算学、格致、社会学之书；于中国书当通《易》《春秋公羊传》《论语》《礼记》《孟子》《庄子》《墨子》《史记》，及陶渊明、周茂叔、张横渠、陆子静、王阳明、王船山、黄梨洲之书。①

① 谭嗣同：《仁学》，华夏出版社 2002 年版，第6—8页。

谭嗣同强调"仁以通为第一义",不仅是要确立以"仁"为中心的伦理准则,更在于将"仁"提升至形而上的本体,使其成为统领世间万物和评判一切的标准。这一创新使得谭嗣同的仁学思想不仅超越了传统儒家界定"仁"的方式,也与康有为有了差别。一方面,宋明以下的儒家学者以"天理"或"心"为最高原则,强调"仁"是"天理"或"心"的一部分,进而赋予"仁"本体的意义。因此,传统儒家的"仁"并非世界本源意义的本体,而是由于其作为道德观念和伦理规范而拥有了作为世界本源的"天理"或"心"的庇护。"宋明理学家推崇的天理、吾心由于包括仁(包括仁而不是等于仁,况且无论天理还是吾心都不只包括仁而是还包括三纲五伦)以及其他道德概念和伦理规范,因而成为道德形上学。"① 另一方面,谭嗣同仁学兼摄儒道佛和基督教学说,根本目的在于将"仁"证成西方哲学意义的形而上本体。"他明确宣布仁是世界万物的本原,被他奉为宇宙本原的仁本身就成为至高无上的绝对权威,因而不再需要借助天理或吾心的庇护。"② 谭嗣同的仁学思想虽由儒家传统孕育而成,但在确立"仁"之本体权威的论证中,却使"仁"成为贯穿社会各个领域的最终依据。

2.仁在于通,通之象为平等

在确立"仁"本体地位的基础上,谭嗣同不仅进一步强调了"通"作为"仁"最重要特征的特殊意义,还明确指出"通之象在于平等",从而为其仁学思想与西方文化创造了理论对接点:

通之象在于平等。③

仁不仁之辨,于其通与塞。通塞之本,惟其仁与不仁……

---

① 魏义霞:《论谭嗣同仁学的五个显著特征》,《理论探索》2017 年第 1 期。

② 魏义霞:《论谭嗣同仁学的五个显著特征》,《理论探索》2017 年第 1 期。

③ 谭嗣同:《仁学》,华夏出版社 2002 年版,第 6 页。

苟仁，自无不通。亦惟通，而仁之量乃可完。①

　　通有四义：中外通，多取其义于《春秋》，以太平世远近大小若一故也；上下通，男女内外通，多取其义于《易》，以阳下阴吉、阴下阳吝、泰否之类故也；人我通，多取其义于佛经，以"无人相，无我相"故也。②

谭嗣同以"通"论"仁"的思想极易让人联想起前文所引程颢以"手足痿痹为不仁"的论证思路。这从一个侧面说明了谭氏仁学思想并非一味求新，而是与儒学传统有着紧密的联系。他的创造在于从儒家传统中延伸开来，促成了传统仁学思想与西方文化的对接。他认为"仁在于通"，而通的表现形式则是西方的"平等"，即"中外通""上下通""人我通""男女内外通"。"所谓'中外通'，就是要打破中国与外国的自然地理界限和人为的阻隔，学习外国的长处，并与西方平等交往；所谓'上下通'，就是要打破等级界限，消除尊卑贵贱的差别；所谓'人我通'，就是要消除人际、国际的界限，实现人与人之间的真诚理解、相亲相爱，国与国之间的睦邻友好、平等互助。所谓'男女内外通'，就是要打破男女之间的界限，实现男女平等，好恶性别歧视、内外差别。"③ 很显然，"中外通""上下通""男女内外通"和"人我通"已经逾越了传统儒家仁学思想的范畴，它所展现的儒家思想与早期启蒙思想之间的过渡性特征，昭示着中国主流思想新的发展方向。

　　在"仁在于通，通之象在于平等"的观念引导下，谭嗣同的仁学思想很自然地延伸至对破坏平等思想的批评上来。他从儒家正名思想

---

① 谭嗣同：《仁学》，华夏出版社 2002 年版，第 17 页。

② 谭嗣同：《仁学》，华夏出版社 2002 年版，第 19 页。

③ 滕新才、曾超、曾毅：《中华伦理范畴——仁》，中国社会科学出版社 2006 年版，第 344—345 页。

出发，强调"仁之乱"的原因是"名"不副"实"。而"名"与"实"之所以不相符，则是由于"主张名者"或是"权势之所积"，或是"习俗之所尚"的肉食者。他认为这些人的所作所为不过是将"仁"作为"钳制之器"，必将导致"乱"的结果。但我们也看到，谭嗣同没有否定三纲五常的意义，他只是将"乱"归咎于"主张名者之罪也"。一方面说明，谭嗣同并未彻底否定儒家思想的现实意义；另一方面，他的思想已经超越了传统儒学的畛域，时刻闪耀着"冲决伦常之网罗"的思想洞察力。故有学者认为："谭嗣同所提倡的人与人之间仁通友爱的关系，实际上就是资产阶级的平等关系，他借此为思想武器来批评封建专制主义与伦理绝对主义。"① 我们认为，谭嗣同对"平等"的提倡与他对五常中朋友一伦的肯定，充分说明在他的思想中存在儒家学说与西方思想对接的可能。谭氏仁学所展现的启蒙色彩，彰显出儒家仁学思想正在朝着新的方向前进。但我们也要认识到谭嗣同撰写的《仁学》并不是较为成熟的哲学著作，其中既有时代因素，也有个人气质的因素。它的诞生与甲午海战后救亡图存的社会思潮有关，具有鲜明的改良主义特征。

综上所述，儒家仁学思想发轫于孔子，既保存着西周礼乐制度的文化基因，也渗透着孔子面对礼崩乐坏的社会所展现的忧患意识。儒家仁学思想的发展大致可以划分为三个阶段：第一阶段是孔子至唐，儒家学者基本在"仁者，爱人"的意域内阐发"仁"的内涵。第二阶段始于周敦颐借鉴《周易》"生生不息"的思想，从"生生"的特征阐发"仁"的内涵，有效拓展了"天地一体"的思想。宋儒首次跳出"仁者爱人"的思维逻辑重新阐发"仁"的内涵，与儒学面临释道思想的挑战有直接

---

① 滕新才、曾超、曾毅：《中华伦理范畴——仁》，中国社会科学出版社2006年版，第346页。

关系。当周敦颐、程颢、程颐等人出入释老多年，最终选择"返诸六经"之际，他们不仅从"窗前草不除""观天地生物气象"的动态描述中重新发现了儒学的价值，更从中获得了灵感，进而得出"万物之生意最可观。此元者善之长也，斯所谓仁也"① 的结论。程颐提出"心譬如谷种，生之性便是仁"② 的比喻，为后世儒者所借鉴。朱熹则将其发展为"仁者，爱之理心之德"③。宋儒惯常使用的"心""性""道德""天理"等术语并非原始儒学所本有的概念，其理论言说方式也多为宋儒从释道思想中借鉴而来，有效地填补了原始儒学中存在的形而上本体论的欠缺，一定程度上克服了其思辨性不足的缺陷。但宋儒醉心于本体论思考的负面影响也是极为明显的，即欠缺对儒家外王学说的思考。"在万物一体的精神境界中，心灵的宁静确实使制天命而用之的实践冲动很难得到激发，理学之忽视主体力量的外在展现，与之显然不无关系。"④ 这一结果后来在戴震的思想中得到改观。戴震强调："仁者，生生之德也；'民之质矣，日用饮食'，无非人道所以生生者。一人遂其生，推至而与天下共遂其生，仁也"⑤。他从日常人伦来阐发"生生"，正在于消解宋儒以形而上论"仁"所导致的理论空疏。儒家仁学在戴震的阐发下，一定程度上恢复到原始儒学以承认人的正常欲望和寻找引导人向善来控制欲望泛滥的道路上来。第三阶段是近代社会西方文化的强势进入，源于士大夫阶层的早期知识分子主动承担起救亡图存的历史使命和思想启蒙的社会责任。此后，康有为、谭嗣同等人以西方民主、

① （宋）程颢、程颐：《河南程氏遗书》卷十一，《二程集》上，中华书局 1981 年版，第 120 页。

② （宋）程颢、程颐：《河南程氏遗书》卷十八，《二程集》上，中华书局 1981 年版，第 184 页。

③ （宋）朱熹：《四书章句集注》，中华书局 1983 年版，第 48 页。

④ 杨国荣：《仁道的重建与超越》，《江苏社会科学》1993 年第 5 期。

⑤ （清）戴震：《孟子字义疏证》，中华书局 1982 年版，第 48 页。

进步、自由思想为目标，改造儒家仁学思想，开启了儒家仁学思想的新篇章。由此可见，儒家之"仁"素来不是停滞不前的，它以旺盛的生命活力和理论延展性，为中华文化的发展提供了生生不竭的文化原动力。

第三章 "礼生于情，情生于性"

先秦至清，历代儒家学者关于"性"的理解、界定各有不同，"情""性"互动与"礼"的规约也有各自不同的表现，但儒家学说关注现实的理论特质却一脉相沿。迨至"五四"，特别是20世纪新儒家基于西方哲学的研究方法和中西文化论辩的视角为传统性情论的阐释和应用做出了巨大贡献，从而确立起纵观古今、兼顾中西的现代儒家性情学说。

第一节 "性"之溯源与内涵

作为儒家元典关键词，"性"在不同时期的内涵略有不同，实则是不同时期儒家学说就人性论和道德教化问题思考的具体表现。如《论语·公冶长篇》记载子贡之言："夫子之文章，可得而闻也；夫子言性与天道，不可得而闻也。"[1]《子罕篇》又说："夫子罕言利与命与仁。"[2]在20世纪初反传统的思想浪潮中，就有学者据此认为孔子及其门生不讨

---

[1] （宋）朱熹：《四书章句集注》，中华书局1983年版，第79页。

[2] （宋）朱熹：《四书章句集注》，中华书局1983年版，第109页。

论"性"与"天道"问题。此类观点的出现，部分是由于文献资料不足，同时也与特定时期的文化氛围不无关联。近年来"郭店楚简""上博楚简"的出土，为世人提供了了解孔门弟子"七十子"学术思想的新材料证据，其中不乏对关键词"性"的论述。至此，还原儒家性情学说发展的历史原貌成为时代赋予学界的使命。

一、"性"之溯源

根据现代学者对已出土甲骨文的整理、研究，甲骨文中并无"性"字，取而代之的是"生"字，写作 ，近似于 从地 上长出来。[①] 甲骨文中"生"多可以理解为对人的生命状态的描述。同时，由于甲骨文中"生"也可理解为生命生长之意，这就为后世由"生"到"性"的内涵发展埋下了伏笔。如 （生鸡）（乙 1052）（生鹿）（粹951）就属于此类。先民在甲骨文中以"生八月""生十一月"等，明确表示生长明了的状态。[②] 或许正是基于上述因素，傅斯年先生才认为先秦时期并无"性"字，他指出："独立之性字为先秦所无，先秦遗文中皆用生子为之。至于生之含义，金文及诗书中，并无后人所谓'性'字一义，而皆属于生之本义。后人所谓性者，其字义自《论语》始有之，然犹去生之本义为近。至孟子，此一新义始充分发展。"[③] 傅氏所论较为严谨。根据笔者对先秦典籍的考察，"性"在《尚书》中就有五处，分别是：

----

① 参见欧阳祯人：《先秦儒家性情思想研究》，武汉大学出版社 2005 年版，第64—65 页。

② 参见赵诚编：《甲骨文简明词典》（卜辞分类读本），中华书局 1988 年版，第268 页。

③ 傅斯年：《性命古训辨证》，刘梦溪主编：《中国学术经典·傅斯年卷》，河北教育出版社 1996 年版，第 10 页。

习与性程。(《太甲》)

犬马非其土性不畜。(《旅獒》)

惟皇上帝降衷于下民，若有恒性，克绥厥猷惟后。(《汤诰》)

惟王淫戏用自绝，故天弃我，不有康食，不虞天性，不迪率典。(《西伯勘黎》)

节性，惟日其迈。(《召诰》)①

《太甲》《旅獒》《汤诰》三篇均为古文尚书，其作为研究先秦儒家思想的可靠性有限。《西伯勘黎》《召诰》虽为今文，但据陈来先生的分析，武王灭商后的周人曾对《尚书》内容做过较大删改。而且这一过程贯穿西周、东周，使得今人所见《尚书》含有了殷商时期尚未具备的思想。《尚书》一书成书过程的特殊性和曲折性，决定了我们无法对《尚书》中五处"性"给出较为可信的时代划分。但在对比《尚书》与郭店楚简《性自命出》对关键词"性"的论述后，我们仍能得出如下的基本判断：《尚书》中部分篇章的"性"与《性自命出》《中庸》等儒家著作对"性"的论述在思想取向上存在一致性。以《汤诰》的"恒性"与《西伯勘黎》的"天性"为例，前者强调"性"的修持，后者侧重"性"的生发，侧重点虽然不同，但将"性"视为人内在的潜能的界定方式是一致的。

大体而言，作为儒家元典关键词的"性"在殷商至"百家争鸣"到来之前的发展可以划分为两个阶段：其一，甲骨文尚未成熟的时期，由于缺乏文献资料的佐证，尚不能就此一时期"性"的内涵做出准确界定；其二，由甲骨文到"性"的概念（从心从生），人们可以从自己的立场

---

① 李民、王健：《尚书译注》，上海古籍出版社 2004 年版，第 129、233、116、184、290 页。

出发赋予"生"不同的内涵（包括性情、本能欲望等多个层面）。特别需要指出的是，解读此一时期文献中"生"字含义必须根据语境加以分析，不可一味解释为生长之意。如果说这一时期学者们对"性"的认识更多地延续了殷商以来的传统，随着社会发展步入新的时代，"性"的内涵也更为丰富、复杂，为作为儒家元典关键词"性"的完善奠定了基础。

二、"性相近也，习相远也"

在深入分析《论语》对关键词"性"的讨论之前，我们首先需要解决一个问题：孔子看待"性"的态度，及其"性"命题与其思想之间的关系。"性"在《论语》一书中凡两见：

> 子贡曰："夫子之文章，可得而闻也。夫子之言性与天道，不可得而闻也。"①
> 子曰："性相近也，习相远也。"②

两处含义略有不同。朱熹在注释第一处时写道："文章，德之见乎外者。威仪文辞皆是也。性者，人所受之天理；天道者，天理自然之本体，其实一理也。言夫子之文章，日见乎外，固学者所共闻；至于性与天道，则夫子罕言之，而学者有不得闻者。盖圣门教不躐等，子贡至是始得闻之，而叹其美也。程子曰：'此子贡闻夫子之至论而叹美之言也。'"③朱熹所注充分体现了理学家的矛盾。一方面，以借鉴佛教思想

---

① （宋）朱熹：《四书章句集注》，中华书局1983年版，第79页。
② （宋）朱熹：《四书章句集注》，中华书局1983年版，第175页。
③ （宋）朱熹：《四书章句集注》，中华书局1983年版，第79页。

的理论运思方式来完成自身理论建构的理学家，势必要给予"性""天道"合法地位，否则自己的学说难以自圆其说。另一方面，《论语》的记载中的确存在着"夫子罕言性与天道"的客观事实。因此，弥合理学家理论立场与儒学典籍之间的矛盾，就成为程朱一脉的学者必须解决的问题。根据上文所引《四书章句集注》可知，朱熹采用的策略是认为孔子并非不言"性"，而是作为弟子的子贡闻之不易。朱熹的解释并未从根本上消除"夫子罕言性与天道"的内在矛盾，延宕至 20 世纪，新儒家的代表人物徐复观、牟宗三对该问题各自发表了自己的观点。徐复观认为："子贡既谓夫子之言性与天道，是他已经听到孔子说过。而'不可得而闻'，只就一般弟子而言，或者是指他虽已经听到孔子说过，但他并不真正了解而言。"[①] 徐氏所论只从《论语》文本出发，他试图弥合"夫子罕言性与天道"与"性"在儒家思想中重要性之间的紧张关系，却忽视了程朱阐发"夫子罕言性与天道"的学术立场和思想背景。牟宗三先生指出："孔子对于'性与天道'并非不言，亦并非无其超旷之谛见。"在牟先生看来，"性"并非孔子所热衷讨论的问题，孔子更重视"仁"，即"仁是真生命之所在，是真生命之大宗"。这才有了子贡所说的"不可得而闻"[②]。不难看出，徐牟二人的观点虽各有不同，但都未超越朱熹。究其实，孔子是否言"性与天道"问题，与孔子所处时代及孔子的人生追求密切相关。

孔子所处的社会是一个"弑君三十六，亡国五十二，诸侯奔走，不得保其设者，不可胜数"[③] 的乱世。"敬德保民"的政治文化和"天民合一"的宗教传统都遭受了巨大的挑战，道德理性和实用理性成为推动思想变革的现实诉求。孔子及其创立的儒家思想"承继着两周文化的发

---

① 徐复观：《中国人性论史》(先秦篇)，华东师范大学出版社 2005 年版，第 50 页。

② 牟宗三：《心体与性体》(上)，上海古籍出版社 1999 年版，第 186 页。

③ (汉) 司马迁：《史记》，中华书局 1959 年版，第 3297 页。

展趋向，充满实证精神的、理性的、世俗的对世界的解释越来越重要，而逐渐忽视宗教的信仰、各种神力及传统的神圣叙事。宗教性和非宗教性的仪典形式逐渐让位于德性精神的强调，礼仪文化逐渐转化，形式化的仪典文明逐渐转变为理性的政治思考和道德思考"①。正是在这一背景下，孔子开始了自己"知其不可为而为之"的漫漫征途，甚至是在"凤歌笑孔丘"之际也不改其志。孔子深切地意识到作为礼乐制度存在依据的"天命、天道及其由天命、天道下贯而拥有的义理之性，作为德性的形上依据在时代境遇下已无法取得社会成员包括统治阶级和广大人民的信服"②。因此，"夫子罕言性与天道"并非是"性"与"天道"可有可无，而是在孔子所处的时代，此类形而上的哲学思考并非急务。诚如牟宗三先生所说："周文之所以失效，没有客观的有效性，主要因为那些贵族生命腐败堕落。"③换言之，子贡所谓"夫子罕言性与天道"并非是"性"在儒家学说中的地位不重要所致，而是由于"礼崩乐坏"的现实社会使得礼乐制度中约束和规范人们行为的典章制度失去了现实的基础，而诸侯国之间的征伐则令诸侯无暇顾及礼乐建设，普通民众也只能是挣扎在春耕、夏耘、秋收、冬藏的忙碌中，"性"的讨论和关注在此时是一个缥缈的问题。

但这并不意味着孔子对"性"毫不在意，他认为"性相近也，习相远也"。朱熹注为："此所谓性。兼气质而言者也，气质之性固有美恶之不同矣。然以其初而言，则皆不甚相远也。但习于善则善，习于恶则恶。于是始相远耳。"程颐也认为："此言气质之性，非言性之本也。若言其本，则性即是理。理无不善，孟子之言性善是也。何相近之有

---

① 陈来：《古代思想文化的世界——春秋时代的宗教、伦理与社会思想》，生活·读书·新知三联书店 2002 年版，第 10—11 页。

② 叶春青：《儒家性情思想研究》，西南交通大学出版社 2011 年版，第 57 页。

③ 牟宗三：《中国哲学十九讲》，上海古籍出版社 2005 年版，第 49 页。

哉？"①程子与朱熹都将"性"解释为"气质之性"。牟宗三先生认为，这里的"性"应理解为"义理之性"②，即《孟子·告子》中"其日夜之所息，平旦之气，其好恶与人相近也者几希，则其旦昼之所为，有梏亡之矣"③中"相近"之"性"。徐复观先生也以《论语》中多处论述为据，力证"'狂''侗''悾悾''愚''鲁''辟''嗲''中行''狂''狷''生而知之''学而知之''困而知之''狂''矜''愚'等等，都相对于宋儒所说的气质之性。"④但他否认"气质之性"是"相近"的结论，并对朱熹的注释表示了怀疑。两位先生的论述实则有倒果为因之嫌。就徐复观的分析来说，"狂""侗"等的确是不同的"气质之性"落实在不同人身上的具体表现，但这是"气质之性"在后天环境中沾染所致，并不能根据最终的结果就否认"性"的相近属性。牟宗三先生就"义理之性"做出的解释，也有值得商榷之处。他谨慎地指出："惟古人辞语恐不如此严格。孟子言：'其日夜之所息，平旦之气，其好恶与人相近者也几希。'孟子此书所言之'相近'恐即是孔子'性相近'之'相近'。如是，'相近'即是发于良心之好恶与人相同。孔子恐亦即是此意。如是，孔子此句之'性'当不能是'自生而言性'之性，也不必如伊川讲成气质之性。"⑤牟氏所言有三个"恐"字，他将孔子所说"性相近"解释为"性相同"，并认为古人用词不严所致。借由此种转换，牟宗三巧妙地弥合了"义理之性"与"气质之性"的差别。由于"性"可相同，也就意味"性相近"。

通过上文的阐述，我们发现，徐、牟二人的论述都有其内在的逻辑不周延之处。不妨将"性相近也，习相远也"的讨论置于《论语》的整

221

---

① （宋）朱熹：《四书章句集注》，中华书局 1983 年版，第 175—176 页。

② 牟宗三：《心体与形体》（上），上海古籍出版社 1995 年版，第 208 页。

③ 杨伯峻：《孟子译注》，中华书局 1960 年版，第 263 页。

④ 徐复观：《中国人性论史》，华东师范大学出版社 2005 年版，第 50 页。

⑤ 牟宗三：《心体与形体》（上），上海古籍出版社 1995 年版，第 185 页。

体语境中，而不是纠结于字句的推敲。我们认为，要弄清孔子所说的"性相近也，习相远也"的内涵首先应解决两个问题。一者是孔门对"斅"的定位，二者是孔门对天赋人性的界定。

"斅"是"教"与"学"的共用字①，今多写作"学"②。段玉裁注为："作斅从教，主于觉人。秦以来去'又'作'學'，主于自觉。"③根据前辈学者的研究，"斅"有两重内涵，一者在于自我认知能力，二者在于启发、觉醒他人，而孔门所谓的"学而时习之"则应兼顾二者。正如《白虎通》所言："学之为言觉也，以觉悟所不知也。"④朱熹也指出："学之为言效也。人性皆善，而觉有先后，后觉着必效先觉之所为，乃可以明善而复其初也。"⑤汉儒与朱熹的解释侧重各有不同，汉儒强调的是意识层面，而朱熹更为看重道德践履层面。二者并不矛盾，实则强调了"学"的两个层面。"无论是觉悟还是仿效，在更广更深的意义上，学本身就是成长的方式：生活在事实层面上是在'学'的层面上展开的，没有学，人就无法成长。……这里的'学'，意味着人对自己现有状态的不断超越。"⑥所谓"不断超越"正是前述孔门对"斅"的定位与孔门对天赋人性界定之间产生逻辑联系的关键所在。根据《论语》中孔子及其门人对天赋人性的描述，我们基本可以肯定："它的潜台词是，天命赐予我们每一个人的天性，都是差不多的，因此，人接受教

---

① 林义光指出："学教一字，故教学同字。《书·盘庚》'斅于民'，《礼记文王世子》'凡學士子及學士'，皆以学字为教字。"（马叙伦：《说文解字六书疏证》卷六，李圃主编：《古文字诂林》第三册，上海教育出版社 2004 年版，第 718 页）

② 学的古文多写为"學"，此为篆书，后出，故不足采信。

③ （汉）许慎撰，（清）段玉裁注：《说文解字注》，上海古籍出版社 1988 年版，第 127 页。

④ （清）陈立：《白虎通疏证》，中华书局 1994 年版，第 254 页。

⑤ （宋）朱熹：《四书章句集注》，中华书局 1983 年版，第 47 页。

⑥ 陈赟：《儒家思想与中国之道》，浙江大学出版社 2016 年版，第 16—17 页。

育、提升人格境界的权利是'相近'的。但是，人之所以是人，就在于他们都是不同的，而这种不同，不是天生的种族、阶级、血缘造成的，而是后天的习惯、学习与环境的熏陶导致了他们之间形似天渊的区别，此之为'习相远也'。"① 也正缘于此，我们认为《论语》首篇《学而》对"学"的重视，与孔门对"性"的基本界定方式是紧密联系在一起的。

《学而》开篇即云："学而时习之，不亦悦乎？有朋自远方来，不亦乐乎？人不知而不愠，不亦君子乎？"② 此篇与《尧曰》呼应，实则彰显了儒门思想的终极目标在于实现成人之道、君子之道。而夫子亦说："君子去仁，恶乎成名"③，并明确指出"为仁由己，而由人乎哉"④。所谓"由己"正是指人之本身所具有的特征——"性"。因此，人不可能摆脱自身固有之"性"而成"仁"。"为仁又是天之所命与人者，故而此自修自尽其仁之道，亦可谓天之所与人之命，舍天之所命而顺天，其结果必然是远天甚至对天的背反。就此而言，天生我为人，我必以人的方式成为人，才是顺天；若放弃人可以把握的人之所以为人的方式去追求对天道的归顺，则必适得其反。"⑤ 据此也就不难理解《学而》《尧曰》作为《论语》的首末两篇所传递的信息，孔子及其弟子所探索的正是由人而为君子，进而由君子为圣人的自我修持之路。而实现这一目标最为可靠的方式就是"敩"。

"敩"是提升自我，实现不断超越自己的重要手段和途径。具体来说，"敩"是服务或从属于关键词"性"的。虽然"夫子罕言性与天道"，

---

① 欧阳祯人：《先秦儒家性情思想研究》，武汉大学出版社 2005 年版，第 105 页。

② 杨伯峻：《论语译注》，中华书局 1980 年版，第 1 页。

③ 杨伯峻：《论语译注》，中华书局 1980 年版，第 36 页。

④ 杨伯峻：《论语译注》，中华书局 1980 年版，第 123 页。

⑤ 陈赟：《儒家思想与中国之道》，浙江大学出版社 2016 年版，第 12 页。

但他对"学"的论述并不罕见。"学"作为仅次于"仁"的关键词,《论语》中共出现 65 次,它不是单纯意义的名词或动词,而是儒家重要的哲学概念。《论语》对"性"的言说在于"性相近也,习相远也",这似乎可以看作是夫子以"学"弥合"性"与"习"之间巨大鸿沟所做的努力。正如匡亚明先生所说:"孔子在两千多年以前提出的教育可以革新人的'性习说',强调和承认人的后天习染的作用,亦即教育的重要作用,这对于运用教育手段来改变人,提高人的道德、知识水平,对于教育可以缩小以至基本消灭人类社会普遍的人与人之间在道德、知识水平上的差距,是具有重大意义的。"[1] 所谓"子不语怪,力,乱,神"[2],孔子素来不谈鬼神,这是儒家思想的基本立场所决定的,他更为看重的是当下的现实社会。因此,在肉体生命的有限范围内,"斅"是唯一可以将此在的现实生命与彼在的精神世界、不可知的未来联系在一起的方式,它不仅可以让人的肉体生活参与到历史的文化脉搏中,更在于它为人们提供了一种不断提升自我、不断超越自我的方式,而这一切都建立在夫子所罕言的"性"与"天道"基础上。

三、"道始于情,情生于性"

郭店楚简[3] 对性情问题的讨论,接续的正是《论语》中已揭橥端绪,

---

[1] 匡亚明:《孔子评传》,南京大学出版社 1990 年版,第 294 页。

[2] 杨伯峻《论语译注》,中华书局 1980 年版,第 72 页。

[3] 很多学者认为郭店楚简中除《老子》甲、乙、丙三篇和《太一生水》篇外,其余十四篇都是儒家文献,也有学者提出了不同的看法。李学勤先生认为《唐虞之道》《忠信之道》过分强调禅让,应划归纵横家。韩禄伯与艾兰等人认为《唐虞之道》不属于现今所认识的学派。薛柏成认为《唐虞之道》的绝大部分内容是兼裁儒墨而成。陈鼓应指出《忠信之道》中的文句多与老子相和。参见刘伟:《郭店儒简所见生死观研究》,吉林大学出版社 2013 年版,第 3 页。

却又未能全面展开的儒家性情学说。特别是《性自命出》①篇有较为鲜明的内向化特征，同时又与孟子性善论的心性学说截然不同，它所展现的丰富内容和多元立场非常符合儒家思想在孔子与孟子之间发展的过渡性特征。兼之，郭店楚简中《性自命出》和上博简中《性情论》的文字内容既有相同之处，又存在较大出入。特别是《性自命出》简34、35中与子游的内容，全不见于《性情论》，引起学界广泛讨论。部分学者认为："郭店简文本似曾加以整理补述。"②此说可信度较高，它也从侧面佐证了前文所强调的《性自命出》诸篇有明显过渡性特征的判断。"目前我们只能说《性自命出》与《性情论》的主体部分相近"③，相关问题或许只有等到新的文献资料出土才能得到有效解决。

理解《性自命出》对关键词"性"的讨论，需要厘清几组概念："天和命""性和情""心和志""物、悦、势、故"。李零先生指出："'天'是人（不管是单个的还是总称的）以外的世界（不管是物质的还是精神的，或两者兼而有之的）。'命'则是人所具有的生命和命运。'命'

---

① 《性自命出》究竟应被视为先秦思想的哪一派，学界并未形成统一观点。李学勤先生指出："简的主要内容，属于道家的是《老子》，属于儒家的我认为是《子思子》。"参见李学勤：《郭店楚简与儒家经籍》，姜广辉：《郭店楚简研究》，《中国哲学》（第二十辑），辽宁教育出版社1999年版，第18页。庞朴先生指出："孔子学说主要是强调仁和礼两个方面，仁者内部性情的流露，礼者外部行为规范"是原始儒学的基本结构。因此，《性自命出》等篇所展现"向内求索的，抓住人之所以异于禽兽者几希出，明心见性；向外探寻的，则从宇宙本性到社会功利推及天及人"的思想特征，无疑说明郭店简中儒学内容具有鲜明的内向特征。参见庞朴：《孔孟之间——郭店楚简中的儒家心性学说》，姜广辉：《郭店楚简研究》，《中国哲学》（第二十辑），辽宁教育出版社1999年版，第25页。

② 丁植原：《楚简儒家性情说研究》，万卷楼图书有限公司2002年版，第205—206页。

③ ［澳］陈慧、廖名春、李锐：《天、人、性：读郭店楚简与上博简》，上海古籍出版社2014年版，第61页。

是由'天'赋予的。'"'性'是人的本性。它是藏于人的内心,只有靠外物的激发才会从内向外显露出来的东西。……'情'是人的情感。它是'性'的流露或外部表现。'"'心'是人的精神活动。'志'是人的主观意志。'心志'和'性情'的不同点是,'性情'是人内在固有的东西,而'心志'则受制于外物的刺激和主观的感受,是由后天习惯培养,变化不定的东西。'"'物'是直观可见,能够影响和改变人之本性的东西。'悦'是迎合其本性,足以引起其兴趣的东西。'势'是由外物构成的环境和环境具有的态势,可以屈挠其本性。'故'是按一定目的来涉及用作教化手段的典章文物或文化传统,则可藉以交流,沟通其本性。'"①《性自命出》对"性"的讨论是在将其置于天赋禀性的前提下加以考察,又视其为外物刺激下"喜怒哀乐"等形式展现的情绪状态。而人的"志"不同,就会导致人的本来之"性"会在外界的刺激下有不同的外化形式或呈现方式。因此,人们需要寻找到一种恰当的方式来引导"性"。孔子选择的方式是"学",而《性自命出》的作者也采用同样的方法。他认为:"养性者,习也;长性者,道也。""义也者,群善之蕰也。习也者,有以习其性也。道者,群物之道。"②这就与前文《论语》中"学"与"性"之间关系的讨论取得了统一。《性自命出》所讨论的"性"仍然是一种"气质之性",它是需要通过教育、熏染等方式来引导和改造的天"性"。基于此种认知再去审视《性自命出》对相关问题的论述:

凡人虽有性,心无定志,待物而后作,待悦而后行,待习

---

① 李零:《郭店楚简校读记》(增订本),中国人民大学出版社 2007 年版,第151—152 页。

② 李零:《郭店楚简校读记》(增订本),中国人民大学出版社 2007 年版,第136 页。

而后定。喜怒哀乐之气，性也。及其见于外，则物取之也。性
自命出，命自天降。道始于情，情生于性。始者近情，终者近
义。知情【者能】出之，知义者能入之。好恶，性也。所好所
恶，物也。善不【善，性也】。所善所不善，势也。①

　　"命自天降"之说实则暗含了众生皆缘于"性"的基本预设，但人
又是千差万别的，即"喜怒哀乐之气"各有不同。此处所说"喜怒哀乐"
与孔子所谓"习相近也，性相远也"的"性"大致相当。正如刘昕岚所
说："人虽皆有俱同之性，然心志之发却无同之定向，必待与物交接而
后起，中心欢悦而后行，靡渐积习而后定。喜怒哀乐之气为人之本性，
与物相交而后发现于外也。"②"性"是由自然的天赋予人的特殊禀性，而
"性"可生"情"（或者说"情"由"性"生），"道"自"情"始。通过
此种方式，《性自命出》的作者建构了以"性"为起点、以"道"为终点、
以"情"为中介的逻辑。而此处的"道"自然不是天道，而是圣人法天
则地创设的"礼"，它始终扎根于现实生活的土壤中。诚如李零先生所
说："'性'是人的本性，它藏于人的内心，只有靠外物的激发才会从内
向外的显出的东西。……'情'是人的情感。它是'性'的流露或外部
表现。"③因此，"喜怒哀乐之气"就是"性"最真实的表现，由人内心外
化为人的"喜怒哀乐"之际最为自然的形态就是"情"。

　　基于上文对《性自命出》的分析，《性自命出》的作者认为"性"

---

①　李零：《郭店楚简校读记》（增订本），中国人民大学出版社2007年版，第
136页。

②　刘昕岚：《郭店楚简〈性自命出〉篇笺释》，《郭店楚简国际学术会议论文集》，
武汉大学出版社2000年版，第330页。

③　李零：《郭店楚简校读记》（增订本），中国人民大学出版社2009年版，第
151页。

既要受到来自天因素的约束，还要受到后天因素的制约。所谓后天因素，即指典章制度和道德规范，二者共同将"性"的话题引申至儒家所强调的教化——即《论语·学而》中的"学"。因此，我们认为《性自命出》中的"性"有两重内涵，一者是指人之为人的先天禀赋，二是指"人所具有某种内在的可以充分实现的道德倾向"①。此种论述与《中庸》如出一辙，而《尚书》的论述不过是在言语表述方式和理论精致度层面略显不足。清人孙星衍在为《西伯戡黎》中"天性"一词作注时就强调："天性，谓天命之性，仁义礼智信也。"②由此可见，从《尚书》到《性自命出》再到《中庸》，儒家学者对"性"的分析始终建立在对原初人性的基本共识基础上，而告子、孟子、荀子和后世儒家学者围绕关键词"性"所提出的不同看法，则是基于他们对"性"的心理发展过程看法不同，这成为贯穿儒家"性"关键词发展始终的重要线索。

四、"天命之谓性，率性之谓道"

探索儒家学者对关键词"性"的讨论，必须重视《中庸》。《中庸》的重要不仅是因为后世宋明理学基于建构道统学说③的哲学需要，也与《中庸》对儒家性情思想的讨论是孔子、"七十子"与孟子、荀子之间过渡环节的重要性有关。"中庸"如此重要，却极难做到。诚如孔子所言：

---

① ［澳］陈慧、廖名春、李锐：《天·人·性：读郭店楚简与上博简》，上海古籍出版社2014年版，第36页。

② （清）孙星衍：《十三经清人注疏·尚书今古文注疏》，中华书局1986年版，第251页。

③ 陈荣捷先生指出，朱熹提出"道统"概念是新儒家哲学需要的内在诉求，后人将佛家心灯相传与儒家道统观念对比的认识，皆属皮相之见。参见陈荣捷：《朱学论集》，台北学生书局1982年版，第18页。另见陈来：《朱熹〈中庸〉章句及其儒学思想》，《中国文化研究》2007年夏之卷。

"中庸之为德也，其至矣乎？民鲜久矣。"① 孔子认为"中庸"作为德性，人民已经很少具备了。但孔子又说："尧曰：'咨！尔舜！天之历数在尔躬。允执其中。四海困穷，天禄永终。'舜亦以命禹。"② 可见"中庸"之德虽是"民鲜久矣"，却是圣人必须具备的。朱熹在《中庸章句序》中进一步发展了这种思想，他指出："《中庸》何为何作也？子思子忧道学之失其传而作也。盖子上古圣神继天立极，而道统制传有自来矣。其见于经，则'允执厥中'者，尧之所以授舜也；'人心惟危，道心惟微，惟精惟一，允执厥中'者，舜之所以授禹也。尧之一言，至矣，尽矣！而舜复益之以三言者，则所以明夫尧之一言，必如是而后可庶几也。"③ 从朱熹的序可知，他是在继承前人将《中庸》的著作权定于子思的同时，又强化了"十六字心传"作为历代圣王口传道统的重要性。

究竟何为"中庸"？它作为孔子所推崇的修德的最高境界，前人有多种解释，如《说文解字》释为："中，内也。""庸，用也。"④ 郑玄注《礼记》则是："名曰中庸者，以其记中和之为用也。庸，庸也。"⑤ 认可度最高的解释是朱熹引用程子所言："不偏之谓中，不易之为庸。中者，天下之正道；庸者，天下之定理。"⑥ 也就是说，中庸就是"不偏不倚、恰到好处之意"⑦。"中庸"虽是孔子所首创，但"中庸"作为一种重要的原则则可以追溯至殷商时期。有学者在考察《尚书》中涉及"中庸"原则的论述后指出："中庸的观念大约始发于统治者稳定压倒一切的御人之

---

① （宋）朱熹：《四书章句集注》，中华书局 1983 年版，第 14 页。

② （宋）朱熹：《四书章句集注》，中华书局 1983 年版，第 228 页。

③ （宋）朱熹：《四书章句集注》，中华书局 1983 年版，第 14 页。

④ （汉）许慎撰，（清）段玉裁注：《说文解字注》，上海古籍出版社 1988 年版，第 20 页，第 128 页。

⑤ 《十三经注疏·礼记正义》，上海古籍出版社 1997 年版，第 1625 页。

⑥ （宋）朱熹：《四书章句集注》，中华书局 1983 年版，第 17 页。

⑦ 葛荣晋：《中国哲学范畴通论》，首都师范大学出版社 2001 年版，第 556 页。

术，在逐步实践过程中，渐渐被引进到心性、性情的世界中来。正因为如此，'中庸'一词，郑玄释为'以其记中和之为用也。庸，用也。'释庸为用，抓住了先秦儒家'中庸'思想中'用中'理念的实质。"① 而以"用"释"庸"的案例在先秦儒家典籍中也较为多见。如"明试以功，车服以庸"（《尚书·舜典》）；"齐子庸止，既曰庸止"（《诗经·南山》）。"中庸"即"用中"，正如《礼记》之《学记》《服问》《经解》诸篇之名，就是记学、问服、解经一样。"用中"的结果，在《中庸》中，就是"中和"。同时，我们也应注意到子思所讨论的"中庸"带有特定的时代指向，它针对的是孔子和他自己面对的"礼崩乐坏"的现实。

> 天命之谓性，率性之谓道，修道之谓教。道也者，不可须臾离也，可离非道也。是故君子戒慎乎其所不睹，恐惧乎其所不闻。莫见乎隐，莫显乎微，故君子慎其独也。②

子思希望人们能够各安其位、各循其性，也就有了"天命之谓性，率性之谓道"。此处的"道"应从两个角度来理解：其一，从个人的角度来说，"道"是每个人得以成其为人的价值依据；其二，从社会的角度来说，"道"是维系人与人之间稳定、和谐关系的社会行为原则，二者相互渗透、互为依靠。而"率性"则是要在遵从天命的前提下，强调人要按照"天命"所规去实现自己的本性，也即完成人所应该完成的使命。但人的行为不免会受到私心的影响，这就为"修道""修性"的"心性"思想的诞生创造了条件。由孔子至二程、朱熹等儒家学者高度重视"中庸"，其关键在于《中庸》一书从天道性命相贯通的立场回答了儒家所

---

① 欧阳祯人：《先秦儒家性情思想研究》，武汉大学出版社 2005 年版，第 326 页。
② （宋）朱熹：《四书章句集注》，中华书局 1983 年版，第 17 页。

关心的"修己安人"问题，并从价值论、本体论、工夫论三个层面对这一问题做了详细的阐述，其内核是以诚为重心的修身之道。如前文所述，《论语》强调圣人只有把握中庸之道，方能完成上天赋予的使命。如其不然，不仅会导致百姓困穷，还会终绝"天禄"。

将"中庸之道"与春秋战国的历史相结合，我们会发现它是自《论语》伊始就贯穿儒家思想的核心所在，《中庸》的核心在于解决孔子所强调的"道不远人"——即儒家王道如何实践的问题，以及由此所引发的关于人伦五常的礼乐制度。为了能够实现前述目标，世人还需要修道，也就涉及"性"与"天道"的问题。

> 喜怒哀乐之未发，谓之中；发而皆中节，谓之和；中也者，天下之大本也；和也者，天下之达道也。致中和，天地位焉，万物育焉。①

上文是《中庸》对心性最为重要的描述，朱熹指出："喜怒哀乐，情也。其未发，则性也，无所偏倚，故谓之中。发皆中节，情之正也，无所乖戾，故谓之和。大本者，天命之性，天下之理皆由此出，道之体也。"②而《论语》正好记载了孔子"过"与"不及"的论述，如："子贡问曰：'师与商也孰贤？'子曰：'师也过，商也不及。'曰：'然则师愈与？'子曰：'过犹不及'。"③孔子对"过"与"不及"的论述，被孟子发展为"执中"："杨子取为我，拔一毛而利天下，不为也。墨子兼爱，摩顶放踵利天下，为之。子莫执中，执中为近之。"④孔子、孟子所论皆以

---

① （宋）朱熹：《四书章句集注》，中华书局 1983 年版，第 18 页。
② （宋）朱熹：《四书章句集注》，中华书局 1983 年版，第 18 页。
③ （宋）朱熹：《四书章句集注》，中华书局 1983 年版，第 126 页。
④ 杨伯峻：《孟子译注》，中华书局 1960 年版，第 313 页。

具体人物为例，既为"中和"提供了事实依据，又揭示了其背后的哲学意蕴："喜怒哀乐之未发，谓之中，发而皆中节，谓之和"。① 其中虽也有孔孟与杨朱、墨翟理论主张的门户之见，但更为重要的是杨、墨等人所论既不合于天理人情，也与春秋战国的现实不相符。孔、孟所强调的"守中"是理解"中庸"理论内涵的关键，故朱熹认为："道以中庸微至。贤知之过，虽若胜于愚不肖之不及，然其失中则一也。"② 他还针对《论语》中对孔子弟子言行的记载，对子张、子复等人未能做到"守中"展开了分析。朱熹的分析多从"气质之性"着眼，如其在注解"子曰：'不得中行而与之，必也狂狷乎！狂者进取，狷者有所不为也'"③ 一语时，强调："行，道也。狂者，志极高而行不。狷者，知未及守有余。盖圣人本欲得中道之人而教之，然既不可得，而徒得谨厚之人，则未必能自振拔而有为也。故不若得此狂狷之人，犹可因其志杰而激厉裁抑之，以进于道，非与其终于此而已也。"④ 朱子所注是对"守中"最好的诠释，他指出狂者、狷者皆非"执中"之人，即不符合中庸之道。但孔子在狂者、狷者所展现的"过犹不及"的气质之性中看到了可以"教化"的潜质。将此处所论与前文对"性相近也，习相远也"和《性自命出》对"性"的讨论相对比，会很清楚地看到一条以"性情"为主轴、以"教化"为辅助的逻辑线索贯穿在先秦儒家性情思想的发展脉络中。而《论语》中所塑造的孔子"温而厉，威而不猛，恭而安"的形象正是"中庸"之道的最佳诠释。

由此可见，《中庸》是在孔子思想的基础上，对《论语》中尚未全面展开的"中庸"学说做了适当的补充。在"中庸"至"中和"修德之

① （宋）朱熹：《四书章句集注》，中华书局 1983 年版，第 18 页。
② （宋）朱熹：《四书章句集注》，中华书局 1983 年版，第 126 页。
③ （宋）朱熹：《四书章句集注》，中华书局 1983 年版，第 147 页。
④ （宋）朱熹：《四书章句集注》，中华书局 1983 年版，第 147 页。

路上，《中庸》高度重视"性"的讨论。《中庸》开篇写道："天命之谓性，率性之谓道，修道之谓教。"这里以"天命"界定"性"，将"天命"与"天道"结合在一起考察，强调"性"作为天与人之间进行沟通的桥梁作用，也是对"天命"的合理回应。自古以来，学者们在讨论《中庸》时，习惯于将其与《易传》对参。原因在于，二者都将天道之生化流行作为哲学背景，所不同的是《中庸》更注重如何践行，而《易传》则倾向讨论更为形而上的总体性纲领。比如《中庸》开篇对"天命""性""天道"的讨论，就与《系辞》所强调的"一阴一阳之谓道，继之者善也，成之者性也"如出一辙。正如冯友兰先生早年所述："《中庸》的主要意思与《易传》的主要意思，有许多相同之处。例如《中庸》说中，《易传》亦说中。《中庸》注重时中，《易传》亦注重时中。不但如此，《中庸》与《易传》中底字句，亦有相同者。如乾'文言'云：'不易乎世，不成乎名，遁世无闷，不见是而无闷。'《中庸》亦云：'君子依乎中庸，遁世不见知而不悔。''文言'云：'庸言之信，庸行之谨。'《中庸》亦云：'庸德之行，庸言之谨。''文言'云：'夫大人者，与天地合其德，与日月合其明，与四时合其序，与鬼神合其吉凶。'《中庸》亦云：仲尼'辟如天地之无不持载，无不覆帱，辟如四时之错行；如日月之代明。'这些字句，都是大致相同底。《易传》的作者不只一人，《中庸》的作者亦不只一人，《易传》的作者，也许有些就是《中庸》的作者。至少我们可以说，他们的中间，有密切底关系。"① 冯友兰先生对《易传》和《中庸》的分析告诉我们，二者在思维方式层面具有一致性——即都是以天命流转来看待世间万物。因此，《中庸》才会强调"中也者，天下之大本"，这是将"中和"（中庸）视为天下的根本。

为了能够达成这一目标，《中庸》下篇才会以"诚"为中心展开讨论：

---

① 冯友兰：《新原道·贞元六书》，华东师范大学出版社 1996 年版，第 779—780 页。

诚者，天之道也；诚之者，人之道也。诚者不勉而中，不思而得，从容中道，圣人也。诚之者，择善而固执之者也。博学之，审问之，慎思之，明辨之，笃行之。①

在子思看来，"诚"是达到"中庸"的唯一途径，故有"不勉而中，不思而得，从容中道"之说。"中庸"是圣人的境界，也是众人需要不懈追求的目标。此说后被宋明理学家发明，即朱熹所说的："诚者，真实无妄之谓，天理之本然也。诚之者，未能真实无妄而欲其真实无妄之谓，人事之当然也。"②朱熹是用程颐体贴出来的"天理"来解释"诚"。此种解释并无不当之处，牟宗三先生就认为："'天理'二字虽说是明道'自家体贴出来'……天理之实，是先秦正宗儒家共许之义，至乎宋明亦是明道前明道后所共许之义。"③"圣人"是儒家的道德典范，他们是天道流化的最高形式。因此，"天道"与"圣人"都应该是无妄的，必须符合"不勉而中，不思而得，从容中道"的"中庸"境界。而"诚"又是"天道""圣人"最重要的特征，即上文所说"诚者，天之道也；诚之者，人之道也"。由此，就不难理解《中庸》下篇重点论述"诚"。这种被牟宗三先生称为"诚体"的人生境界，不仅遥追殷商典籍中以"用"释"庸"的思想和《易传》对天道流转的分析，也贯穿着孔子、"七十子"以来以教化为入径探索如何修道的思想理路。牟氏甚至认为："诚体为创造之真几，为真实生命，人人本有，天地之道亦只如此。惟人如不能直下体现此诚体，而须修养工夫以复制，则即属于'人之道'。而经由修养工夫以复制，即时诚之。天之道以诚为体人之道以诚为工夫。"④

---

① （宋）朱熹：《四书章句集注》，中华书局 1983 年版，第 31 页。
② （宋）朱熹：《四书章句集注》，中华书局 1983 年版，第 31 页。
③ 牟宗三：《心体与性体》，上海古籍出版社 1999 年版，第 47 页。
④ 牟宗三：《心体与性体》，上海古籍出版社 1999 年版，第 277 页。

总结前文，我们发现《中庸》全书就关键词"性"的直接讨论并不多，但"性"始终存在。"《中庸》的性情思维模式主要体现为诚而无妄、无欲之情的思想感情，其心性思想直接影响了孟子、朱熹、王阳明的性情思想，并启发了荀子的性情思想。"① 全书是以"天命之谓性，率性之谓道，修道之谓教"为切入点，旨在强调"中庸"作为圣人必须具备、"民鲜矣"道德境界的重要性，其后则从功夫论层面讨论了如何修德。从中可以看出，《中庸》是在继承《大学》讨论"诚"的基础上，通过"慎独"来讲"诚意"，并强调人的修身、修德要从"隐微之处"着眼。所有的一切都奠基在子思写作《中庸》时所预设的逻辑前提之下，即人往往是很难做到"中庸"的，唯有以"诚体"为引导来修复、涵养，才能从"自明诚"的体悟中实现"率性""修道"的目标。而关于这些问题的回答，则有待孟子、荀子等人的思考。

五、"尽心知性"

孟子对孔子以来儒家思想的贡献应从两个方面来界定：首先，孟子通过批评其他各家学派，如墨家、杨朱学派、农家、法家、纵横家在处理利与义关系上的严重失误，完善了儒家学说，正所谓"正人心，息邪说，距诐行，放淫辞"。② 其次，孟子从人之内在的角度进一步发展了儒家学说，在继承儒家倡导"修己安人"③ 学说的基础上，通过与百家争鸣中其他学派的论辩建立起即心言性的"性善论"学说。

孟子的"性善"论立足于人禽之别，即所谓"人之所以为人者"。这一观点后经宋儒的发挥对儒学的发展产生了深远的影响，但在孟子的

---

① 叶春青：《儒家性情思想研究》，西南交通大学出版社 2011 年版，第 109 页。

② 杨伯峻：《孟子译注》，中华书局 1960 年版，第 155 页。

③ 杨伯峻：《论语译注》，中华书局 1980 年版，第 159 页。

时代却不是一种普遍得到承认的学说。这一点从孟子与告子的辩论中就可以看出来：

> 告子曰："生之谓性。"
>
> 孟子月："生之谓性，犹白之谓白与？"
>
> 曰："然。"
>
> ……
>
> "然则犬之性犹牛之性，牛之性犹人之性与？"①

在孟子的时代，更为流行的"性"观念是"以利为本"的性，诚如孟子所言："天下之言性也，则故而已矣。故者以利为本。"②徐复观先生指出："所谓'故'则同于习惯的'习'，也就是人在不自觉状态下的反复的行为，即生理上的惯性。……一般人说性，都是照着人的习惯性来说。人的生活习惯，只是本于各人生理上的要求（利）。"③告子所谓"白之为白""白雪之白""白玉之白"正是基于人的生理性诉求和习惯性认知所建构的"性"观点，是孟子时代的人们对"性"最流行的解释。但这一观点与孟子所强调的"人之所以为人"的"性"观念截然不同，他试图在器物层面的"性"观念中灌注更为深远、更具哲理意味的本体论内涵："口之于味也，目之于色也，耳之于声也，鼻之于臭也，四肢之于安逸也，性也，有命焉，君子不谓性也；仁之于父子也，义之于君臣也，礼之于宾主也，智之于贤者也，圣人之于天道也，命也，有性焉，

---

① 杨伯峻：《孟子译注》，中华书局1960年版，第254—255页。

② 杨伯峻：《孟子译注》，中华书局1960年版，第196页。

③ 徐复观：《中国人性论史》（先秦篇），华东师范大学出版社2005年版，第147页。

君子不谓命也。"① 在孟子看来，"口之于味""目之于色""耳之于声""鼻之于臭""四肢之于安逸"不应称为"性"，而应称为"命"。他不仅否定了前人以"生之谓性"为基础建构的"性"观念，还试图通过名词表述方式的变换来论证一种全新的"性"学说。按照现代人的理解方式，孟子所界定的"命"即前人所谓"生之谓性"，即人的自然属性，尚不足以作为"人之所以为人"的判断标准。他认为"性"应该是判断人和动物之间区别的标准，故有"人之有是四端，犹其有四体"② 之说。"四体"就是指人的恻隐、羞恶、辞让、是非之心。这是从道德性的角度来界定"性"的内涵，不仅与告子就"性"话题所持学术立场不同，也是儒家学说发展中为论证"仁政"之可行必然的理论延伸。同时，孟子还强调"性"是由人内在的自我生发所决定的，即"仁义礼智，非由外铄我"③。但孟子也需要面对人人皆有耳目口腹自然之欲的客观现实，他提出的解决方法是"寡欲"。

孟子所说"寡欲"与他对"天"的界定和儒家"天命"说的发展有关，也是理解他所主张"性善"论的关键。"孟子认为'天'是道德的'天'，因而它能赋予人类以道德萌芽，而这一道德萌芽是使人类区别于其他动物的唯一特征。"④ 此正是上文所谓"人之所以为人"。在孟子看来，人通过将根植于心中的"四端"发扬光大就是有效地践行了"养心"。而将"养心"之所得落实到现实生活，就是"知性"。此说也正是启示宋儒强调"道德践履"的逻辑起点，并对后世王阳明提出"知行合一"有直接的启发意义。就孟子本人而言，"既然'天'是能够赋予人类道德萌芽的道德

---

① 杨伯峻：《孟子译注》，中华书局 1960 年版，第 333 页。
② 杨伯峻：《孟子译注》，中华书局 1960 年版，第 80 页。
③ 杨伯峻：《孟子译注》，中华书局 1960 年版，第 259 页。
④ 孙伟：《重塑儒家之道——荀子思想再考察》，人民出版社 2010 年版，第 109 页。

'天'，而人性也恰恰体现在这些道德萌芽之中，那么道德'天'就直接产生了道德的人性（也就是道德萌芽）"①。但在《孟子》一书中，他对"天"的道德属性的界定却并不一致。如上文所引"口之于味也，目之于色也，耳之于声也，鼻之于臭也，四肢之于安逸也，性也"，似乎是将人的原始本能欲望纳入其中，而这并非道德性所能涵盖。事实上，孟子对"天"的不同界定方式是由于他对君子与小人的不同认识所决定的。如孟子在引述伊尹时所说"天之生此民也，使先知觉后知"②，这是道德之天；而他还说道："天油然作云，沛然下雨，则苗浡然兴之矣"③，这是自然之天。前者以"道德性"为主，后者则以"自然性"为主。正如史华慈先生所说："当孟子根据人的存在的'自发层面'，也就是根据人的生理及感官能力，以及根据人的与生俱来的自发道德禀性来谈论人的时候，关于天的观点是以准道家类型的、具有无为色彩的语言来加以处理的。当把人作为自觉的、有意志能力的存在加以提及时，'天'本身似乎就作为具有超越能力的道德意志和人发生了关联。"④ 单纯从这些材料来看，孟子所谓"性"似乎包含了人的本能欲望的自然性和形而上的道德性两层内涵。但这就与前文所讨论的孟子以"命"来界定"生之谓性"的界定方式产生了矛盾。如何理解这种矛盾呢？我们认为，由于《孟子》一书中"天"的界定方式不同所引发的"性"之内涵的不同，不能等同于孟子以"自然性"界定"性"。他的着眼点在于自己所面对的战国乱世中，人们的现实选择各有不同。人是否能够按照"仁""义"的要求

---

① 孙伟：《重塑儒家之道——荀子思想再考察》，人民出版社 2010 年版，第 109 页。

② 杨伯峻：《孟子译注》，中华书局 1960 年版，第 225 页。

③ 杨伯峻：《孟子译注》，中华书局 1960 年版，第 13 页。

④ ［美］本杰明·史华慈：《古代中国的思想世界》，程刚译，江苏人民出版社 2004 年版，第 300 页。

去约束自己，是由自然的"命"所决定的，而"命"是不可知的。也就意味着，人在由"养心"至拓展"四端"时所展现的道德萌芽，是否会受到"外铄"的影响是不可预测的。为了能够实现儒家的仁政，人们更应追求将践行"道德性"的可能性归于或然的"命"。而君子与小人之间的区别正在于，君子能在"命"的引导下更多地展现出自愿的道德倾向，而小人则往往展现出违背自愿的非道德倾向。

总体而言，孟子对"性"的论述建立在"性善论"基础上，又依据儒家"推己及人"的思想将其升华为"与民同乐"。同时，我们必须考虑到孟子思考的出发点是"仁政"，这是孔孟以来的思想传统，也是儒者济世情怀的具体表现。因此，"与民同乐"的思想必然会被放在突出位置。而为了论证"与民同乐"的合理性和必要性，孟子势必要将"性善论"作为"仁政"的理论预设来论证。孟子本人也指出："以善养人，然后能服天下。"①欧阳祯人先生认为："没有人的善性，人不可能获得真正的自有；没有与老百姓同忧同乐的情怀，人的自我实在是不能实现。孟子的人是个体与群体的统一。然而没有人之所以为人的自由性，以善性为内核、以天道为皈依的'践形'境界就无法显现，'至大至刚'的'浩然之气'也就无法真正充'塞于天地之间'，并且最终与天道合而为一。"②"性善"是行"仁政"的逻辑预设，只有每个人能做到"善"，才能实现儒家的修齐治平。而孟子又说："凡有四端于我者，知皆扩而充之矣，若火之始然，泉之始达。苟能充之，足以保四海。"③"性善"赋予人"不忍人"的怵惕恻隐之心，并具体表现为"仁义礼智"的四端。由四端"扩而充值"，最终就能实现"保四海"的目标。据此，我们认为孟子对"性"的认识是服务于"仁政"思想的，他以"性善论"为基本

---

① 杨伯峻：《孟子译注》，中华书局 1960 年版，第 190 页。

② 欧阳祯人：《先秦儒家性情思想研究》，武汉大学出版社 2005 年版，第 346 页。

③ 杨伯峻：《孟子译注》，中华书局 1960 年版，第 80 页。

理论预设，使其成为论证"与民同乐"思想的理论基础，进而引导世人在个体的性善基础上追求全体的自有。

六、"化性起伪"

荀子是孟子之后著名的儒家学者，但在后世却屡遭非议，直接原因正是他提出的"性恶"说。荀子将自己的思想退守至自然人性的起点上，又试图以隆礼重法、王霸并用的外在约束来实现儒家追求的王道。孔子将建立良好社会秩序和个人的道德修养、知识积累与政治实践的结合视为君子从政的充要条件，而孟子则更多强调基于性善论的道德培养来重塑礼崩乐坏的社会。二者的共同缺陷在于都一定程度上忽略了外部条件的约束力和推动作用，这一点在混乱的战国显得尤为突出。以孔孟为代表的儒家学说以道德培养为途径，以王道仁政为终极追求，这与战国末期的社会现实有较大的距离。孔孟面临的困境不是个人的困境，而是儒家思想的困境。荀子的意义就是从儒家的立场出发试图解决这一问题，他采取的手段就是在儒家思想之外寻找新的话语资源，以实现丰富和完善儒家思想的目的。而他所面临的挑战也决定了他的思想必然要走上与孟子大异其趣的道路。

在此背景下，讨论荀子"性恶"说就不能以孟子"性善"说为参考。诚如路德斌所说："荀子的话语中有一个一以贯之的东西，这个东西实际上是哲学上之一派哲学家所坚持的一个基本原则——拒斥形而上学。显然，这一派哲学就是经验论哲学。当然，与之相应，孟子的哲学则可以说是一个唯理论的形态。"[①]所谓"经验论""唯理论"本是西方哲学话语体系的概念，但可以为我们理解中国古代思想家们的学说提供"他

---

① 路德斌：《荀子与儒家哲学》，齐鲁书社 2010 年版，第 15 页。

山之石，可以攻玉"的特殊效果。"经验论者的理论界域就是人们的感官所能感觉到的经验世界或称现象世界，认为只有经验世界里的事物才是真实的，因为它是可观察的、可验证的，超出经验范围之外便是虚构的或不可知的。因此，他们拒绝言说经验以外的事物，认为那是没有意义的；经验论者所运用主要方法是归纳法。"① 对经验论模式的正确理解，是走进荀子思想的关钥所在。

作为一名经验论者，荀子对于所有"形而上"的哲学冥思都不热衷。他在《劝学》一文中以蒙鸠射干等为喻，最终得出结论——君了只有"居必择乡，游必就士"才能做到"防邪辟而近中正"②。又在《修身》篇中以驽马为例，强调士君子不应将"无穷"作为追求的目标，否则就会陷入"终身不可以相及"的境地。③ 但荀子的高明之处还在于，他虽然是以经验立论，却不沉溺于经验本身。"荀子对形而上之存在本身并不否定，也即是说他并不否认天地万物有其超然的'所以然'之理，但是他所采取的态度却分明是经验论的。"④ 鉴于思孟一派为代表的儒家学者的主张未能见用于世的背景，荀子试图为儒者之道寻找到一种更为现实的践行方式。

回溯前文对孟子心性思想的分析，我们会发现，孟子是在孔子"仁政""仁教"思想的基础上进一步深化。他强调"仁，天之尊爵也""仁义礼智根于心"⑤。即将孔子所倡导的"仁政"引导至本于"天"的形而上层面，故有"尽其心者，知其性也；知其性，则知天矣；存其心，养其性，所以事天也"⑥的论述。不难看出，孟子是从人之本心出发试图

---

① 路德斌：《荀子与儒家哲学》，齐鲁书社 2010 年版，第 15 页。
② （清）王先谦：《荀子集解》，中华书局 1988 年版，第 6 页。
③ （清）王先谦：《荀子集解》，中华书局 1988 年版，第 31 页。
④ 路德斌：《荀子与儒家哲学》，齐鲁书社 2010 年版，第 17 页。
⑤ 杨伯峻：《孟子译注》，中华书局 1960 年版，第 81、309 页。
⑥ 杨伯峻：《孟子译注》，中华书局 1960 年版，第 301 页。

论证人人皆有善性，进而强调人人都应该有的"不忍人之心"（本心）是恢复王道的终极依据，而"恻隐""羞恶""辞让""是非"都是本心的表征。思孟一脉的学者在将《论语》中未能全面展开的"性情"思想加以拓展的同时，也为儒家思想道德形上学提供了本体论意义的哲学依据。后者为宋儒以"心性"为入径、以"道统"为依归丰富儒家思想开了先河，却必须要面对荀子的非难。在荀子看来，思孟学派未能见用于世，并不单纯是由于战国乱世，根源是此派学者"述唐、虞、三代之德"——即思孟一派不过是迂阔谈古，无切于实用。正如梁惠王评价孟子所言"迂远而阔于事情"。由此延伸，荀子还认为思孟学派的学者们所主张的"法先王"并不合适，他主张要"法后王"。所谓"性恶""法后王"，极易让世人将荀子视为孔门叛逆。但我们在《荀子》一书中却看到，他认为自己"上则法舜、禹之制，下则法仲尼、子弓之义"①。后又在回答李斯提出的"秦四世有胜，兵强海内，威行诸侯，非仁义为之也，以便从事而已"时答道："非女所知也！女所谓便者，不便之便也；吾所谓仁义者，大便之便也。彼仁义者，所以修政者也；政修而民亲其上，乐其君，而轻为之死。……今女不求为之本，而索之于末，此世之所以乱也。"② 由此可见，荀子并非是反对孔门"仁义"之说，而是认为孔孟所采取的方式不当。借用荀子在《不苟》篇所说"推礼义之统，分是非之分，总天下之邀，治海内之众，若使一人。故操弥约。五寸之炬，尽天下之方也。故君子不下室堂，而海内之情举积此者，则操术然也。"③ 后世王安石在《答司马谏议书》中也说到"所操之术多异"，足见儒学内部就王道践履方式的争议历史悠久。

由此可知，孟子与荀子在认同周孔之道的层面上并不存在根本冲

---

① （清）王先谦：《荀子集解》，中华书局 1988 年版，第 97 页。

② （清）王先谦：《荀子集解》，中华书局 1988 年版，第 280—281 页。

③ （清）王先谦：《荀子集解》，中华书局 1988 年版，第 49 页。

突，二人学说的差异在于"操术"的不同。换言之，他们二人对儒家学说、儒家的基本价值诉求是站在统一战线上的，但在推行儒家之道的方法论层面上却有不同的看法。正是后者最终造就了荀子的"性恶"说。就荀子"性恶"说而言，尽管荀子对"性"的认识与孟子截然不同，但荀子论证"性"的思路却与孟子保持了高度的一致，他指出：

> 今人之性，生而有好利焉，顺是，故争夺而辞让亡焉；生而有疾恶焉，顺是，故残贼生尔忠信亡焉；生而有耳目之欲，有好声色焉，顺是，故淫乱生尔礼义文理亡焉。然则从人之性，顺人之情，必出于争夺，合于犯分乱理而归于暴。故必将有师法之化，礼义之道，然后出于辞让，合于文理，而归于治。用此观之，然则人之性恶明矣，其善者伪也。[1]

何谓"伪"呢？前人曾解释为"虚伪"，实乃大谬。杨倞注曰："伪，为也。"郝懿行则注："伪，作为也。'伪'与'为'，古字通。"可见荀子所谓"伪"实可理解为"作为"。正如荀子本人所说："若夫目好色，耳好声，口好味，心好利，骨体肤理好愉佚，是皆生于人之情性者也，感而自然、不待事而后生之者也。夫感而不能然，必且待事而后然者，谓之生于伪。是性、伪之所生，其不同之征也。"[2] 将荀子对"伪"和"性"的分析结合在一起，就会认识到，荀子的确是从经验论者的角度思考问题。在他看来，人的口腹耳目之欲是人不需要思考就可以做出选择的，是最自然、最本能的"自然性"。而人在现实生活中，还有更多需要经过思考、抉择，甚至是艰难的徘徊之后才能"待事而后然者"的存在对

---

① （清）王先谦：《荀子集解》，中华书局 1988 年版，第 434—435 页。
② （清）王先谦：《荀子集解》，中华书局 1988 年版，第 437—438 页。

象。因此，人在"自然性"和"道德性"之间必须做出合理的选择，方能摆脱原始的束缚。而这一过程则被荀子界定为"化性起伪"，即追求"道德性"必须依靠人的作为。由此可见，孟子之"性"实乃荀子之"伪"，以"性善""性恶"判断孟荀实乃一桩千古冤案。

第二节 "性"之传衍与转换

儒学从先秦发展到汉唐，"性情"问题并未得到足够重视，较具代表性的观点仅有董仲舒提出的"性三品"和韩愈的"性情三品"。由中唐政治危机引发的思想危机，造就了以啖助、赵匡等"新春秋学派"为先导，韩愈道统说为接续、李翱"复性"说为后继的儒学新格局。进入宋代以后，宋儒从释道思想中吸收了"万事"与"理一"、太极阴阳等概念或思维方式，开创了"肯定超越性体的存在，由传统的以'善'与'恶'论性、以'情'论性转变为论述性体本身；并又形上本体角度论证'道德性命'，以此来充实儒学内容，提高思辨水平"[1]的新儒学。其后的程朱与陆王学者虽观点各异，但基本是在"出入佛老，返诸六经"的模式下发展儒家性情思想。

一、道、墨、法诸家之性

作为中国哲学的基本问题之一，"性情"并非只有儒家学者热衷于讨论，道、墨、法诸家也发表了自己的看法。在他们眼里，"性情"并

---

① 耿静波：《北宋五子心性论与佛教心性论关系研究》，中国社会科学出版社2016年版，第36页。

非是纯粹的道德修养问题，实有极为复杂的现实指向和特殊的理论价值在其中。

（一）"从欲失性"与"自然之性"

老庄从未直接谈"性"，但并不意味着老庄不涉及性情问题。徐复观先生很早就指出："《老子》一书无性字，《庄子》内七篇亦无性字；然其所谓'德'，实即《庄子》外篇、杂篇之所谓'性'。"① 事实上，老庄二人对"性情"问题的看法并不一致。此外，战国时期另一位道家代表人物文子对"性情"问题的理解也有一定的学术价值，应引起足够的重视。我们还应注意到，通行本《道德经》以《道》篇在前、《德》篇在后，模糊了"道"与"德"的逻辑顺序。竹简本所呈现的《德》篇在前、《道》篇在后的逻辑模式，为今人理解《道德经》提供了一种全新的思路。按照《道德经》中的理论设定，"道"为天地之本、万物之源，不仅化育、衍生了世间万物，还为万物的存在提供了形而上的本体依据。对于人来说，"道"在万物之中的具体呈现方式就是"德"。人只有将源于"道"的"德"内化于己，才能最终实现"复归于朴"的目标。因此，人或世间外物所显现和外化的"德"，就是其"性"。

1."从欲失性"

前文曾引《道德经》第三十八章"上德不德，是以有德；下德不失德，是以无德。上德无为而无以为；下德无为而有以为"，准确地阐明了老子主张"复归于朴"的基本立场。据此进一步延伸就会发现，老子追求的"朴"的本质就是万事万物的本然之性。正是由于老子对"朴"有着十分执着的信念，并努力将其灌注于《道德经》全篇，我们才会更为强

---

① 徐复观：《中国人性论史》（先秦篇），华东师范大学出版社 2005 年版，第450 页。

烈地感受到老子对"有为"的厌恶。正是"有为"创造的"仁"破坏了自然的完整、和谐，并由此产生了社会的混乱，即老子所谓"大道废，有仁义；慧智出，有大伪；六亲不和，有孝慈；国家昏乱，有忠臣"①。他所表达的不仅是对仁义、道德、孝慈等"人为"名号的不满，甚至认为"失道而后德，失德而后仁，失仁而后义，失义而后礼"。基于"天地不仁，复归于朴"的学术立场，发展出了道、德、仁、义、礼渐次衰减的社会衰败顺序。

站在道家学术立场上对"性""性情"问题展开深入讨论的人物首推文子。在追求"复归于朴"的思想上，文子与老子保持着高度的一致。他详尽地描绘了本然世界是如何在人的"有为"的作用和影响之下逐渐变化的过程：

> 治身，太上养神、其次养形，……嗜欲，养生之末也……目悦五色，口惟滋味，耳淫五声，七窍交争，以害一性，日引邪欲，竭其天和，身且不治，奈天下何！……仁义礼乐者，所以救败也，非通治之道也。诚能使神明定于天下，而心返其初，则民性善，民性善，则天地阴阳从而包之，则财足而人赡，贪鄙忿争之心不得生焉。仁义不用，而道德定于天下，而民不淫于采色。故德衰然后饰仁义，和失然后调声，礼淫然后饰容。故知道德，然后知仁义不足行也。知仁义，然后知礼乐不足修也。②

在文子眼里，"仁义礼乐"是人之"有为"造成的最恶劣的结果，其下隐藏和掩盖的是人的虚伪、贪欲。以此为基础，文子对"性情"问题也

---

① （魏）王弼注，楼宇烈校释：《老子道德经注校释》，中华书局 2008 年版，第 43 页。

② 王利器：《文子疏义》，中华书局 2000 年版，第 381—388 页。

展开了详细的论述：

> 水之性欲清，沙石秽之。人之性欲平，嗜欲害之。唯圣
> 能遗物反己。是故圣人不以智役物，不以欲滑和，其为乐不
> 忻忻，其于忧不惋惋。是以高而不危，安而不倾。故听善言
> 便计，虽愚者知说之；称圣德高行，虽不肖者知慕之。说之者
> 众，而用之者寡，慕之者多，而行之者少。①

他从本然世界的基本特征入手，强调"水之性欲清，沙石秽之；人之
性欲平，嗜欲害之"，即人和水具有相似的本然之性，不过由于沙石和
欲的掩盖，使得人渐渐迷失了自己的本性。"夫人从欲失性，动未尝正
也，以治国则乱，以治身则秽。故不闻道者，无以反其性；不通物者，
不能清静。原人之性无邪秽，久湛于物即易，易而忘其本，即合于其若
性。"②"从欲失性"很好地点明了文子对待"性情"问题的基本态度。人
若盲从于"欲"或是被欲望所遮蔽，就会"易而忘其本"，滑入到"若
性"的深渊中。所谓"若性"就是他性，而圣人之所以能为圣人，就在
于"不以智役物，不以欲滑和"。这就与老子倡导的"复归于朴"和庄
子描绘的"道术未裂"取得了内在的逻辑联系。为了强调自身学说的合
理性，文子进一步描绘了道家眼中的圣人达到的"遗物反己"的境界。
由此，文子便创造了一套以"道"为本、以"德"为用的话语体系，而"性"
正是人能够由"德"归"道"的起点。因此，我们可以说，"道""德""性"
在文子的话语体系中可视为由具象到抽象的统一整体。而老子虽未深入
探讨"性情"问题，但他所倡导的"复归于朴"，以及他提出的"天地

247

---

① 王利器：《文子疏义》，中华书局 2000 年版，第 30 页。
② 王利器：《文子疏义》，中华书局 2000 年版，第 30 页。

不仁以万物为刍狗"的观点，都说明了他对"性情"问题的看法与文子保持着一致性。

2."自然之性"

在对待"性情"问题的态度上，庄子与老子、文子有较大的出入，他追求的是"自然之性"。将老子与庄子的思想稍加对比就会发现：从形式上看，老子更为重视群体，庄子则更为重视个体；从功能上看，老子带有较为强烈的政治关怀，庄子则更加重视个体的精神世界。"老子讲人，突出人之自然，其落脚点是社会政治；庄子讲人，则突出人之自由，其落脚点是个体之精神世界，是对于现实政治之超越。"① 缘于此，老子、文子基于"从欲失性"形成的性情观，在庄子这里发展为强调个体、突出自由、由虚静向形上超越的"自然之性"。

《庄子·庚桑楚》详细阐述了庄子学派对"性情"问题的看法。"道者，德之钦也；生者，德之光也；性者，生之质也。"②"性"是自然赋予的天生之性，即人的本性。作为万事万物得以生发并影响其发展的重要因素，万物遵循着秉道而生的规律，而"道"的属性就是"自然"。"自然"之性落实到人或者是通过人得到呈现，更多的体现为"自然之性"。庄子还引用马、泽稚等动物为喻，强调尊重其本性的重要。"马，蹄可以践霜雪，毛可以御风寒，龁草饮水，翘足而陆，此马之真性也。"③"泽雉十步一啄，百步一饮，不薪畜乎樊中。"④ 由动物而论及人是自然而然的逻辑。在《天地》篇中庄子强调："至德之世，不尚贤，不使能；上如标枝，民如野鹿。"⑤ 遵循自然、追求自由是人的天性，也是自然赋予人

---

① 罗安宪：《道家性本论刍议》，《东方论坛》2007 年第 1 期。

② 陈鼓应：《庄子今注今译》，中华书局 1983 年版，第 618 页。

③ 陈鼓应：《庄子今注今译》，中华书局 1983 年版，第 244 页。

④ 陈鼓应：《庄子今注今译》，中华书局 1983 年版，第 101 页。

⑤ 陈鼓应：《庄子今注今译》，中华书局 1983 年版，第 327 页。

的本性。而现实社会中的人在欲望的驱使下以"有为"的方式去改变世界，才会创作出仁、义、礼、智、信的道德标准。在其背后涌动的不仅是欲望，更是人的自然本性遭到破坏的现实。

（二）墨家"性恶"论

在先秦诸子中，墨子思想最为突出的特点是注重实用、强调功利。故有学者认为，"与战国时期其他诸家相比较，墨子的思想没有深厚的力量基础，也没有完整的理论体系"[①]。事实上，墨家思想虽有鲜明的实用主义色彩，却并非没有精深的理论思考作为支撑。作为先秦诸子之一，墨家对仁义、性情、礼乐诸问题都有自己的思考：

> 子墨子言曰："古者民始生，未有刑政之时，盖其语，人异义。是以一人则一义，二人则二义，十人则十义。其人兹众，其所谓义者亦兹众。是以人是其义，以非人之义，故交相非也。是以内者父子兄弟作怨恶，离散不能相合。天下之百姓皆以水火毒药相亏害。"[②]

后人根据《墨子》一书中"性"字只出现三次的情况，认定墨子对"性情"说没有深入的分析。事实上，根据前文对墨家仁学观的分析就可以看出，基于"兼相爱"的思想基础，墨家对人性问题的基本看法可总结为"趋利避害"。

当墨子将"兼相爱"作为自身学术话语体系的原点，就已经蕴涵着将"利"作为考察人的行为正确与否的判断。将其与儒家以"义"

[①] 曹德本：《中国政治思想史》，高等教育出版社 1999 年版，第 57 页。

[②] 辛志凤、蒋玉斌等：《墨子译注》，黑龙江人民出版社 2003 年版，第 55 页。

作为行动准则对比，就会发现墨子实则是主张或赞同"性恶"说。一方面，"性恶"才会导致百姓"水火毒药相亏爱"的现实，而要解决这一问题，墨家给出的方案就是在"兼相爱"基础上行"交相利"。另一方面，我们还注意到在《墨子》一书中关于"欲"字出现的频率多达 226 次。根据《墨子》文本所反映的内容和墨家学说的逻辑生成方式，我们认为，《墨子》文本中"性"与"欲"在很大程度上是可以互训的。关于墨家学派对性情问题的立场，学界素有不同声音。日本学者谷中信一认为："墨家只关注现实政治，几乎毫不关心人性如何这样的根本性问题。"① 杨建兵则认为："墨家人性论可简单概括为：人性多欲，无所谓善恶。"② 有鉴于此，我们认为，墨子并非不谈"性"，他对"欲"的分析不可避免地涉及"性善""性恶"的问题。而墨子所强调的基于"兼相爱"为基础的人际处理方式——"交相利"实则已经暗含了"性恶"的立场。至于墨子本人及其弟子为何未就"性善""性恶"的问题给出明确的答案，限于目前所能看到的资料，还不能给出准确的分析。

（三）"人性趋利"

法家并不注重形上本体问题的思考，但为强调自身学说的合法性，商鞅还是试图为其寻找到可以依据的逻辑起点。较具代表性的是他在《算地》篇中的论述：

> 民之性，饥而求食，劳而求佚，苦则索乐，辱则求荣，此民之情也。民之求利，失礼之法；求名，失性之常。奚以论其

---

① ［日］谷中信一：《谈墨家的人性论》，《职大学报》2007 年第 1 期。
② 杨建兵：《先秦墨家眼中的人性图景》，《中州学刊》2014 年第 5 期。

然也？今夫盗贼上犯君上之所禁，而下失臣民之礼，故名辱而身危，犹不止者，利也。其上世之士，衣不暖肤，食不满肠，苦其志意，劳其四肢，伤其五脏，而益裕广耳，非生之常也，而为之者，名也。故曰："名利之所凑，则民道之。"①

在商鞅看来，"饥而求食，劳而求佚，苦则索乐，辱则求荣"都是民之自然本性，而追名逐利虽既失"礼之法"，又失"性之常"，却让人趋之若鹜。以此为据，商鞅进一步指出："当此之时也，民务胜而力征。务胜则争，力征则讼，讼而无正，则莫得其性也。"②所谓"民务胜而力征"正是对人性趋利特质的揭示，而人与人之间为了利益而产生的争夺则直接引发了社会的混乱局面。一方面，"民之性"无法摆脱"饥而求食，劳而求佚，苦则索乐，辱则求荣"的基本特质；另一方面，促成社会动乱不堪的根源正是"名利"二字。这样，商鞅的论述虽然并未直接涉及性情思想的问题，但从商鞅和以他为代表的法家学者强调"以吏为师"来教化民众的基本立场，不难看出，他们是预设了"人性趋利"的基本前提。因此，"人性趋利"和"以吏为师"的教化就构成了法家眼中最为合理的国家治理指导原则，其背后暗藏的是"兴国行罚，民利且畏；行赏，民利且爱"③的政治哲学。

二、从"性三品"到"性情三品"

秦亡汉兴的历史剧变，使得凡与法家思想有一致性，或有共同特征的学说无一例外地衰微了，而曾经受到法家思想打压的儒家、道家的黄

---

① 蒋礼鸿：《商君书锥指》，中华书局 1986 年版，第 45—46 页。
② 蒋礼鸿：《商君书锥指》，中华书局 1986 年版，第 51 页。
③ 蒋礼鸿：《商君书锥指》，中华书局 1986 年版，第 30 页。

251

老派、阴阳家却都获得了生存的空间。儒家学说作为符合历史发展大趋势的学术思想，经由汉儒的改造达到了巅峰。

（一）"性三品"

董仲舒的性情学说可概括为"性三品"。但他对"性"的界定既不同于孟子，也与荀子有不一致之处，实则是对孟子、荀子二人学说的改造：

> 今世暗于性，言之者不同，胡不试反性之名？性之名非生与？如其生之自然之资，谓之性。性者，质也。[①]
>
> 天所为，有所至而止，止之内谓之天，止之外谓之王教，王教在性外，而性不得不遂，故曰：性有善质，而未能为善也。[②]

在这里，董仲舒首先指出现实中存在着"暗于性"的问题，也即对"性"的认识模糊不清。在他看来，"性之名非生与"，也即"性"并非与生俱来。这明显是对孟子"性善"说的修正，但他并未完全否定孟子的思想。因为按照儒家形而上学的基本立场，人必然要有"善质"的存在，才可以推行儒家的王道、教化。即"生之自然之资"中的"性"。接着，以"暗于性"和"生之自然之资"作为基础，董仲舒进一步指出人的"先天之性"具有趋向于善的潜质，即"天所为，有所至而止，止之内谓之天，止之外谓之王教，王教在性外，而性不得不遂"。也就是说，人内在之"性"需要加以适当的引导才能产生积极效果。不

---

① （清）苏舆：《春秋繁露义证》，中华书局1992年版，第291页。

② （清）苏舆：《春秋繁露义证》，中华书局1992年版，第311页。

难看出，董仲舒更多地继承了孟子"性善论"背后的或然性特征，而并非后世儒者将孟子"性善"视为人所必有的禀性。正是由于孟子"性善"论是建立在人具有"四端"的或然性基础上，就显现出"善性"的重要性和内在的逻辑缺陷。董仲舒意识到了这一问题，深感"性"与"善"之间存在着差距，希望通过强调不可以因为人具有善质、善端就视其为性善。而是强调"以性为善，此皆圣人所继天而进也，非情性质朴之能至也，故不可谓性"①。董仲舒是将"性"视为"善"的起点，又将"善"作为"性"的终点。二者所构成的共生关系，使得"善"中蕴藏着"性"的潜质，而"善"则是"性"最终实现的结果。故有所谓"善如米，性如禾，禾虽出米，而禾未可谓米也；性虽出善，而性未可谓善也。米与善，人之继天而成于外也，非在天所为之内也"②。由此可见，董仲舒对"性"的认识是与他的王道教化思想紧密相关的。

所谓"性三品"即"圣人之性""中民之性""斗筲之性"不过是人之禀赋的道德品行的形而上表述。"圣人之性"是不需要教化就具备的先天之善，而沉沦于下的"斗筲之性"则是难以转化为"善"的。由于前述两种人在现实中极少，更多的是"中民之性"，也就是都需要加以引导才能达到"循三纲五纪，通八端之理，忠信而博爱，敦厚而好礼"③。"现在人们认为天人合一就是说人和自然是息息相通的，是一种很有自然、政治和社会相互内在联系观的生态主义思想，对人类未来的发展有好处。"④但我们也需要看到，汉儒的"天人合一"学说内部所蕴

---

① （清）苏舆：《春秋繁露义证》，中华书局1992年版，第311页。

② （清）苏舆：《春秋繁露义证》，中华书局1992年版，第311页。

③ （清）苏舆：《春秋繁露义证》，中华书局1992年版，第303—304页

④ 张祥龙：《拒秦兴汉和应对佛教的儒家哲学》，广西师范大学出版社2012年版，第61页。

藏的具体内容，不仅是指向形而上的哲学思考，也具有强烈的现实指向。即作为能够向人们传递意志的天，它的任何变化都影响、规约和引导着人的行为。同时，人的行为也会反映为与天的一致。这就不难理解董仲舒的《春秋繁露》为什么会大量记载灾异，其目的在于将儒家的"王道"上接于天，而他所谓的"天"并非是具有人格特征的天，也不可以理解为实体性的天，而是道德意义上的"天"。

作为一种过渡时期的思想，董仲舒的性情学说有如下特征："一是综合孟子、荀子的性情理论，既肯定了人性中善的潜质，为王道教化的存在提供可能性，同时又正是人性中恶的潜质，为王道教化的存在提供必要性。……二是超越先秦儒家和道家以情言性、情性不分、情性混用，以及情、性连用或性、情连用的局面，把'性'与'情'作为其性情思想的两个相对立的重要范畴明确区分开来，并且把性情与道德价值联系起来，揭示了性可善、情可恶的不同道德属性，开启了宋明理学以善恶论性情的理论大门。……三是继承先秦儒家积极入世的人道情怀，保持先秦儒家对政治（外王）高度关注的伦理精神，力求以天人感应的方式实现对统治者的道德优势和积极影响，要求位居人君者成为圣人，实现圣王统治。"①综上，董仲舒的"性三品"并非是专意于讨论儒家既有的"性情"学说，他对这一问题的关注实则是服务于董氏以《春秋繁露》和"天人三策"为核心的政治哲学，其背后的逻辑预设正是前文所强调的通过参与论证汉政权合法性，为儒家学说从先秦诸子百家之一上升为"独尊儒术"的意识形态而努力。

董氏的性情学说掺杂了阴阳的元素，为"性情"赋予本体地位奠定了基础，也为性善性恶问题的回答提供了一种新的答案。最为重要的是，董仲舒肯定了"情"与"欲"的差别，赋予"情"合法地位，

---

① 叶春青:《儒家性情思想研究》，西南交通大学出版社 2011 年版，第 180 页。

孟子与荀子学说中围绕性情关系所形成的"性善""性恶"的矛盾也得到了一定的缓解。此后，汉代儒学的发展始终与两汉王朝保持着紧密的联系，故对"性情"问题的讨论也多以国家意识形态的形式表达出来。较具代表性的成果当属《石渠阁奏议》和《白虎通》，由于《石渠阁奏议》多已散佚，故此处仅就《白虎通》中涉及"性情"问题的内容略做考察：

> 情性者何谓也？性者，生也，此仁所禀六气以生者。故《钩命诀》曰："情生于阴，欲以时念也。性生于阳，以就理也。阳气者仁，阴气者贪，故情有利欲，性有仁也。"①

《白虎通》专设"情性"一章，强调"情"为阴所化，表现为静、欲、贪；而"性"则是阳所施，是生、理、仁也。可见"情"与"性"并非决然对立的存在，而是人的生命力量的客观存在，并各有侧重、各有表现。只有当"情"和"性"维持在相辅相成、互为支撑的状态，才能保持身心稳定。此外，我们还可以在《白虎通》的其他章节中看到从宇宙生成等角度来分析"情""性"关系的讨论。一方面，《白虎通》对"性情"问题的讨论延续了董仲舒以来的学术传统，即将国家意识形态的建构与儒学话语体系的建构联系起来；另一方面，《白虎通》也展现了足够的灵活性，它并未模糊"情""性"存在的合理性，而是给予其一定的理论发展空间。《白虎通》虽署名为班固所撰，实则是由皇帝主持并参与的国家意识形态建构工程的成果。故有学者指出："尽管《通义》的直接意图在于确立大汉帝国的制度规范，然而其更重大的意义则在于揭示了这种制度规范所赖以确立的正义原则，而此正义原则不仅仅适用于帝

---

① （清）陈立：《白虎通疏证》，中华书局 1994 年版，第 381 页。

国时代，而是董仲舒所说的'古今之通义'"①

（二）"五性六情"

在董仲舒之后，对儒家"性情"思想的发展做出贡献的学者首推翼奉，他的阐释是以《诗经》为载体展开的。据相关资料记载，翼奉为《齐诗》传人，他的经学思想可以概括为："宗旨有三：曰四始；曰五际；曰六情"②。

所谓"四始"，首倡于汉代，凡有三说。一说为郑玄："'四始'者，郑答张逸云：'风也，小雅也，大雅也，颂也。'……又笺云：'始者，王道兴衰之所由。'然则此四者是人君兴废之始，故谓之四始也"③。一说为《史记·孔子世家》："《关雎》之乱以为风始，《鹿鸣》为小雅始，《文王》为大雅始，《清庙》为颂始"④。一说为《诗纬·诗泛历枢》："《大明》在亥，水始也。《四牡》在寅，木始也。《嘉鱼》在巳，火始也。《鸿雁》在申，金始也。"⑤翼奉对"四始"的解释与《诗纬》如出一辙，"揭示的是一种自然界周而复始的运动规律。其使用的是五行相生的理论，因用四时配五行数目不合，遂用水、木、火、金主运四时。"⑥所谓"五际"亦有不同的解释，应劭注曰："君臣、父子、兄弟、夫妇、朋友也。"⑦孟康注

---

① 黄玉顺：《大汉帝国的正义观念及其现代启示》，《齐鲁学刊》2008年第6期。

② （清）陈乔枞：《齐诗翼氏学疏证（续修四库全书本）》，上海古籍出版社2002年版，第39页。

③ 《十三经注疏·毛诗正义》，上海古籍出版社1997年版，第272页。

④ （汉）司马迁：《史记》，中华书局1959年版，第1936页。

⑤ （清）赵在翰辑，锺肇鹏、萧文郁点校：《七纬（附《论语》谶)》，中华书局2012年版，第244页。

⑥ 谭德兴、杨光熙：《〈齐诗〉诗学理论新探》，《兰州大学学报》（社会科学版）2001年第4期。

⑦ （清）陈乔枞：《齐诗翼氏学疏证（续修四库全书本）》，上海古籍出版社2002年版，第40页。

曰："五际，卯、酉、午、戌、亥也。阴阳终始际会之岁于此则有变改之政也。"①"四始""五际"在学术取向上与董仲舒的"天人感应"学说都存在相似之处，都是汉儒试图探索社会发展规律的具体表现。"《齐诗》用认识自然界的方法来审视周代社会的历史进程，发现周代历史也经历了一个兴起、发展、繁荣、衰退乃至灭亡的过程。于是选择了记录周代不同历史阶段的一系列组诗来匹配自然界更替变化的不同时期，具体的自然界规律与抽象的社会历史规律相互发明。"②而这一思想直接影响到了翼奉性情学说的内涵：

> 臣闻之于师，天地设位，悬日月，布星辰，分阴阳，定四时，列五行，以视圣人，名之曰道。圣人见道，然后知王治之象，故画州土，建君臣，立律历，陈成败，以视贤者，名之曰经。贤者见经，然后知人道之务，则《诗》《书》《易》《春秋》《礼》《乐》是也。《易》有阴阳，《诗》有五际，《春秋》有灾异，皆列终始，推得失，考天心，以言王道之安危。

> 知下之术，在于六情十二律而已，北方之情，好也；好行贪狼，申子主之。东方之情，怒也；怒行阴贼，亥卯主之。贪狼必待阴贼而后动，阴贼必待贪而后用。二阴并行，是以王者忌子卯也。……南方之情，恶也；恶行廉贞，寅午主之。西方之情，喜也；喜行宽大，巳酉主之。二阳并行，是以王者吉午酉也。……察其所由，省其进退，参之六合五行，则可以见人性，知人情。难用外察，从中甚明，故《诗》之为学，情性而

---

① （清）陈乔枞：《齐诗翼氏学疏证（续修四库全书本）》，上海古籍出版社 2002年版，第40页。

② 谭德兴、杨光熙：《〈齐诗〉诗学理论新探》，《兰州大学学报》（社会科学版）2001年第4期。

已。五性不相害，六情更兴废。观性以历，观情以律，明主所
宜独用，难与二人共也。①

翼奉详细介绍了"五性六情"说的内容。关于"五性"，颜师古注引晋
灼曰："翼氏五性，肝性静，静行仁，甲己主之；心性躁，躁行礼，丙
辛主之；脾性力，力行信，戊癸主之；肺性坚，坚行义，乙庚主之；肾
性智，智行敬，丁壬主之也。"② 显然，翼奉的"五性"说暗含人禀自然
之行的理论色彩。关于"六情"，亦渊源有自，如《荀子·正名》篇即云：
"性之好，恶、喜、怒、哀、乐谓之情③"，不过，翼奉"六情"说"比
《左传》'六志'、《荀子》'六情'大得多。其与地支相配，既包含了北、
东、南、西、上、下方位的立体空间，拥有阴阳消长的动态过程，其
中也融汇着某些卦气理论"④。根据《汉书》中的记载，翼奉撰写此份
奏疏的原因是由于关东大水，皇帝下诏书举极言直谏之士。翼奉应诏
不是单纯为了阐明《齐诗》一派的学术立场，而是为了向皇帝上奏"知
下之术"。他认为只有"观性以历，观情以律"才能让皇帝有效地驾驭
天下万民。由此可见，翼奉"五性六情"之说是以阴阳、历法为辅助，
试图参与现实的政治儒学。他本人不热衷于仕途，却不影响他持有入
世情怀。

　　在汉代，关于"性情"的论说，王充亦值得关注。他根据五行阴阳
学说在董氏思想基础上稍作调整，进一步提出了"善""中""恶"学说。
学界曾以《汉书·古今人表》中将上古太昊伏羲至陈胜、吴广都按照上

---

① （汉）班固：《汉书》，中华书局 1962 年版，第 3172、3168—3170 页。

② （汉）班固：《汉书》，中华书局 1962 年版，第 3171 页。

③ （清）王先谦：《荀子集解》，中华书局 1988 年版，第 412 页。

④ 谭德兴、杨光熙：《〈齐诗〉诗学理论新探》，《兰州大学学报》（社会科学版）
2001 年第 4 期。

上、上中、上下、中上、中中、中下、下上、下中、下下分为九等的划分方式，作为考察王充"性三品"说的佐证。但《古今人表》的作者无法定论，唯一可以肯定的是该表作者并非"性三品"说首倡者，而是受其影响的汉儒。王充在《本性篇》中详细划分了上品、中品、下品之人的区别，并认为不同品性的人之间很难沟通，他借孔子之口将其解释为"上智与下愚不移"。全文的核心并不在于解释为何会有"性三品"的差别，而是将"性三品"视为不容置疑的预设前提，进而引导出儒家的教化学说。

王充的"性三品"并没有在根本层面超越董仲舒学说，他在《率性》篇、《自然》篇中对"气"的论述，也只是从侧面为我们理解他的"性三品"说提供了一种佐证。即"气有厚薄，故性有善恶""气有少多，故性有贤愚"。在王充看来，作为宇宙先天化成的"气"是造就人之有上、中、下三品的根本原因，而人所秉承的气之"多寡""厚薄"则是造就上智、下愚的直接原因。或许后世宋儒曾从王充的相关论说中获得过灵感。但王充的"性三品"说始终是模糊的，他没有从正面给出合理的解释，这也印证了东汉末期儒学衰微的历史。除了王充之外，东汉末年对"性情"问题有过讨论的学者还有王符、荀悦，但二人也仅在"性""情"的关系和界定方面有所贡献。不仅没有超越董仲舒、王充的论述，也很难看出与前人思考之间的逻辑联系。这一局面直到韩愈的出现才有所改观。

（三）"性情三品"

为了配合大一统政权意识形态建构的需要，韩愈在《原性》一文中重新界定了"性"与"情"的内涵，并通过"性情相应"的逻辑结构，突出了上、中、下三品的区别：

259

性也者，与生俱生也；情也者，接于物而生也。性之品有三，而其所以为性者五；情之品有三，而其所以为情者七。曰何也？曰：性之品有上中下三。上焉者，善焉而已矣；中焉者，可导而上下也；下焉者，恶焉而已矣。其所以为性者五：曰仁、曰礼、曰信、曰义、曰智。上焉者之于五也，主于一而行于四；中焉者之于五也，一不少有焉，则少反焉，其于四也混；下焉者之于五也，反于一而悖于四。性之于情视其品。情之品有上中下三，其所以为情者七：曰喜、曰怒、曰哀、曰惧、曰爱、曰恶、曰欲。上焉者之于七也，动而处其中；中焉者之于七也，有所甚，有所亡，然而求合其中者也；下焉者之于七也，亡与甚，直情而行者也。情之于性视其品。[1]

在王充"性三品"说的基础上，翰愈首先区分了"性"与"情"的差别：其一，形成不同，"性"与生俱来；"情"缘物而生。其二，内涵不同，"性"包含"仁、义、礼、智、信"五德；"情"则包含"喜、怒、哀、惧、爱、恶、欲"七种形态。接着，从"性之于情视其品"和"情之于性视其品"之"性情相应"角度，韩愈重新阐发了上品、中品、下品的不同。"上品之人纯善无恶，论'性'，则'仁义礼智信'之中不管任何一性在起主导作用，其他四性都同时具足相应，论'情'，则在具体行为处事中七情都能表现得最合宜；中品之人有善有恶，论'性'，则五性中任何一性失位，虽然通过教导可以复位，但却对其他四性的健全发挥会有负作用，论'情'，则在具体行为处事中七情中总有一些'过'与'不及'的表现，需要通过学习、改善去实现合宜的理想状态；下品

---

① （唐）韩愈撰，马其昶校注：《韩昌黎文集校注》，上海古籍出版社1986年版，第20页。

之人纯恶无善，论'性'，则五性中任何一性失位，即便通过教导而复位，但其他四性又乱象丛生，最终使得任何一性都很难完全复位。"[1] 通过此种方式，韩愈建构了一种全新的"性情三品"学说，在韩愈看来，"性"（即仁义礼智信）都是"善"的，且都符合"发而皆中节"的要求。"情"如果能"发而皆中节"，也是善的。"恶"来源于"性""情"的失位错乱所导致的行为不当。不过，在韩愈眼里，"下品"之人也是"生性至善"的，他们反于"一"而悖于"四"的前提是生性中具有"一"和"四"。因此，"下品"之人因"性""情"的失位错乱而受奴役，甚至自甘堕落，其行为不当是后天而非先天的恶。简言之，人性先天至善，恶是后天造成的。

由上可知，韩愈的"性情三品"说主要是在董仲舒"性三品"思想基础上进一步细化而已，并无较大的理论创新意义。导致这一状况出现的原因是韩愈本人较为严格的儒者立场，他难以以开放的姿态认识释道思想，也就无从谈及开启"援释道入儒"来实现其自身儒学思想的整体提升。作为韩愈的弟子，李翱则将其"性情三品"的思想进一步发展为"复性"说。李翱撰写的《复性书》三篇不仅将韩愈思想中尚显模糊的性情思想进一步明朗化，更为重要的是，他重新挖掘了《中庸》《易传》等长期以来被忽视的儒家文化元典，同时吸收和借鉴了佛教心性学说，成为后世宋明理学之先导。

儒家心性思想的形成奠基于孟子提出的"性善论"，旨在通过以性约情、以性制情的途径将人的情感导入道德。这种思维在孔子、孟子、荀子的著作中没有直接言明，但孟子强调有"尽心"——"知性"——"知天"的本体体悟路径和"存心"——"养性"——"事天"的道德修养路径已然暗含了后世儒家心性思想的因素：

---

① 陈梦熊：《宋学历史分期新论》，《武陵学刊》2018 年第 1 期。

情者，性之动也。百姓溺之，而不能知其本者也。……情之动弗息，则不能复其性，而烛天地，为不极之明。①

圣人者，寂然不动……虽有情也，未尝有情也。②

诚者，圣人性之也。寂然不动，广大清明，照乎天地，感而遂通天下之故。③

李翱从《中庸》《易传》和佛教思想中获得新的话语资源，将人的本性无法升华归结为"情"，也即宋明理家所说的"人欲"。他认为要解决这一问题最好的办法就是"寂然不动"，但这不是普通人可以做到的，是专属于圣人的修德之路。对于普通人来说，可行的方案是寻找到"圣人可学"的路径。此前的学者都没有认为需要以"灭情"的方式来实现这一目标，李翱率先提出了"灭情"。诚如陈弱水先生所言："第一，《复性书》的问题意识和基本思想方向受到佛教很大的影响。第二，此文的重要实质观念多取自道教和道教传统，佛教只占小部分。……《复性书》是在汉儒性善情恶说的大背景下，借了佛教思想的架构，利用道教、道家的材料，依循儒家的基本价值，建构一套崭新的儒家心性修养理论。"④ 一方面是李翱率先提出以"灭情"达成"寂然不动"，另一方面，他对佛教思想的吸收也是十分明显的。二者都服务于"灭情复性"的共同目标，是后世宋明理学昌盛之后儒学思想发展的主流。

---

① （唐）李翱：《李文公集》，《景印文渊阁四库全书》第 1080 册，台湾商务印书馆 1989 年版，第 1343 页。

② （唐）李翱：《李文公集》，《景印文渊阁四库全书》第 1080 册，台湾商务印书馆 1989 年版，第 1345 页。

③ （唐）李翱：《李文公集》，《景印文渊阁四库全书》第 1080 册，台湾商务印书馆 1989 年版，第 1350 页。

④ 陈弱水：《〈复性书〉思想渊源再探》，《唐代文士与中国思想的转型》，广西师范大学出版社 2009 年版，第 353 页。

三、"成性"与"道统"

经历了魏晋至隋唐的蕴蓄沉淀，儒学在宋代迎来了发展的新契机。"儒学复兴的关键在于复性。理学家通过'继绝学'的理论变革，重新接续起先秦时期'不可得而闻'的'性与天道'。"[1] 儒家性情思想就是在此种理论语境中，开始了它在宋代的发展历程。对后世影响最大的两大理论创新分别为二程提出的"天道"说和朱熹提出的"新道统"理念。

（一）"成性"与"天理"

"复性"绝不是简单地回到先秦儒家的"性与天道"，而是要从"性"之内涵的层面赋予其理论本体和现实意义的双重属性。回溯历史，我们会看到儒家性情学说的主线索发轫于孔子，其后得到"七十子"、孟子、荀子、董仲舒的耕耘而延绵不绝。但在汉唐儒学重师法、重家法的学术语境和儒家思想不断受到释道思想冲击的思想格局中，儒家性情思想并未壮大。北宋五子从释道思想中吸收儒家原本较少涉及的本体论思想，特别是对佛教以因明之学为代表的逻辑思维的大胆借鉴，开创了"肯定超越性体的存在，有传统的以'善'与'恶'论性、以'情'论性转变为论述性体本身；并又形上本体角度论证'道德性命'，以此来充实儒学内容，提高思辨水平"[2] 的新儒学。最具代表性的人物首推程颢、程颐，他们认为"复性"的根本在于"成性"。正如程颐本人所言："吾学虽有所受，'天理'二字却是自家体贴出来的。"[3] 正是以自家体贴出来

---

[1] 向世陵：《宋代理学本体论的创立》，《河北学刊》2008 年第 1 期。

[2] 耿静波：《北宋五子心性论与佛教心性论关系研究》，中国社会科学出版社 2016 年版，第 36 页。

[3] （宋）程颢、程颐：《河南程氏外书》卷十二，《二程集》第三册，中华书局 1981 年版，第 424 页。

的"天理"为理论出发点，以二程为代表的宋儒开创了"可得而闻"的"性与天道"。

　　无论是"天理"或"性与天道"，儒家学者讨论的问题实则都可以归结为对"善"与"性"的讨论。传统的讨论方式是以《易传》和《孟子》作为载体来展开的，所不同的是：依据《易传》者强调"善"在"性"之前，"善"与"性"为先后递进而又保持独立的存在；依据《孟子》者强调"性本善"，即"性"在"善"之前，且二者为不可分割的紧密关系。上文所引董仲舒、翼奉、韩愈等人实则都是在这一层面展开讨论，未能有所超越。如果不能从本体论层面对"性""道"等问题展开讨论，将无法全面提升儒学思想的理论境界。李翱在《复性书》中讨论的问题，正是沿着这一思路所展开的，但他未能对"性""天道"的本体论地位展开全面思考，这一任务交给了"出入佛老，返诸六经"的宋儒来完成。

　　释心泰在书中对程颢、程颐的记载肯定有佛教徒为张大佛门的成分，但程颢、程颐二人"出入释老，返诸六经"的经历却是史有明文的：

　　　　明道先生一日过定林寺，偶见众入堂，周旋步武，威仪济济，伐鼓考钟，外内肃静，一坐一起，并准清规。公叹曰：三代礼乐，尽在是矣。①

　　　　公每见释子读佛书端庄整肃，乃语学者曰：凡看经书必当如此，今之读书者，形容先子怠惰了，如何存主得？②

　　　　颢，字伯淳，河南人，谥明道，神宗朝为监察御史里行，尝曰：佛说光明变现，初莫测其旨，近看《华严经》，恰说得分晓，尽是约喻应机破惑名之为光，心垢解脱明之为名，只是

---

① （明）释心泰：《佛法金汤编》，《续藏经》第 87 册，第 423 页上。

② （明）释心泰：《佛法金汤编》，《续藏经》第 87 册，第 423 页上。

喻自心光明，便能教化得人光照无尽，世界只在圣人一心之明。所以诸经之先皆说放光一事。①

总的来说，二程子受到佛教思想的影响表现在他们根据自己对"华严宗"教义的理解将"一心"说阐发为"自性清静圆明体"，进而实现了对儒家心体思想的提升。正如《明道先生行状》记载，程颢早年有"求道之志"，后"泛滥于诸家，出入于老、释者几十年"，最终才在"返求诸《六经》"后确立了自己的学术立场。正是由于深入释道思想，才进一步强化和巩固了自己的儒学立场，这几乎成为宋代儒家学者都会有的一段经历。

以此为契机，宋儒解决了三个问题：其一，儒家思想与释道思想的区别，从而强化了儒家思想在安顿身心方面的功能性认同感。其二，宋儒以推阐六经为理论建构的基础，强化了儒家与现实政治的关系，试图让儒学在现实中发挥积极作用。其三，宋儒以出入释老的经历为话语资源，通过和佛道思想的论辩，为儒家思想建构起本体论价值依据。正是在这一过程中，宋儒融自身学术体系和社会现实依据为一体，丰富并发展了儒家性情学说。而按照程颐的说法，他们所建构的"心性"之学是统领于"自家体贴出来"的"天道"思想之下的。

程颐以"天理"作为儒家本体，重要原因就是只有突破以"性"与"善"相联系的论证思路，才能将韩愈提出的"仁与义，为定名；道与德，为虚位"②与儒家学说的理路建构统一起来。但"善"是不能否认的价值准则，宋儒就必须要解决好既强调"善"，又要遵循"善"与"性"相分离的原则。这样，从韩愈开始的"原性"、李翱提出的"复性"就自然

---

① （明）释心泰：《佛法金汤编》，《续藏经》第 87 册，第 423 页上。

② （唐）韩愈撰，马其昶校注：《韩昌黎文集校注》，上海古籍出版社 1986 年版，第 13 页。

地过渡为宋儒强调的"成性"。而《华严经》中所谓"世界只在圣人一心之明"之语和佛教经典要义则为程颐提供了一种全新的思路——佛教所谓的"圣人"自然是说佛，而佛具有"佛性清净"启示程颐等人，人也具有"人性清净"的潜质。而"人性清净"是与善、恶无关的本体存在，人只需要像佛教徒一样做到"明心见性"就可以实现觉悟"清净"的目的。由于儒家持有的入世立场和佛教持有的出世立场本就不同，直接导致佛家并不关心"人性清净"如何成就的问题，却是儒者孜孜以求的目标。他们以"出入佛老"的经历作为参考，将不可得闻的"性与天道"转换为落实于人之本体。又由于他们需要赋予人之本体得以成立的依据，于是就有了自家体贴的"天理"。在"天理"的指导下，儒家承认人具有各自不同的禀赋，也就有了"性即理"的理论。所不同的是，不同的学者对大化流行的理解方式不同，但贯穿其中的"性即理"的思路是一致的。至此，以"复性"为起点的儒家性情思想在宋儒的手中得以演化为以"成性"为核心的性情学说，而程颐自家体贴出来的"天理"由于其在理论内涵层面与宋代"成性"说的思想潮流相符，因而产生了极大的影响。

（二）"道统"与"心术"

理学家的"性情"学说与他们对儒家仁学的认识保持着紧密的联系。他们的工作主要是从两个方面展开的：其一，继承儒家仁义思想，确立以"天理"（或"理"）为最高原则的思想体系，批判性地继承佛道思想的思辨性哲学，特别是强调儒学道统序列传统和哲学理论体系的建构，让儒学从"五经"为中心过渡到以"四书"为中心。其二，以自己建立的儒学思想为依据针对佛道思想的流弊、政治改革中存在的问题、社会伦理失范的现实展开批评，努力建构以约束君权、批判朝纲不正为具体手段的干预措施，试图让新兴的儒学思想成为统领社会各阶层的理论武器。这种思想在经历"上承洙泗，下启闽洛"的发展过程之后，终以"汇归晦庵"的方式完成了转型。相应地，始于二程"天理"说影响下的儒家性情思想，也演变为朱熹提出的"新道统"说影响下的心性学说。

朱熹早年也曾经历了"出入佛老"的学术历程，但他最终在思想上做到了"返诸六经"。在继承二程思想的同时，朱熹以全新的方式发展了儒家心性思想，构建了一套全新的道统学说。这一学说不仅将王安石的荆公新学，苏洵、苏轼、苏辙父子三人的三苏蜀学和浙东学派的学术思想排斥在儒家"新道统"的序列之外，还系统总结出由孔子、孟子至北宋五子的道统传承序列。以整理二程遗作为例，朱熹以"学"为体系，将理学中由"经验"至"知识"，再由"知识"至"思想"的脉络联系起来。同时，他还对"天理"之下的"心术""心性"问题展开了系统的讨论，从而实现了对儒家性情学说的丰富和完善。

他以"千载道统"为己任，将道统大抵分为"帝门"与"儒门"两系，认为"尧至周公为帝门系，也是'道统'传承的第一阶段；自孔子传孟子，以及得孟子'不传之学于遗经'的二程为儒门系，属于'道统'传承的第二个阶段"①。通过重构道统，朱熹确立了自己对儒家"道统"学说的话语权。而为了强调自身学说的理论周延性，他还通过对历史人物进行点评的方式为其寻找来自历史的依据。以朱熹对唐太宗在玄武门之变中杀李建成一事的评价为例，他认为："太宗杀建成元吉，比周公诛管蔡，如何比得！太宗无周公之心，只是顾身。"②就主要是从"心术"立论，所谓"太宗无周公之心"绝非单纯地就事论事，而是朱熹道统学说的力量延伸。又如他在评价科举制度时指出："误人知见，坏人心术，

① 沈松勤：《"新道统"理念下的偏见——朱熹讨伐"苏学"的文化诉求》，《北京大学学报》（哲学社会科学版）2015 年第 6 期。

② （宋）黎靖德：《朱子语类》卷一三六，中华书局 1986 年版，第 3246 页。

其技愈精，其害愈甚"①，对曾给自己带来仕途的科举的缺陷也主要是从"坏人心术"的角度开展批评。此类情况在朱熹和弟子的问答中十分普遍，其根本原因在于，"心术"作为朱熹"新道统"学说的核心概念融汇了理学家对心、术、理等概念的思考。

在这一思想的背后发挥主要作用的是朱熹从"天理"发展而来的"理一分殊"，即天地间作为本原的"理"虽只有一个，但万事万物却都能体现"理"。这一思想实则在程颢讨论《中庸》时就已出现，程颢认为《中庸》"始言一理，中散为万事，末复合为一理"。这就在理学思想中确立了"理一"与"万事"作为对立二者的意义，实则也是朱熹提出的"理一分殊"思想的源头。在程颢之后，对"理一分殊"展开详细讨论的第一人是程颐，他在回答杨时提出的问题时强调："《西铭》明理一而分殊，墨氏则二本而无分。分殊之弊，私胜而失仁；无分之罪，兼爱而无义。分立而推理一，以止私胜之流，仁之方也。无别而迷兼爱，至于无父之极，义之贼也。子比而同之，过矣。且谓言体而不及用。"②程颐针对的是杨时认为"分殊"可能会走入墨子提倡的"兼爱"误区，认为"仁爱"即"理一"，这是毋庸置疑的。但也要看到人与人之间的感情会因血缘亲疏有等差之分，也就有了"分殊"，而不是墨家的"兼爱"。"理一"体现的是道德为定名的统一性，而"分殊"则是统一性原则之下的具体性。这一开创性的阐释方式被朱熹所继承，既通过点评历史人物来丰富其现实载体，又通过伦理学提炼使其具有充实的理论内涵。

发展至此，始于中唐韩愈、李翱等人以全新的理论角度阐发儒家经典的创造，在经过二程、杨时、朱熹等人的发挥之后，"天理"作为儒

① （宋）朱熹：《朱子全书》第十四册，上海古籍出版社、安徽教育出版社2010年版，第1020页。

② （宋）程颢、程颐：《伊川文集》卷五，《二程集》上，中华书局1981年版，第609页。

学价值论、本体论依据的理论模式被建立起来。而儒家性情思想在这一进程中通过借鉴佛教华严宗"理"与"事"提出的"理一分殊"的观点，又通过朱熹所确立的"新道统"学说，在儒学内部找到了合法性依据。

四、"本心"之性与"良知"之性

在程朱一脉的学者从"天理"到"理一分殊"的路径发展儒家性情学说的同时，陆九渊也从"本心"角度提炼了儒家性情学说的内涵，承接陆九渊而起的王阳明则进一步将其阐发为"良知"之性。

（一）"本心"之性

通过前文的论述，我们看到陆氏仁学思想从"心即理"发其端绪，借由"宇宙便是吾心，吾心即是宇宙"①的哲学升华，告诫世人要以对"理"的态度来认知"心"。此所谓"心之体甚大，若能尽我之心，便于天同，为学知识理会此"②。在如何体悟"理"、如何践行"理"的方法上，陆九渊并不强调以致知、格物为入径，而是认为要以自己的体悟来认知。如能悟出此"理"就可以直接发明"本心"之仁。但对于初入门径者往往难以理解陆九渊的思想——寻得发明"本心"之仁的方法。此时，杨简的意义就显得格外重要。他从陆九渊"本心"说出发，通过论证"本心"自觉之法，为陆九渊思想在日用伦常中的落实找寻到了载体。

据《宋元学案·慈湖学案》记载，陆九渊曾以"扇讼"回应杨简何谓"本心"。陆九渊指出："君今日所听扇讼，彼讼扇者，必有一是，有

---

① （宋）陆九渊：《陆象山全集》卷三六，中国书店1992年版，第317页。
② （宋）陆九渊：《陆象山全集》卷三五，中国书店1992年版，第288页。

一非。若见得孰是孰非，即决定为某甲是，某乙非，非本心而何?"①陆九渊以扇子的正反两面为喻，强调人心能够分辨正反——即"本心"原本就是澄明的。正如全祖望在《淳熙四先生祠堂碑文》中所写:"慈湖斋明严恪，非礼不动，生平未尝作一草字。固非恃扇讼一悟以为究竟也。"又有"文元之斋明严恪，其生平践履，盖涑水、横渠一辈人。曰诚，曰明，曰孝弟，曰忠信，圣学之全，无以加矣。特以当时学者沉溺于章句之学，而不知所以自拔，故为本心之说，以提醒之，盖诚欲导其迷途而使之悟，而非谓此一悟之外，更无余地"②。杨简对"扇讼"一语的领悟不仅促成了杨氏思想的飞跃，也点明了陆九渊"性情"学说的精髓。他认为"本心"原本就具有是非判断的能力，而不需要另立标准。此后，慈湖拱坐一夜，天明时分就拜陆九渊为师。此一段记载虽是发生在陆九渊和杨简之间，却很好地点明了陆氏基于"本心"建构心性学说的内涵。诚如何俊所说:"对于未经哲学反思的人而言，随着人的生活在客观世界中展开，人的自在自主性往往会消失在对象性的世界中，从而将外在的标准视为自己必须或当然要恪守的框架，因此或产生压迫感（感觉到自我时），或陷入蒙昧性（丧失自我时），既难认识到对象性世界的意义本由人的生命所赋予，更难以在对象性的世界中来贯彻生命所确认的价值。"③"本心"就是能够帮助儒家学者获得自我确证的保证，它不仅能够使人在现实世界的利欲攻伐中保持清醒认识，更在于它使得学者不会将行为标准视为一种约束或束缚，而是自觉地内化为自己的行动指导。

陆九渊对杨简所说正是强调人是在自在自主的环境中获得对儒道的

---

① （清）黄宗羲原著，全祖望补修:《宋元学案》卷七四，中华书局1986年版，第2466页。

② （清）黄宗羲原著，全祖望补修:《宋元学案》卷七四，中华书局1986年版，第2480、2479—2480页。

③ 何俊:《南宋儒学建构》，上海人民出版社2004年版，第303页。

认同，而不是在外界因素的迫使和逼迫下来约束自己。杨简所谓"此心澄然清明"正是缘于他深刻地理解陆氏所说，并在日后的人生中身体力行。将此说与陈淳等人对习于举业的俗儒表达的批判意见联系在一起，正在于他认为科举本身并不能让士子们达到从自在自主的层面践履儒道，俗儒们仅仅是将其作为入仕的"敲门砖"。杨简在回忆自己求教于陆九渊的经历时，曾以"支离"评价陆氏之学。"支离"正道出了上文所论"科举穿凿，坏烂圣人事业"的根本所在。士子们为求科举中试，不得不采用分章析句的方法钻研经典，而这一手段实则背离了圣人试图通过经典阐明的本意。因此，他们得到的将不会是完整的思想，不过是圣人哲思的碎片。同样的道理也可以延伸至陆九渊和杨简的对答中，陆氏面对的"止如斯邪"，实则也可以理解圣人之道是否就等于经典的记载。在陆九渊看来，圣人之道都记载经典中，不需外求。士子们只需要通过研读经典就可以获证"本心"，剩下的就是从"知其言"到"观其行"的践履阶段。

在陆九渊与陆门学人看来，"本心"获证就是圣人之道的确证。因此，他们强调要直面生活，试图在现实生活的扫洒应对中使"本心"得到验证。而朱熹则在此添加了较为复杂的"持敬""渐习"的学理探索过程，最终导致了两派学术思想的根本分歧。但一个不可否认的基本事实是，朱熹所从事的思想清理和道统建构工作正是从文献整理开始的。这一项不被陆九渊所重视的基础工作，为朱子学在朱熹及其身后的传播发挥了不可估量的作用。尽管士人仍可以通过多种渠道获得较早的儒家典籍及其相关注本，但朱熹所完成注本的优越性愈发得到士子的认可。当他们以《四书章句集注》作为了解和认识儒家思想的入径，也在无形中接受了朱熹思想的影响。发展到南宋宁宗嘉定五年（1212），《论语集注》和《孟子集注》列入学官，成为法定的科举教材。以私塾于朱熹的魏了翁为例，他在回忆早年求学经历时曾写道"少时只喜记览词章"，后与辅汉卿、李公晦相识，方才知晓词章不足学，逐渐确立了以朱熹之学为根底的学术发展道路。魏了翁的求学经历和他后来以朱熹注本为入径的学术探索方式，正说明朱子之学借由科举对士子产生影响的模式已然形成，而陆学的影响力则在这一过程中逐渐消退。在朱学与陆学互为消长的过程中，两派弟子不同的努力方向也为朱学压倒陆学奠定了基础。陆氏弟子主要是通过请谥朝廷和道统争夺的方式来推尊陆九渊，部分子弟为维护师说，则又陷入过分强调个人见解，未能融汇陆氏思想的偏颇处。而朱熹弟子则采取了维护师说的策略，他们还通过编纂《北溪字义》、在乡野推行朱熹学说等方式，使得朱熹思想即便是南宋灭亡后也能薪火相传。

（二）"良知"之性

陆九渊的学说虽然在南宋末年至明朝初期未能取得正统地位，但在与王阳明实现思想交汇之后有了极大的提升。王氏的心本体论通过高度肯定人的主体性，虽然也有体用之分、已发和未发的不同，但"心"已然成为万事万物的主宰，不仅可以生天生地，甚至可以主宰神鬼。"心""性"和"情"成为一体，是赋予宇宙万物以价值的根本所在。但王阳明所界定的"心"与程朱学者强调的"道心"有较大差别。朱熹所谓"天地万物之心"是将天地万物之心赋予万事万物的本体，即"道心"。"道心"也表现为人人皆有的"不忍人之心"，朱熹具体解释时指出，它"是得天地生物之心为心也。盖无天地生物质心，则没这身。才有这血气之心，便具有天地生物之心矣"①。由此可见，"天地之心"是孕化、塑造万物的根本。而人之所以能与鸟兽草木禽兽不同，则是因为人自身所具有的特殊性——"天地间非特人为至灵，自家心便是鸟兽草木之心，

---

① （宋）黎靖德：《朱子语类》卷五三，中华书局1986年版，第1280页。

但人受天地之中而生耳。"① 即朱熹所谓"不忍人之心"就是"道心"，而人有"受天地之中"的特殊禀性，使得自己超迈于鸟兽草木禽兽之上。朱熹在肯定"道心"至高地位的同时，也继承了程颐高度肯定"人心"重要性的思想，故有"此心志灵，其觉于理者，道心也；其觉于欲者，人心也"② 的表述。

不同于朱熹将"道心""人心"视为对峙的双方，王阳明通过以全新的方式界定"心""性"的内涵，开启了儒家心性思想的新纪元。总的来说，王阳明强调"性是心之体，天是性之原，尽心即是尽性"③。同时，王阳明又指出："心之本体即是性，性即是理。"④ 而他也认为："心即理也。"⑤ 从前述三句话来推测，王阳明是将"理""性""心"三者视为了相互联系的整体，三者构成了体用、本末的关系，其影响波及明代中后期的学术发展。王阳明说：

> 心不是一块血肉，凡知觉处便是心。如耳目之知视听，手足之知痛痒，此知觉便是心也。⑥
>
> 所谓汝心，却是那能视、听、言、动的，这个便是性，便是天理。有这个性，才能生。这性之生理，便谓之仁。这性之

① （宋）黎靖德：《朱子语类》卷四，中华书局 1986 年版，第 59 页。
② （宋）朱熹：《朱子全书》第二十三册，台湾中华书局 1986 年版，第 2680 页。
③ （明）王阳明撰，邓艾民注：《传习录注疏》，上海古籍出版社 2012 年版，第 13 页。
④ （明）王阳明撰，邓艾民注：《传习录注疏》，上海古籍出版社 2012 年版，第 56 页。
⑤ （明）王阳明撰，邓艾民注：《传习录注疏》，上海古籍出版社 2012 年版，第 8 页。
⑥ （明）王阳明撰，邓艾民注：《传习录注疏》，上海古籍出版社 2012 年版，第 13 页。

生理发在目，便会视，发在耳，便会听，发在口，便会言，发在四肢，便会动，都只是那天理发生。以其主宰一身，故谓之心。这心之本体，原只是个天理，原无非礼。这个便是汝之真己，这个真己是躯壳的主宰。若无真己，便无躯壳；真是有之即生，无之即死。①

"心不是一块血肉"直接点明了王阳明所谓"心"并非生理意义的心，而要从形而上的层面来界定。同时，他又指出心的基本功能是"知觉"，并在人的身体中发挥管理"视听""痛痒"的作用。将前述二者综合在一起，就不难看出，王阳明所谓的"心"是道德义理之心，其主宰（或曰掌控）的"视听""痛痒"也非生理层面的感受，而是一种以生理感受为基础在人的身体中占据支配性地位的主宰者。换言之，"王阳明的'心'一开始就是人的价值世界和意义世界的构造者，'知觉''主宰'之义的'心'是为价值世界和意义世界的'心'服务的。王阳明心学体系全依赖于这'心'才得以挺立。"② 即人的"心"具有将"视、听、言、动"联系在一起的特殊能力，这是从心的感知能力方面来探讨其基本特质。需要指出的是，切记不可从现代生理学、医学的角度来理解王阳明的"心"，他不是一种神经中枢控制感知活动的支配系统。此"心"最大的功能在于"原只是个天理""原无非礼"，即"心"是使人具有"非礼勿视，非礼勿听、非礼勿言，非礼勿动"的自我判断能力，也即上文所引述的"这个便是性，便是天理。有这个性才能生。这性之生理便谓之仁"。王阳明所说的心是能够赋予人基本判断和主宰其行为的本源，而"心"的本体正是"天理"，即王阳明所说的"汝之真己"。一方面，

---

① （明）王阳明撰，邓艾民注：《传习录注疏》，上海古籍出版社 2012 年版，第 82 页。

② 叶春青：《儒家性情思想研究》，西南交通大学出版社 2011 年版，第 257 页。

心的"主宰"涵摄了人体的生理活动，即"性之生理"，其表征则为目、口、鼻、四肢。另一方面，由"性之生理"所建构的"主宰之义"更为重要的作用在于使人可以做到"非礼勿视，非礼勿听、非礼勿言，非礼勿动"。后者才是"心"之本体。王阳明进一步指出："心者，身之主宰，目虽视，而所以视者心也。耳虽听，而所以听者心也。口与四肢虽言、动，而所以言、动者心也。故欲修身在于体当自家心体，当常令廓然大公，无有些子不正处。主宰一正，则发窍于目，自无非礼之视；发窍于耳，自无非礼之听；发窍于口与四肢，自无非礼之言、动。此便是修身在正其心。"①心的主宰作用也可以分为"正"与"不正"，如其有似，则为不正；如其无私，则为正。正如叶春青所说："心对身的生理主宰如果有私，也就是说如果以私心主宰身体活动，那么就不能使人保持廓然大公则无法使人非礼勿视、听、言、动，所以修身在正心。"②此一论断直接引导出王阳明"致良知"的学说，"良知"是人的"正心"保持无私的关键所在。

第三节 "性"之现代新变与融通

进入到 19 世纪中后期，借助于坚船利炮而进入中国的西方思想对儒家思想赖以为继的体制形成了巨大冲击。一部分选择了维护传统，另一部分则最终走上了反传统的道路。二者曾围绕传统与现代、科学与玄学、唯物与唯心等诸多问题产生过一系列的论战。在这场始于 19 世纪中后期，至今尚未完全结束的中西之争中，中国学者"需要悬置拿来与

---

① （明）王阳明撰，邓艾民注：《传习录注疏》，上海古籍出版社 2012 年版，第 263 页。

② 叶春青：《儒家性情思想研究》，西南交通大学出版社 2011 年版，第 258 页。

运用意义上的消化，而应注重消化活动学术与历史品格，弄清西学的观念、思想及其建筑方式，理清其何所来、何所去的历史谱系与文明论的脉络。"① 所有的一切都在提醒我们，讨论中西哲学融汇背景下"性情"学说的变化，必须秉承用中国经验回答中国问题的基本原则。但无论是清末、五四、新中国成立以后的学者都鲜能清晰地认识到这一点，故而才导致了近代以来儒家学说所面临的尴尬境遇。

一、"据于内圣，新开外王"

作为 20 世纪新儒家第一期的代表性人物，梁漱溟、熊十力、马一浮三人学术观点虽有不同，却都表现出"据于内圣，新开外王"的学术追求。他们所理解的"内圣"即儒家心性学说，基本没有脱离儒学两千年的传统；但他们理解的"外王"实际可以理解为新"外王"，即民主、平等、博爱、自由。

（一）梁漱溟的"意欲"心性说

美国汉学家艾恺在自己的著作中高度肯定梁漱溟，视其为"最后的儒家"。他认为梁漱溟的特质是："年轻人的认同危机和成年人完善自身的危机把宗教信徒个人的特性问题和本体的存在问题等同了起来。人类生活中这种大量集中在青春前期或后期的危机，清楚不过的说明了为什么那些在宗教和艺术上富有创造精神的人们似乎总是因为得不到补充的精神变态而遭受痛苦，但后来在传播人类生活的全部意义方面他们却被证明是得到了超乎常人的赐予……这些出类拔萃的年轻人把自我确认问题扩大成为已知世界的存在问题……他们似乎担当着这样

---

① 陈赟：《儒家思想与中国之道》，浙江大学出版社 2016 年版，第 222 页。

的角色：只有他们本人意识到了自己的超凡入圣和仁爱之德时，人类才开始存在。"① 作为一名自学成才的学者，梁漱溟的思想始终与他本人对问题的思考联系在一切，他的一生既是为探寻人生的根本问题而思考，也是在为解决中国社会的现实问题而不懈努力。"梁漱溟并未把人生问题和社会问题割裂开来。在他看来，二者是相即不离地联系在一起的。社会问题的最终结局不可能离开人的生命问题的解决而孤立地联系在一起。社会问题的最终结局不可能离开人的生命问题的解决而孤立地进行。"② 他的思考始终没有脱离儒家的思考模式，是在遵循"修己以安人"的儒家传统基础上来探寻个体生命的安放与社会问题的解决之间的平衡。

梁氏独特的思考方式也影响到他如何看待儒家传统的"性情"学说。他指出："说情，我指人的情感意志，而情感意志（包括行动在内）所恒有的倾向或趋势，我便谓之性……此即是说：所谓后天不限于出生以后，人的性情（这是与其体质、心智不相离的）一切罔非得之于后天。"③ 儒家学者对"欲"的分析始终与"性""情"等话题联系在一起，并总是将其与社会现实结合在一起展开分析，梁漱溟也不例外。他的人生始终是与儒家思想面对的冲击和中国人现实的生存境遇问题联系在一起。正如他本人在《人心与人生》中所强调的："人类象今天这样，非是其生来如此，一成不变的。"④ 此说颇有与时俱新之意味，若细究就会发现，梁漱溟并非是单纯地以社会发展来强调"人心""性情"的变化，实则是借用现代学术的成果去为儒家学说张本。具体来说，传统儒家在论述"性情"问题时，必然会涉及"欲"。而梁漱溟借用叔本华的"意

---

① ［美］艾恺：《最后的儒家》，郑大华译，湖南人民出版社 1988 年版，第 34 页。

② 郭齐勇：《现当代新儒学思潮研究》，人民出版社 2017 年版，第 41 页。

③ 梁漱溟：《梁漱溟全集》第三卷，山东人民出版社 1992 年版，第 659 页。

④ 梁漱溟：《梁漱溟全集》第三卷，山东人民出版社 1992 年版，第 659 页。

欲"说来谈"欲"，正是借用西方哲学话语来阐发儒家思想的具体体现。他说：

> 你且看文化是什么东西？不过是那一民族生活的样法罢了。生活又是什么呢？生活就是没尽的意欲（Will）——此所谓"意欲"与叔本华所谓"意欲"略相近——和那不断的满足不满足罢了。通是个民族通是个生活，何以他那表现出来的生活样法成了两异的采色？不过是他为生活样法最初本因的意欲分出两异的方向，所以发挥出来的便两样罢了。然则你要去求一家文化的根本或源泉，你只要去看文化的根原的意欲，这家的方向如何与他家的不同。你要去寻这方向怎样不同，你只要他已知的特异采色推他那原出发点，不难一目了然。①

梁漱溟将文化理解为生活的样法，并认为人的生活就是"意欲"的满足与否。此处所谓"意欲"既与儒家传统"性情"学说紧密相关，又融入了新的元素。"既是一种盲目的意志，又是一种精神，又是一种趋向、态度及动机，有时又含有一种超越的实体的味道，甚至也有纯粹理性的味道，也有如柏格森提出的'生机力'的意思。笼统地说，'意欲'乃是'万法唯识'的'识'"②。为了更清楚地阐明"意欲"，梁漱溟解释说："生活即是在某范围内的'事的相继'。这个'事'是什么？照我们的意思，一问一答即唯识家所谓一'见分'。一'相分'——是为一'事'。一'事'，一'事'，又一'事'……如是涌出不已，是为'相继'。为什么这样连续的涌出不已？因为我们问之不已——追寻不已。一问即有

---

① 梁漱溟：《梁漱溟全集》第一卷，山东人民出版社 1992 年版，第 352 页。

② 林安梧：《现代儒学论衡》，台北业强出版社 1987 年版，第 59 页。

一答——自己所为的答。问不已答不已，所以'事'之涌出不已。因此生活就成了无已的'相继'。这探问或追寻的工具其数有六，即眼、耳、鼻、舌、身、意。凡刹那间之一感觉或一年皆为一问一答的一'事'。"①此段文字有两处值得注意：其一，梁漱溟所谓"意欲"实则与宋明理学家所强调的"利欲攻伐"如出一辙，都是强调人在现实生活中绵连的可能动摇本心、本性的外部挑战。其二，他以佛教唯识宗的"见分"注解"事"，充分体现了宋学兴起后援释入儒的思想色彩。而"意欲"能够得到满足更需要借助于眼、耳、鼻、舌、身、意等途径去询问，其来自于儒学内部倡导"知行合一"的理论背景十分明显。所不同的是，梁漱溟并不满足于对"意欲"的控制。"意欲要求得到其满足，必要借助于眼、耳、鼻、舌、身和意这些工具去探问，由此得到的感觉或观念便是所谓的'事'，'事'之涌出不已就是生活。这样，人追寻'意欲'的满足就是不断地提出'问题'并给'问题'作答。"②

梁漱溟对"性情"的界定并未严格遵循历来儒家学者或从孟子"性善说"为切入点、或反驳荀子"性恶说"为入径、或试图调和"性善""性恶"的论证思路，而是将其作为现代社会中"人的情感意志"展开分析。他认为"情感意志（包括行动在内）所恒有的倾向或趋势"就是"性"，此说又与他所主张的中国社会没有阶级而只有职业划分的观点遥相呼应。他对"意欲"的高度重视，实则来自佛教思想，在将其加以转换后成为论证中国本体根基的关键所在。由于梁漱溟本人的儒者情怀，也使得他所理解的"意欲"与佛教思想所秉承的"苦集灭道"的痛苦完全不同。这一思想的形成不仅为梁漱溟的思想能够超越佛教单纯追求终极彼岸世界的藩篱，也为儒家思想在现代社会的拓展留出了空间。

---

① 梁漱溟：《梁漱溟全集》第一卷，山东人民出版社 1992 年版，第 377 页。

② 梁漱溟：《梁漱溟全集》第一卷，山东人民出版社 1992 年版，第 43 页。

尽管梁漱溟没有直接运用历代儒家学者所使用的学术表达方式，却开启了儒家性情学说的一种新面貌。他在借用西方文化所孕育的科学思维对人体结构分析的同时，深刻认识到个体的存继和种族的繁衍是万物共同具有最基本的"意欲"。而人作为不同于世间万物的特殊存在，不仅不能将自己的"意欲"限定于如此狭小的范围，而且更要以承认自身存在为前提来重新界定自己。由此可见，梁漱溟的"性情"思想应被理解为在中西文化交融的背景下，适当借鉴西方现代科学思想承认欲望存在的合理性，但其根本目的仍在于强调要反省、批评人被"意欲"所主宰所可能导致的种种负面问题，从而将最终目标导向了超越"意欲"的束缚。基于此，我们可以将梁漱溟以"意欲"为替代所讨论的"性情"学说的发展分为两个阶段：其一，早期的梁漱溟强调反省、批判、否定的思想，即人需要对"意欲"保持高度的警惕。其二，随着梁漱溟对社会问题的思考更加深入，以及他对儒家思想的理解更为深刻，逐渐意识到"形色，天性也；唯圣人然后可以践形"[①]也是儒家本来的立场，这就从出入西学回归到了儒家本位。同时，我们也必须清晰地看到梁漱溟所谓的"意欲"不能简单等同于传统儒家学者所强调的"欲"，而是以"意欲"作为西方文化的主要特征。正是通过东西方文化和哲学的对比，作为现代新儒家代表的梁漱溟从新的角度阐发了儒家"性情"思想，梁氏"性情"思想的核心应被界定为"卓越乎其身而能为身之主宰"。

（二）熊十力的"心体"心性说

作为新儒学第一代的代表性人物，熊十力的本体论哲学也对儒家"性情"学说的发展做出了贡献。"熊十力对于现代新儒学的最大贡献，

[①]　杨伯峻：《孟子译注》，中华书局 1960 年版，第 319 页。

乃在于奠定了这一思潮的哲学形上学之基础。简要地说，他的全部工作，就是面对西学的冲击，自儒学价值系统崩坏的时代，重建儒学的本体论，重建人的道德自我，重建中国文化的主体性。"[1] 他融汇中、西、印哲学，建构了以"仁心"为本体，强调"体用不二""翕辟成变""生生不息"和"冥悟证会"为宗纲，冶本体论、宇宙论、人生论、价值论、认识论、方法论于一炉的博大的"新唯识论"的哲学体系。[2] 熊十力认为："中土学者，大抵皆从伦理实践上纯粹精诚、超脱小己厉害计较之心作用，以认识心休。"[3] 按照这一思想，人必须与宇宙万物的本源合而为一方能显现本体世界之上的价值。因此，人性中自然就有包宇宙、挟万有、圆成而实的生命。但人自其有生之始往往不能摆脱"无惑"的困扰，这是因为人作为秉先天之气而成的实体，往往会被物欲所扰，进而导致人与宇宙大本的贯通。当人在面对现实意欲攻伐时，唯有保持"性智"才能与宇宙大生命贯通。而保持"性智"就需要不断进行自我道德修养。这是理解熊十力"心性"思想的核心所在。

熊氏"心性"思想的形成与他积极吸纳佛教思想密不可分，其在《新唯识论》序言中就明确说道："天人合德，性修不二故，学之所以成也。《易》曰：'继之者善，成之者性'。全性起修名继，全修在性名成。本来性净为天，后起净习为人。故曰：'人不天不因，天不人不成。'故吾人必以精进力创起净习，以随顺乎固有之性，而引令显发。"[4] 所谓"性修不二"是佛教天台宗思想，"性虽本尔，籍智起修，由修照性，由性发修。存性则全修成性，起修则全性成性，性无所移，修常宛尔。修又

① 郭齐勇：《现代三圣：梁漱溟、熊十力与马一浮》，《光明日报》2015 年 4 月 30 日。

② 郭齐勇：《现当代新儒学思潮研究》，人民出版社 2017 年版，第 65 页。

③ 熊十力：《熊十力全集》第二卷，湖北教育出版社 2001 年版，第 81 页。

④ 熊十力：《熊十力全集》第二卷，湖北教育出版社 2001 年版，第 144 页。

二种：顺修、逆修"①。熊十力借鉴"性修不二"的思想，又以"习气有净有染"为切入点，是将儒家"继善成性"的思想与佛教思想融合的产物。"人要发挥能动作用，必须不断地增养顺性之净习，克服违性之染习，使天赋的本性功能显发出来，达到天与地合德的本体境界。在这里，性修之统一，也即是本体与工夫之统一，天与人之统一。"②"继善成性"的前提为道德理性，落实到"成""继"的工夫层面，使儒家一贯所强调的道德理性显现和培育出来。宋明以来的儒家学者高度重视以"成""继"的工夫来涵养"性智"，以求能达到对宇宙大道的理解，这就实现了儒家的本体论思想与心性修养思想的沟通。

熊十力在此基础上重点强调了"创""动"，并反对"守""静"。这与他的本体论思想有关，他认为："哲学之究极诣，在识一本。而此一本，不是在万殊方面，用支离破碎的工夫，可以会通一本也。科学成功，却是要致力于支离破碎。……所以于科学外，必有建本立极之形而上学，才是哲学之极诣。哲学若不足语于建本立极，纵能依据一种或几种科学知识出发，以组成一套理论，一个系统，要其所为，等于科学之附庸，不足当哲学也。"③在科玄论战中对科学的质疑和对哲学的极诣之本的肯定，是熊十力本体论思想的具体表现。他认为科学为求真实、细节，最终会导致人们以支离破碎的方式去认识世界。而人的生命本体或道德本体则不仅不能以支离破碎的方式去理解，反而需要在"识一本"思想的指导下来开展。他完成的《新唯识论》正是基于"建本立极"的角度来探讨本体，故在熊氏的著作中常能见到"一本""见体""究体"的关键词。"非如此，宇宙论只能认识现象，不识万化之源、万物之本；

---

① 石峻等编：《中国佛教思想资料选编》第二卷第一册，中华书局1983年版，第264页。

② 郭齐勇：《现当代新儒学思潮研究》，人民出版社2017年版，第90页。

③ 熊十力：《熊十力全集》第四卷，湖北教育出版社2001年版，第5页。

人生论无有归宿，不能参究生命本性，从有限的生活内容体悟无限；道德无内在根源，只能成为一种外在的法规；知识论没有源泉，治化论也没有基础。"① 因此，熊氏的本体论是统摄其学术思想的根本所在，心性论思想也不例外。据此反观前文所引熊十力在《新唯识论》序言中的论述，他是在确立了本体论的前提下来建构心性论思想的。心性论在熊氏学术体系中的地位应被理解为支撑认识论、方法论的方式或途径，着眼点主要在工夫层面。他在借鉴佛教思想的同时，更多地发挥了王夫之"命日受，性日生"的思想，又对"性日生而日成"的学说有所发挥。这一立场使得熊十力对宋明儒学所展现的"过恃天性"的思想有较多批评，他认为宋明儒者"多半过恃天性，所以他底方法只是减……他们以为只把后天底染污减尽，天性自然显现，这天性不是由人创出来。若如我说，成能才是成性，这成的意义就是创。而所谓天性者，恰是由人创出来"②。据此就可以理解熊十力肯定"创""动"的真实动机，他是在以本体论为引导的前提下结合科玄之争的现实考量，发掘了王夫之"性日生而日成"的人性论思想，对宋明儒学展现"空言道德性命"的缺陷加以纠正的基础上来建构属于他的"心性"思想。基于这一背景，熊十力对王阳明的"良知"学说有较大调整，他认为："吾言明智，与阳明良知说有不同者，彼以良知为固有具足，纯依天事立言；而明智则亦赖人之自创，特就人能言也。……良知一词似偏重天事，明智则特显人能。"③"人能"并非唯物辩证法所谓"人具有能动的反作用"，熊氏所论是利用儒学思想内部的资源，如"良知"之类去完成本体论的"创""动"。郭奇勇先生对此评价道，熊十力"不是以'良知'为固有具足，消极保守之，被动地减去染污之足为害者。他一度主张用'明智'这个词取代

---

① 郭齐勇：《现当代新儒学思潮研究》，人民出版社 2017 年版，第 68—69 页。
② 熊十力：《熊十力全集》第四卷，湖北教育出版社 2001 年版，第 492 页。
③ 熊十力：《熊十力全集》第四卷，湖北教育出版社 2001 年版，第 494 页。

'良知'，意即'明智'是赖人自创的，而所谓人的'天性'亦无不是人创作"①。总体而言，心性思想在熊十力借用佛教思想资源所建构的学术话语体系中所占比重不大，实则是由本体论到心性论的逻辑衍生。作为20世纪新儒学的代表性人物之一，熊十力心性思想承前启后，昭示了传统儒学发展新纪元的到来。

（三）马一浮的"性德"心性说

马一浮作为20世纪新儒学第一期的代表性人物，与梁漱溟、熊十力并称，被誉为"现代中国最具圣贤气息的三大儒者"②。在马一浮去世后，梁漱溟赠以"千年国粹，一代儒宗"的挽词，高度浓缩地概括了马一浮的儒者人生。熊十力和马一浮的心性思想有较大差异，或许与熊十力早年参加革命又出身社会底层的经历有关，他的哲学和人生都是围绕着如何寻求民族和个人的安身立命之道而展开的。而马一浮虽与熊十力都经历了20世纪的巨大动荡，但他本人多年隐居的生存状态，则为其提供了一种静谧的思考空间，使其能够对德性修养的工夫展开系统的思考。二者和而不同，却又互补互动，堪称新儒家的双子星座。马一浮心性思想的核心是以"性德"为中心的本体——工夫论。具体来说，不同于熊十力将关注的重点放在论证大化流行之宇宙的证立，"马氏的心性论则侧重在穷理尽性、复归性德，揭示心性、性德自身的丰富义涵，由此展示出人之成德所必需的工夫论、修养论"③。马一浮从本体入手阐发心性，他说：

> 天也，命也，心也，性也，皆一理也。就其普遍言之，谓

---

① 郭齐勇：《现当代新儒学思潮研究》，人民出版社2017年版，第91页。
② 郭齐勇：《现当代新儒学思潮研究》，人民出版社2017年版，第95页。
③ 郭齐勇：《现当代新儒学思潮研究》，人民出版社2017年版，第104页。

之天；就其禀赋言之，谓之命；就其体用之全言之，谓之心；就其纯乎理者言之，谓之性；就其自然而有分理言之，谓之理；就其发用言之，谓之事；就其变化流形言之，谓之物。故格物即是穷理，穷理即是知性，知性即是尽心，尽心即是致知，知天即是至命。①

在这里，马一浮从本体入手，将"天""命""心""性"等视为同一价值论范畴，认为其与"理""事""物"等认识论范畴相互融通。这一思想的形成是他根据朱熹注《孟子》所采用由"尽心"而至"知性"，再由"知性"而达"知天"的逻辑，隐含了会通"四书"和《易传》的思想背景。从形式上看，马一浮的心性思想带有浓厚的宋学色彩。但马氏在遵循程朱传统的同时，又在心性思想中寄寓新意。实则是兼摄程朱、陆王两派的思想，又重点突出了宋儒一贯秉承论证宇宙本体所采用的超越性、宗教性、普遍性的追求。他分别从"纯乎理""自然而有分理而言""发用而言""变化流行"等多个角度谈论了人作为活动主体的内在性、道德性和能动性特征。但马一浮没有将"动"与"静"作为对立的两极，而是努力追求二者的融汇。他所谓的"性德"是"既静止、超时空、如不动，同时又运动、在时空、具体纷陈。它既是常，又是变；既是不易，又是变易；既是主宰，又是流行"②。此种思想充分发挥了中国传统易学的熔"简易""变易""不易"于一炉的思想精髓。在具体阐述"性德"内涵时，马一浮指出：

德是自性所具之实理，道即人伦日常所当行。德是人人本

① 马一浮：《马一浮全集》第一册，浙江古籍出版社1996年版，第113页。

② 郭齐勇：《现当代新儒学思潮研究》，人民出版社2017年版，第105页。

有之良知，道即人人共由之大路，人自不知不行耳。知德即是知性，由道即是率性，成德即是成性，行道即是由仁为仁。德即是性，故曰性德，亦曰德性。①

在马一浮看来，"德"与"道"作为人的"自性"所具，是"人人本有"的存在。他又指出"德即是性"，人只有通过"知德"方能"知道"，而"道"自可"率性"而成。故而"成德即是成性"，人们去践行圣人之道不过是个体之仁推及天下之仁。这样，马一浮的"性德"说就在继承宋儒从心性角度论证成圣之路的思想理路之外，开辟了另一种心性学说。他的论述为儒家心性学说提供了更为丰富的内涵，不仅表现为"道即人伦日用所当行""道即人人共由之大路"的层面，更在于他以"性德"界定仁之本体，为人道与天道的统一找到了依据。而"性外无天"在引导出"人外无帝"结论的同时，更突出了人的内心具足的依据是心体与性体，故有"性具万德，统之以仁"②的说法。

在儒学由汉学转向宋学的理论建构过程中，佛教思想是促使儒家思想得以更新的重要思想资源之一。尽管宋儒口头上对佛老充斥着贬斥，实则大量地借用了佛教话语和思想资源。现代新儒学的发展少了一些对佛教的批评，多了一些更为切实的理论思考。马一浮也是在借鉴佛教华严宗大化流行思想的基础上，具体而微地分析了"性德"概念，其中闪耀地继承宋儒援释入儒的思想光芒是中华文明生生不息的最有力证明：

从来说性德者，举一全该则曰仁，开而为二则为仁知、为仁义，开而为三则为知、仁、勇，开而为四则为仁、义、礼、

① 马一浮：《马一浮全集》第一册，浙江古籍出版社 1996 年版，第 220 页。
② 马一浮：《马一浮全集》第一册，浙江古籍出版社 1996 年版，第 723 页。

知，开而为五则加信而为五常，开而为六则并知、仁、圣、义、中、和而为六德。①

马一浮指出前人探讨"性德"多以"仁"作为切入点，他不满足于此，又将"仁"分为"仁知""仁义"，进而分为"知""仁""勇"，再分为"仁""义""礼""知"，其下则有"五常""六则"。此种逐层细化的阐述方式并非西方哲学的概念演绎，而是"别不离总、总不离别、一即一切、一切即一"思想的具体运用。马一浮认为"性德"木休既是存有的，又是活动，既具有超验的哲学本体意义，又是理论与实践相统一的存在。他认为"性德"本体是流化创生六德的本源，也是造就世间万物的根本依据。"性德本身是由仁、义、礼、智、中、和等无量无尽的德相之相涵相摄所构成的，而这无尽之'万德'则总摄归为'仁'德。"②这是一种极具生成性和内涵拓展性的"性德"思想，他以"德性"为本体强调对人的道德活动的创造和统摄，由"德性"流化而出的就是人之六德，乃至天地间事物的万德。

马一浮还从"性德"本体中开出了"六艺"，马氏"六艺"不能简单等同于儒家的"六艺"，实则囊括了传统的儒学教育和现代学制的教育内容，以及现代社会对普通人基本知识、行为原则和道德约束诸范畴的内容。他将前述内容都涵摄于"性德"之内，也即视其为心性本体的外化形态。因此，形而上的本体与形而下的器物并不是隔绝的两个世界，而是兼相容、交相摄的依存关系。对此他是如此论述的：

> 心统性情，即该理气。理行乎气中，性行乎情中。但气有

287

---

① 马一浮：《马一浮全集》第一册，浙江古籍出版社 1996 年版，第 18—19 页。
② 郭齐勇：《现当代新儒学思潮研究》，人民出版社 2017 年版，第 105 页有

差忒，则理有时而不行；情有流失，则性隐而不现耳。故言心即理则情字没安放处。①

性即心之体，情乃心之用。离体无用，故离性无情。情之有不善者，乃是用上差忒也。若用处不差，当体即是性，何处更觅一性？凡言说思辨皆用也，若无心，安有是？若无差忒，安用学？②

"心统性情"语出张载，原文是"性者理也，性是体，情是用，性情皆出于心，故心能统之"。后经朱熹发展为"心是神明之舍，为一身之主宰。性便是许多道理，得之于天而具于心者，发于智识念虑处皆是情，故曰心统性情"。又说："性是未动，情是已动，心包得已动未动。"认为心能将所谓"仁义礼智"之性理转化为人们的道德情感，并落实到日用经常实践。但朱熹又认为，情炽而荡则是心的放肆和失职，故主张通过"主敬""存养"和"格物穷理"的为学修养功夫，做到"尽心""复性"，为"心统性情"创造先决条件。马一浮所论是借用《大乘起信论》"一心开二门"的思想重新诠释宋儒之说，他扬弃了朱学末流过分强调对峙而导致理与气的分离以及"心""性""情"三分的弊端。他从"气有差忒""理有时而不行""情有流失""性隐而不现"中分析出宋儒论述的偏颇之处，还对王阳明的直接等同论发表了自己的看法。由此延展开去，马一浮的性情思想进步强调了"性即心之体，情乃心之用"，看似是以"体用"阐发"性德"，实则认为"性"与"情"是一体二面的共生关系，即所谓"离体无用""离性无情"。有学者对此评价道："性理是体，情气是用；性是心真如门，情是心生灭门。心统性情，兼赅体

---

① 马一浮：《马一浮全集》第一册，浙江古籍出版社 1996 年版，第 672—673 页。
② 马一浮：《马一浮全集》第一册，浙江古籍出版社 1996 年版，第 572 页。

用。正因为心有两面，因而能能动地开出两面，因而也需要休养践形，使得全气是理，全理是气。"①马一浮的"性德"思想是他本人的一大创举，是在继承宋明儒学发展传统基础上，融汇了儒释道思想交融的新成果。

作为 20 世纪新儒家早期的代表性人物之一，马氏的思想实则与梁漱溟、熊十力等人思想的形成有相似的背景——即中国社会在从传统迈向现代化的过程中，不可避免地感受到了以科技手段、商业扩展等形式为外衣的现代社会生产方式造成的冲击，以及由此带来的道德价值的沦丧和人的自我确证的现实考验。此类问题在西方社会集中表现为现代性困惑，在中国则不仅体现为现代性焦虑，也更直接地反映了儒学如何与现代社会对接的问题。马一浮的心性思想实则应理解为"以根极于天地、来源于本心本性的道德主体来统摄包括科技商业在内的文化各层面，而又以修为的工夫论克服个体自身及现代生活的流弊，使之更合乎理想和理性"②。前文论述中已指明，马一浮是将儒家的"三易说"与佛教的"一心二门""体大、用大、相大"等思想融汇起来，开创了全新的心性学说。他的思想对宋明儒学的工夫论有所修正，不仅对陆王一脉"执性废修"的偏颇提出了意见，也对自己相对认可的由程颐到朱熹的主敬涵养和格物致知的渐进工夫论有所修正，充分展现了新儒家兼容并包、开拓创新的思想格局。

二、"出入中西，返诸六经"

20 世纪新儒学学术思想的建构始终与中国现代社会的发展保持着

---

① 郭齐勇：《现当代新儒学思潮研究》，人民出版社 2017 年版，第 106 页。

② 郭齐勇：《现当代新儒学思潮研究》，人民出版社 2017 年版，第 106—107 页。

紧密的联系，学者们的思考带有浓厚的经世色彩。这在上文讨论的梁漱溟、熊十力、马一浮三人身上已有较为明显的体现，其后的钱穆、张君劢、冯友兰、贺麟、方东美、唐君毅、牟宗三等人也基本是在中西思想交汇的背景下展开的，其学术发展轨迹可以概括为"出入西学，返诸六经"。在心性思想的建构方面，最具代表性的人物首推牟宗三和徐复观。

（一）牟宗三的"格心"心性说

牟宗三被誉为近现代中国最具"原创性"和"智者型"哲学家，是现代新儒家的重要代表人物之一。以牟宗三为代表的现代"新儒学"主要是承袭宋明陆王的心学（俗称格心派，与程朱理学俗称格物派并为宋明两大儒学流派），将心性视作"存有活动"的终极存在，以"心性""良知"等论人性，以"智的直觉"作为把握"心之无限量"的基本方法，强调心性本体与宇宙本原和谐不二，本体的领悟需要反身自证等。① 解读牟宗三心性思想必须要整体考察他创建的以"文化生命"为根基的哲学思想体系。牟氏认为："中国文化，从其发展的表现上说，它是一个独特的文化系统。它有它的独特性与根源性。……这个特有的文化生命的最初表现，首先它与西方文化生命的源泉之一的希腊不同的地方，是在：它首先把握'生命'，而希腊则首先把握'自然'。"② 他认为中西文化的差异根源在于，西方文明以"自然"为根本和中国文明以"生命"为根本。"中国文化生命里最根源的一个观念形态是'正德、利用、厚生'——一方面'修己'，对自己'正德'，另一方面'安百姓'，对人们'利用、厚生'。古代圣贤以此来调护、安顿自己和人民的生命。中国文化

---

① 郭齐勇：《现代新儒学思潮研究》，人民出版社 2017 年版，第 270 页。

② 牟宗三：《牟宗三先生全集》第九册，台北联经出版事业公司 2003 年版，第 189 页。

向生命处用心，它对生命的把握，不是生物学层面的把握，而是道德政治层面的把握，以此开辟出中国文化的精神领域；心灵世界或价值世界，也即是开启了后来儒家的'内圣外王'之学。"[1] 因此，牟宗三思考的焦点在于如何由"内圣"开出"外王"。他认为西方文化是以对"自然"的把握为核心的希腊传统和基于希伯来的基督教传统共同造就的，更多地思考了现实，故而有较好的制度、科技、逻辑。这是中国文化所缺失的，他的努力就是要填补这一缺失。通过对比中西哲学和文化，牟宗三最终的目的指向的是"中国义化生命的特质及其发展限度"中存在着缺失的一环。他认为中国文化最大的问题是"在全幅人性的表现上，从知识方面说，它缺少了'知性'这一环，因而也不出现逻辑、数学与科学。从客观实践方面说，它缺少了'政道'之建立这一环，因而也不出现民主政治，不出现近代化的国家、政治与法律"[2]。牟氏所论实则成为20世纪新儒学第三期学者们讨论的核心问题——传统的"内圣"如何开出新时代的"外王"，即如何在保存中国文化自身特性的基础上，就民主、科学、选举等制度的建构展开思考，也就是以道统、学统、政统为标志的三统并建。

牟宗三是在将中国文化视为"综合的尽理之精神"和将西方文化视为"分解的尽理之精神"的基本立场中完成上述论述的。在此一原则引导下，牟宗三开始了反思西方哲学以重建中国哲学本体论的思考，他的心性思想应放置于此讨论才能得到准确理解。具体来说，牟宗三哲学思想的核心诉求在于探索"综合的尽理精神"孕育的中国文化所缺失的环节如何才能弥补，即由"内圣"如何开出"外王"。牟宗三承认中国文化存在着不足之说，即不具备"分解的尽理之精神"。但这不是一种具

---

[1] 郭齐勇：《现当代新儒学思潮研究》，人民出版社2017年版，第272页。

[2] 牟宗三：《牟宗三先生全集》第九册，台北联经出版事业公司2003年版，第218页。

体操作层面（或曰器物层面）的缺失，按照牟氏自己的理解，"这是反省中西文化系统，而从其文化系统之形成之背后的精神处说。所以这里所谓综合与分解是就最顶尖的一层次上面说的"①。牟宗三采用"五四"以来中国学者惯常使用的内省式思考对中西文化做了对比考察，他的优势在于他对西方哲学有较深的认识，以"智的直觉如何可能"作为突破口开启了儒学心性思想的新篇章。

不过，牟宗三所提出的"智的直觉"虽在西方哲学的历史中没有较为明显的展现，却在中国哲学传统中有迹可循。在牟氏看来，儒释道三家都对"智的直觉"有较为积极的肯定，如孟子的"本心"、张载的"德性之知""心知廓之""心知之诚明"等都可以理解为道德创生之心。"其知也非概念思考知性之知，乃是遍、常、一而无限的道德本心之成名所发的圆照之知。创生是重其实体义，圆照是重其虚明（直觉）义。这里没有内外、能所的区别。在圆照与遍润之中，万物不以认识对象的姿态出现，乃是以自在物的姿态出现。所以，圆照之知无所不知而实无一之知，万物在其圆照之明澈中恰如其为一'自在物'而明澈之，既不多也不少。"②显然，牟氏构建的本体论虽借用了西方哲学本体论的构建方法，但同时又结合了中国宋明时期的心学特点。在中西融合的过程中，牟氏把宋明"心"学上升到宇宙本体与一切价值的根源。牟宗三认为，他所倡导的"心"之绝对存在的"心"——并非形而下的血肉之心、思辨之心，"性"也非所谓"食色性"之性，而是道德的本心与道德实践之所以可能之先天根据，是一切价值的根源。而且，牟氏极力鼓吹这种"心"不单单是道德的先验根据，同时也是存在的先验根据，是"一切存在之源"，是创造一切的

① 牟宗三：《牟宗三先生全集》第九册，台北联经出版事业公司2003年版，第200页。

② 牟宗三：《智的直觉与中国哲学》，台北商务印书馆1987年版，第190—191页。

内在根据，是究竟义，是最高义。① 然而，牟宗三先生并未详细深入论述"心"为最高义的依据。在他看来，"心""性""道"实为一体，"内圣之学，成德之教中心之心体、性体、道体，皆必涵盖天地万物而为言，三者是一历来无异词，而道德界与存在界之必通而为一亦历来无异词。"②"心""性""道"不仅三位一体，其内涵还由"仁"的观念而确定。牟宗三认为，孔孟之性是从了解仁的意思来说，所谓"性与天道"之性，则从仁之为"创造性本身"来了解其本义。人即以此"创造性本身"为本性，这是人之最独特处。"尽性"即充分实现此创造性之意。这"创造性本身"落在人处，为人之性。若从宇宙大化流行看，则是天道。"性"是主观地讲，"天道"是客观地讲，但两者皆由仁的观念而确定。这样，"性"和"天道"便皆为仁所涵，贯通起来是一个观念，而"创造性本身"则是生命的真几。③ 显然，和传统道家对于"道"的认识不同，牟氏在这里过于拔高了"仁"的地位。但其致思的理路却呼应了时代需要，既可视为对中西古今相互对照的哲学冥思的反映，也可理解为中国哲学在面临现代化挑战的背景下对自身传统中文化、哲学、个体等问题的反思。

当然，牟宗三的理论表述带有鲜明的个人色彩。后人常困惑于他所采用的概念、术语和表述方式，直接原因自然是牟氏在阐述某些问题时惯常使用的全新表述方式，实则应理解为他独特的思考方式与他敏锐的洞察力之间的张力。作为一位引发广泛争议和极具原创性的学者，牟宗三的思想实在超迈于前贤，这也是他的价值所在。

---

① 唐忠刚：《浅谈牟宗三的心性论》，《中南大学学报》（社会科学版）2008 年第 5 期。

② 牟宗三：《现象与物自身》，台湾学生书局 1987 年版，第 1 页。

③ 牟宗三：《中国哲学的特质》，上海古籍出版社 1997 年版，第 99 页。

（二）徐复观的"人性"心性说

徐复观是与唐君毅、牟宗三并立的新儒家学者。他早年求学于武昌高等师范学校及国学馆，受教于黄侃、王葆心等人，其后长期在军政界任职。20世纪40年代，徐复观慕名前往重庆北碚金刚碑拜谒熊十力，经其"起死回生骂一会"，遂生转向学术界的志向。1949年去台湾后，徐复观埋首书斋，于近天命之年正式进入学术界。

徐复观心性思想可以概括为：基于中西文化冲突背景下的内外价值之争，进而由此引发的以思想史研究为入径的中国人性论学说。徐复观认为："中国文化认为人生价值的根源即是在人的'心'。"① 他从"心"的角度出发解读儒家思想，既符合孔子以"仁者爱人"的仁学传统，也体现了儒家认识论思想的传统。徐复观以"心"作为中国文化的特质，旨在说明中国文化独有的以"心"的认知和体认为特征的思维模式，它符合儒家思想一贯强调以"内圣"为先的道德培养理念。他在中西文化交汇的背景下思考这一问题，绝非单纯意义上强调中国文化的特点，而是要中国文化追求"向内转"的特质与西方文化强调外在价值做对比。郭齐勇先生在评价徐复观思想时指出，他的学术"不是从哲学的路子出发的；对传统与现实的负面，特别是专制主义政治有很多批评；有庶民情结，是集学者与社会批评家于一身的人物"②，极为精辟地点明了徐复观的思想特征，也是理解和认识徐复观思想的重要路径。

我们还要看到作为第二期新儒家的代表性人物之一，徐复观思考问题的出发点是中西文化的差异。这种差异在与上文讨论的中国文化"心"特征相结合后，进一步外化为他对自由人权的关注。近代以来中国的仁

---

① 徐复观：《中国思想史论集》，台湾学生书局1993年版，第242页。

② 郭齐勇：《现当代新儒学思潮研究》，人民出版社2017年版，第317页。

人志士一直在探索救亡图存的道路，但始终未能实现西方制度与中国文化之间的有效融合。徐复观作为这一过程的亲历者、参与者，他的庶民情结促使其从中国文化的本位特性来思考问题。他在看到外来文化时既非一味排斥，也没有刻意弱化中国文化的独特性。而是试图通过对儒家文化系统思考来建构一种新的理论，但他执着于孔子"民无信不立"的学说未能在后世发扬光大，则不免有先入为主之嫌。基于对中国文化心性特征的认识，徐复观重点强调了"心"的价值。一方面，徐复观理解的"心"符合儒家以道统批评政统的思想传统，从而赋予了徐复观基于传统文化批判现实的理论依据；另一方面，基于"心"的理论，徐复观消解了儒家形而上学的理论意义，促使儒家思想与西方文化中的民主、平等、自由相对接，符合新儒家追求从"老内圣"中开出"新外王"的学术传统。正如徐复观在《中国人性论》中所说："只有自己担起问题的责任时，才有忧患意识。"[1]此言上承儒家心忧天下的人文传统，又融汇了徐复观本人的人生体验在其中。故而，他进一步指出：

> 这种忧患意识，实际是蕴蓄着一种坚强地意志和奋发的精神。……在忧患意识跃动之下，人的信心的根据，渐由神而转移向自己本身行为的谨慎与努力。这种谨慎与努力，在周初时表现在"敬""敬德""明德"等观念里面。尤其是一个敬字，实贯穿于周初人的一切生活之中，这是直承忧患意识的警惕性而来的精神敛抑、集中，及对事的谨慎、认真的心理状态。[2]

纵观徐复观一生，虽然是年届五十方才投身于学术，但他留给后人

---

① 徐复观：《中国人性论史（先秦篇）》，华东师范大学出版社2005年版，第20页。

② 徐复观：《中国人性论史（先秦篇）》，华东师范大学出版社2005年版，第20—22页。

的三十多部专著、文集和百余篇学术论文、政论文，无不浸润着他的思想，其思维的聚焦点在于"学术与政治之间"。最能展现徐氏心性思想的是他从民族忧患出发，结合自己的生平经历和学术思考所构建的心性史观。忧患意识是中国传统文化的宝贵财富之一，其体现方式多种多样，既有周人在《酒诰》中以"戒酒"为令所表达的"殷鉴"思想，也有东汉末年士人所发出的"生年不满百，常怀千岁忧"意识。徐复观对此做了全新的阐发，其影响波及当今海峡两岸学术界。

第四章 "乐和同，礼别异"

第一节 "乐"之溯源及内涵

一、"乐"之溯源①

音乐是人类社会发展的历史产物，它作为一种在旧石器时代的远古就产生的非直观可感的，具有旋律、节奏、节拍，和声、力度、速度的一种特定的音响过程，具有作用于听觉，愉悦于身心，能够引起联想与想象、审美与情感的一种艺术形式。

音乐是一种无形的艺术，可以记录，可以表演，可以展示，可以感受，可以体味，但不可能被看见；它也是一种有声的艺术，能够承载社会的政治、经济与文化，也可以承载个人的生活、情感与想象。它虽然流动、跳跃与流逝，但是可以被组织、编排与表演。一首好的音乐作品，或高亢，或激昂；或哀怨，或缠绵；或欢快，或忧愁；或严肃，或端庄；或明快，或舒展；或轻盈，或活泼……欣赏者可以从乐曲中体味

① 关于乐之起源问题，笔者有较详尽的专门论述，故本部分从略。详见李建中主编《中国古代文论范畴发生史》之刘金波著《礼以节情 乐以发和》，武汉大学出版社 2009 年版，第 136—149 页。

音乐对于人生的意义和价值，对于现实与历史的思考，对于心境与心灵的描绘。所以古人言"止怒莫如诗，去忧莫如乐"①，"音乐者，所以动荡血脉，流通精神"②。

考究乐之地位、价值与作用，乐自其产生之日起，就成为人们生活中具备重要地位的不可或缺的物什。如文人七雅——"琴棋书画诗酒花"中，琴——"乐"居首位；教学六艺（在西周时期学校教育内容的"六艺"）——礼、乐、射、御、书、数，"乐"排次席，人之七情——喜怒哀乐爱恶惧，"乐"居第四。礼乐文明、礼教乐政等概念，乐的地位、价值与作用可见一斑。古人认为，学习音乐可以增强审美能力，提升个人修养，明白尊卑，守护礼仪，从而成为谦谦君子。

探讨乐之意义，必然先探讨乐之起源。而音乐起源问题，是一个困扰人类数千年的悬而未决的问题。乐之起源，说法繁多，林林总总，不一而足，诸如劳动说、语言说、巫术说、模仿说、游戏说、节奏说、情感说、信号说、循声说、本能说、求爱说等等。叶伯和的《中国音乐史》、王光祈的《中国音乐史》都对于中国音乐起源问题做了很深入的探讨。但是探讨儒家文化元典之中的"乐"之起源，必然涉及乐之本、乐之动、乐之境、乐之理、乐之教等关涉发生原因、发声形式、音响方式、发声环境、动力机制、内在逻辑、传承方法、社会影响等多渠道、多面向和多路径。对其考核也关涉字形字义、语用语法、元典要义等多方面。本研究重在探讨儒家元典之乐，对于其他诸子百家说法以及衍生的一些意义均一带而过或不做讨论。

首先来看乐的字形字义。这里把一些代表性辞书上关于乐的解释做一个简单梳理。

---

① 《管子·内业》。

② 司马迁：《史记·乐书》。

根据《古文字诂林》对"乐"之字形字义的解释，我们大致可以梳理如下：

　　乐，甲骨文写作，前五·一·二地名后一·一○·四菁九·三京津三七二八掇二·四八九金五八三【甲骨文编】【金文编】【古陶文字征】【古玺文】刘心源，乐。从倒丝。异文也。玫工记。郭沫若，象者，吕氏仲夏纪古乐篇"商人服象，为虐于东夷，周公遂以师逐之，至于江南，乃为三象以嘉其德"。韦注云："三象周公所乐名。"即乐之繇文，犹文土武土乃先王，而文武字或从王作玟珷也。①

　　根据《说文解字》的解释，"乐，五声八音总名。象鼓鞞，木其虡也，玉角切。"就是说"乐"是一音乐的总称。根据《汉典》的解释，乐，读作 yuè，可作名词，音乐；又指《乐》之五声（指古时音乐分宫、商、角、徵、羽五音）、乐器、乐工、姓等意解；作动词用时，可作唱、奏乐等意解。乐，读为 lè，意为喜悦、快乐等。《礼记·乐记》曰："乐者，天地之和也。夫乐者，先王之所以饰喜也。"近人岁振土与郭沫若从文字学角度出发，认为，乐，"此字从丝附木上，琴瑟之象也。"今人修海林认为，乐，为成熟谷物的象形文字。

　　其次来看经典要义。根据《中国古代音乐文献集成》（第一辑）② 的相关研究，该"集成"旨在对我国古代各类公私书目中著录的音乐文献进行全面搜检汇编，系统、真实地展示我国传统音乐文献的概貌。其第一辑，即精装 14 册，收录二十六史中的乐志和律志，"十通"中有关音乐文献和音乐制度的内容。选择优秀的古籍版本，采用拍照影印的方式出版，力图反映这批历史文献的原貌。由此看来，现有儒家文化原典中

---

　　① 古文字诂林编纂委员会：《古文字诂林》第五册，上海教育出版社 2000 年版，第 940 页。

　　② 王耀华、方宝川主编：《中国古代音乐文献集成》第一辑（全十四册），国家图书馆出版社 2014 年版。

关于乐的典籍极为庞大，希冀从考察其流变来探讨其缘起，似乎较为困难。在此，仅根据较有代表性的一些说法作一线条式梳理。

儒家是春秋战国时代唯一把"乐"作为一种重要时尚来追求的学术派别。先秦比较有代表性的关于"乐"的记载的元典涵括《论语》《孟子》《荀子》《吕氏春秋》《礼记》等。

孔子十分重视乐的功用。如孔子"不知老之将至"的乐境；《孔子家语·辨乐解》提出"中和之感，不载于心；温和之动，不存于体"的一种审美雅乐的艺术；《论语·八佾》所言"子曰：'人而不仁，如乐何？'"把"仁"作为乐的内核来看待的表述，等等，无不重视乐的功用。孔子还认为音乐具有极其强烈的感染力："乐其可知也。始作，翕如也；从之，纯如也，绎如也，以成。"[1] 徐复观在《中国艺术精神》中指出："孔门之所以重视乐，并非是把乐与仁混同起来，而是出于古代的传承，认为乐的艺术，首先是有助于政治上的教化。"[2] 在孔子那里，乐既是境界，也是审美，更是教化。

《周礼·春官》曰："以六律、六同、五声、八音、六舞大合乐，以致鬼神示，以和邦国，以谐万民，以安宾客，以悦远人，以作动物。"说明了音乐、舞蹈在祭祀、邦交、治国、娱乐、教化等多方面的独特功能。

荀子认为音乐具有改变社会风气与不良风俗的审美功能，可以使民心向善；礼乐兼用，能使社会安宁。《荀子·乐论》曰："乐者，圣人之所乐也，而可以善民心，其感人深，其移风易俗，故先王导之以礼乐而民和睦。""故乐行而志清，礼修而行成，耳目聪明，血气平和，移风易俗，天下皆宁。"[3]

300

---

① 《论语·八佾》。

② 徐复观：《中国艺术精神》，华东师范大学出版社2001年版，第12页。

③ 王文锦：《礼记译解》，中华书局2001年版，第543页。

《吕氏春秋·仲夏季》关于五弦瑟的记载，《礼记·郊特牲》关于古代祭歌的记载，无不体现人们与大自然做斗争，以"取悦"形式祭祀先人、上苍，祈求风调雨顺、和睦安康的模仿等歌乐形式。

司马迁强化了音乐的激动人心、疏通精神、和谐身心的作用，如《史记·乐书》曰："正教者皆始于音，音正而行正。故音乐者，所以动荡血脉，通流精神而和正心也。"

《阮籍·乐论》中记载了刘向问曰："孔子云：'安上治民，莫善于礼；移风易俗，莫善于乐。'"与《孝经》所言如出一辙。

《礼记》中关于"乐"的篇章主要集中在儒家音乐言论集《乐记》一篇。《汉书·艺文志》云："《公孙尼子二十八篇》"，并注云："七十子弟子。"一般认为，《乐记》为孔门七十子之弟子公孙尼子所作，其文本来源于荀子《乐论》。《乐记》论述"礼乐"或专门论述"乐"的文字可谓比比皆是，如：

> 礼乐不可斯须去身。致乐以治心，……故乐也者，动于内者也；礼也者，动于外者也。乐极和，礼极顺，内和而外顺。故德辉动于内，而民莫不承听；礼发诸外，而民莫不承顺。故曰：致礼乐之道，举而错之，天下无难矣。
>
> 大乐与天地同和，大礼与天地同节。
>
> 乐由中出，礼自外作。乐由中出故静。
>
> 乐者乐也。君子乐得其道，小人乐得其欲。以道制欲，则乐而不乱；以欲忘道，则惑而不乐。
>
> 德者性之端也。乐者德之华也。……

西汉刘向等人在编纂古籍时并没有将《礼记·乐记》全书23篇的所有内容全部整理出来，只是将前11篇合为一篇，编入《礼记》卷十一，题作《乐记第十九》，即今天我们所能看到的《乐记》文本。这11篇论述的主要是乐之本源、乐之表现、乐之关系、乐之功能、乐之意义、乐之评价、乐之鉴赏等多方面的内容。它视"乐"为"天地之命，中和之纪，人情之所不能免也"之神器，是圣王安"人情之田"的利器，是在"礼"思维下统摄达到"和"目标的重要武器。

西汉司马迁《史记》《太史公自序》称原有乐书"于雅颂之外，兼及郑卫之音"，并提出了"乐以发和"的著名论断。

东汉班固撰《汉书》卷二十一《律历志》、卷二十二《礼乐志》。此两志是所记西汉一代音乐史事——郊祀歌、房中乐、乐府等为研究西汉音乐难能可贵的文献。

梁沈约撰《宋书》卷十一《律志》卷十九二十《乐志》，兼及民间谣讴、乐器，尤其对汉世相和十三曲、清商三调、大曲、鼓吹铙歌的歌词和汉魏以来的新乐器记述颇详。

梁萧子显撰《南齐书》卷十一《乐志》，所叙多宫廷雅乐，且极简略。

北齐魏收信撰《魏书》卷一百零七律历志、卷一百零九《乐志》，具有极其重要的音乐史料价值。

此后房玄龄、魏徵、张昭、贾纬、薛居正等人的音乐志为各朝代音乐方面的代表作。

明清以降，张廷玉、丘谅荪、王先谦、苏晋仁、萧炼子、施江祁等人的音乐典籍皆可一观。

根据乐之字形字义和儒家经典，我们可以非常明显地看出，乐有广义和狭义之说。广义的"乐"是歌乐舞等艺术形式的总称，包括了现代的音乐、舞蹈、美术等艺术样式。狭义的乐就是音乐。梳理儒家经典的相关文献可以发现，在先秦，乐是人性人情的体现，是礼乐教化的工具，是与治道密切相关的一种手段。《礼记·乐记》作为中国古代儒家文化中最全面、最重要、最系统、最深入的一部论述音乐思想典籍，本章节将着重探讨该著所言之"乐"（一般指广泛意义上的乐）。

二、乐之深层本体：乐者，天地之和也

一般认为，中国传统音乐是在以黄河流域为中心的中原音乐和四域音乐以及外国音乐的交流融合之中形成发展起来的。中原音乐、四域音乐、外国音乐是中国传统音乐的三大来源。它经历夏、商、周到秦汉的形成、魏晋至隋唐的新生、辽至明清的整理三个大致的发展阶段。[1] 普遍认为，中国古代的音乐只有"五音"——"五音"出自《灵枢·邪客》，指宫、商、角（jué）、徵（zhǐ）、羽五音。但是 1987 年在河南贾湖裴李岗文化遗址出土的新石器时代的骨笛却可以演奏五音、六音甚至七音。而 1978 年出土于湖北随县的春秋时期的编钟，已不再固守雅乐的音阶规律，非常生动地为后人保存了当时各地不同风格的音阶形式，可以演奏当今任何五音或七音的曲目。这些早期的乐器，不仅代表了礼乐文化较高的文明程度，而且从事实上颠覆了学术界关于中国上古只有五音之说的结论。遗憾的是，相关典籍并没有七音的记载。如《礼记·乐记》曰："声音之道，与政通矣。宫为君，商为臣，角为民，徵为事，羽为物。五者不乱，则无怗懘之音矣。"[2] 也只谈论了五音。我国古代以九、五为尊，音乐分为五调（越调、平调、盘涉调、双调、黄钟调），并把五行（金、木、水、火、土）、五时（土用——一般指立秋前 18 天的时间、秋、冬、春、夏）、五音（五声音阶，五音不能过高或者过低，故而音有五节）、五方（中央、西、北、东、南）、五色（黄、白、黑、青、赤）及国家的五种组成要素（君、臣、物、民、事）等相

---

① 参见《中国音乐的起源》，http://www.huain.com/study/html/prod_2502.html。

② 王文锦：《礼记译解》，中华书局 2001 年版，第 526 页。

互对应，形成具有独特风貌的音乐艺术。

我们把先秦典籍中的有关对于音乐的记载论述做一个简单的梳理：

《尚书·尧典》中就有"乐教"最早的文字记录，是舜命夔掌管音乐，用于教育子弟的记载："帝曰：'夔，命汝典乐，教胄子。'"

《左传·襄公二十九年》和《史记·吴太伯世家》都有一段吴公子季札观乐，以乐言志的记载：

> 吴公子札来聘。……请观于周乐。使工为之歌《周南》《召南》，曰："美哉！始基之矣，犹未也，然则勤而不怨矣。"邶为之歌《邶》《墉》《卫》，曰："美哉，渊乎！忧而不困者也。吾闻卫康叔、武公之德如是，是其《卫风》乎？"为之歌《王》曰："美哉！思而不惧，其周之东乎！"……

这说明，那个时代的有识之士已经认识到"乐"与时代、道德、风俗的密切关系，注意到它"厚人伦、美教化、移风俗"的巨大作用。

老子提出"道法自然""音声相和""大音希声""五音令人耳聋"等音乐思想。《庄子·养生主》描写庖丁解牛"莫不中音，合于《桑林》之舞"。他还提出"大美""至美""天乐"等音乐思想。墨子以费时费财提出"非乐"。儒家以仁、礼、中庸为出发点，孔子把"乐"放在了与"诗""礼"并列的地位，并将其作为一个人成熟或有成就的标志。他强调："不能诗，与礼谬；不能乐，与礼素。"[1] 意即如果不懂得《诗》，在礼上就会出现错误；如果不懂得"乐"，礼就会太朴素。并提出"中和""思无邪""乐而不淫、哀而不伤""尽善尽美""文质彬彬""乐则《韶》《舞》放郑声""移风易俗，莫善于乐"等音乐思想；孟子提"与民同乐""今

---

[1] 《礼记·仲尼燕语》。

之乐由古之乐"等音乐思想；荀子的"人不能无乐"的思想，他认为，"乐"不但可以"善民心"，而且"入人也深"，"化人也速"，有巨大的教育、感染作用，还有"审一定和""美善相乐"①等音乐思想。

从先秦典籍对音乐的这种独特风貌的论述，我们可以发现，它们基本上是把音乐从人心到天道到社会，从明心到明乐到明理进行完美结合起来论述的。

首先，在现实来源上，音乐是生于人心的。"凡音者，生人心者也。情动于中，故形于声。声成义，谓之音。是故治世之音安以乐，其政和。"②孔子认为，音乐可以反映人们的或痛苦或欢乐的思想情感，但是要有序，要体现中正平和。

其次，深层本体上，音乐是天地之秩序。"乐者，天地之和也。"该言语出《礼记·乐记》：

> 乐者，天地之和也；礼者，天地之序也。和故百物皆化；序故群物皆别。③

意即乐体现天地的和气，礼体现天地的秩序。有了和气，所以万物生化；有了秩序，所以万物又都显示出区别。"乐者，天地之和也"将"乐"高扬到哲学本体论的高度，道出了音乐的深层本体问题。《吕氏春秋·仲夏纪》《吕氏春秋·大乐》《史记·乐书》均有类似的记载。

> 凡乐，天地之和，阴阳之调也。始生人者天也，人无事焉。夫乐有适，心亦有适。人之情，欲寿而恶夭，欲安而恶

---

① 《荀子·乐论》。
② 王文锦：《礼记译解》，中华书局2001年版，第526页。
③ 王文锦：《礼记译解》，中华书局2001年版，第533页。

危，欲荣而恶辱，欲逸而恶劳。四欲得，四恶除，则心适矣。故乐之务在于和心，和心在于行适。何谓适？衷音之适也。何谓衷？大不出钧，重不过石，小大轻重之衷也。黄钟之宫，音之本也，清浊之衷也。衷也者适也。（《史记·乐书》）

这种"天地之和"的"乐"也就是庄子所谓"天籁"之音，他用"天籁"之音描绘"天地大美"的性状：

子綦曰："偃，不亦善乎而问之也！今者吾丧我，汝知之乎？女闻人籁而未闻地籁，女闻地籁而不闻天籁夫！"子游曰："敢问其方。"子綦曰："夫大块噫气，其名为风。是唯无作，作则万窍怒呺。而独不闻之翏翏乎？山林之畏佳，大木百围之窍穴，似鼻，似口，似耳，似枅，似圈，似臼，似洼者，似污者。激者、謞者、叱者、吸者、叫者、譹者、宎者、咬者，前者唱于而随者唱喁，泠风则小和，飘风则大和，厉风济则众窍为虚。而独不见之调调之刁刁乎？"子游曰："地籁则众窍是已，人籁则比竹是已，敢问天籁。"子綦曰："夫吹万不同，而使其自己也。咸其自取，怒者其谁邪？"（《庄子·齐物论》）

无所用心、无所依凭的"天籁"就是彻底的"无为"之作，是在物质世界无可追寻的"大美"，也就是出自天地之和的精神世界的美的享受——乐！

再次，表现形式上，音乐重在施予。无论是创作还是表演都有鲜明地对自我或他者付出的性质。"乐也者，施也。礼也者，报也。"① 乐之

---

① 王文锦：《礼记译解》，中华书局 2001 年版，第 545 页。

功用，贵在以乐感人，以情动人，具有显著的主动施予性。但是这种施予不是强制性的，不是令人反感的或让人无法接受的，而是可以给人带来愉悦心情的一种共情。

最后，功能作用上，上升到政治层面，儒家的乐，具有典型的乐教性质。诸如"修身齐家，平均天下"等对后世的具决定性的影响的论断；"治心""蕴德""定俗""知政"的治国理政、道德践履的规约。这一论题因学者所论颇多，在此不赘。

总之，在儒家看来，礼乐合一。礼是规范，是秩序，乐是这种秩序的补充与完善。如果说礼是完美体现人伦之序，那么乐则完美地体现天地之和。在这里，天地是自然，更是社会。只有社会各界达到某种平衡有序的状态，和乐才应运而生。"音乐"就是通过有组织的乐音构成经过某种发声方式凭借声波的振动在某一时间流程中展示出来的表达人们思想感情反映社会生活的艺术种类。它是一个最简单也最复杂的艺术门类，它的最基本的构成要素包括两个方面：节奏——音乐中交替出现的有规律的有组织的强弱、长短等规则运动，旋律——单个音符或乐音的节奏上的编排和有含义的连续，彼此间有明确的关系并形成美学上的整体。

音乐起源问题是音乐研究必须面对和解决的问题，但由于上古时代科技极其不发达，如记录材料不完善，记录手段不科学，记录方式不成熟等而导致在音乐记录上的困难（要么是根本没有记录，无法记录或没有可供考证的记录），导致我们在追寻它的起源时变成了一个极其困难的问题。我们可以看到文字材料的《琴赋》，却无法找寻到琴谱。因此，我们可以将"乐"归结为是一种基于某种目的的具有某种指向的不同于其他声响方式的一种新的艺术感悟与发现。但凡某种音乐起源的理论，都不过是根据某一事实、现象、理论或考古发现而经由现代科学理论进行或学理分析或价值判断或文化考索而形成的种种合乎逻辑的推断，这些推断在学理上经常是能够自圆其说的，但是是否能够完全还原历史场景，完全符合历史事实，似乎应该另当别论。

综上，可以看出，先秦典籍对"乐"的阐述主要集中在对乐的功用的表达上。事实上，对乐的起源的考究，离不开原始人类的认知心理、情感表达、劳动环境、语言发声、祭祀典礼等诸多生活习俗和社会习俗，它是最接近人类自然语言的一种艺术形式，是人类社会发展到一定时候的产物。德国学者兰德欧认为："音乐的起源隐蔽于这样三个领域之中：（1）人与动物的性本能，（2）人类表达和交流的需要，（3）人类活动。"① 而根据中国古代乐的字形字义的考证，无论是乐（yuè）还是乐（lè），显然都包含了先民的一种喜悦之情。因此，快乐是音乐的第一要素；劳动并收获是音乐的第二要素；人类的需要——主要是精神层面的需要（当物质得到一定程度的满足之后），是它产生的第三要素。当这三种要素齐备，站在天地之间的人便获得了从审美到道德再到"原穷极本""达神明之德"之理想之乐，故而《礼记·乐记》曰：

> 穷本知变，乐之情也。着诚去伪，礼之经也。礼乐偩天地之情，达神明之德，降兴上下之神，而凝是精粗之体，领父子君臣之节。

《礼记正义》曰：此一节更广明礼乐之义，言父子君臣之节。"穷本知变，乐之情也"者，以乐本出于人心，心哀则哀，心乐则乐，是可以原穷极本也。若心恶不可变恶为善，是知变也，则上文云"唯乐不可以为伪"是也。此言穷人根本，知内外改变，唯乐能然，故云"乐之情也"……"达神明之德"者，礼乐出于人，心与神明和会，故云"达神

---

① ［德］S.F.兰德欧：《音乐起源论》，蒲亨建译，《重庆师专学报》1996 年第 3 期。

明之德"。"降兴上下之神"者，兴，犹出也。礼乐既与天地相合，用之以祭，故能降出上下之神，谓降上而出下也。

这句话具有极其深刻的思想内涵，它看到了礼乐的重要符号作用，礼乐不过是统治者的政治手段而已；另一方面，它对世间万物的化育作用巨大，因而是人类永恒的需要，普遍的追求。

古希腊哲学家、数学家毕达哥拉斯就曾认识到音乐是宇宙的谐和。中国上古就将乐当作天籁之音和人类的本能。事实上，音乐也是最容易表现宇宙和谐的艺术种类。《礼记·乐记》所言的这种本质上穷究人的本质及其变化的"侦天地之情"的"乐"，由于统摄宇宙、自然、社会、政治、经济、文化、人生等诸多内容，融汇形而上的"道"与形而下的"器"，在阴阳相摩，天地相荡，日月运行，四时更迭，百物兴化间，乐不仅有了根植的土壤，而且有了发声的对象，能够在阴阳和谐中成为"与天地同和"的"大乐"，亦即"太（泰）乐"。天籁之音，阴阳相摩，天地之和，是诸般事物沉浮的主宰，是大自然鬼斧神工的神奇造化，是乐的真正根源，是乐的深层本体。

三、乐之现实来源：乐者，音之所由生也

音乐是人类特有的富于感情的第二语言，也是一种特殊的心灵语言，深层本题为天地之和的乐在现实中又来自何处呢？

儒家典籍关于乐的现实来源主要集中在两个方面，一个是与礼相一致的本于太一；一个是生于人心。前者见诸《吕氏春秋》，后者见诸《礼记》。

《吕氏春秋》第一次将乐的现实来源做了分析：

音乐之所由来者远矣：生于度量，本于太一。太一出两

仪，两仪出阴阳。阴阳变化，一上一下，合而成章。浑浑沌沌，离则复合，合则复离，是谓天常。天地车轮，终则复始，极则复反，莫不成当。日月星辰，或疾或徐；日月不同，以尽其行。四时代兴，或暑或寒，或短或长，或柔或刚。万物所出，造于太一，化于阴阳。萌芽始震，凝寒以形；形体有处，莫不有声。声出于和，和出于适。先王定乐，由此而生。①

《吕氏春秋》第一次明确阐释了音乐起源问题，指明音乐本于太一。太一即道，"道"的特性是"混沌"——大象无形。正因为大象无形，所以"大音希声"。为什么大音希声，是因为"道"的有无相生，难易相成，长短相形，高下相倾，音声相和，前后相随的本质特征。也由于这些特征，音出于和谐，和出于谐适。统治阶级制礼作乐，需要根据这一规范审一以定和。

《吕氏春秋》不仅重视音声相和的现实，更加注重乐的"天地之和，音乐之调"②的本质。

《礼记·乐记》开篇明义，即阐述"乐"的现实来源问题：

　　乐者，音之所由生也；其本在人心之感于物也。

"人心之感于物"从情感的角度考察，可以是达尔文的爱情说。生物界一些很明显的动物性特征（比喻悦耳的声音，漂亮的羽毛等）大多是雄性动物固有的，比如鸣蝉。动物为了吸引异性，通过动听悦耳的

---

① 《吕氏春秋·大乐》，廖名春、陈兴安译注：《吕氏春秋全译》，巴蜀书社 2004年版，第 400—401 页。

② 《吕氏春秋·大乐》，廖名春、陈兴安译注：《吕氏春秋全译》，巴蜀书社 2004年版，第 401 页。

乐声来达到目的，早已是不刊之论。这里从音乐的发生角度再做些许研讨。

《礼记·乐记》中探讨音乐的起源的几句话被认为是探讨中国古代文学发生论、创作论的经典之言：

> 凡音之起，由人心生也。人心之动，物使之然也。感于物而动，故形于声；声相应，故成变；变成方，谓之音。比音而乐之，及干戚羽旄，谓之乐。
>
> 凡音者，生人心者也。情动于中，故形于声；声成文，谓之音。
>
> 凡音者，生于人心者也。①

意即音乐表达的是人的情感，客观事物可以引发人的情感，但它只是一种借助，音乐的真正根源是来自人的心中。这几句话对音乐的起源、重要意义等的论述极为深刻。我国古代把发声材料（乐）分为"声"（心灵对外物有感而发出的声响）、"音"（不同声响的配合并按照一定的规律组织的音律，只有纯粹的形式美）、"乐"（音节排比并配合干戚羽旄的具有音阶高低的一组乐音，需要用乐器演奏并伴之以舞蹈）三种层次，"乐"就是从高音到低音按照一定规律变化的音群组成的声音的相互应和。"物"和由"物"而生发的"声""音""乐"一并构成了"乐"的现实来源。概言之，从审美主体的角度出发，音乐是情感的表现，是外物经过心灵的物化后的结果。其中，外物和人心是这一环节最为重要的两个因素，物——被人所注意的自然界之物、人类社会生活及一切带有人类活动痕迹之物——虽然是排在前面的要素，但是心的作用更为重

---

① 王文锦：《礼记译解》，中华书局 2001 年版，第 525—526 页。

要。无论是模仿说、爱情说还是劳动说，就现实来源看，乐离不开两个最为根本的物件——内心和外物。外物经过人类特有的脑回，形之于语言，形之于声音，从而形成了乐音。推广开来，艺术即为外物被心灵感化的结果。

第一，感物的方式——心：乐，音之所由生。没有音也就不可能有乐，但是"乐"又本于"心"，通过运用特定的声响组合来表现人们的"情"——这个"情"是人们的思想感情、生活情趣、社会情态等等。只有"情"才能使人之"心""感于物而动"。如何"动"？《礼记·乐记》有明确注解："人生而静，天之性也；感于物而动，性之欲也。物至知知，然后好恶形焉。好恶无节于内，知诱于外，不能反躬，天理灭矣。夫物之感人无穷，而人之好恶无节，则是物至而人化物也。人化物也者，灭天理而穷人欲者也。"人生来就是心静的，这是天生的本性，要待物而后心动，是这一本性派生出来的情欲。"人化物"是"灭天理而穷人欲"。"心"是"乐"之本原，"情"是"心"之显现。心感于物而生情、而动情，"情"才是心动的表现，才是"乐"的主要特性之一。

第二，感物的条件——物：强大的外部条件。在不否定"心"的作用的前提条件下，如果没有认识的对象，乐也不可能生成。胡塞尔早在1907年就说过："认识与对象有关，对象的意义随体验的变化，随自我的情绪和行动的变化而变化。"[1]感人无穷的物是乐得以发生的外因，创作主体有创作的欲望是乐得以发生的内因，创作主体能够有所感，能够心物互动产生情感，能够把这种情感加以表现完成艺术的再创造是乐得以发生的动因，外因、内因、动因在物的基础上的完美结合，乐便应运而生了。

---

① [德] 埃德蒙德·胡塞尔：《现象学的概念》，倪梁康译，上海译文出版社1986年版，第67页。

第三，感物的结果——能：乐——生于人心。结果也就是感物的作用。人心感物而形于声，形成乐；乐又对人心继续感染，使之成为欣赏过乐的新的人心，从而完成一轮艺术作品的教化功能。乐，缘于物，又终归于物。

总之，儒家乐之产生的根源就是道器合一，是心、物、能三者的完美结合的产物。以心契道，以道藻心，二者不可偏废。只有在主客体完美统一的基础上，乐之发生奥秘才有理路可循。具体到最具代表性的《礼记·乐记》的关于乐的发生论，归结到艺术的高度，我们可以把它的关于艺术的发生理论与思想简称"应感论"或"乐感论"。这些理论无一例外地被广泛应用，尤其是在文学艺术领域，具体而微，别出心裁。如汉代有班固在《汉书·艺文志》中论歌谣创作时曾说过"皆感于哀乐，缘事而发""故哀乐之心感，而歌咏之声发"。刘勰在《文心雕龙·物色》中说："春秋代序，阴阳惨舒，物色之动，心亦摇焉。……岁有其物，物有其容；情以物迁，辞以情发。"钟嵘在《诗品序》中也说："气之动物，物之感人，故摇荡性情，形诸舞咏。"它们一起构成了中国古代文论的"物感说"，且一直影响着中国古代文论的发展，并将这种影响持续到现在乃至将来。以整体的"人"为对象的儒家经典的音乐美学，更多的是在道的总摄下的道器总合，心物契合，以追求完美的心灵超越为动力和价值追求。

第二节 "乐"的传衍与转换

在中华文化中，"乐"经常与"礼"一起出现，合称"礼乐"，中华文明又被称为"礼乐文明"。关于二者关系，前人多有论述。《礼记·乐记》云："乐者，天地之和也；礼者，天地之序也。和，故百物皆化；序，故群物皆别。"可见，"乐"的核心是"和"，"礼"的核心是"序"。"礼"明确万物之不同，"乐"取万物相同之处，使万物处于和谐统一的情境。《礼记·乐记》又云："乐者为同，礼者为异；同则相亲，异则相散。乐胜则流，礼胜则离。合情饰貌者，礼乐之事也。礼义立，则贵贱等矣；乐文同，则上下合矣。"

"礼"与"乐"相辅相成，"乐"并不从属于"礼"，它是讨论"礼"的必然基础。统治者用"礼"明确等级秩序，用"乐"来维护用"礼"建立的秩序，保证国家和谐有序。周公曾制礼作乐，他将氏族方国的乐舞纳为己用，根据国家实际情况，利用乐悬的陈设方位和佾舞人数来明确等级，在祭祀等国家重大活动中，使用不同等级的乐舞，来明确政治等级，有序地统治国家。

"乐"的核心是"礼"，二者在周人的改革下，都成为为道德所设的政治器械。师旷云"工执艺事以谏"，证明"乐"在早期就已经和政治有所互动，音乐用来查看时政，给统治者提供建议。季札明确提出"乐以知政"的观点，他根据音乐来判断国家的政治情况。

"乐"在逐步发展过程中，与"礼"的关系逐渐分离，似乎不似初期那么紧密。前述已经对乐的广义与狭义的意义作了概括，这里取乐之狭义来理解。本研究所指的"乐"主要体现在三个方面：一是我们通常用音符谱成的音乐，"比音而乐之"；二是指典礼活动专用的音乐，如《诗经》里的《采耳》《葛覃》《关雎》等；三是指与个人情感有关的音乐。这些音乐在不同的发展阶段因为审美、政治等原因呈现出不同的阶段性特征。下面，笔者分而论之。

一、道、墨、法及诸家之"乐"

春秋战国时期，西周建立起的"六代乐舞"和严格的等级制度不复存在，各诸侯国群起争雄，"礼崩乐坏"，在乐论方面，呈现出百家争鸣的趋势。

道家的音乐是"道"的音乐，它们遵从自然，将音乐放入宇宙中。《道德经》第四十一章中云："大音希声。大象无形。道隐无名。"① 老子境界深远，意境开阔，他主张"大音希声"。"大音"者如庄子所言之"天乐"也，"希声"者，老子释之为"听之不闻，名曰希"。世间的音乐无胜于有，老子的音乐已经超出日常生活，上升到更广阔的空间。老子认为"五色令人目盲，五音令人耳聋"，他崇尚拙朴恬淡的"天乐"，厌倦繁文缛节的"礼乐"。按照道家的观点，我们在生活中，要尽力追求自然，达到"音声相和"。

春秋时，孔子曾问礼于老聃。《史记·老子韩非列传》对此曾有专门记载。老子见孔丘千里迢迢而来，非常高兴，彻夜长谈之后，带孔丘访大夫苌弘。苌弘善乐，授孔丘乐律、乐理；引孔丘观看祭神之典，考察周国的教育基地和祭祀礼仪，使孔丘感叹不已，获益不浅。在周国呆了数日。孔丘向老子辞行。老子送孔子到当时的宾馆之外，就说："吾闻之，富贵者送人以财，仁义者送人以言。吾不富不贵，无财以送汝；愿以数言相送。当今之世，聪明而深察者，其所以遇难而几至于死，在于好讥人之非也；善辩而通达者，其所以招祸而屡至于身，在于好扬人之恶也。为人之子，勿以己为高；为人之臣，勿以己为上，望汝切记。"对于孔子问礼，老子将水作为类比，"上善若水，水利万物而不争。"做人须讲究柔德、守信、为仁，这对孔子的思想起了很大的影响。

庄子继承了老子的观点，道法自然，追求本性自然。庄子对已经建立的礼乐等级表示深深的怀疑，他说："白玉不毁，孰为珪璋？道德不

---

① 吴钊、赵宽仁、吉联杭：《中国古代乐论选辑》，人民音乐出版社2011年版，第43页。

废，安取仁义？性情不离，安用礼乐？五色不乱，熟为文采？五声不乱，孰应六律？"① 我们不应该严格去规定事物的顺序和等级，我们要任由它们自己发展，有了五声之后，才会有六声，万物有它自己的规律，它可以自由地向前发展。

所有的音乐最重要的是"和"。庄子在《外篇天道第十三》中说："夫明白于天地之德者，此之谓大本大宗，与天和者也；所以均调天下，与人和者也。与人和者，谓之人乐；与天和者，谓之天乐。"② 好的音乐，能够调和万事万物，能够与天、人相和。"天地之德"为顺从自然无为，我们顺从自然，以虚静之心，什么也不用做，以通达万事万物，就是人间最好的音乐。"天乐"相较于"人乐"更加高级，"人乐"只注重于自我本性，"天乐"则关乎整个宇宙，是最高级的音乐，是最能体现"道"的音乐。

墨子的观点与老庄有着极大的差异，墨子专门提出"非乐"的观点，禁止铺张浪费和奢靡的音乐。墨子专门写作《非乐》，在这篇文章中，他提出对音乐的看法。墨子并非排斥音乐，他认为音乐是美的，但是对万民不利。从小生产者角度出发，墨子提倡禁止音乐。他认为音乐"亏夺万民之财"，每天的音乐并不能使"饥者得食，寒者得衣，劳者得息"，让生产者撞巨钟、击鸣鼓、弹琴瑟，他们将无法生存。墨子举出齐康公制作《万》乐时的例子，"昔者齐康公兴乐《万》，《万》人不可衣短褐，不可食糠糟。"（《墨子·非乐》）演奏音乐的人"食必粱肉，衣必文绣"，王公大人的行为严重损害了劳动者的利益。无论是从乐器的制作，还是乐器的演奏和演奏乐器现场的观看，这些都严重影响劳动者生产和获得

---

① 吴钊、赵宽仁、吉联杭：《中国古代乐论选辑》，人民音乐出版社 2011 年版，第 20 页。

② 吴钊、赵宽仁、吉联杭：《中国古代乐论选辑》，人民音乐出版社 2011 年版，第 21 页。

相应的利益。只有禁止了音乐，才能相应地禁止劳民伤财，才能保证生产者的合法利益。

墨子在《鲁问》中说："凡入国，必择务而从焉。国家昏乱，则语之尚贤、尚同；国家贫，则语之节用、节葬；国家熹音湛湎，则语之非乐、非命。"（《墨子·鲁问》）虽然墨子否定音乐的作用特别是音乐的社会功能并不足取，但是他从爱民的角度提出节用的观点在当时物质文明并不发达的封建社会时代还是非常具有时代意义的。他主张节约，反对复杂、繁饰之乐，反对铺张浪费、盛为之乐，对当时的社会有很大的促进作用。

在法家看来，音乐并非是劳民伤财的东西，它与国家命运相连。国家即将衰败，必有靡靡之音。韩非子从"十过"的角度，阐释了音乐与国家的关系。"不务听治而好五音，则穷身之事也"。如果一国统治者不专心治理国家，只是热衷于歌舞，那么就是不负责的表现，音乐可以影响一个人的事业。韩非子又指出："聘于女乐，不顾国政，亡国之祸也。"（《韩非子·十过》）如果一国君主沉迷歌舞，不理朝政，那么就离国家灭亡不远了。国家的命运与君主沉迷于女乐的深浅紧紧相连，要想国家富强，君主必须得有控制力，合理利用音乐。

而"兼儒墨，合名法"的吕不韦，召集门客撰写了"凡一百六十篇"《吕氏春秋》。其中不乏"乐"之专论。这里既认同道家思想又吸收儒墨主张，比如认同乐之所生的原因，乐之所成的条件；既反对"侈乐"，也强调"适音"；既坚持去其糟粕、存其精华，又注重考察乐与民风、治政的关系。等等。

概观老庄、墨子、韩非子、吕不韦等诸子百家之"乐"，他们皆从自我认知和自我价值角度，对"乐"提出各自的看法与见解。春秋战国时期，百家争鸣，周公建立起来的礼乐制度早已瓦解，虽有儒家一直强调要"正乐"，但并不妨碍"乐"在生成与意义、价值与表现等方面的多元发展。

二、重教趋娱的两汉乐论

"乐"一直与政治礼教相联系，在汉代，"乐"的政治教化功能得到大力提倡。贾谊在《新书·审微》中重申了孔子对"乐"的看法，即"夫乐者所以载国，国者所以载君。彼乐亡而礼从之，礼亡而政从之，政亡而国从之，国亡而君从之"①。"乐"作为"礼"的基础，"礼"为政治服务，政治不清明，国家必然灭亡，灭亡的起始原因就是"乐"的崩坏。

乐书是两汉时期重要的文献品种。这些乐书记录了两汉及两汉以前的音乐实践、音乐理论以及与音乐相关的社会文化活动，是研究此一时期音乐、文学、礼制等问题的基础资料。两汉乐书大致有乐律书、礼乐书、琴书、乐纬四类数十种，限于篇幅，本研究只对两汉乐论作一概述。

"乐"对一个国家至关重要，它的重要性主要体现在它的政治教化功能上，国家是否能够得到长久有效的统治，与礼乐教化是否得当紧密相关。董仲舒尊儒，他赞同孔子的"正乐"主张，他在《春秋繁露》中指出仁、义、礼、乐就是"道"，这些因素能使国家长治久安：

> 圣王已没，而子孙长久安宁数百岁，此皆礼乐教化之功也。王者未作乐之时，乃用先王之乐宜于世者，而以深入教化于民。教化之情不得，雅颂之乐不成，故王者功成作乐，乐其德也。乐者，所以变民风，化民俗也。②

---

① 据商务印书馆景印明正德长沙刊本。

② 吴钊、伊鸿书、赵宽仁：《中国古代乐论选辑》，人民音乐出版社 2011 年版，第 54 页。

董仲舒肯定音乐的教化作用，认为音乐能够化民俗。利用好音乐的教化作用有利于统治国家。音乐作为一种情感性的语言，欣赏者和创作者之间通过音符发生共鸣，传达者和接受者之间能无缝衔接，音乐如果传达的是悲愤，那么欣赏音乐的人也会因为这份悲愤而有所触动，产生相应的行为。音乐通常与政治联系在一起，国家政治清明、国泰民安，那么，音乐也是令人愉悦的；充满动荡的国家制作的音乐一定充满怨恨、悲伤，政治也容易混乱不堪。

汉代儒家学者认识到音乐的教化功能，他们不仅利用好的音乐使得政治变得清明，也尝试将悲愤反抗的音乐用来治理国家。音乐中的怨恨和不满为统治者提供了警示，他们从"靡靡之音"和"亡国之音"中警醒，注意百姓的需求，勤于治理自己的国家。《洞箫赋》《警师赋》则已将司马迁的"发愤著书说"用于音乐，提出"发愤乎音声""抚长笛以捻愤"的"发愤作乐"说。

汉代的道学正统们坚信音乐的存在是为政治服务，它不满足于人的审美要求，"发乎情止乎礼"，音乐的存在在于端正人心，用"道德"来抑制情感，要做到"思无邪"，不在乎抒发个人情感，要让"德"居在首位。汉代以董仲舒为首的统治者，将音乐沦为政治的附庸，不让音乐有独立和自由发展的可能，但这并不妨碍其他人将音乐作为一种娱乐方式。

据《淮南鸿烈集解》中《傣族训》言："有喜乐之性，故有钟鼓管弦之音。"音乐的存在是因为人们喜好音乐，而喜欢音乐最直接的原因是因为音乐可以表达自身情感。汉代的音乐大多"悲情"，"雅颂之声，皆发于词，本于情，故君臣以睦，父子以亲"。出于这份共有的"悲情"色彩，国家安定有序，家庭有爱和睦。"雅颂之声"从情感出发，制作音乐，用于歌舞，无论是在民间还是在宫廷，都成为一时风尚。在宫廷中，人们制作音乐用于宗庙祭祀，如《文始》《房中祀乐》等，也有成系统的"黄门鼓吹";在民间,相和歌辞、鼓吹之乐、杂舞杂曲都应用得比较广泛。

在宫廷中,唱作诗歌十分流行。汉高祖刘邦平定英布叛乱后回到沛池,"悉召故人父老子弟纵酒,发沛中儿得百二十人,教之歌。酒酣,高祖击筑,自为歌诗曰:'大风起兮云飞扬,威加海内兮归故乡,安得猛士兮守四方!'……高祖乃起舞,慷慨伤怀,泣数行下"。刘邦召集父老子弟纵酒,将歌舞融入其中,当作一种娱乐方式,也在歌诗中抒发自我情感,因感动而热泪盈眶。

汉代民间也大兴歌舞之乐,不仅是为祭祀,有时是为了排除农闲时的无聊。在《搜神记》中就曾记载民间祭祀时使用鼓舞之乐。《搜神记》卷六在民间祀西王母乐舞中说:"哀帝建平四年夏,京师郡国民,聚会里巷阡陌,设张博具,歌舞祠西王母。又传书曰:'母告百姓,佩此书者不死。不信我言,视门枢下,当有白发。至秋乃止。'"汉代人民还常在农事繁忙之暇,举行歌舞活动,庆祝丰收,欢欣鼓舞。《后汉书·东夷传》载,马韩"常以五月田竟祭鬼神昼夜酒会,群聚歌舞,舞辄数十人相随踢地为节"。民间的这"连臂踏地"之舞,早在汉初已进入宫廷。《西京杂记》载:汉祖与戚夫人在"良时十月十五日,共入灵女庙,以豚黍乐神,笛击筑,歌《上灵》之曲,既而相与连臂踏地为节,歌《赤凤来》"。汉代人善于毫无顾忌地、自由自在地表达自己的情感,以歌舞为形式的音乐文化,表现出汉代人的浪漫自由之风。

汉代的统治者们看重音乐的教化功能,将音乐用于政治教化,使得国家在一定程度上能够长久安定。汉代人又不仅限于此,他们热衷歌舞,喜欢作词作舞抒发自己的情感,大多"悲情",自由浪漫。无论是在宫廷还是在民间,音乐不仅仅是一种祭祀的方式,也用来娱乐大众,让他们抒发情感,尊重内心。

三、多元共存的魏晋隋唐乐论

魏晋时期，"乐"论与先前发生了很大变化，前朝多将"乐"看作是政治附庸品，对"乐"的认识较为片面。魏晋后，对"音乐"的理解进入到审美的范畴。魏晋时期，因为政治动乱，玄学复兴，"乐"也呈现出一定的"道"学色彩，但是在不同人的视野中，"乐"也具有不同的意义。

阮籍在《乐论》一文中，尝试详细讨论他所认识的"乐"。"夫是谓以悲为乐者也。诚以悲为乐，则天下何乐之有？天下无乐，而欲阴阳调和，灾害不生，亦已难矣。乐者，使人精神平和，衰气不入，天地交泰，远物来集，故谓之乐也。"①阮籍认为的"乐"，是能使人愉悦的乐，要能够调和万物，不生灾害，才能被称之为"乐"。

嵇康在《声无哀乐论》中强调"乐而不淫"，强调要制作高雅的音乐。他认为音乐"若流俗浅近，则声不足悦，又非所欢也"。一个国家的音乐需要统治者遵守"道"，讲求秩序，寻求良好的风气。要"托于和声，配而长之，诚动于言，心感于和，风俗壹成"②，音乐要和万物和谐，用真诚倾注，感动于心。音乐的大忌是"淫邪"，只要不"淫邪"，郑声和雅声都可以称为好的音乐。

由上可见，阮籍和嵇康的"乐"多为雅乐，虽然他们并未论及俗乐，但俗乐在魏晋时期有广大的民间音乐作为基础，不断向前发展。俗乐相对于雅乐而言，具有更加明显的娱乐性和世俗性。东晋南朝时期，汉代的相和歌辞依然存在，又发展了吴声和西曲。在"乐"的发展过程中，汉代的相和曲和清商三调本来是俗乐，但与当时盛行的西曲和吴声相

---

① 吴钊、伊鸿书、赵宽仁：《中国古代乐论选辑》，人民音乐出版社2011年版，第111页。

② 戴扬明校注，嵇康撰：《嵇康集校注》，中华书局2016年版，第358页。

比，经过雅俗变迁，就变成了古辞雅乐。

魏晋南北朝时期，对音乐的形式和内容具有极强的包容性。因为国家的分离和政治割据，不同的音乐形式在不同地区发展壮大，共同存在，雅乐被上层阶级重视，俗乐在民间或者更大范围地流传。例如，吴声曲调主要产生于晋宋时期，流行于建业一带。西曲曲调主要产生于齐梁时代，流行于荆、郢、樊、邓之间，范围较广。由于吴声、西曲多为爱情歌曲，故当其进入上层社会后，受到一部分人的抵触。《世说新语》记载："桓玄问羊孚：'何以共重吴声？'曰：'当以其妖而浮。'""妖而浮"的评价显然是指吴声表现情爱，风格浮靡。桓玄的话表明，东晋时，吴声已经产生了较大影响，并进入上层社会。《晋书·王恭传》记载道子尝集朝士，置酒于东府，尚书令谢石因醉为委巷之歌，恭正色曰："居端右之重，集藩王之第，而肆淫声，欲令群下何所取则！"谢石在公开场合所唱的委巷之歌实则就是吴声曲调。王恭对谢石身居高位，却在公开场合下演唱情爱歌曲，大为不满，将吴声斥为淫声。

"天下合久必分，分久必合"，经过魏晋南北朝动乱之后，隋朝完成了政治上和领土上的大统一。魏晋南北朝的音乐文化历经战乱后得以延续，在动乱中经历了移民南迁、东归、北渐三大传播路线，最终导致了各大音乐文化的合流。这次合流主要从北魏孝文帝始，魏晋乐工在北方十六国颠沛流离之后回到北魏平城，后迁至洛阳，完成了北魏宫廷音乐的建设。音乐品种包括了魏晋雅乐、清乐、西域音乐和胡汉合流的西凉乐。合流在隋朝开始制乐时结束，隋初根据音乐的情况，将"华夏旧声"分为三个系统：一是宋、齐、梁、陈的宫廷燕乐；二是洛阳旧乐；三是市井俗乐。汉魏古雅乐、魏晋清商旧曲、西域胡乐构成了隋初的音乐，隋文帝将音乐用于朝会，以备华夷之盛。

音乐到了唐代，各家看法不一。杜佑在《通典·乐序》中说："夫音生于人心，心惨则音哀，心舒则音和"，音乐与人的心境紧密相连，心情好才会有好的令人舒畅的音乐。舞作为音乐的辅助形式，在音不足时，起到令人动容的效果，圣人所做的音乐，必定是能使人心向善的音乐。唐太宗在《论礼乐》一文中说："夫音声岂能感人，欢者闻之则悦，哀者听之则悲，悲悦在于人心，非由乐也。"（《贞观政要·礼乐》）[1] 太宗与杜佑的观点不谋而合，都认为音乐与人所处的环境和个人经历有关。

白居易与以上二者的观点不同，他认为音乐可以补察时政。他主张用"乐"济"礼"，然后达到"和而无怨，别而不争"的效果。他提倡采录歌诗，因为凡人对事情有所感悟，就必然会动情，然后发出嗟叹，最终形成歌诗。统治者从民间采录歌诗歌谣，就可以知道国情动向。可见，音乐与政治紧密相连。

四、追淡求真的宋元乐论

"乐"经过发展，到了宋代，各家对"乐"有了新的解释。宋代的审美相较于前朝，已经发生了改变。宋人强调淡雅，不再像唐朝那么颜色艳丽。在"乐"的理论中，宋人的"淡"也贯穿其中。

周敦颐在《乐上第十七》篇中指出："故乐声淡而不伤、和而不淫，入其耳，感其心，莫不淡且和焉，淡则欲心平，和则躁心释"。[2] 周敦颐肯定了"乐"本身所具有的"和"的特征，在"和"的更深层次上，周敦颐更加强调"乐"的淡，音乐所含有的情感和节奏都不宜过于浓烈，在情感选择上，尽量不悲不喜，要"淡"。"淡"的音乐才能使心灵得到触动，心境平和。"淡"作为音乐追求的特征，必须要与本身的"和"相结合，形成"淡和"审美，音乐才对人大有裨益。

---

[1] 于民：《中国美学史资料选编》，复旦大学出版社 2008 年版，第 192 页。

[2] 周良英、周仁、周义：《周敦颐著作释译》，华南理工大学出版社 2017 年版，第 22 页。

周敦颐在《乐下第十九》中重申了音乐要"淡"的思想。他说："乐声淡，则听心平；乐词善，则歌者慕；故风移而俗易矣。妖声艳辞之化也，亦然。"音乐"淡"，则利于人的心境平和，人平和利于万物"和"，万物和则天地和，天地和则万物顺畅。从这个角度上说，周敦颐的"淡"的音乐思想存在道家的影子，但是他对新声不满，更加倾向于儒家。

宋代歌诗也强调"淡"，苏轼认为"外枯而中膏，似淡而实美"，文人们以"淡"为审美原则，也侵染到音乐领域。不同于儒家说教式的乐论，宋代乐论的淡润物细无声。"淡"在音乐上一直有所体现，但都未曾像在宋朝这么普及。儒家提倡的"淡"是修身养性，称为君子的"淡"；道家的"淡"是来自于自然，顺应无为；而阴阳家、杂家、玄学、佛学同样提倡"淡"，他们的"淡"与自身思想紧密相关，是一种淡然的思想。宋代乐论的"淡"具体来讲，是形式上的"淡"，"淡"中的内涵是真趣和真情，最终使人的心灵获得感动。

宋人在制作乐时，明确提出能够使"乐"变淡的方法：首先应该减少声部的数量和和声的浓度，因此音乐转向最少的声部层次，即单旋律，和声的旋律也到了零的界限，几乎取消和声。这种单旋律的音乐要达到"淡"的效果，还必须放慢速度和节奏，最终出现音乐的散板节奏以减弱声音的强度。

音乐中"淡"所蕴含的真情、真趣在元代的音乐人中体现得淋漓尽致。元代的汉族知识分子在制礼作乐时，希望能"循经通变"，用汉族礼乐文明同化蒙古族。元代蒙古族人又有其固有习俗，在音乐上就表现为受理学甚至礼教色彩影响较淡。元代的音乐因为其固有的习俗和少数民族传统，较少受到中国传统儒学的影响，音乐与政治的联系并不密切，有回归老庄和嵇康等人的乐论倾向。元代的音乐不强调教化意义，提倡的"淡"，本意上是对音乐内容的追求。他们追求音乐内容的"真"，情感的"真"。摒弃政教色彩的非功利主义音乐观是元代乐论的主流。

元代乐论也吸收了来自西夏和金的音乐思想，它们同为少数民族，儒家的礼乐教化意识薄弱。西夏和金都将表现自然之真和个人情感的真实流露当作音乐的主要内容，人生的喜怒哀乐在传统的儒家观点中要受到种种限制，少数民族统治的国家由于特殊的身份背景和命运遭际、风俗习惯，不被束缚于礼教的藩篱，在音乐创作中，由心而发，由情而发，十分真诚自然。

五、重情尚俗的明清乐论

明清时期，"乐"不再以"淡"和"真"为审美原则，文人士大夫们更加注重音乐的"情"，不论雅乐还是俗乐，弹琴瑟的目的都是养情怡性。王善在《治心斋琴学练要》的总义中明确指出："鼓琴贵得情。情者，古人创操之意，哀乐忧喜之所见端也。如弹《羽化》则得其潇洒出尘之概，鼓《山居》则得其松鹤风月之情，始见作者之意也。"[①] 制乐者以情融入音乐，练习音乐时也必须寻得作者融入的情感，用情感来演奏它。

情生于景，景生于情，只有情景相声，音律自然而然而得。在明清时期兴盛的戏曲概念里，唱曲的方法是得情最重。他们认为，曲子中的声音大同小异，但是感情却不尽相同，无论生旦净末丑，只要口气不同，人物的忠义奸邪、风流鄙俗、悲欢思慕都可以淋漓尽致地被唱者展现出来。如果没有获得曲子传达出来的感情，即使声音再妙，也不能动人，只会让听众觉得索然无味。

李贽在《焚书·读律肤说》中指出："盖声色之来，发于情性，由

---

① 吴钊、伊鸿书、赵宽仁、古宗智、吉联抗：《中国古代乐论选辑》，人民音乐出版社 2011 年版，第 415 页。

乎自然，是可以牵合矫强而致乎？故自然发于情性，则自然止乎礼义，非情性之外复有礼义可止也。"李贽所言之"性情"则是自然之情，"发乎情止乎礼"，李贽所说的情也有情欲的成分，但更多的是他对真情的重视。对真实情性的重视，在李贽的琴论中也表现得十分明显。李贽对传统琴论观提出挑战，他反对自汉代以来赋予琴的鲜明的政治色彩和道德内涵，音乐是禁止淫邪思想产生的重要工具。李贽的观点十分鲜明，他将音乐看成是表达人内在情感的工具。

明清时期的文人在创作歌诗中更加强调"情"的重要性，这种观点也蔓延在音乐中，使得明清时期的音乐呈现出重情的趋势。汤显祖从戏曲创作角度谈到了情的重要性。他在《牡丹亭》中说："如丽娘者，乃可谓之有情人耳。情不知所起。一往而深，生者可以死，死可以生。生而不可与死，死而不可复生者，皆非情之至也。"只有动情，才能创作出好的作品，才能动人心。公安三袁从歌诗角度表达他们对"独抒性灵，不拘格套"的理解，袁宏道尝言："故吾谓今之诗文不传矣。其万一传者，或今闾阎妇人孺子所唱《擘破玉》《打草竿》之类，犹是无闻无识真人所作，故多真声，不效颦汉、魏，不学步于盛唐，任性而发，尚能通于人之喜怒哀乐嗜好情欲，是可喜也。"他们强调歌诗要由心而发，要表达自我的喜怒哀乐，要传达自己的真实感情，不要局限于外在的繁文缛节，只需要关注自己的内心情感。

明清时期是学术的总结陈述期，音乐到了这一阶段，也到了重新总结雅乐和俗乐之分的时候。如何看待雅乐和俗乐也成为这一时期人们对待音乐的一个重要命题。江永在《律吕新论》中尝试以通变的态度看待古乐与新声，且其观点较为辩证，在《俗乐可求雅乐》中他说：

俗乐以合、四、一、上、勾、尺、工、凡、六、五，十字为谱，十二律与四清声皆在其中，随其调之高下而进退焉。所谓雅乐亦当不出乎此，为雅乐者必深明乎俗乐之理，而后可求雅乐。即不能肄习于此者亦必于俗乐，工之稍知义理者，参合而图之，未有徒考器数、虚谈声律而能成乐者也。宋世制乐诸贤，唯刘几知俗乐，常与伶人善笛者游，其余诸君子既未尝肄其事，又鄙伶工为贱伎不足与谋，则亦安能深知乐中之曲折哉？判雅俗为二途，学士大夫不与伶工相习，此亦从来作乐者之通患也。[①]

由上可见，在江永眼中欲求雅乐，必须要懂得俗乐的道理，为了懂得这些道理，需要向伶工贱隶学习。江永的这一观点，取消了雅俗的界限，认为大俗即为大雅。正统的文人和士大夫摒弃这一观点，但是仍然有少数人赞同这一观点。

相较干雅乐，俗乐在发展过程中，形式更加多样，不断衍生出多种声音技艺形式，诸如说唱、戏曲、歌舞等独立性的存在，用途广泛。"同归传统，崇雅黜郑"的雅乐观代表着传统雅乐的一贯理念，"雅乐可兴，郑声不可废"证明音乐种类齐全且不再有严格的雅俗界限，不再按照以往的规定来使用。

第三节 "乐"与现代美育

《说文解字》解释"乐"如下："乐，五声八音总名。象鼓鞞。木，虡也。玉角切。"这里用"五声八音"指代音乐。"五音"指中国古代音

---

① 吴钊、伊鸿书、赵宽仁：《中国古代乐论选辑》，人民音乐出版社 2011 年版，第 388 页。

乐的五个音阶，即宫、商、角、徵、羽；"八音"指中国古代的八种乐器分类，即金（钟）、石（磬）、丝（琴瑟）、竹（箫）、匏（笙）、土（埙）、革（鼓）、木（柷敔）。《汉书·律历志》提到"五声和，八音谐，而乐成"。在广义上讲，乐就是歌曲、音乐和舞蹈等艺术形式的总称，狭义的乐就是音乐。在现代提到的"乐"一般指狭义的乐，即音乐。

音乐是一种由人类创作的文化现象。任何一种音乐文化，"总有其本体的中心特征，即律、调、谱、器诸方面"[1]。中国的音乐文化源远流长，在律学、乐调、乐谱、乐器等方面都有着数千年的历史积淀，独具特色。在我国最早的音乐理论著作《礼记·乐记》中记载："礼乐之情同故，明王以相沿也。故事与时并，名与功偕。故钟鼓管磬，羽籥干戚，乐之器也；屈伸俯仰，缀兆舒疾，乐之文也。"[2] 我国最古老的音乐艺术是诗乐舞一体的，三者相辅相成、不可分割。《礼记·乐记》认为只有三者和谐地高度统一在一起了，才能发挥乐的审美功能和社会功能。在这句话里，钟、鼓、管、磬都是古代的乐器，羽、籥、干、戚是古代舞蹈时的道具，屈、伸、俯、仰是指舞蹈的各种姿势，缀、兆分别指舞蹈时的行列和区域，舒、疾则指舞蹈的不同节奏。要同时指挥好各种乐器、排练好舞姿阵列，把握好乐曲节奏，就必然追求艺术的乐感，律、调、谱、器就在这种追求中应运而生了。

在漫长的历史长河中，我国音乐文化的发展体现出明显的差异性。比如说，"在音乐的实践上，有以钟磬为代表的先秦乐，有以大曲为代表的中古伎乐，有以戏曲音乐为代表的近世俗乐。在音乐创作技巧上，乐学、律学春秋战国时就开始有研究，隋代出现八声音阶及清商调音

---

① 项阳：《"兴于诗，立于礼，成于乐"辨析——兼议"民可使，由之；不可使，知之"》，《音乐研究》2016年第2期。

② 王文锦：《礼记译解》，中华书局2001年版，第532—533页。

阶。此后，乐学、律学的探讨就没停止过"①。在乐器制作上，自古就有"八音"之别，制作材料不同，造型、音色各异，常见的就有钟、鼓、磬、埙、琴、瑟、笙、竽、管、箫等。然而，这些差异在某种程度上增加了我国音乐文化的多样性，但总的特征仍具有一致性。以乐器中的琴为例，从文献中可以看出，在外形上琴、瑟、筝、筑较为相似，琴在不同时段也有不同的变化，但七条弦、一弦多音、十三个徽位这三个基本特征始终不变，在此基础上，发展出了伏羲式、神农式、蕉叶式、仲尼式、落霞式等不同的命名，丰富了古琴文化。

一、"乐者，心之动也"：现代审美情趣的提升

托尔斯泰说"音乐是一种通过声音引起某种情感传达某种情感的工具"，美学家苏珊·朗格也说过"情感、生命、运动和情绪，组成了音乐的意义"，《尚书·尧典》亦有"诗言志，歌永言，声依永，律和声。八音克谐，无相夺伦，神人以和"的说法，从这里可以看出音乐的三个普适性特性：音乐是一种表情达意的方式，音乐能够通过声音引起人类共情，音乐是一种非语言沟通方式。音乐能够唤起他人的情感、激发想象，给人以美的感受，即审美感受。受中国传统音乐文化的影响，中华民族在美感追求和审美体验中，表现出一些共同的倾向和特点。

（一）追求自然情感流露的诚挚之美

美学家苏珊·朗格在《艺术问题》中提到"艺术是人类情感符号形式的创造"，古人有"情发于声，声成文谓之音"的认识。音乐是人自

---

① 魏欣：《音乐审美情趣与文化修养》，《教育实践与研究》（中学版）2007年第1期。

然情感的表达，因事起意，其核心仍在于情感。考证中国古代"乐"的字形字义，无论是"le"还是"yue"，"乐"显然包含了先民的一种喜悦之情。音乐为原本埋藏在人心中的情感提供宣泄途径，通过变幻莫测的旋律、松弛有序的节奏、轻重缓急的速度、高低强弱的音调、顺序变化的音色等音乐所独有的艺术语言来表达各种不同的情感。这种情感表达的特殊性是其他任何艺术所不具备的。[①]

音乐作为一种非言语性交流，是外物经过心灵的物化后的结果。《毛诗序》中就有极为精准的描述："情动于中而形于言，言之不足，故嗟叹之，嗟叹之不足，故咏歌之，咏歌之不足，不知手之舞之，足之蹈之也。"

乐本情生，以情动人的关键在于自然情感的宣泄。从情的源流上考察，情具有性情之"情"和"真实"之意，其外延和内涵是不断发展和极富张力的。极富感染力的音乐必然离不开蕴含其中的真情实感，因为诚挚真实、自然本色是人的最为原始、最为本真、最为优秀的品质。因此，对于艺术作品中的情感，无论是激烈还是恬淡，无论是粗犷还是细腻，无论是直白还是深邃，只要是作家特定的审美情感在作品中自然地流露，作家的审美情趣在作品中完美真实地再现，都能够带给审美主体美的体验。

以情引人，以情动人，以情化人，情感贯穿于音乐表现的全过程。直接而强烈的抒情性是音乐艺术最重要的美学特征。对审美主体而言，音乐中蕴含的真情能够链接表演者与观众，音乐就是想象，是情感，是领悟。然而，正如"一千个读者会有一千个哈姆雷特"一样，观众的审美体验具有独特性。这种独特性糅合了观众独有的生活体验和艺术观

---

① 参见梁书琴：《音乐艺术的美学特征》，《中国社会科学报》2018 年 11 月 19 日。

照，故而音乐能够带给观众千姿百态、瑰丽多彩的审美体验。受我国古代"礼乐文化"的影响，音乐不仅能够体现人性人情，更承担着礼乐教化的社会政治功用，发挥着"厚人伦、美教化、移风俗"的重要作用。因此，我们理应重视和发挥音乐艺术的这种社会作用和审美作用，使音乐艺术在人类的精神文明建设中绽放出更绚丽的光彩。

（二）追求"余音绕梁"的蕴藉之美

蕴藉的审美旨趣要求音乐艺术"言有尽而意无穷"，要求音乐作品耐人寻味，给审美主体留下余味无穷的审美感受。相传孔子听韶乐后，沉浸在美妙音乐中以致"三月不知肉味"，音乐所带来的精神性愉悦快感超过了"食肉"所产生的生理性快感，充分表现了韶乐的艺术感染力。美学大家朱光潜先生认为，"感受情绪是实际人生的事，回味情绪才是艺术的事"。在这种追求余味无穷、余音绕梁的艺术规律和创作规律下，让"余味"成为一个传统的诗学理论和审美范畴。中国诗歌讲究含蓄蕴藉，余味隽永，推崇"言外之意、弦外之音"，要经得起反复玩味、推敲。中国绘画着重"留白"，讲究虚实结合，以无形的空白来表现有形的"藏境"，画中空白虽不着一物，却虚中藏实，耐人寻味。中国音乐，更是推崇"余音绕梁，三日不绝"，恰如"我与青山相对坐，青山与我两无言"，静默无言却胜似千言万语，言有尽而意无穷。

"余音绕梁"的审美体验来源于审美主体被激活的想象力。音乐通过旋律、曲调、和声等不含确切意向的音响，唤起听众的艺术想象和情绪记忆，间接地获得较朦胧的视觉画面，是审美主体产生意味深远的审美享受。在嵇康的《琴赋》中就有这样一段生动的乐感体验："翩绵飘邈，微音迅逝。远而听之，若鸾凤和鸣戏云中；迫而察之，若众葩敷荣曜春风。既丰赡以多姿，又善始而令终。嗟姣妙以弘丽，何变态之无穷！"一段美妙的音乐，能够充分调动听众关于视觉、听觉、嗅觉乃至味觉等多方面的想象力，正是这种"通感"式的美妙享受，能够最大程度"激起人们无意识的超境幻想，并为大脑的神经活动提供丰富的良性刺激和锻炼"①，为审美主体塑造出一个个瑰丽多姿、幻化无穷的想象世界。

二、"乐者，德之华也"：趋近理想的道德境界

中国的传统音乐十分注重音乐在道德伦理上的渲染作用，强调善与美的有机统一。儒学经典《礼记·乐记》中有这样的论述："德者，性之端也；乐者，德之华也；金石丝竹，乐之器也。诗，言其志也；歌，咏其声也；舞，动其容也。三者本于心，然后乐气从之。是故情深而文明，气盛而化神，和顺积中，而英华发外。唯乐不可以伪。"②这段话深刻地指出了"德"与"乐"的关系，"德"是"乐"的内容，即德音谓乐。进而《乐记》提出了"礼乐皆得谓之有德"的经典论断，成为我国封建时期音乐思想的一个重要审美概念。

谈论"乐"与"德"的关系，同时也内在包含了"礼乐"与"德"的深层关系。自周公制礼作乐后，礼乐思想经孔子及后世的儒家学派阐发、推广，成为中国古代音乐理论学中的一个重要创建。礼乐关系亦即乐礼关系。"礼""乐"起于何也？荀子认为："人生而有欲，欲而不得，则不能无求；求而无度量分界，则不能不争；争则乱，乱则穷。先王恶其乱也，故制礼义以分之。"在这段话中，荀子表述了两层含义："礼"起源于人生而有之的自然欲望；"礼"的功能就是"分"，明确长幼贵贱，使人们各得其所。儒家经典《荀子·乐论篇》开篇直言："夫乐者，乐也，人情所不能免也。故人不能无乐，乐则必发于声音，形于动静，而人

---

① 余少莹：《论音乐审美教育对人全面发展的意义》，《艺术教育》2018 年第 21 期。

② 王文锦：《礼记译解》，中华书局 2001 年版，第 544 页。

之道，声音、动静，性术之变尽是矣。"这段话揭示出音乐具有审美功用和教化功用。"礼乐"关系主要包含两层含义：其一，从社会治理角度理解，是"礼异乐同"的关系。"礼"用以维护森严的等级秩序，意味着"辨异"；"乐"用以缓和紧张、隔离的社会关系，意味着"和谐"。其二，从个人修养角度理解，是"礼外乐同"的关系。"礼"用以约束人的言行举止，具有强制性，使人"他律"；"乐"用以激发、培养内在的美好情感，具有自发性，使人"自律"。这里的"乐"已经超出了音乐艺术的范畴，它依托于音乐艺术这一载体，逐渐转变成世俗化、伦理化的带有道德性的乐了。

《乐记》强调"德者，性之端也；乐者，德之华也"，认为"德"是人性的根本，"乐"是德的外在华彩。同样，不合于"礼"的"乐"就不是"德音""雅乐"，只会破坏社会秩序，损害个人心性，导致德行的沦丧，所以当孔子看到季氏僭越违礼，使用天子才能享有的"八佾"规格时，愤然说："八佾舞于庭，是可忍也，孰不可忍也！""礼"与"乐"是不可或缺的一个整体，而且也只有礼乐兼备，才能达到"礼乐皆得谓之有德"的理想境界。

这种注重"德音"的传统催生了中国音乐尽善尽美的审美取向。《论语·八佾》记载："子谓《韶》尽美矣，又尽善也；谓《武》尽美矣，未尽善也。"孔子在评价音乐作品时，认为《韶》歌颂了舜帝的文德，因而在内容与形式上都臻于完美——尽善尽美，《武》歌颂的是武王的武德，艺术形式虽尽美，内容上却未尽善——虽美不善。这段文字可视为"孔子主张艺术内容与艺术形式完美结合的艺术鉴赏论的典型例子"[①]。在这里，孔子首次将美与善明确区分开来，并觉察到美与善的矛盾性。

---

① 刘松来：《"惟君子为能知乐"——试论儒家艺术鉴赏论在〈乐记〉中的发展》，《江西财经大学学报》2001 年第 3 期。

钱穆先生在《论语新解》中解释："尽美，指其声容之表于外在。如乐之音调，舞之阵容之美。尽善，指其声荣之蕴于内者。乃指乐舞中所蕴藏之意义言。"[①]"美"与"善"相比，作为内涵实质的"善"是最基本的标准，只有在"美"的基础上展现"善"，做到尽善尽美，才能达到艺术的最高境界。这种美善审美标准与后世"德成而上，艺成而下"的思想是一脉相通的，一致认为文艺作品的思想性高于艺术性，并高度认可艺术家的个人德行。尽善尽美也就成为理想人格的体现。

乐是修身、治平之道的重要依托。音乐的审美功能——乐和，通过音乐调节人的身心健康，达到"乐者，乐也"的愉悦境地，陶冶人的情操，进而审乐知政，移风易俗，以利教化。"和乐"就是符合"中和之美"的音乐，也就是各种情感表达都要有度，要把握好"中庸"的尺度，正所谓"乐而不淫，哀而不伤"（《论语·八佾》）。可以说，"和"是"乐"的理想境界，通过音乐实现道德情感体验与审美愉悦体验的完美结合，是儒家追求的尽善尽美的和谐统一；"和"是"乐"的重要特性，由和乐协调个人、群体的情感，从而实现和敬君臣、和顺长幼、和亲父子兄弟，是音乐的重要社会政治功用。

三、"惟君子为能知乐"：儒雅高尚的人格培养

在我国历来重视"乐"的教育，上可追溯至西周时期学校教育内容的"六艺"——礼、乐、射、御、书、数，"乐"是贵族子弟的必修课；古代人文雅士推崇的理想生活境界"文人七雅"——琴、棋、书、画、诗、酒、茶，以琴为代表的"乐"居首位。古人认为，学习音乐不仅是

---

① 邹联丰：《"尽善尽美 美善合一"——孔子儒家音乐美学思想初探》，《时代文学》（双月上半月）2008 年第 4 期。

社会交际所必需，还能够提升个人修养，使人明尊卑、知礼仪，成为谦谦君子。

君子是儒家所追求的理想人格，从道德品质的意义上讲，君子被赋予了浓重的道德感，谦谦君子，德才兼备，君子群而不争，矜而不党，安贫乐道，集中概括了中国文化的社会理想、价值观念，是两千多年来中国人追求的理想人格。连花木冠以"君子"之名，也显得卓尔不群，独领风骚。"莲，花之君子者也"，故而"出淤泥而不染，濯清涟而不妖，中通外直，不蔓不枝，香远益清，亭亭净植，可远观而不可亵玩焉"。（周敦颐《爱莲说》）孔子曰："圣人吾不得而见之矣；得见君子者，斯可矣"（《论语·述而》），这充分显出君子品格的珍贵。

作为先秦儒学美学思想集大成者的《礼记·乐记》从声、音、乐的角度阐释了君子与乐的关系："凡音者，生于人心者也。乐者，通伦理者也。是故知声而不知音者，禽兽是也；知音而不知乐者，众庶是也。唯君子为能知乐。"这段话具有极其深刻的思想内涵，至少包含了以下两层含义：

其一，声、音、乐三者有别，各有功用。将古代发声材料（乐）分为"声"（心灵对外物有感而发出的声响）、"音"（不同声响的配合并按照一定的规律组织的音律，只有纯粹的形式美）、"乐"（音节排比并配合干戚羽旄的具有音阶高低的一组音乐，需要用乐器演奏并伴之以舞蹈）三种，"乐"就是从高音到低音按照一定规律变化的音群组成的声音的相互应和。[1] 其二，禽兽、庶民与君子三者有别，区分标准就是对"乐"的感悟程度。禽兽（动物）只能感知自然之音，只有庶民（人）才能够欣赏音乐；庶民（普通百姓）只懂得欣赏普通音乐，而只有君子

335

---

① 刘金波：《礼以节情 乐以发和》，李建中主编：《中国古代文论范畴发生史》，武汉大学出版社2009年版，第145页。

能通乐理、才可能欣赏"和乐""雅乐",达到"和乐以治心"的理想境界。这里提到"乐者,通伦理者也","伦理"即指人与人相处的道德准则和行为规范。音乐中蕴含的强大的政治意识与丰富的道德精神可见一斑,这就要求君子和乐养其心,进而"乐则安,安则久,久则可以成其德矣"①。

所以朱光潜先生说:音乐对于人的情感不仅能"发散"而且能"净化",就因为它本身是和谐,对于人的心灵自然能产生和谐的影响。乐以情动人,使人生出对天地大美、至善的感悟和渴慕。君子于外部约之以礼,内部精神世界也表现出一种宁静与和谐,故而养人情性,和顺道德。

"子曰:兴于诗,立于礼,成于乐。子曰:民可使,由之;不可使,知之。"(《论语·泰伯》)孔子"兴于诗、立于礼、成于乐"的经典主张,是其文学教育思想和教学实践的理论总结。这里两个"子曰"不可分裂理解。"兴于诗、立于礼、成于乐"以成人——是成为儒家君子人格的方法与途径,后一个"子曰"主体是"民",即社会下层人群,平民百姓"想以此步入上层社会者可由他去做,不想以此进入上层社会安心平民生活者亦应对国家礼乐教育制度和礼乐形态有一般性了解,如此构成社会和谐样态"②。《史记·乐书》中亦有"故乐音者,君子之所养义也"的认识,认为君子不可须臾离乐,"须臾离乐则奸邪之行穷内",可见音乐有助于形成君子的乐以知政、乐以载道,崇尚中和、坐忘虚静的品格和操守。

"致乐以治心"的外在表现就是乐以知政、乐以载道。《礼记·乐记》

---

① 朱熹:《论语精义》卷四下《泰伯第八》引,朱杰人主编:《朱子全书》第七册,上海古籍出版社、安徽教育出版社2002年版,第296页。

② 项阳:《"兴于诗,立于礼,成于乐"辨析——兼议"民可使,由之;不可使,知之"》,《音乐研究》2016年第2期。

记载："君子曰：礼乐不可斯须去身。致乐以治心，则易、直、子、谅之心油然生矣。"通过致力于乐来调理心灵，那么，平易、正直、慈爱、诚信的心性就自然而然地产生了。君子处世，正心诚意修身齐家治国平天下，音乐能够唤起人心向善向美的自然需求，音乐的愉悦性可以使人把外在的道德要求内化为心灵的追求，是道德和欲望的冲突和解，故而乐和既有利于个体高尚品格的培养，又能审乐知政，以利教化。

"致乐以治心"的内在本质就是"中和"。"乐云乐云，钟鼓云乎哉？"（《论语·阳货》）所谓"乐"并不仅仅指音乐艺术的节奏和旋律，乐礼通贯着人的精神性和社会性。乐本情生，情由物起，从本质上讲，音乐来源于天地万物，是天地万物经过心灵的物化后的结果。"凡乐，天地之和，阴阳之调也。"（《吕氏春秋·大乐》）从哲学本体论的角度讲，音乐能够体现天地的和气，调和万物，也能通过调和人的情感达到协和人与世界、人与人的差别，达到"大美"的境界。

"致乐以治心"的实现途径就是"虚静"。美学家蒋孔阳先生认为"最完美的音乐是作为"道"的音乐，是音乐的本身。这种音乐是听不到的"①。这种合于天地的"乐"近似于道家所说的"道"。道家有"大象无形，大音希声"的说法，所谓"大音希声"，就"道"而言，听之不闻而蕴含至和，嵇康在《声无哀乐论》中提到"不虚心静听，则不尽清和之极"，只有在虚心静虑的状态下才能感悟到"和"的境界。如《溪山琴况》中说："盖静由中出，声自心生，苟心有杂扰，手指物挠，以之抚琴，安能得静？惟涵养之士，淡泊宁静，心无尘翳，指有余闲，与论希声之理，悠然可得矣。"②

---

① 何军、虚静：《希声·有无——以"大音希声"为例谈中国的音乐之道》，《中国音乐》2017年第4期。

② （明）徐上瀛：《溪山琴况》，转引自蔡仲德：《中国音乐美学史资料注译》下册，人民音乐出版社1990年版，第604页。

四、"易风移俗，莫善于乐"

与西方音乐相比较，中国的音乐艺术突出地强调音乐艺术的社会政治作用，"中国的音乐美学本质上是在探讨这德与情、声与度、道与欲、悲与美、政与乐、古与今之间的相互关系"①。《礼记·乐记》有云："德成而上，艺成而下。"明确指出音乐的思想内容是第一位的，艺术形式是第二位的，这种思想对后世文艺观产生了深远的影响。以"乐"为载体修德、立德、扬德是我国古代统治者们普遍采用的教化方法。中国自古就有"采风制度"，就是对民情风俗尤其是地方民歌民谣的搜集，自秦、汉至隋朝都设有宫廷音乐机构"乐府"，兼有采集民风之职，是故司马迁《史记·乐书》总结为"故博采风俗，协比声律，以补短移化，助流政教"。

我国第一位倡导"有教无类"的大教育家孔子特别重视音乐对人和社会的教化作用。"乐云乐云，钟鼓云乎哉？"孔子认为音乐的本质并不是纯粹的感官愉快，而是通过"兴于诗、立于礼、成于乐"帮助君子感受德行之乐，成就理想的道德人格，进而有能力从政并致力于使国泰民安。孟子继承发展了"成于乐"的思想，更是从思想传播的角度高度肯定音乐艺术"乐以载道"的作用，认为"仁言不如仁声之入人深也"。荀子在前人的基础上继续发扬"乐"的社会功用，在其《乐论》中提到"乐者，圣人之所乐也，而可以善民心，其感人深，其移风易俗，故先王导之以礼乐而民和睦"②。荀子认为人性本恶，因而必须用后天的礼乐等方法教化治国，首次明确提出了音乐具有"移风易俗"的社会功用。

音乐的移风易俗优势最早在《荀子·乐论》中得到具体阐发，又被

① 李姝：《中西音乐美学的比较研究》，四川大学 2007 年博士学位论文。
② 王先谦：《荀子集解》，中华书局 1988 年版，第 382 页。

《孝经·广要道章》提炼为"移风易俗，莫善于乐"，后在东汉章帝时期被正式确立为官方文艺政策。①《白虎通》是汉章帝钦定的法典，在《白虎通·礼乐》中明确指出："乐以象天，礼以法地。人无不含天地之气，有五常之性者。故乐所以荡涤，反其邪恶也。礼所以防淫，节其奢靡也。"②从天人感应的角度论证了"乐""礼"按照天地规则而制定，故而音乐能够荡涤人心，使人弃恶从善，有利教化。这一乐教政策虽然在历史上只是昙花一现，但它让"移风易俗，莫善于乐"的音乐教化观点深入人心，也为中国封建社会文艺政策的基本取向奠定了基调。

"礼""乐"互相配合才能发挥"移风易俗"的巨大作用。荀子在其《乐论》中提出"乐和同，礼别异。礼乐之统，管乎人心矣"③，对"乐"社会功用的描述极为精当。作为社会规范的"礼"，其本质是"理"。礼教作为对个体外在的理性约束，强调"别""尊尊"，使万事万物各得其位，以维护社会的正常秩序。"乐"的本质是"和"，强调"同""亲亲"，能够和谐人的情感，消融了等级秩序带来的隔离与距离感，使人们在等级秩序上互相亲和。礼、乐相合就是理智与情感的融合，在某种程度上，"礼乐"代替了"宗教和法律"，通过历朝历代意识形态上的强化，"国民在长久的教育熏陶和社会秩序下已经形成了'和谐性质'的处事态度"④。

"移风易俗"的实现方式是通过"中平""肃庄"的和乐，达到"感染民心"的目的。《尚书·舜典》记载舜帝之言："夔，命汝典乐，教胄子，

① 参见杨辉：《审美意识形态视野下的汉代"移风易俗"音乐政策》，《社会科学辑刊》2010 年第 5 期。

② 陈立：《白虎通疏证》，中华书局 1994 年版，第 93—94 页。

③ 王先谦：《荀子集解》，中华书局 1988 年版，第 38 页。

④ 任景艳：《王光祈的音乐理论贡献探析》，《兰台世界》2014 年第 13 期。

直而温，宽而栗，刚而无虐，简而无傲；诗言志，歌永言，声依永，律和声，八音克谐，无相夺伦，神人以和。"① 从中可知，能够教导人、培育人的音乐是"八音克谐"的官方雅乐。雅颂之声在制作之初就已经包含了审美与意识形态相结合的意图，用和乐来感染民心、和顺人际关系，进而"乐在宗庙之中，君臣上下同听之，则莫不和敬；在族长乡里之中，长幼同听之，则莫不和顺；在闺门之内，父子兄弟同听之，则莫不和亲"（《礼记·乐记》）。"和乐"的本质就是"和"，具有和谐的情感，因而能够和敬君臣、和顺长幼、和亲父子兄弟，使君臣、上下的等级秩序有序、和睦。

音乐为社会政治服务，"移风易俗"仍具有广博的生命力。自音乐诞生之日起，就具有相应的社会功能。先民们通过音乐沟通神、人，凝聚群体结构意识，成为祭祀、典礼、仪式等多种场合不可或缺的部分。这些形式在民间得到广泛传播，时至今日在民间的婚礼、葬礼、生日、周年、仪仗、席宴等场合，仍保留着请班奏乐的习俗。这种习俗绝不仅仅是为了凑热闹或是活跃气氛，还有更深刻的文化内涵。一方面，这些音乐能够反映出社会政治状况的差异以及人民生活的变化。以传承千年的婚丧嫁娶音乐为例，各民族各地区艺术特色都不尽相同，傣族、彝族等民族主张生死同喜，因此"在丧事乐曲中同中原民间丧调相比上愉悦舒畅"②，折射出不同的族群心理。另一方面，这些传承下来的旧风遗俗，仍部分保留着中华民族讲礼重情的传统美德，"音乐使这些祭祀、典礼仪式鲜活起来，在此有兴奋剂和黏合剂的作用，它已经成为许多祭祀仪式的有机组成部分"③，体现着礼、孝、仁、爱的人性光芒。

---

① （清）孙星衍：《尚书今古文注疏》，中华书局 1986 年版，第 69—70 页。

② 苏娟：《婚丧嫁娶中民族音乐的文化透视》，《贵州民族研究》2017 年第 5 期。

③ 项阳：《论制度与传统音乐文化的关系——兼论中国古代音乐史的研究》，《音乐研究》2004 年第 1 期。

第五章 "礼之用 和为贵"

第一节 "和"之溯源及内涵

一、"和""同"之辨:"和"之溯源与疏证

(一) 和之词源学解释

"和"文化及其深厚内涵在我国源远流长的传统文化中占据重要位置,无论是儒家还是道家思想,无论是自然范畴还是人本范畴,"和"都深深扎根并深刻影响着我国礼义文化的构建。在原始史料记载中,"和"的字义并没有被纳入人本范畴而仅局限于自然事物的融合之意。我国古代最早关于"和"的说法大致有两种,即形容声音配合的"和"与形容食物调和的"和",二者的共通之处在于事物的融合、配合,其后才逐渐发展出"和谐"之意。

1.形容声音配合

在商周甲骨文和早期金文中的"和"字作"龢"(从龠,禾声),《说文解字》中指出形旁"龠"意为"乐之竹管,三孔以和众声也",是我国古代一种"竹管""三孔"的编管吹奏乐器;"龠"加声旁"禾"组

成"龢"，说文中释义为"调也""经传多借和为龢"（段玉裁①《说文解字注》②），整字是形声兼会意字，表现了声音规律的配合与协调。《吕氏春秋·孝行》中有"正六律，和五音以悦耳，杂八音，养耳之道也"，其中的"六律"是十二律中黄钟、太簇、姑洗、蕤宾、夷则、亡射这六个阳律，有时也泛指音律，对于乐器标准有一定影响；"五声"是指宫、商、角、徵、羽这五个音阶，作为乐曲创作的元素，不同音阶也能够相互调和成悦耳的音乐；"八音"则是金、石、丝、竹匏、土、革、木这八种不同材质制成的乐器，泛指古代乐器统称或乐器分类方法，也有说法认为"八音"即八卦之音（高诱③《吕氏春秋注》），阴阳家以八风分属八卦，因此也称八风之音（陈奇猷④《吕氏春秋校释》）。从整体上看，形容声音配合的"和"是指不同音阶、音素的清浊、小大、短长、疾徐、

① 段玉裁（1735—1815），清代文字训诂学家、经学家，字若膺，号懋堂，晚年又号砚北居士，长塘湖居士，侨吴老人，江苏金坛人，龚自珍外公。乾隆朝举人，历任贵州玉屏、四川巫山等县知县，引疾归，居苏州枫桥，闭门读书。曾师事戴震，研究文字训诂音韵之学。对中国音韵学、文字学、训诂学、校勘学诸方面作出了杰出贡献。著有《说文解字注》《六书音均表》《古文尚书撰异》《毛诗故训传定本》《经韵楼集》等。

② 段玉裁《说文解字注》，清代知名学者段玉裁的代表性作品。是徐锴《说文系传》以后的首部《说文》注释书，在清代数以百计的《说文解字》研究大军之中，段氏之作能够一枝独秀，的确有其过人之处。这部划时代的巨著耗费了段氏毕生的心血，创见颇多，在学界影响深远，反响巨大，王念孙评价为"盖千七百年来无此作矣"。

③ 高诱，东汉涿郡涿县（今河北涿州市）人。少受学于同县卢植。建安十年（205）任司空掾，旋任东郡濮阳（今属河北）令，后迁监河东。所著有《孟子章句》（今佚）、《孝经注》（今佚）、《战国策注》（今残）及《淮南子注》（今与许慎注相杂）、《吕氏春秋注》等。

④ 陈奇猷，著名学者，主要从事《韩非子》《吕氏春秋》研究。1917年生于广东韶关。2006年10月3日逝世于上海。毕业于北京辅仁大学中国文学系，曾任上海震旦大学文理学院、光华大学、诚明文学院教授，中华书局上海编辑所、上海古籍出版社特约编审。

哀乐、刚柔、迟速、高下、出入、周疏等相互调和，因此根据音乐的情感、意境来适应节奏和韵律，是达到悦耳的效果。

我国礼乐文化发端于黄帝时期，直到现在仍然经久不衰。先秦时期，我国贵族教育已经开始强调音乐的教化作用，并将其与贵族统治紧密联系，统治阶级对乐教的重视大大推动了我国乐器体系的完善乃至传统音乐整体的发展。音乐之"和"在商周时期有了更高层次的要求，具体表现在音乐的呈现由单一乐器演奏逐渐发展为多种乐器合奏，由音乐表演发展为歌舞配合表演，又进一步发展为音乐、诗歌、舞蹈等多种表演形式的融合。随着"和"的外部条件发生变化，其意义内涵也逐渐从单纯的声音配合发展为多种艺术形式与音乐的融合，极大程度地体现了人与音乐的和谐共鸣。此后，我国传统音乐的发展虽然历经诸多曲折，但都不断地强调着"和"思想与融合的美学体验。

2.形容食物调和

"龢"是"和"的古体字，在古代金文中通"盉"，形声字（字从皿，从禾，禾亦声），《说文解字》中释"盉"为"调味也"，其本义是指古人用来调和酒、水的器具。声旁"禾"兼有五谷之义，下部形旁"皿"是盛器，所以"盉"指的是把五谷所酿成的酒放到容器里配比品尝。《尚书·说命下》中有"若作和羹，尔唯梅盐"，郑玄[①] 将"和羹"解释为"五味调，腥热得节，食之于人，性安和"（《〈毛诗传〉笺》），即配以不同

① 郑玄（127—200），字康成，北海高密人，东汉末年儒家学者、经学大师。曾入太学攻《京氏易》《公羊春秋》及《三统历》《九章算术》，又从张恭祖学《古文尚书》《周礼》和《左传》等，最后从马融学古文经。游学归来之后，复客耕东莱，聚徒授课，弟子达数千人，家贫好学，终为大儒。党锢之祸起，遭禁锢，杜门注疏，潜心著述。晚年守节不仕，却遭逼迫从军，最终病逝于元城，年七十四。郑玄治学以古文经学为主，兼采今文经说。他遍注儒家经典，以毕生精力整理古代文化遗产，使经学进入了一个"小统一时代"。著有《天文七政论》《中侯》等书，共百万余言，世称"郑学"，为汉代经学的集大成者。

调味品而制成的羹汤，不仅吃起来悦口，还能够使人心情平和、身体健康。成汤时期名相伊尹曾经以和羹之道说政，借庖厨经验启发君主和谐为政，因此我国古代的"和羹"还常用以比喻大臣辅助君主综理国政并运用诗词作品中，唐代钱起便有诗云："不愁欢乐尽，积庆在和羹。"由辅助处理国政之义延伸，"和羹"还可比喻宰辅之职，"受赈新梁苑，和羹旧傅严"（唐刘禹锡《和汴州令狐相公到镇改月偶书所怀》）和"弄印之名已著，和羹之命爰行"（宋王禹偁《授御史大夫可司徒门下侍郎平章事制》）中"和羹"便是此义。

（二）和同之辩

从古到今，"和"都普遍存在于自然世界与人情社会之中，其实质是事物的矛盾统一。除了前文所说的形容声音配合的"声音之和"以及形容食物调和的"饮食之和"，其他范畴中还存在着许多内涵丰富的"和"文化与"和"思想，这些都是我国古人日常生活经验所得到的思想总结。

《国语·郑语》的记载中，西周太史史伯[①] 最先提出"和"与"同"这两个概念。时值西周正衰败之际，史伯从国家政治弊端着手分析西周存亡问题与天下大势，并上升至哲学领域，提出"和实生物，同则不继"的重要观点。史伯的"和同之辩"立足于"和"与"同"的实际意义与文化内涵，探讨其中的差异："和"是同质与异质的有机结合，自身包含差异与对立，因此能够不断发展生成新质，处于活跃生动的状态；而"同"是同质的机械结合，内在不包含异质的对立，缺乏创造与生成的能力。这一观点明确强调了"和实生物"与"同则不继"本质上的对立性，把和谐思想从自然与人事范畴提升到了哲学本体高度。

---

① 史伯，西周末期人。中国西周末期思想家，生卒年不可考。西周末年的王朝太史伯阳父，亦称史伯，掌管起草文告、策命诸侯、记录史事、编写史书，兼管国家典籍、天文历法等，为朝廷重臣，提出了"和实生物，同则不继"的命题。

继史伯以后，齐相晏婴对"和"范畴进一步发展并针对"和同之辩"问题做出回答。齐侯问："和与同异乎?"时，晏婴用熬制羹汤和和谐五音的道理强调追求有差异的"和"的重要性。"和"与"同"在哲学上是两个对立的概念，如果说"和"是辩证思想的体现，那"同"则是形而上思想的表现，"和"中有"同"，也有"不同"。

如果说史伯和晏婴的"和同之辩"侧重的是哲学本体研究，那么孔子在"和"与"同"的关系上则更加注重入世的眼光，强调的是人与人之间的和谐观点。孔子将"和同"思想阐述为"君子和而不同，小人同而不和"（《论语·子路》），认为为人处事不能随波逐流、人云亦云，应当坚守自我，取和去同方为君子之道。孔子的儒家思想体系中并没有就"和同之辩"展开过多论述，而是专注于探讨"和"与追求"人和"，更多地将"和"观念与维护封建统治和礼制结合起来。将对立的"同"放在一起来探讨"和"的源流，不仅凸显了"和"的哲学内涵，也能够对我们的现代社会发展带来深远的启示意义。

二、天道：自然法则之"和"

（一）帝尧则天：摆脱蒙昧的人间之始

上古乃至先秦时代，因为生产力极度不发达，文化科技十分薄弱，社会经济发展水平相对落后，人们对各种自然现象无法做出科学解释，往往把难以解释的自然现象的发生原因归结于超自然的力量比如鬼神的作用。这样，天就成为一种不可逾越的神圣的东西。重大事件需要占卜问天。正如《中庸》所云："仲尼祖述尧舜，宪章文武。"

作为《尚书》中唯一用"典"作书名的《尧典》，主要是记载帝尧的功业事迹。其中重点记载的最主要的事情包括两类：一是制定历法，二是禅让逊位。前者则关乎儒家的天道观，后者即《礼记·礼运》所言"大道之行也，天下为公，选贤与能"之"大道"。

《尧典》曰：

> 乃命羲和，钦若昊天，历象日月星辰，敬授民时。分命羲仲，宅嵎夷，曰旸谷。寅宾出日，平秩东作。日中，星鸟，以殷仲春。厥民析，鸟兽孳尾。申命羲叔，宅南交，曰明都。平秩南讹，敬致。日永，星火，以正仲夏。厥民因，鸟兽希革。分命和仲，宅西，曰昧谷。寅饯纳日，平秩西成。宵中，星虚，以殷仲秋。厥民夷，鸟兽毛毨。申命和叔，宅朔方，曰幽都。平在朔易。日短，星昴，以正仲冬。厥民隩，鸟兽鹬毛。帝曰："咨！汝羲暨和。期三百有六旬有六日，以闰月定四时，成岁。允厘百工，庶绩咸熙。"

帝尧则天，下令制定历法，在今天看来似乎并没有什么了不起。但是在蒙昧时代，在无任何可参照物的条件下，在无任何可以借鉴的历史经验条件下制定历法就具有了首创之功，它开启了由蒙昧到文明的第一步——这就是适应自然的秩序，适应天道的规则。自此，一个重要的文明传统诞生了：人类的生活的任性和随意一去不复返，人类的生活的秩序与规则就此开启。也正因为此，人人之和，人与自愿之和才有了可能；人自身的协调、完善发展也才有了可能。

（二）天人合一：人与自然的和谐关系

形容声音配合的"和"能够在一定程度上从美学角度体现和谐思想，既能够表示乐器声音之间的和谐，也可以表示人在欣赏音乐时达到的心灵境界，即"天人合一"。《尚书·尧典》中记载："诗言志，歌永言，声依永，律和声，八音克谐，无相夺伦，神人以和"，反映出我国先秦时期将自然力量看作人类力量的对立，认为自然力能够超脱人界，是神的意志的体现，而音乐因其超脱世俗的神奇力量能够达到"神人以和"的效果，同时揭示出人与物质对象之间的异质同构关系。《左传·昭公二十年》中有："和如羹焉……清浊、大小、短长、疾徐、哀乐、刚柔、迟速、高下、出入、周疏、以相济也。君子听之，以平其心，心平德和。"① 这一段文字说明音乐不仅自身要求和谐相济，而且还具有调和人心、使人心境平和的作用，与"神人以和"异曲同工。《国语·周语下》中乐官州鸠说道："夫政象乐，乐从和，和从平，声以和乐，律以平声……夫有平和之声，则有蕃殖之财。于是乎道之以中德，咏之以中音，德音不愆，以合神人，神是以宁，民是以听。"② 它同样反映了"天人合一"的思想主题，认为音乐的和谐可以使神达到宁静平和状态，使人的诉求能够被神灵听到，使神与人能够和谐相处，国家太平。

对"天人合一"和谐境界的追求是儒家思想的一个重要组成部分，"和"不仅能够使人与自然和谐共处，还能使天地各得其位，而后万物自然发育。孔子提出"唯天为大"（《论语·秦伯》）、"天之未丧斯文也，匡人其如予何"（《论语·子罕》），把"天"看作是万物的主宰和一切道德的准则，这是最早针对"天人合一"的思想的相关论述。其后的孟子认为"王道之始"是"不违农时，谷不可胜食也；数罟不入洿池，鱼鳖不可胜食也；斧斤以时入山林，树木不可胜用也……"（《孟子·梁惠王上》）从制度层面强调了人与自然的和谐共存状态，"尽其心也，知其性也；知其性则知天也"（《孟子·尽心上》），则认为觉悟本性即悟到天命，进一步阐明"天人合一"的哲学思想的具体内涵。荀子的"万物各

---

① 张纯著，唐子恒点校：《晏子春秋》，江苏凤凰出版社2017年版，第118页。
② 北京大学哲学系美学教研室：《中国美学史资料选编》，中华书局1980年版，第7—8页。

得其和以生，各得其养以成"（《荀子·天论篇第十七》）中也强调人应该顺应自然规律以达到自身与自然的平衡。董仲舒则直接提出"天、地、人，万物之本也""天气上，地气下，人气在其间"（《春秋繁露》），从"天""地""人"的整体上统一把握"天人合一"的思想。北宋时期，"天人合一"命题才正式被提出，最早出自张载："儒者因明至诚，因诚至明，故天人合一，致学而可以成圣"（《正蒙·诚明》），认为人的本性与天道相和，而后"民吾同胞，物吾与也"（《张载集·西铭篇》），认为人与万物为友，进一步发展了"天人合一"思想。综上，儒家在"天人合一"观念上注重人与自然的和谐，并将其纳入伦理道德体系中，强调人应该顺应自然，顺应天命。

与儒家不同，道家更加注重和谐的审美体验，即"以和为美"。老子哲学体系以"道"为本体，提出了"道生万物"和"道法自然"的思想，将"道"看作"人道"与"天道"。老子的代表作《道德经》认为"道"结构中的"首"字即"天"，是天的象征，也就是"天体日月运行之常规常则"，亦即天地万物的普遍规律和法则。在老子眼里，"道"曰"大"、曰"逝"、曰"远"、曰"反"。尤其是老子所言"反者道之动"。反即返，不找到历史的原点就不能得到"道"。所以，道是宏阔的、整体的、抽象的、全面的一个概念，它是乾坤，是日月，是星辰，是大地，是万物。

《管子》中论述天道多达23处，提及天之道则有十多处。它有时把天道作为自然规律来看待，如《心术上》曰："天之道，虚其无形。虚则不屈，无形则无所位迕，无所位迕，故遍流万物而不变。"万物流变虽然很虚，看不见摸不着，但是它是有规律可循的具体可感的实实在在存在的东西。有时把"天道"看作人的终极依据与价值本原。如《形势》曰："行天道，出公理，则远者自亲；废天道，行私为，则子母相怨。"天道是公理，不可偏废；如果废除天道，则只会导致行为乖张，母子相怨。《形势解》曰："道者，所以变化身而之正理者也，故道在身则言自顺，行自正，事君自忠，事父自孝，遇人自理。故曰：'道之所设，身之化也。'"这里更进一步解释了天道的立身处世的规定性作用和社会价值。

儒、道、佛各有自己的人生境界，但归结于"道"却是惊人的一致。何谓道？张三丰的一句话说到了根本上："夫道，中而已矣。"道就是中。儒道释之所以是一家，是因为它们从根本处，说的都是这个"中"字。儒家的中，叫中庸；道家的中，叫中气，佛家的中，叫中观。三者之"中"，即共同的归诸"天人合一"的法则。这个"一"是声明，是天地间人世间最为普通、最为重要、最为基本的德性。"生生"思想是我国古代哲学的核心价值，是文学艺术审美的最高追求和基本规律。天人合一不仅意味着人与自然的相融相合，同时代表着人对自身内在超越性的人生境界的追求。是至善至美的法则，是至刚至柔的人性。

三、人道：人事法则之"和"

（一）人际之和：人与人之间的和谐关系

在社会交往的问题上，孔子最先提出"和为贵"，把"和"作为化解人际冲突、实现"礼"治的重要手段，这里的"和"不仅包含人与人的交际关系，还包含群体与群体的交际关系。"和为贵"的人际关系强调人与人相互实施仁爱以实现人际和谐与人情社会稳定，同时也实现天下"必也使无讼乎"的状态；另一方面，孔子又以"克己复礼""正名"的思想针对阶级不同的社会群体强调礼制规范的遵守，致力于构建伦理关系和谐、政治等级严格的理想社会。孟子"老吾老以及人之老，幼吾幼以及人之幼"（《孟子·梁惠王下》）的思想同样表达了对理想社会关系的刻画，而且与孔子的大同之世在一定程度上有相似之处，重视仁义的作用，认为应该用仁义来处理人与人关系。荀子则针对群体作用提出"人，力不若牛，走不若马，而牛马为用，何也？曰：人能群，彼不能群也"（《荀子·王制篇》），用来强调团结的重要性，把群体作为人存在和发展的基础，把人与人之间的关系看作是互相扶持、合作的和谐关系。

（二）人世之和：人与社会的和谐关系

儒学作为一门入世之学，重视人与人之间和谐关系的构建，并注入传统伦理道德内容进行拓展，使"和"在儒家思想中的内涵由人与人之间的和谐发展为人与社会的和谐。孔子提出"兴于诗，立于礼，成于乐"（《论语·泰伯》），指出诗、礼、乐三者是教化民众、实现和谐社会的手段，提倡通过诗教、礼教、乐教陶冶个体情操、规范个体行为以更好地治理国家，集中反映了儒家思想的政教关系；孔子在中庸思想中提出了"中和"概念，强调在诗教、礼教、乐教中贯彻"中和"原则以实现社会和谐与国家大同。孟子继承了孔子"人世之和"的观点，提出"民为贵，社稷次之，君为轻"的仁政思想，主张国君通过实施仁政获取人民拥护，强调了人民与政治统治的相互作用；孟子进一步提出"天时不如地利，地利不如人和"（《孟子·公孙丑下》）的"人和"思想，强调民心所向、人心所归才能实现社会的稳定和谐与天下的统一大业，既囊括了人与人和谐共处的社会观，又能够体现人与社会的和谐关系；在审美层面孟子提出了"与民同乐"，认为与他人共享时能够获取最大愉悦，从审美体验角度强调人与社会的和谐。荀子在人世之和上的观点与孔孟有别，主要从制度层面强调"礼分乐和"，认为社会的治理应该按照礼制等级差异而区分，并用乐制调和严格的政治秩序，把音乐对个体的陶冶和安定作用上升到社会层面，强调乐制能够起到巩固统治地位、维护社会稳定的作用。儒家对人世之和在具体理解上略有不同，但是大致上都立足于"人和"，强调礼乐制度的重要性。

（三）乐正之和：作为政治手段的"和"

先秦时期帝王和政治家往往借助"和"作为政治手段来"成其政也"，如史伯将周朝衰败的原因归结为"去和而取同"和"以同裨同，尽乃弃也"（《国语·郑语》），以此阐发"同则不继"这一政治和社会发展规律，也第一次提出了"和同之辨"的哲学命题，认为"和"作为不同事物的协调配合能够使社会稳定安宁，而"同"则代表事物的单一性，导致社会不能长久持续发展；又如州鸠提出的"夫政象乐，乐从和，和从平，声以和乐，律以平声"（《国语·周语下》），这里把政治比作"乐"，反映了政教以音乐为象征的特点，这里的音乐指的是正人之乐，能够发挥陶冶情操、培养德行的作用；单穆公也将"政"与"乐"联系起来，提出"政成生殖①，乐之至也"（《国语·周语下》），认为"政成"之时便是音乐达到的最高境界，因此在治理国家时必须借助礼乐制度规范民众，除去导致民众不平和的因素，使民众"听和""视正"，最后实现"归心"。

因此，"乐和"在我国古代是一种重要的治国之术，而"乐"之"和"并不在于音乐的美感，而是在于音乐正民、平心的作用。《礼记·乐记》里魏文侯和子夏的对话对"古乐"与"新乐"作了区分并指出"乐和"的"乐"是"古乐"："新乐"是"郑卫之音"②，是音调放荡柔媚、急促

———————————

① 生殖，谓增长财富。韦昭注："殖，长也。动得其时，所以财长生也。"
② "郑卫之音"，即郑、卫两国（今河南中部与东部）的民间音乐。这一地区早期是商民族聚集居住区，"郑卫之音"实际上就是保留了商民族音乐传统的"前朝遗声"。由于它表达感情的奔放、热烈和大胆，也内含着某种团聚意识，因而使独宗"雅乐"的周王室及其维护者常常加以排斥和否定，"郑卫之音"便始终成为靡靡之音、亡国之音的代名词。

第五章 「礼之用 和为贵」

351

怪异的"溺音"，容易扰乱人的心志，使人心生邪念，因此不能算是"乐"；而"古乐"是"肃雍和鸣"之乐，具有庄严肃穆的特点，用于国家的祭祀大礼，与先秦礼制紧密联系。"乐和"的"和"也有别于前文提到的音乐之和，是指乐之"中和"，取自于《礼记·中庸》的"喜怒哀乐之未发谓之中，发而皆中节谓之和。中也者，天下之大本也，和也者，天下之达道也"，中庸的实质便是"中和"。

四、"中庸"之道

（一）"中庸"思想

孔子中庸思想的提出，来自于对《周易》"时中"[①]观念和周公"中德"[②]观念的研究，因而有"中庸之为德也"（《论语·庸也》），即以中庸为最高层次的道德规范。在对"中庸"观念的具体理解上，孔子用"师也过，商也不及"（《论语·先进》）提出"过犹不及"的观点，表达出人的思想和行为应当不偏向于任何一方而保持中立平衡的最佳状态，这种状态强调坚持适中、适度的原则并善于审时度势，而不能是非不

----

① 时中，"中"是孔子讲的中庸之道，指的是在天地自然之道的正中运行，既不太过，又不太及，而"时"则是指与时势一致。"时中"一词最早出现于《周易》"蒙"卦的《彖传》："蒙，亨。以亨行，时中也。"意思是说，蒙卦表示希望亨通。所以，以通来行事，是符合蒙这个时机的。然而，关于"时中"的思想则早就为儒家思想家所关注。所谓"时中"的原则，主要有两方面的含义：一是要"合乎时宜"，二是要"随时变通"。

② 中德，"中德"是"中"与"德"的有机结合，其中，"中"有三义，即中正、中和、时中，"中"的最本质特征是"惟变所适，惟义所在"；"德"的含义丰富，涵盖主观内在修养及客观外在规范，具有政治、宗法两重性，是政权与法律的合理性基础。"中德"主要指：中正之德、以中道修德、以中为德，以中行德。"中德"是天道的体现，是圣人的心得，是德的最高境界，是《尚书》法思想的核心。

分、优柔寡断。孔子又通过"乡愿，德之贼"(《论语·阳货》)和"君子中庸，小人反中庸"(《礼记·中庸》)进一步说明，不辨是非、言行不一而违反中庸原则，是道德败坏的小人行径。孔子还提出"中也者，天下之大本也；和也者，天下达到也。致中和，天地位焉，万物育焉"(《礼记·中庸》)，在中庸思想的基础上进一步发展"中和"概念，认为"中"是天下之本而"和"是处事之道，一方面指出只有统一两者才能使天地万物各得其位、生生不息，另一方面也强调了孔子政治观念中各归其位的等级和谐观念。朱熹在为《中庸》作注时，开篇便定义："中者不偏不倚，无过不及之名。庸，平常也"(《中庸章句》)，将中庸理解为表面上的折中、平等之意，实际上是对孔子原意的误解。因此，"中庸"的"中"并不能解释为"不偏不倚"，而应该是中正、适当之意，反映的是"天下之正道"。

在以中庸观念为思想指导的政治实践中，孔子提出"礼乐不兴则刑罚不中"(《论语·子路》)、"君子之行也，度于礼。施，取其厚；事，举其中；敛，从其薄"(《左传·哀公十一年》)，将礼乐制度与中庸思想联系起来，认为中庸的实现应当以"礼"为前提基础。具体探究中庸和礼制的关系，可以从以下两个角度思考：

一方面，孔子认为先秦礼制能够反映中庸思想，维护社会和谐，即"以礼制中"。孔子崇尚礼，而周礼是一套以血缘关系为纽带的严格社会等级制度和行为规范，体现了矛盾双方对立统一与社会稳定和谐的思想。《左传》中记载："君子小人，物有服章，贵有常尊，贱有等威，礼不逆矣"(《左传·宣公十二年》)，说明周代不同阶层通过服饰差异表示地位等级的尊卑；又有"礼，经国家，定社稷，序民人，利后嗣者也，许无刑而伐之，服而舍之"(左传·隐公十一年)，将礼看作是治理国家的根本规则和维护社会秩序的根本规范。孔子对这种严格的贵族统治体系持认同态度，在答复齐景公治国之道时提出"君君，臣臣，父父，子子"(《论语·颜渊》),强调了君主臣次的政治关系和父主子次的伦理关系,并将其作为治理国家的关键。君臣、父子关系体现了矛盾双方主次关系的对立统一,通过调和二者实现事物的整体稳定,集中反映了"中和"思想,所以孔子通过把"礼"作为评判"中"的标准,认为符合礼制要求便是"中和",而不符合礼制要求便违反了中庸原则。因此,只有严格遵守社会等级秩序才能维护国家的统一和社会的稳定,反映出了孔子"以礼制中"的政治手段。

另一方面,孔子主张通过中庸思想恢复崩坏的礼乐制度,即"以礼复中"。春秋时期,以礼为纲的贵族等级体制逐渐瓦解,孔子不满于现状,指出:"天下有道,则礼乐征伐自天子出;天下无道,则礼乐征伐自诸侯出。自诸侯出,盖十世希不失矣;自大夫出,五世希不失矣;陪臣执国命,三世希不失矣。天下有道,则政不在大夫。天下有道,则庶人不议。"《论语·季氏》孔子认为天子大权落入诸侯之手而诸侯大权落入家臣之手,老百姓议论政事的状态是"天下无道",而希望回到周礼统治下的"天下有道"状态之中,因此使政权稳定、社会安定。运用中庸思想,能够使矛盾双方主次关系得以调和、各归其位,稳定政权并使社会安定,恢复到过去相对严格稳定的统治秩序和社会关系之中。礼制对于个人与社会而言有重要作用,为了强调"以中复礼"的重要性,孔子提出"不学礼,无以立"(《论语·季氏》)和"克己复礼为仁"(《论语·颜渊》),认为应当以复礼为归宿,践行道德的最高准则"中庸",实现礼制和贵族统治的维护和恢复。

(二)"中庸"与"和"

作为孔子哲学思想的核心内容,"中庸"与"和"贯彻于孔子思想的各个方面,集中反映了孔子对社会历史发展规律的认识和看法。在中庸思想指导下孔子承认矛盾的普遍性与客观性,认为事物的发展是通过矛盾双方协调而实现的，与矛盾双方的斗争和转化无关，因此孔子会通过调和矛盾双方来维护主次关系且保持社会（或秩序）的稳定状态。对待社会矛盾与政治变革，孔子同样坚持调和态度，反对改革而崇尚改良，这从侧面反映出孔子保守的政治态度和对改良主义的认识。

孔子把周礼的损益看作社会历史发展的一个阶段，因此要通过损益改良社会以适应时局变化，一定程度上反映了"中庸"思想。孔子"中庸"思想的精髓在政治领域的应用大抵体现在以下两个方面。

其一是以"仁"改良政治。"仁"是孔子道德思想体系的核心内容，强调仁者爱人、推己及人，主张用仁爱态度处理人际关系和社会矛盾；将"仁"扩大到政治范畴的"德政"，孔子提出"为政以德，譬如北辰，居其所而众星共之"（《论语·为政》），指出德政的实施能够使政权稳定统一。

其二是主张"学而优则仕"（《论语·子张》）。春秋时期士阶层的地位得到提升，推进了教育与人才作用的凸显，入仕成为教育的主要目的之一。在教育思想上，孔子首先主张有教无类，开办私学并打破了官府垄断教育的局面，使平民知识分子能够通过读书参政提高社会地位；为了维护贵族统治，孔子又提出"学而优则仕"来改良传统世卿世禄制度，对后世的取士制度产生深远影响。

《孟子·尽心上》说："尽其心者，知其性也，知其性则知天矣。"孟子将仁义礼智作为人性的内涵，认为"仁义礼智根于心"。尽心以知天，尽心以知性，尽心则中庸。

《荀子》提出"礼三本"说："礼有三本：天地者，生之本也；先祖者，类之本也；君师者，治之本也。"天地君亲师，典型的儒家中庸和谐思想。程颐在《识仁篇》中开宗明义："学者须先识仁。仁者，浑然与物同体。"中庸和谐思想的核心就在于"仁"。

总之，儒家所崇尚的诗、礼、乐处处体现了"和"，归根结底是为了实现人际、社会、人我和谐的大同社会理想。在《论语》中"礼""仁"和"中庸"处于思想核心地位，比较三者："礼"是改良社会的标准，强调社会等级制度的遵循，其终极目标是使人和事物各得其位以实现"和"；"仁"是为人处事的态度，强调"克己复礼为仁"，从仁与礼、质与文的关系上表达"天下归仁"的和谐社会的向往；"中庸"则作为实现"和"的原则和手段而存在，与"礼""仁"相互依存，共同以实现"和"为终极目标。因此，"和"在孔子思想中占据着至关重要的位置，通过对"和"的深入探究，能够帮助我们更好地理解儒家思想。

第二节 "和"之传衍与转换

一、道、墨、法、阴阳、杂家诸家之"和"

"和"的基本含义是合宜、恰当、协调。在其原初意义上发生的演变大致可以分为饮食调和、音乐协和、抽象之和三个方面。"和"是中国传统文化的精髓，亦是被各家各派所认同的普遍原则。无论是天地万物的产生，人与自然、社会、人际关系，还是道德伦理、价值观念、心理结构、审美情感，都无不贯通"和"概念和范畴。这里所谓的"和"，是和谐、平和、融合、和合的意思，强调的是把杂多对立的元素组成一个均衡、稳定、有序、和谐的整体。

中国作为世界主要文明——礼乐文明的代表，诸子百家对"和"的解说、传承与新变从未断绝。除儒家外，其他各家均对"和"这一人类社会所追求的终极价值有不同层面、不同指向的解说，这里对比做一概括性梳理。

（一）道家之"和"

老子是道家思想的代表人物。《老子》第四十二章说："道生一，一生二，二生三，三生万物。万物负阴而抱阳，冲气以为和。"道之所以能产生万物，是因为道蕴涵着阴阳两个相反方面，宇宙万物都包含着阴阳正负两个方面，正是阴阳的相互作用，而形成和，万物就是在这种"和"的基础上生成的。

在道家看来，道乃是世界的本原，宇宙之所生，万物之所孕。它既是世界的规律，也是世界的本原，是万事万物必然的法则。但是老子的天道的最终目的是回归人道，是于乱世的混沌中寻求一条解救人民大众的图存之道。图存必须和谐，必须人与人和谐，人与自然和谐。所以和谐中的人们能够在清心寡欲，古朴淡薄中做到无为、清净、寡欲、不争。

道家的和谐价值观包括自然和谐观、人的和谐观和社会和谐观。其自然和谐观强调效法天地、效法自然，遵循自然规律。人与自然的和谐就是道生万物、道法自然、天人合一。关于道生万物，老子说："有物混成，先天地生。寂兮寥兮，独立而不改，周行而不殆，可以为天地母。吾不知其名，强字之曰道。"（《老子·二十五章》）关于道法自然，老子说："人法地，地法天，天法道，道法自然。"（《老子·二十五章》）关于天人合一，《庄子·山水》曰："天与人一也。"《庄子·齐物论》曰："天地与我并生，而万物与我为一。"其人的和谐观讲求清静无欲、心性修养、抱朴、恬淡、逍遥，为学日益，为道日损，以求得个体身心的和谐和人际和谐。老子说："反者道之动，弱者道之用。"（《老子·四十章》）老子强调"上善若水"，"水善利万物而不争，处众人之所恶，故几于道。夫唯不争，故无尤"（《老子·八章》）。谋求致虚守静，虚静为善。其社会和谐观视"道"为生命的源头，崇尚无为而治，尊重生命，反对战争，追求社会公平。老子认为要"自然无为"，"圣人处无为之事，行不言之教"(《老子·二章》)。老子还强调"无为无不为","道常无为而无不为"(《老子·三十七章》)。

在政治上，老子主张无为而治。他所言的"治大国如烹小鲜"意即治理大国就好像烹小鱼一样，放在锅里不要多动它，否则小鱼就烂了。这与孔子所强调的以"礼"作为基础的社会等级秩序的方式是截然不同的。但是其所追求的政治结果都是希望使国家能够得到治理。儒家认为"礼之用，和为贵"，"礼"作为一种社会规范，目的是让生活在礼治王国里的臣民能够在"和"的目标和原则下自觉遵守"礼"的规范，以达到社会的和谐。而道家的"无为而治"则认为，若是政治上搞得有条有理，十分清明，人民群众反而会多生伪诈。倒不如用无形的绳索捆住人民的手足，让他们无所作为，则不会出现大的社会动荡，从而达到社会和谐的目标。

（二）墨家之"和"

现有研究一般根据《孟氏春秋·不二》"孔子贵仁，墨子贵兼"的说法，多认为墨子"兼爱""非攻"。在墨家诸子的论述中，管、理、治同一，尚贤尚同统一，兼爱非攻统一，节用节葬统一。

《墨子·鲁问》曰："国家昏乱，则语之尚贤、尚同。"《尚同中》曰："唯以其能一同天下之义，是以天下治。"都无一例外地提出了"同"，也就是"和"。

墨子强调天地的对立和谐。他在《墨子·辞过》中说：

> 凡回于天地之间，包于四海之内，天壤之情，阴阳之和，莫不有也，虽至圣不能更也。何以知其然？圣人有传，天地也则曰上下，四时也则曰阴阳，人情也则曰男女，禽兽也则曰牝牝雄雌也：真天壤之情，虽有先王不能更也。

墨子继承并吸收《礼记》举贤、使能和存爱的观点，在《兼爱中》讲："今天下之君子，忠实欲天下之富，而恶其贫，欲天下之治而恶其乱，当兼相爱、交相利。此圣王之法、天下之治道也。不可不务为也。"墨子认为社会动乱攻伐，相互残害就是由于人们"不相爱"而造成的，所以其提出了"兼爱"的主张，即是"兼相爱，交相利"。也就是不只单方面地爱自己，而且还要爱别人；不只单方面使自己有利，也要使别人有利。

墨子主张兼爱，提倡义利统一，义就是要兴利除害，要对他者、对大众有利的义，要兼而爱之，从而利之。要爱人和爱己，爱无厚薄。《大取》曰："为长厚不为幼薄。"墨子说："兼即仁矣，义矣。"又说："仁，爱也。义，利也。"墨子认为，要把别人和自己同等对待，首先是我对别人亲爱和有利，然后别人也会回报我以爱和利，这样人与人之间就能达到一种平等和谐的关系。家庭成员、人与人、君与臣、臣与臣之间都能和合，各方面利益相安无事，怨恶和怨仇得到消解，则社会就会形成和谐安定的局面，国家也会随之富强。

墨子在继承传统典籍思想精华的基础上，通过审视社会现实，探寻理想世界的应有之貌，提出宇宙"天地和"的大同理想社会模式，形成万民和的社会局面，实现庶民富的社会理想，是他的"和"文化的理论图式、社会理想和精神境界。他说的"古之仁人有天下者，必反大国之说，一天下之和，总四海之内"（《非攻下》）一直以来都是中国文化的精神追求和价值内核。

（三）法家之"和"

趋利避害是人的动物性本能。物质的有限性和人的欲望的无限性的矛盾是人类社会的常态。在这种本能和常态的局面下，人们突破礼法的限制，失礼法，乃至失常态成为社会的常态。所以礼乐教化、礼法约束

359

也成为必然。法家历来主张通过法律途径实现社会的和谐与长治久安。

《商君书·去强》言："以刑去刑，国治；以刑致刑，国乱。"① 商鞅认为一定要用轻罪重刑的方法治国，要用严刑酷法治国，否则国必乱。所以在他手里，法治成了刑治。《商君书·开塞》则说："刑不能去奸而赏不能止过者，必乱。故王者刑用于将过，则大邪不生；赏施于告奸，则细过不失。治民能使大邪不生、细过不失，则国治。"② 对于什么是和谐社会，商鞅的看法是"无赏""无刑""无教"，赏赐刑罚教化都不需要，那是多么的高度和谐啊。那么怎么达到这样的高度理想的和谐社会呢？则需要赏、刑、教。《商君书·赏刑》中进一步论述道："圣人之为国也，壹赏、壹刑、壹教。壹赏则兵无敌，壹刑则令行，壹教则下听上。……明赏之犹至于无赏也，明刑之犹至于无刑也，明教之犹至于无教也。"③显然，赏、刑、教都是法治的手段和途径，是法治的应有之义。

法家的代表人物荀子对人性有着深刻的认识。他在《荀子集解·大略篇第二十七》中言：

> 义与利者，人之所两有也。虽尧、舜不能去民之利，然而能使其欲利不克其好义也。虽桀纣亦不能去民之好义，然而能使其好义不胜其欲利也。故义胜利者为治世，利克义者为乱世。上重义则义克利，上重利则利克义。

荀子认为，义与利是一体两面，人们既有利的驱动性，也有义的约束力。若欲利而好义，则社会和谐，人们安居乐业；若嗜利而忘义，则势必社会动荡，人们流离失所。因此治国者必须足用裕民，"足国之道，

① 马亚中、钱锡生、严明：《诸子曰》，福建教育出版社 2014 年版，第 338 页。
② 马亚中、钱锡生、严明：《诸子曰》，福建教育出版社 2014 年版，第 338 页。
③ 郭超：《四库全书精华》，中国文史出版社 1998 年版，第 385 页。

节用裕民而善臧其余。节用以礼，裕民以政。彼裕民，故多余，裕民则民富，民富则田肥以易，田肥以易则出实百倍。"（《荀子集解·富国篇第十》）

韩非子提倡统治者利用人们畏惧恐惧的心理和本能的逐利欲望，正面宣传引导人们行端身正，明得失，懂进退，知事理，进而形成良好的和谐的社会风气。韩非子认为："人有祸则心畏恐，心畏恐则行端直，行端直则思虑熟，思虑熟则得事理。"（《韩非子集解·解老第二十》）他又说："行端直则无祸害，无祸害则尽天年；得事理则必成功。尽天年则全与寿，必成功则富与贵，之谓福。"那么怎么做到让老百姓安贫乐道呢？或者说怎么做到让老百姓安居乐业呢？韩非子提出了七种策略——安术有七："一曰赏罚随是非；二曰祸福随善恶；三曰死生随法度；四曰有贤不肖而无爱恶；五曰有愚智而无非誉；六曰有尺寸而无意度；七曰有信而无诈。"（《韩非子集解·安危第二十五》）

韩非子还提倡重视音乐的作用。"大奸唱则小盗和，竽也者，五声之长者也，故竽先则钟瑟毕随，竽唱则诸乐皆和。"[1]韩非子认为，音乐是多种乐器和谐地合奏，但必有一种乐器为主，其他乐器与其相应和。在法家"法""术""势"三者的关系上，他认为三者必须结合在一起，而又以"法治"为中心。如若注重权术，而不注意统一法令，最终会引起社会混乱。如果注重权势，当非贤者掌势之时，天下就会大乱。要把法令作为统一全国思想的标准，这样"术"和"势"才能发挥其应有的效用，天下才能得治。

综合看来，虽然法家提倡严刑酷法，但是他们以法为本，反对"人治"，依法治国，追求和谐；刑无等级，法不阿贵；定分止争，令顺民心，等等，都具有重要的思想意义和现实价值。

---

① 杨树达：《周易古义　老子古义》，上海古籍出版社1991年版，第180页。

（四）阴阳家之"和"

阴阳家是专门主张提倡阴阳、五行学说的学派。阴阳五行学说一直在中国文化中具有重要作用，成为几千年来中国社会政治与学术的基底。梁启超云："阴阳五行说，为二千年来迷信之大本营，直至今日，在社会上犹有莫大势力，今当辞而辟之，故考其来历如次。"① 阴阳说与道家所秉承的"万物负阴而抱阳，冲气以为和"相同。五行说是关于由金、木、水、火、土五种基本元素的特性及其相生相克的理论。五行，充盈在天地之间，无所不在，其相互作用、相互发展，维系着自然的平衡。阴阳家的主导思想是以五行决定政治，认为历代王朝的更替兴衰均由五行所主运，国家的治理也当遵守五行的规律，社会才能达到和谐的状态。

"阴阳"的阳光向背及至阴阳调和，本身就有和谐之意在里面。阴阳五行作为学说而真正成立于战国晚期。其代表人物为思想家邹衍。邹衍创立大九州说和五德终始说，并在"王公大人"中宣扬，传习邹说的学生在各地从事讲学活动，经过他的"范式创新"，五德终始说适用于塑造和解释统治合法性的需要，成为传统中国政治哲学的"直根系"。五德始终说在《吕氏春秋·应同》中有较为详细的阐释：

> 凡帝王之将兴也，天必先见祥乎下民。黄帝之时，天先见大螾大蝼。黄帝曰：'土气胜。'土气胜，故其色尚黄，其事则土。及禹之时，天先见草木秋冬不杀。禹曰：'木气胜。'木气胜，故其色尚青，其事则木。及汤之时，天先见金刃生于水。

---

① 梁启超：《阴阳五行说之来历》，《古史辨》第五册，上海古籍出版社1982年版，第343页。

汤曰：'金气胜。'金气胜，故其色尚白，其事则金。及文王之时，天先见火，赤鸟衔丹书集于周社。文王曰：'火气胜。'火气胜，故其色尚赤，其事则火。代火者必将水，天且先见水气胜。水气胜，故其色尚黑，其事则水。水气至而不知，数备，将徙于土。

《汉书·艺文志》著录有《邹子》49 篇、《邹子终始》56 篇，今已亡佚。其后《易传》《管了》《礼记》《黄帝内经》《春秋繁露》《淮南子》《白虎通义》《五行大义》等文献均有部分阴阳家的作品存世。其中《淮南子》视阴阳为宇宙演化的关键，明确提出"阴阳和合"的概念：

《淮南子·天文训》曰：

> 道曰规始于一，一而不生，故分而为阴阳，阴阳合和而万物生，故曰："一生二，二生三，三生万物。"
> 天地之气，莫大于和。和者，阴阳调，日夜分，而生物；阴阳相接，乃能成和。[1]

这里认为天地和合，所以阴阳陶化万物。首次注重将万物的本原本体的"道"做了一个具体的落实，那就是"阴阳二气"。不仅将道具体化，而且把道与阴阳的关系对应起来，突出其本原即生化作用。《淮南子》更进一步借用《易传》突出"其子和之"：

> 夫湿之至也，莫见其形而炭已重矣。风之至也，莫见其象而木已动矣。日之行也，不见其移，骐骥倍日而驰，草木为之

@363

---

① 何宁：《淮南子集释》，中华书局 1998 年版，第 244、934 页。

靡，县烽未转，而日在其前。故天之且风，草木未动而鸟已翔
矣；其且雨也，阴曀未集而鱼已噞矣：以阴阳之气相动也。故
寒暑燥湿，以类相从；声响疾徐，以音相应也。故《易·泰族
训》曰："鹤鸣在阴，其子和之。"①

此外《国语·周语上》"阴阳分布，震雷出滞"，《左传·僖公十六年》
"陨石于宋五，⋯⋯是阴阳之事，非吉凶所生也"，《庄子》之《人间世》《大
宗师》《天运》篇则分别有"阴阳之患""阴阳之气""阴阳调和"的表述。《庄
子·渔父》则有"同类相求，同声相应"的天人感应的和谐观。冯友兰
曾经指出："贯穿于《洪范》的这些论点中，有一个阴阳五行家所谓'天
人感应'的思想。这是阴阳五行家的一个中心思想。"②

（五）杂家之"和"

杂家，中国战国末期至汉初的哲学学派，以博采各家之说见长。"杂
家"首见《史记》说《汉书·艺文志》秉《七略》之意，分先秦学派为
十家，其中之一就是杂家，故前人多以为"杂家"首见于刘歆《七略》
和班固《汉书·艺文志》。《汉书·艺文志》著录的书籍中就有以"杂家"
为名者，如《诸子略》"杂家类"有《杂家言》。杂家的代表作《吕氏春
秋》对"诸子百家"兼收并蓄，但事实上，其并没有能在总结诸子百家
的基础上形成一个新的思想体系，而是折中调和，把各家学说凑在一
起，难免有其缺陷之处。从出发点上看，杂家是希望通过努力把百家学
说融合在一起，《汉书·艺文志》认为杂家"兼儒墨，合名法"，容纳百
家思想，取长补短，并以此统一天下舆论，达成各学说之间和谐共生发

---

① 何宁：《淮南子集释》，中华书局 1998 年版，第 1373—1374 页。
② 冯友兰：《中国哲学史新编》上册，人民出版社 1999 年版，第 617 页。

展的局面。这种融合的思想也正是"和"的体现。

二、汉唐"和"之发展与深化

汉唐盛世是我国历史上极其重要且具有代表性的两个朝代，无论是政治经济文化都达到了空前的高度，处于举足轻重的关键地位。"和"文化在这个历史阶段因为其不同的社会历史背景也有了新的发展与深化。

（一）大一统思想

大一统思想是中华文化的核心理念之一。"大一统"一词始见于《公羊传》。《春秋经》开篇首句就是："元年，春，王正月。"对此，《公羊传》解释道："元年者何？君之始年也。春者何？岁之始也。王者孰谓？谓文王也。曷为先言王而后言正月？王正月也。何言乎王正月？大一统也。"这句话大致是这个意思：什么叫元年呢？国君即位的第一年。什么叫春呢？一年中第一个季度。王指谁呢？指周文王。为什么先说王后讲正月呢？用的是周文王历法的正月。为什么要用周文王历法的正月呢？那是因为天下是统一的。在这里的"大一统"说的是在政治统一的基础上对历法的和合统一。

但是自西汉董仲舒提出"罢黜百家，独尊儒术"，以儒家学说统一社会思想后，儒家思想就作为中国古代社会主流思想流传了上千年。大一统思想的内涵因此也相应地扩大为万民归心，国家统一。这种思想对社会稳定而有序地发展起到了重大的促进作用。不仅如此，大一统思想带来了强大的民族凝聚力。这种凝聚力的外在表现就是：自秦汉时代以来，除了部分时期的分裂割据，在绝大多数时间里，中国社会是作为一个统一的整体而存在的。哪怕是在外患不断的宋代，其内部还是一个和谐统一的整体。而其内在表现就是中华民族最基本的民族心理特质，深深地影响着中国人的思想观念和行为操守。当国家处于即将分裂的时候，人们都要维护统一，反对分裂。谁搞分裂，谁就是历史的罪人，就是民族的败类。我们所说的诸如文天祥、岳飞、戚继光这样的英雄人物，其评判的标准也正是他们为了延续大一统而奋斗过。在历史上，尽管中国社会分合无定，但是中国人的大一统观念却愈加强化，最终成为中华民族心里底层的、不可动摇的文化根基。

（二）天人感应

"和"文化在人与自然的关系问题上主张人要顺应自然，与自然和谐共处。《中庸》认为人性是上天所赋，教化的实质就是顺天命，尽天性，"天命之谓性，率性之谓道，修道之谓教"[①]。

董仲舒从天人感应的哲学立场出发，进一步发挥《中庸》的思想，在董仲舒看来，人具有与天相似的禀赋，属于天的同类。既然人与天相通，人就应该像天地具有好生之德那样具备一定的仁义之德。"中者，天下终始也，而和者，天地之所生成。夫德莫大于和，而道莫正于中。中者，天地之美达理也，在人之所保守也"，"能以中和理天下者，其德大盛"[②]，而君王之仁政与人的美德出于中和之天德。

《中庸》强调以人的道德主体为根本，弘扬人的生命精神，也就是孔子所追求的"君子之道"，通过个人修身来达到与自然的和谐。而在董仲舒的理论中，天被人格化并决定一切，人与天之间存在亲缘关系，与天地一样都能够能动地实行仁义道德，让人们效法天地之德，更加自愿自觉地去履行自己天赋的道德义务。既然人和天同类，那么人对维持自然万物和谐就有着不可推卸的责任，人就自然而然地成为"和"之中

---

① 中国社会科学院哲学研究所中国哲学史研究室：《中国哲学史资料选辑》（宋元明之郎），中华书局 1962 年版，第 272 页。

② 钟肇鹏：《春秋繁露校释》，河北人民出版社 2005 年版，第 1023 页。

的重要一环。

（三）德治入法

在中国古代社会中，以强调道德教化为主要特征的德治受到大部分统治者格外的垂青，为了社会的和谐和有序，政治往往与道德紧密结合。《尚书·周书》中就有"抚民以宽，除其邪虐，功加于时，德垂后裔"的说法，这是在反省夏桀和商纣王的暴政基础上提出的。当它到了孔子之处，德治成了儒家思想的重要内容。"为政以德，譬如北辰，居其所而众星共之"，"道之以政，齐之以刑，民免而无耻；道之以德，齐之以礼，有耻且格"[①] 等，都是孔子对于提倡德治的重要论述。

唐朝，德治这一政治纲领作为律例的一条，写进了国家的根本大法《唐律疏议》之中。《唐律疏议·名律例》说："德礼为政教之本，刑罚为政教之用。"明确地指出了"德礼"和"刑罚"在国家政治中的功能与地位。道德教化才是治国的根本，而法律的作用在于保障和支持德治的顺利落实和展开，刑罚和法律只是德治的必要补充，不是作为主体的存在。唐朝之前的律法之中存在着许多酷刑，如炮烙、宫刑、腰斩、车裂等，这些酷刑都是以极端的方式来制约人们的行为的。相较之下，德治则体现了"贵和尚中"的儒家思想，以相对中庸的方式力图促进人与社会、人与人之间的和谐。

（四）多元文化融合发展

纵观中国文化的历史，不难发现，中国文化是一种包容性极强的文化。从先秦诸子百家学术争鸣起，历朝历代总是充斥着各种学说和观念。尽管各种学说和观念之间存在差异、矛盾，甚至是对立，但是其仍

---

① 何晏、皇侃：《论语集解义疏》，中华书局 1985 年版，第 14 页。

可以和谐统一于中国文化这个大的整体之中。这也形成了中国文化多元和谐发展的局面。

其中，唐文化的包容性最为突出，不仅包括对东汉、魏晋南北朝以来文化成果的继承和发展，还包括对少数民族文化和外来文化的吸纳和融合。据《通典》记载，唐太宗定《十部乐》，除了《燕乐》和《清商》两部外，其余八部都是兄弟民族及外国乐舞与"汉乐"的融合，这种融合促进了唐朝音乐的繁荣。唐朝的对外政策十分开放，接纳海内外各国民族进行交流学习，形成开放的国际文化。以日本为例，其先后派遣了数十次遣唐使，每次使团规模数百人。这些遣唐使来唐学习唐文化的同时，也带来了日本文化，与唐文化相互交融。此外，唐文化的包容性使得佛教的发展在唐朝时期达到了顶峰。唐以前的佛像仿造印度，个大、鼻高、清瘦，而且神情威严，令人望而生畏。唐朝的佛像有了中国人的风格，看起来庄严慈悲，更符合中国人的审美。在佛经的翻译上也摒弃了印度佛经的晦涩难懂，出现了简单易懂的中国化佛经。这些都推动了佛教文化在中国社会的流传和发展。

总而言之，唐文化所体现出来的是包容并蓄、融合发展的和谐之美。这种和谐之美超越了民族和国度，对当时的其他国家和后世产生了深远的影响。

三、宋明"和"之转折

宋明理学思潮，是中国特定历史阶段时代精神精华的凸显，它适应了社会发展的需要，作为官方意识形态而存在，使社会得以回到稳定、有序的状态。宋初沿袭唐以来三教兼容并蓄的政策，但已不适应社会的发展。佛教的不断兴盛和道教的发展极大地冲击了作为官方意识形态的儒教，对传统的社会心理、思维方式、生活习惯形成了极大的挑战。在此背景之下，宋明理学家们没有坐以待毙，他们引佛道思想入儒，对三教文化进行整合，围绕"天理"，开创并完善理学。"和"文化的发展也有了新的变化。这里拟从几位重要宋明理学家的理论中探讨"和"在这个阶段的发展。

（一）张载的"气论"

张载从"气本论"的立场出发，以"气"为形而上本体作为解释自己学说的根本，运用"气"的理论来解释一系列的问题，"和"也穿插于其中。

张载认为，"气"无所不在，不是具体的某种气体或者某种事物，"气"存于天地之间，无论我们眼睛是否能见到，"气"就在那里。而"太虚"是"气"的基本存在状态，是"气"没有凝聚成物、或聚而后又散的状态。所谓"天"，是"太虚"之名，是一个无限的宇宙世界。"天之明莫大于日，故有目接之，不知其几万里之高也；天之声莫大于雷霆，故有耳属之，莫知其几万里之远也；天之不御莫大于太虚，故心知廓之，莫究其极也。"[1]此天是自然之天，是没有意识、没有意志的，这与董仲舒天与人同类的观点是有区别的。但是，"天与人，有交胜之理"[2]，天与人有互通之处，是可以对待合一的。

在人性的问题上，张载提出了"气质之性"和"天地之性"两个概念。"形而后有气质之性，善反之则天地性存焉。故气质之性，君子有弗性者焉。"[3]"气质之性"是人在形成过程中，由于禀受阴阳二气，个人的

369

---

[1] 牟宗三：《智的直觉与中国哲学》，载《牟宗三先生全集3》，台北联经出版事业公司2003年版，第211页。

[2] 北京大学哲学系中国哲学史资料室：《中国哲学史教学资料选辑》，中华书局2013年版，第35页。

[3] 李敖：《周子通书·张载集·二程集》，天津古籍出版社2017年版，第72页。

身体条件不同而形成的，其既有善的一面，也有恶的一面。"天地之性"就是"太虚"本性，是纯一无缺的，是善的。因此人们只要善于反省自己，就能够保存其善的"天地之性"。"君子"是不应该存有"气质之性"的。那也就是说，老百姓和圣人在出生时都是一样的，兼具"天地之性"和"气质之性"，只是圣人"反本"成圣，而老百姓"气质之性"遮蔽了"天地之性"。

那么，如何"反本"，尽量地去除"气质之性"呢？张载在《正蒙·诚明》中说道："人之刚柔缓急，有才与不才，气之偏也。天本参合不偏。养其气，反之本而不偏，则尽性而天矣。"由于"气质之性"之"偏"，人才有刚柔缓急、有才不才的区别。天参和是"不偏"的，也就是"中和"的。这就要求人们通过修身养性，养气反本，使自身之"气"回归到"不偏"的状态，如此也便达到了"中和"。

（二）陆九渊的心学思想

陆九渊将"理"安置在主体"心"之中，强调主体与本体合而为一，"至当归一，精义无二"的和合结构，提出"心即理"的观点。"盖心，一心也；理，一理也。至当归一，精义无二，此心此理，实不容有二。""仁即此心也，此理也。……此吾之本心也。"[1]"心"与"理"之间"不容有二"，"人皆有是心，心皆具是理。心即理也"[2]。以"心"统摄"理"，"心外无理"。这个"心"不纯粹是个人的"心"，"心，只是一个心。某之心，吾友之心，上而千百载圣人之心，下而千百载复有一圣贤，其心亦只是如此。心之体甚大，若能尽我之心，便与天同"[3]。无论是哪个人的"心"，甚至圣贤的"心"，都是这个"心"，"心"便是超越个体主

---

① 陆九渊：《陆象山全集卷11·与李宰》，中华书局1992年版，第95页。

② 陆九渊：《陆九渊集》，中华书局1980年版，第5页。

③ 陆九渊：《陆九渊集》，中华书局1980年版，第483页。

体的"心"，进而成为一个普遍的、永恒的"心"。既然"心"是合一无二的，那么"尽我之心，便与天同"，以"心"为主体，在"天"与"我"之间建立了一种联结，天人之和谐，关键就在于"心"。这也是对孟子"万物皆备于我"的改造，把"我"解释为"吾之本心"。

（三）朱熹的理学思想

"理"是朱熹思想的出发点和归宿，"理"先天地、先人物而存在，若无"理"，也就无天地、无人物。"理"不像天地、人物是后有的，"理"是绝对的存在，是不生不灭的。"未有天地之先，毕竟也只是理。有此理，便有此天地；若无此理，便亦无天地、无人无物，都无该载了。"①

在朱熹看来，本体"理"自身是独一无二，寂然不动的，"理却无情意，无计度，无造作"②。那么这个"无情意，无计度，无造作"的"理"如何化生出天地万物呢？在此朱熹运用了张载"气"的思想，"气"是能凝聚成物的。"盖气能凝结造作。""气则能酝酿凝聚生物也。"③"气"与"理"不同，"气"是一个生机勃勃，能"凝结造作"的东西。"理"借助"气"化生万物，而"万物之中，又各具一理，所谓乾道变化，各正性命，然总又只是一理"④。最后又复归到理，形成了"理"—"气"—"物"—"理"的结构。

基于这样的理论，朱熹对于《礼记·中庸》中的中庸中和之道有了自己的解释。"喜怒哀乐，情也，其未发，则性也。无所偏倚，故谓之中。发皆中节，情之正也，无所乖戾，故谓之和。大本者，天命之性；天下之理皆由此出，道之体也。达道者，循性之谓，天下古今之所共

371

---

① 黎靖德编，理贤点校：《朱子语类》，卷一，中华书局 1986 年版，第 1 页。

② 黎靖德编，理贤点校：《朱子语类》，卷一，中华书局 1986 年版，第 3 页。

③ 黎靖德编，理贤点校：《朱子语类》，卷一，中华书局 1986 年版，第 3 页。

④ 黎靖德编，理贤点校：《朱子语类》，卷九四，中华书局 1986 年版，第 2374 页。

由，道之用也。此言性情之德，以明道之不可离之意。"①《中庸》所谓之"中"朱熹解释为"天命之性"，即"理"，是"道之体"。《中庸》所谓之"和"，朱熹解释为"循性之谓"，是"道之用"。而天地万物之"道"，尽皆是"理"。那么"未发之中"与"已发之和"在这里就成了"理"的体和用，不可相离。

（四）王阳明的心学思想

王阳明是宋明理学家中心学的集大成者，相较于之前提到的陆九渊，其更加彻底地贯彻了"心即理"的观点，提出了"理"为"心"的条理的观点。他说："理也者，心之条理者也。是理也，发之于亲则为孝，发之于君则为忠，发之于朋则为信。千变万化，至不可穷竭，而莫非发于吾一心也。"②"理"是"心"的条理，由于"理"发于不同的对象，所以有了不同的内容。虽然其间千变万化，不可穷尽，但无不是发之于"吾心"。忠、信、仁、孝之理都在"吾心"，因此，"天下宁有心外之性，宁有性外之理乎，宁有理外之心乎?"③"心"才是其认为的天地本源之所在。

在王阳明的心学思想之中，"良知"即是"天理"，是万事万物的本体，其特别强调"致良知"。王阳明认为"良知"除了具有本体所具有的先验性、普遍性、直觉性，他还提出了"良知"所具有的"中""寂""公"等特征。他说："良知心之本体，即所谓性善也，未发之中也，寂然不动之体也，廓然大公也。何常人皆不能，而不待于学邪? 中也、寂也、公也，既从属心之体，良知是矣。"④"中"即"未发之中"，"寂"即寂然

---

① 朱熹:《四书章句·集注》，中华书局 2011 年版，第 20 页。

② 王宋仁著，王晓昕、赵平略点校:《王阳明集》，中华书局 2008 年版，第 246 页。

③ 王阳明:《王阳明全集》，民主与建设出版社 2014 年版，第 205 页。

④ 陈荣杰:《王阳明传习录详注集评》卷中，重庆出版社 2017 年版，第 129 页。

不动，"公"即廓然大公，这些都是"良知"的本质特征。又说："未发之中，即良知也。无前后内外，而浑然一体者也。"① 以良知来阐释"未发之中"，提出了"未发之中"即是良知的心性中和观。"致良知"也就是中庸中和之道的"致中和"。

四、明清实学对"和"的阐发

明清实学是我国学术史上特定历史时期的产物，其基本特征是崇实黜虚。它最初的形成主要是针对宋明理学的日趋空疏衰败，要求摒弃宋明理学的空谈心性之风，在一切社会领域和文化领域中提倡"实"。明清实学中有一个不可忽视的重要组成思想，就是启蒙意识。明代中叶以来，社会酝酿着重大的变化，反射在传统文艺领域内，表现为一种合规律性的反抗思潮，也就是启蒙思潮。这种启蒙思潮否定了传统的"中和"审美观，作为一种非中和艺术而存在，体现了非中和之美。"非中和之美，是中国文论不和而和的美学风格，是与中和之美相对应的一种审美理论。"② 非中和之美是对中和之美的一种补充，这种美在明清启蒙意识中得到了很好的体现。

（一）李贽绝假纯真的"童心说"

李贽是明代后期最杰出的思想家，他创造性地发展了王阳明的学说。他不服孔孟，批判儒家道统，宣讲童心，追求民主、自由和个性解放。其思想启迪和推动了整个晚明和清初文艺思潮的开展。

李贽启蒙思想的一个显著特点是讲"真"，也就是"童心"，崇尚一

---

① 陈荣杰：《王阳明传习录详注集评》卷中，重庆出版社 2017 年版，第 131 页。

② 刘金波：《礼以节情 乐以发和》，李建中主编：《中国古代文论范畴发生史》武汉大学出版社 2009 年版，第 217 页。

种纯真的人性美。"夫童心者，真心也。若以童心为不可，是以真心为不可也。夫童心者，绝假纯真，最初一念之本心也。若失却童心，便失却真心；失却真心，便失却真人。人而非真，全不复有初矣。"①"童心"是人生而具有的，是不可失去的，任何人若是失去了"童心"，也便失了"真"，失了"真"，也就失去了一切。"童心"之所以美，是因为其最纯洁美好，具有无限的可能性，保持它很困难，失去它却很容易，所有的道学教育都能够掩盖"童心"。李贽以"童心"为标准，反对一切传统观念的束缚，包括孔子在内。"夫天生一人，自有一人之用，不待取给于孔子而后足也。若必待取足于孔子，则千古以前无孔子，终不得为人乎？"② 每个人都有其自身难能可贵的真实，不必依据圣人道学，文艺的可贵之处就在于表达自己的真情实感，而不是文以载道。因此，李贽提倡具有真实性的世俗文学，提倡以人的"真心"为出发点进行文学创作，而不是以儒家的伦理道德进行伪古典摹习，文学是应当反映真实的人情世俗的。

（二）汤显祖和《牡丹亭》

情，在汤显祖的思想里，是一个基本且重要的概念。"世总为情，情生诗歌，而行于神。天下之声音笑貌大小生死，不出乎是。因以憺荡人意，欢乐舞蹈，悲壮哀感鬼神风雨鸟兽，摇动草木，洞裂金石。其诗文传者，神情合至，或一至焉；一无所至，而必曰传者，亦世所不许也。""神"为传神写照，"情"是文艺创作的推动力量。文艺创作既要有"情"，又要能描绘出事物的风神和特征，这样才会被世人所接受。"一无所至"的诗歌是不可能传世的。"情生诗歌，而行于神"说明"情"比"神"

---

① 李贽：《焚书·续焚书》，中华书局 1975 年版，第 58 页。

② 李敖：《何心隐集·李贽集》，天津古籍出版社 2016 年版，第 22 页。

更为基本，无"情"则无"神"。有"情"，文艺作品才能打动人心，才能得以流传。

在其重要作品《牡丹亭》中，以"情"作为创作根本，与"理"相对应了起来。《牡丹亭》中说道："情不知所起，一往而深。生者可以死，死可以生。生而不可与死，死而不可复生者，皆非情之至也。"杜丽娘这种对"至情"的追求，在道学家眼里就是异端的存在，是不允许有的。但"第云理之所必无，安知非情之所必有邪"①。传统伦理之中所不可以有的，恰恰也正是"情"之中所不可或缺的。这种"至情"中所不自觉呈现出来的应当是当时的人们对美好理想的自由期望和憧憬。此"情"的核心是"真"，这与李贽所谓之"真"应是一以贯之的，是对传统理性主义的冲击，呼唤一个个性解放时代的到来。

375

（三）袁弘道的"性灵说"

对于文学创作，袁宏道主张"独抒性灵"。"大都独抒性灵，不拘格套，非从自己胸臆中流出，不肯下笔。有时情与境会，顷刻千言，如水东注，令人夺魄。"②这里的"性灵"亦是从李贽的"童心"发展而来，都是天赋的人性。"独抒性灵"旨在忠于自己内心的感受，这种感受与客观的"境"相会，才能"顷刻千言，如水东注，令人夺魄"，具有震撼人心的感染力。"独抒性灵"重要的还是在一个"独"字，这个"独"，"独"在创作个性，指的是作者在作品中表现出来的其对生活独特的感受、独特的表现手法和语言形式等，强调这种别具一格的独特性，有这样的独特性，作品才有流传的价值。反之，后人作品如果只与古人雷同，粉饰蹈袭前人作品，那么后人作品就失去了存在的价值。袁宏道正

---

① 汤显祖著、徐朔方笺校：《牡丹亭记题词》，载《汤显祖诗文集》卷三三，上海古籍出版社 1982 年版。

② 罗新璋：《故尤略》，复旦大学出版社 2012 年版，第 196 页。

是以"独抒性灵"来反对"文以载道"的观念的。

（四）感伤主义

随着李自成的失败和清帝国的建立，明中后期出现的启蒙思潮在当时统治者保守的政治、经济、文化政策之下，遭受了挫折。清初的几位君主巩固传统小农经济、压抑商品生产、全面闭关自守，坚持了传统儒家的正统理论。由于国家更替、民族兴衰，这一时期的作品也就表现出一种感伤主义。《桃花扇》《长生殿》和《聊斋志异》就是其中代表。

《桃花扇》写的是南明弘光小朝廷的兴亡事，以侯方域和李香君的爱情故事为主线，讲述了两人在南明王朝风雨飘摇、政治斗争的复杂背景下的爱情悲剧。两人的爱情起于政治，最后又因为政治而了结，当弘光朝廷覆灭之后，二人斩断情根拜师入道。剧中写道："呵呸！两个痴虫，你看国在哪里，家在哪里，君在哪里，父在哪里，偏这点风花情恨割他不断么？"《桃花扇》看似写情，实则是对家国人生的思考，人生的意义和目标究竟是什么，该如何实现？个人的爱情在家国悲痛感伤之中仿佛失去了依托，表露出整个人生的空幻之感。

《长生殿》写李隆基与杨玉环爱情的生死不渝，这与《牡丹亭》中的"至情"是一致的。两人的爱情并没有错，但是李隆基作为帝王，因为爱情"弛了朝纲，占了情场"，最终导致了两人的爱情悲剧。《长生殿》的基本情调，仍然是一种人生空幻之感。"唱不尽兴亡梦幻，弹不尽悲伤感叹，大古里凄凉满眼对江山。"[1]因家国兴亡而悲伤感叹，满眼凄凉作为一种时代感伤存在，这与"乐而不淫，哀而不伤"的中庸之道是相悖的。

《聊斋志异》也可以归入到这个感伤文学的背景下考察和研究。虽然《聊斋志异》写的是幻想的狐鬼故事，但在这种曲折离奇的故事中却

---

① 《长生殿》。

有一种感伤的情绪。"观其寓言之意，十固八九，何其悲以深也。"① 蒲松龄在《聊斋自志》中也写道："浮白载笔，仅成孤愤之书，寄托如此，亦足悲矣。"其所悲的，不乏科场失意、功名不就，当然也有那个时代所共有的感伤。正因为人生空幻，才将情感寄托于狐鬼，这种"悲以深"的感伤意识绝不是愤世嫉俗那般简单。

根据笔者总结，以"和"范畴的不同概念为经，以"和"范畴的具体特征为纬，文学大致可以划分为四种基本的"和"境界：即作为起点的中和之美、作为中和之补充的非中和之美、作为核心的和谐之美、作为交叉融合手段的和合之美。② 这四种美学范畴相对独立，相互补充，贯穿于中国古代文学史的整个发展过程。之所以说其贯穿于中国古代文学史的整个发展过程，是因为以"和"为美是"和"观念产生以来，甚至是"和"观念形成之前，中国古代人对美的一种追求。诚然，古人对于"和"的种种境界的追求有着明显的乌托邦的性质，但是在追求"和"之境界的过程中，人们总在不断发现问题并不断创造，推动着社会文明、思想的进步。这种对"和"的美学追求至今仍然存在，并在政治、社会等各方面发挥着重要的影响。

第三节　"和"与现代生态文明

一、"和而不同"与西方"契约精神""价值多元"

在千年来的中国传统哲学思想中，"同"指的是同一、相同，而"和"

---

① 《聊斋志异》跋二。

② 参凤刘金波：《礼以节情　乐以发和》，载李建中主编：《中国古代文论范畴发生史》，武汉大学出版社 2009 年版，第 278 页。

是一种多样性的统一。从西周开始，古人就已经把"和"与"同"进行区别，郑国史伯曾在与郑桓公的谈话中言："和实生物，同则不继。"和，即"以他平他"指不同事物或不同因素的结合后产生新事物的一种处于平衡的状态，是差异性的统一。同，即"以同裨同"，指完全等同的事物或等同因素的重合，是排斥差异性的直接同一。前者是朴素辩证法，后者属于形而上学。史伯完整的说法是："夫和实生物，同则不继。以他平他谓之和，故能丰长而物归之；若以同裨同，尽乃弃矣。故先王以土与金、木、水、火杂以成百物。"① 这里带有明显的朴素唯物主义因素。而"以同裨同"，则仅仅是把相同事物简单的相加。春秋末，晏婴发展了这一思想，明确指出和与同的差异，并且以烹调和羹、对待不同意见和演奏音乐为例，说明和是"济其不及，以泄其过"。他认为矛盾的因素可以"相成相济"。孔子也使用了"和"与"同"的概念，在《论语·子路》里也提到"君子和而不同，小人同而不和"②。

这种精神在中国已经传承了几千年，自先秦时代开始，古人就开始在各个方面贯彻"和"的精神。

戏曲及小说创作时，多以大团圆为结局。无论故事情节多么曲折，无论故事中的主人公的命运多么悲惨，但是丝毫不影响他们的最终归宿是欢喜的，高兴的，团圆的，符合观众的观看期待的。这种将人物、情节、故事、结构巧妙安排的和谐方式就是一种"和"的精神。甚至骈体文、古诗词，在平仄对仗方面就是"和"的体现。

音乐演奏时，必须将宫、商、角、徵、羽巧妙地配合在一起，才能到达一种五音共鸣的和谐悦耳境界，这样才能算是上等的音乐美。

作画时，必须把各个部分完美地融合在一起，构图突出人与自然、

---

① 《国语》，辽宁教育出版社 1997 年版，第 119 页。

② 《春秋·左传》（二），辽宁教育出版社 1997 年版，第 310—311 页。

人与自身、人物之间的和谐，达到一种景人合一的境界，这才是佳画。

建筑时，中轴布局，东西对称，外方内圆，如故宫、中山陵等无不突出"和"的境界。

甚至是古代的铜钱，外圆内方，也彰显"和"的意蕴。

"和"的精神还被运用于国家大事里，古有汉代班彪的《王命论》的"从谏如顺流"，指统治者治国需要接受臣子的合理的意见并予以采纳，只有把不同的意见取其精华去其糟粕，和谐地融合在一起才可以治理好国家。

在人际交往方面，孔子认为君子和而小人同，进一步把这两种态度概括为"和而不同"与"同而不和"，并且把它看作区分君子与小人的重要标准，这一原则也就成为人们处理一切事务应遵守的基本原则。在日常生活中，所谓和而不同，就是对上不盲目附和，对下能容纳和听取不同意见，与持不同意见的人和睦相处，相互切磋。所谓同而不和，则是对上迎合附和，不表示不同意见；对下搞一言堂，自己的意见只能赞成，不能反对，排斥不同意见和有不同意见的人。显然，同而不和不可能导致真正的和谐，只有和而不同才是正确的致和之道。能不能做到这一点，是衡量一个人道德修养高低的一个重要标准。"和而不同"是典型的中国哲学智慧。"以土与金木水火杂，以成百物"；"以和五味以调口，刚四支以卫体，和六律以聪耳，正七体以役心"；"声一无听，物一无文，味一无果，物一不讲"。其中所含的哲理都指的是只有多种因素相互配合才能组成新的事物，否则事物便会陷入单一的尴尬境地。百家争鸣时期，"和而不同"也是处理不同学术思想流派、不同文化之间关系的重要准则。

西方的契约精神是一种体现平等、自由、公平、民主的精神。最初起源于商业交易的发展，并逐渐扩展到社会的其他领域，对西方市民的社会生活有着不可忽视的影响，甚至从某种意义上来说就是西方文明的核心要素。

契约精神的关键要素一是等价有偿，二是主体意识。"契约"在古希腊时期就已经被哲学家们发现并加以探索。柏拉图曾在《理想国》中言："人们在彼此交往中既尝到过不正义的甜头，又尝过遭受不正义的苦头。两种味道都尝过了之后，那些不能专尝甜头不吃苦头的人，觉得最好大家成立契约：既不要得不正义之惠，也不要吃不正义之亏。自此，他们中间才开始订法律立契约。他们把守法践约叫合法的、正义的。"①"契约"真正被作为一种理论来研究是始于启蒙运动，伊壁鸠鲁说："源于自然的正义是关于利益的契约，其目的在于避免人们彼此伤害和受害。"②洛克在《政府论》里说："法律和他们的政治社会都起源于自愿结合和人们自由地选择他们的统治者和政府形式的相互协议。"③卢梭则提出了社会契约论，社会秩序是一切其他的权利的基础，没有稳固的社会秩序，其他权利都是空中楼阁。但它并不来自自然，而是建立在许多约定的基础上。人人都是生来自由的和平等的，但人会在对自己有利的情况下，让渡一部分自然状态下的自由。而且个人的力量有限，无法克服生存中的巨大障碍。因此，人只有与其他人共同协作和结合起来形成一个共同体，才能更好地生存，结合的基础是大家共同遵守契约：每一个个体都应毫无保留而且平等地转让一部分自然状态下的自由，服从于共同体的意志。对于这个共同契约如果有人有所保留，或者占有特权，那他成为契约的破坏者，而成为共同体的敌人，将被驱逐出共同体。西方社会在契约精神的影响下，承认人的主体地位，尊重不同的观念，因此便产生了价值观念上的多元化。而价值观念上的多元化，就是

---

① ［古希腊］柏拉图：《理想国》，重庆出版社 2016 年版，第 78 页。

② ［苏］涅尔谢相茨：《古希腊政治学说》，商务印书馆 1991 年版，第 210 页。

③ ［英］约翰·洛克：《政府论》，叶启芳、瞿菊农译，商务印书馆 1995 年版，第 63 页。

认同人在社会生活中的多样存在价值。随着历史的发展，个体成为独立的主体，主体的不同需求就使价值观也多元化。这体现了价值多元在平等基础上的包容性。

（一）"和而不同"与"契约精神"之同

二者虽然存在着一定的差异，它们有着共同的哲学基础——承认差异、统筹兼顾。

第一，是都承认差异性的存在。世界上不存在两片相同的树叶，所以事物之间多少存在着一定的差别。因此，客观世界的本质是充满差异和多样的，世界上不存在绝对相同的事物。

毛泽东曾在《矛盾论》中提到"差异就是矛盾"[①]，在唯物辩证法里，矛盾的差异性、普遍性往往无处不在，具体体现在事事有矛盾、事物的各方面都存在着不同的矛盾。

"和而不同"以"不同"为底构造形成了"和"，也就是说它承认了事物间存在着差异，事物之间的关系是矛盾的。"和"是不同事物的相辅相成。而契约精神也包含了"差异"，一段契约关系里契约者应具备主体意识。这里的主体意识，显然包括具备独立利益单元的不同主体对自己的个体的独立人格、独立经济地位、政治地位和社会地位的认同和遵守。同时他们还能行使其独立的权利能力和行为责任能力，有独特的利益空间和利益诉求。主体意识是契约精神其他形式得以催生和表达的前提。表明契约精神认可只有具有差异性的事物才可以构成和谐，所以中西社会都认可和谐社会的基础理念是要承认客观社会"差异"的客观性。

第二，是都承认统筹兼顾。矛盾有斗争性和同一性的属性。矛盾的

---

① 《毛泽东选集》第 1 卷，人民出版社 1967 年版，第 282 页。

同一性是指矛盾双方相互贯通、相辅相成的性质；矛盾的斗争性是指矛盾着的对立面之间相互排斥的性质。与此同时它们还在互相依存、互相促进的基础上达到共同发展的目标。和而不同，强调和，就是突出统一性；强调不同，就是突出斗争性；强调和而不同，就是兼顾矛盾的对立统一。"和而不同"的本质就在于矛盾的统一性，在平等的基础上把不同的事物统筹成一个整体，并让它们互相吸收融合，形成和谐的局面；而契约的达成是两相情愿、共同意志结合的结果。唯有通过契约双方的平等协商的方式，才能成功实现契约双方的预期利益。契约的订立并由此形成的平等协商、等价交换、互利双赢的合作精神，是和谐的处世观、人生观的思想源泉。不同的主体在为自己切身利益相互竞争的同时，又不得不在共同利益之下和谐相处。所以，契约精神实质上也包含着统筹兼顾的思想。

（二）"和而不同"与"契约精神"之异

二者属于两种不同文化产生的不同社会的和谐理念，在价值理念上又存在着差异。

从文化的角度来思考它们，在人与人、社会和自然之间产生冲突时，中西方的"和而不同"侧重点有所不同。中式的"和"文化倾向于矛盾的同一性，关键在于怎样解决矛盾，从而达到事物和谐的目的；而西方因强调个体价值，凸显个人主义，因此更倾向于矛盾的斗争性，侧重点在于突出矛盾。

"和"是中国传统文化的核心价值取向。自古代始，阶级从上自下都崇尚和谐观，君王治理国家的关键在于"和"，"礼之用，和为贵"。"致中和，天地位焉，万物育焉。"[①] 明君对待臣子结党问题时，会采取制衡

---

① 王文锦：《礼记译解》，中华书局 2001 年版，第 777 页。

之道，从而达到朝堂和谐的局面。在哲学思想上，孟子坚信"天时不如地利，地利不如人和"①。"大道之行也，天下为公"，孙中山先生更是一生致力于追求"天下为公"。天下是大家共有的，所以与每个人都是息息相关的，也就是说天下兴亡，关系到每个人的切身利益。

"和而不同"充分体现了群本位的"中庸"思想，通过融合事物各方面，找出事物的最佳状态，重视整体的和谐，强调个体要从属于整体。而在经历了文艺复兴、启蒙运动和宗教改革的思想革命后，近代的西方开始用理性主义视角来看待构建个人与社会的和谐关系。在西方哲学认为和谐是一种价值观，集真善美于一体，它应该是人类永恒的追求。它向我们揭示了人类作为客观世界的主体，应遵守一定的行为规范来到达主体和客体的和谐。在此基础上，西方人形成了一种目的性的以个体为本位的思维方式。

两者的实质不同。"和而不同"的实质是一种重视仁义礼智信，目的是为了立足于群体而发挥个体的价值，重点在于内在。而西方社会选择用包含"契约精神"的方式来进行国家管理，比较功利，目的性比较明显，具体则表现为外在的管理形式，例如美国三权分立的制衡政治制度。

儒家思想的"仁义礼智信"影响了许多有志之士。它在道德修养方面十分强调主体的模范作用。《论语·颜渊》云："政者，正也。子帅以正，孰敢不正？""其身正，不令而行；其身不正，虽令不从。"②领导者如果自身的行为正当，用不着下命令，人民也会按他的意志去做；如果自身的行为不正当，即使当权者再如何三令五申，人民也不会服从的。因此孔子主张上感化下，施不言之教。很明显，儒家的积极入世观是为

① 《孟子》，中华书局 2017 年版，第 133 页。
② 孔子：《论语》，中华书局 2016 年版，第 45 页。

了达到个人的道德自律和社会统治相结合来更好地治理国家目的的一种德治手段，这种入世精神体现在道德规范的内化和个体道德的主观能动性的发挥上。

而西方的"契约精神"则作为管理国家的一种有效的手段，通过其所含的法治意识和权利意识来为处理社会矛盾提供原则性的支撑。

二、"和"与"和谐社会"之建构

实现社会和谐是古今中西社会管理者所追求的理想目标。在中国，不管是《尚书·尧典》言"百姓昭明，协和万邦"，《周易·乾卦》中的"首出庶物，万国咸宁"，还是孔子讲"四海之内皆兄弟"，"远人不服，则修文德以来之，既来之则安之"，老子讲"人法地，地法天，天法道，道法自然"，庄子讲"天地与我并生，而万物与我为一"，墨子讲"兼相爱，交相利"，《礼记》言"大同""小康"。随着思想的更加成熟，近代洪秀全的"太平天国"，康有为、孙中山的"天下为公"，甚至老百姓喜闻乐见的"家和万事兴"，中国上至进步阶层的知识分子，下至普通老百姓，都以和谐社会为理想目标而奋斗着。从本质上来说，社会和谐是社会内部各要素实现平衡稳定的一种状态。和谐社会是每种社会形态都力求达到的一种目标状态，是一种文化境界。总而言之人类社会是一个不断从低级向高级发展的历史过程。建立平等、互助、协调的和谐社会，一直是人类的美好追求。"和谐社会"实际上是一种整体性思考问题的观点，也就是说，我们不仅要注重经济、政治、文化、社会等各个方面的发展，还要灵活运用法律、经济、行政等多种手段，统筹各种社会资源，综合解决社会协调发展的问题。在建设社会主义现代化的过程中，要想建构和谐社会，那就必须要灵活应用马克思主义唯物辩证法的科学观来体现和谐社会的本质，要用发展来推动和谐社会的进步。

三、"天人合一"与"仇必和解"

新时代中国特色社会主义的社会基本矛盾的变化，需要解决的主要问题之一就是可持续发展。如前所述，"天人合一"的哲学观为可持续发展提供了理论基础。《庄子·达生》曰："天地者，万物之父母也。"《易经》中强调将天、地、人并立起来，并将人放在中心地位，这就说明人的地位之重要。

我国的区域经济仍然存在着不小的差距，庞大的人口总量严重制约着经济发展和人民生活水平的提高。在我国资源短缺的同时，资源破坏和资源浪费又非常突出，导致人均资源明显不足，进一步加剧了资源不足的矛盾，生态环境恶化的局面仍尚未得到扭转。

一方面，面对片面追求经济发展所带来的一系列环境污染的问题，"天人合一"蕴含的人与自然和谐相处的思想对解决我国社会经济发展中存在的问题具有一定的启示作用。

另一方面，天人合一的境界也为仇必和解提供了理论资源。

当今世界尽管波谲云诡，危机重重。民族问题、种族问题、宗教问题、疆域问题等等无不显示文明的冲突。尽管冲突不断，很多矛盾一时难以化解，但是不可讳言，和谐世界仍然是人们心目中的那一缕阳光，发展与和平仍然是人们追求的方向。

用仇恨来解决仇恨问题，必然加剧仇恨的基因和种子。谋求全球性高速、持续、和谐的发展，日益成为当代主体最重要的需要。中国智慧和中国方案为这种高速发展奠定了坚实的基础。中国古典哲学认为一切事物都处于斗争和统一之中。"仇必和解"，一切矛盾必定是通过和谐才能得到解决。在政治多极化、经济全球化的当下，世界各国各民族成为一个地球村的不可分割的有机整体。无论是政治经济还是文化，都是你中有我我中有你的局面。只有政治上相互尊重、经济上加强合作、文

385

化上开放包容、安全上增强互信，方能以对话增进互信，以协商化解矛盾，以合作谋求稳定，维护世界和平。我们要积极参与国际事务，加强与世界各国的联系，广交朋友，团结一切维护国际和谐的力量，争取一切中间的力量，遏制破坏和谐的因素，保持国际局势的和平与稳定，为和谐社会的构建提供一个良好的外部环境。

虽然"和平"和"发展"是当今的大主题，但世界发展的总趋势是多极化发展。国与国之间的关系在利益的基础上进行着调整。发展中国家随着实力的提升，在国际上的话语权慢慢变多。目前世界多极化发展有利于世界和平，这种大环境有助于中国的对内建设。但是霸权主义与强权政治依旧对世界和平产生着威胁。旧的不合理的旧秩序仍然一如既往地损害着发展中国家的利益。强国利用"人权"来干涉别国内政的现象依旧存在。世界的某些地方还充满着哭声。

我们所要构建的社会主义和谐社会是一个动态发展的社会，所以它应该是能够面向未来的、不断向前发展的。如果面向未来，放大时间尺度看，就容易看到长远利益，协同现在和未来。思维向未来封闭，则国无远虑，必有近忧。因此，我们构建社会主义和谐社会，不管是在国内建设上还是在国际交往中，要有战略性思维，作长远考虑，不断调整自己的方针政策，使之适应社会的长远发展。

中国的"仇必和解"并不仅仅是纸上谈兵而已，自古中国就有亲仁善邻、崇尚和平的优良传统。

中国一直努力将"仇必和解"的"和"观念贯彻到对外政策中。在国际交往中中国高举和平、发展、合作的大旗，坚守立足于和平共处五项基本原则之上去促进世界和平的外交宗旨，在此基础之上加强同世界各国的友好合作，一起推动没有偏见、合作共赢、公平公正的新国际秩序。

参考文献

（一）

B

（汉）班固：《汉书》，中华书局 1962 年版。

边家珍：《经学传统与中国古代学术文化形态》，人民出版社 2010 年版。

白奚：《仁字古文字考辨》，《中国哲学史》2000 年第 3 期。

C

蔡尚思：《中国思想史研究法》，商务印书馆 1939 年版。

蔡景康：《明代文论选·杂说》，人民文学出版社 1993 年版。

曹德本：《中国政治思想史》，高等教育出版社 1999 年版。

（宋）蔡襄：《蔡襄集》，上海古籍出版社 1996 年版。

陈鼓应：《管子四篇诠释》，商务印书馆 2006 年版。

陈鼓应：《庄子今注今译》，中华书局 1983 年版。

（宋）程颢、程颐：《二程集》，中华书局 1981 年版。

（宋）程颢、程颐：《二程遗书·卷十五》，上海古籍出版社 2002 年版。

（宋）程颢、程颐：《伊川文集》卷五，《二程集》上，中华书局 1981 年版。

陈居渊：《凌廷堪"慎独格物说"的礼学诠释》，《复旦学报》（社会科学版）2009 年第 2 期。

陈居渊：《焦、阮、凌礼学思想合论》，任继愈主编：《国际汉学》第 2 辑，大象出版社 1998 年版。

陈来：《荆门竹简之〈性自命出〉篇》，《郭店楚简研究》（《中国哲学》第二十辑），辽宁教育出版社 1999 年版。

陈来：《古代宗教与伦理——儒家思想的根源》（增订本），北京大学出版社 2017 年版。

陈来：《宋明理学》，生活·读书·新知三联书店 2011 年版。

陈来：《朱熹的〈仁说〉与宋代道学话语的演变》，《早期道学话语的形成与演变》，安徽教育出版社 2007 年版。

陈来：《仁学本体论》，生活·读书·新知三联书店 2014 年版。

陈来：《古代思想文化的世界——春秋时代的宗教、伦理与社会思想》，生活·读书·新知三联书店 2002 年版。

陈立：《白虎通疏证》，中华书局 1994 年版。

（清）陈澧：《东塾读书记》，三联书店 1998 年版。

陈梦熊：《宋学历史分期新论》，《武陵学刊》2018 年第 1 期。

陈荣捷：《朱学论集》，台北学生书局 1982 年版。

陈弱水：《〈复性书〉思想渊源再探》，《唐代文士与中国思想的转型》，广西师范大学出版社 2009 年版。

（清）陈乔枞：《齐诗翼氏学疏证》，上海古籍出版社 2002 年版。

（宋）陈善：《扪虱新话》，商务印书馆丛书集成初编本 1934 年版。

陈昇：《〈孟子〉讲义》，人民出版社 2012 年版。

陈旭麓：《近代中国社会的新陈代谢》，上海人民出版社 1992 年版。

陈赟：《儒家思想与中国之道》，浙江大学出版社 2016 年版。

陈赟：《"混沌之死"与"轴心时代"中国思想的基本问题》，《中山大学学报》（社会科学版）2010 年第 6 期。

程水龙：《〈近思录〉集校集注集评》，上海古籍出版社 2012 年版。

（清）崔述：《洙泗考信录自序》，顾颉刚编订：《崔东壁遗书》，上海古籍出版社 2013 年版。

D

（清）戴震：《孟子字义疏证》，中华书局 1982 年版。

（清）戴震：《戴震集》，上海古籍出版社 1980 年版。

邓秉元：《孟子章句讲疏》，华东师范大学出版社 2011 年版。

丁钢：《文化的传递与嬗变：中国文化与教育》，广西师范大学出版社 2009 年版。

丁进：《礼学文献的重现与两汉礼学的演变》，《学术月刊》2012 年第 6 期。

丁为祥：《发生与诠释》，人民出版社 2015 年版。

丁植原：《楚简儒家性情说研究》，万卷楼图书有限公司 2002 年版。

（清）段玉裁：《说文解字注》，中华书局 2013 年版。

F

（南朝宋）范晔：《后汉书》，中华书局 2000 年版。

（宋）范应元：《宋本老子道德经》，国家图书馆出版社 2017 年版。

冯友兰：《中国哲学史》上册，商务印书馆 2001 年版。

冯友兰：《中国哲学简史》，天津社会科学院出版社 2007 年版。

冯友兰：《新原道·贞元六书》，华东师范大学出版社 1996 年版。

冯友兰：《对于孔子所讲的仁的进一步理解和体会》，《孔子研究》1989 年第 3 期。

冯天瑜：《中华元典精神》，上海人民出版社 1994 年版。

傅斯年：《性命古训辨证》，广西师范大学出版社 2006 年版。

傅斯年：《傅斯年选集》第三册，台北文星书店 1967 年版。

G

高尚：《从歌颂古代到追求未来》，《牡丹江大学学报》2018 年第 9 期。

耿静波：《北宋五子心性论与佛教心性论关系研究》，中国社会科学出版社

2016 年版。

葛荣晋：《中国哲学范畴通论》，首都师范大学出版社 2001 年版。

葛兆光：《中国思想史》第一卷，复旦大学出版社 2015 年版。

葛兆光：《中国思想史》第二卷，复旦大学出版社 2015 年版。

（明）顾炎武：《顾亭林诗文集》，中华书局 2009 年版。

（明）顾炎武：《日知录集释》，上海古籍出版社 2006 年版。

古文字诂林编纂委员会：《古文字诂林》，上海教育出版社 2000 年版。

过常宝：《制礼作乐与西周文献的生成》，中国社会科学出版社 2015 年版。

郭沫若：《十批判书》，人民出版社 1954 年版。

郭齐勇：《现当代新儒学思潮研究》，人民出版社 2017 年版。

（清）郭庆藩：《庄子集释》，中华书局 1985 年版。

H

韩丽华：《回归诚明——李翱〈复性书〉研究》，巴蜀书社 2015 年版。

韩水法：《如何理解西方文明》，《华东师范大学学报》（哲学社会科学版）2008 年第 1 期。

（唐）韩愈：《韩愈文集汇校笺注》，中华书局 2010 年版。

（明）郝敬：《仪礼节解·读仪礼》，四库全书存目丛书本。

（明）郝敬：《礼记通解·读礼记》，四库全书存目丛书本。

河北省文物管理处：《河北省平山县战国时期中山国墓葬发掘简报》，《文物》1979 年第 1 期。

何俊：《南宋儒学建构》，上海人民出版社 2004 年版。

何军：《虚静·希声·有无——以"大音希声"为例谈中国的音乐之道》，《中国音乐》2017 年第 4 期。

何怀宏：《新纲常——探讨中国社会的道德根基》，四川人民出版社 2013 年版。

侯外庐：《宋明理学史》，中国社会科学出版社 1984 年版。

侯外庐：《宋明理学史》上册，人民出版社 1997 年版。

侯外庐：《中国思想通史》，新知书店 1947 年版。

（宋）黄榦：《周子全书》，万有文库本，商务印书馆 1939 年版。

（清）黄宗羲原著，全祖望补修：《宋元学案》，中华书局 1986 年版。

（清）黄以周：《礼书通故·叙目》，续修四库全书本。

黄玉顺：《大汉帝国的正义观念及其现代启示》，《齐鲁学刊》2008 年第 6 期。

黄侃：《礼学略说》，陈其泰等编：《二十世纪中国礼学研究论集》，学苑出版社 1998 年版。

胡适：《戴东原的哲学》，《胡适学术文集》，中华书局 1991 年版。

（魏）何晏集解、（梁）皇侃义疏：《论语集解义疏》，丛书集成初编本，商务印书馆 1934 年版。

J

季乃礼：《三纲六纪与社会整合——由〈白虎通〉看汉代社会人伦关系》，中国人民大学出版社 2004 年版。

（清）纪昀等：《四库全书总目》，中华书局 1965 年版。

金春峰：《汉代思想史》，中国社会科学出版社 2006 年版。

金观涛、刘青峰：《中国现代思想的起源》第一卷，法律出版社 2011 年版。

荆州市博物馆：《郭店楚墓竹简》，文物出版社 1998 年版。

K

康同璧编：《南海康先生年谱续编》，《康有为自编年谱》附录，中华书局 1992 年版。

（清）康有为：《大同书》，中州古籍出版社 1998 年版。

（清）康有为：《康有为自编年谱（外二种）》，中华书局 1992 年版。

（清）康有为：《康有为全集》第二卷，上海古籍出版社 1990 年版。

（清）康有为：《孟子微　礼运注　中庸注》，中华书局 1984 年版。

（清）康有为：《春秋董氏学》，楼宇烈整理，中华书局 1990 年版。

（清）康有为：《康子内外篇》，中华书局 1988 年版。

柯尚迁：《周礼全经释原·自序》，文渊阁四库全书影印本。

匡亚明：《孔子评传》，南京大学出版社 1990 年版。

邝柏林：《大同书·编序》，辽宁人民出版社 1991 年版。

L

（宋）黎靖德：《朱子语类》，中华书局 1986 年版。

黎翔凤：《管子校注》，中华书局 2004 年版。

林安梧：《现代儒学论衡》，台北业强出版社 1987 年版。

（唐）李翱：《李文公集》，《景印文渊阁四库全书》第 1080 册，台湾商务印书馆 1989 年版。

林存光、侯长安：《与权力对话——儒家政治文化述要·总序》，学习出版社 2018 年版。

李零：《郭店楚简校读记》（增订本），中国人民大学出版社 2007 年版。

刘金波：《礼以节情　乐以发和》，载李建中主编：《中国古代文论范畴发生史》，武汉大学出版社 2009 年版。

李强华：《康有为新仁学形上之思探析》，《内蒙古社会科学》2005 年第 5 期。

李学勤：《重写学术史》，河北教育出版社 2002 年版。

李学勤：《郭店楚简与儒家经籍》，姜广辉主编：《郭店楚简研究》（《中国哲学》第二十辑），辽宁教育出版社 1999 年版。

李泽厚：《中国古代思想史论》，生活·读书·新知三联书店 2008 年版。

李振宏：《汉代儒学的经学化进程》，《中国史研究》2013 年第 1 期。

（清）梁启雄：《韩子浅解》，中华书局 2009 年版。

梁漱溟：《梁漱溟全集》第一卷，山东人民出版社 2005 年版。

梁书琴：《音乐艺术的美学特征》，《中国社会科学报》2018 年 11 月 19 日。

梁涛：《郭店竹简与思孟学派》，中国人民大学出版社 2008 年版。

（清）凌廷堪：《校礼堂文集》，中华书局 1998 年版。

刘丰：《从郭店楚简看先秦儒家的"仁内义外"说》，《湖南大学学报》（社会科学版）2001 年第 2 期。

刘师培：《经学教科书·两汉礼学之传授》，《刘申叔遗书》，江苏古籍出版社 1997 年版。

刘松来：《"惟君子为能知乐"——试论儒家艺术鉴赏论在〈乐记〉中的发展》，《江西财经大学学报》2001 年第 3 期。

刘昕岚：《郭店楚简〈性自命出〉篇笺释》，《郭店楚简国际学术会议论文集》，武汉大学出版社 2000 年版。

刘伟:《郭店儒简所见生死观研究》，吉林大学出版社2013年版。

刘钊:《郭店楚简校释》，福建人民出版社2005年版。

路德斌:《荀子与儒家哲学》，齐鲁书社2010年版。

（宋）陆九渊:《陆象山全集》，中国书店1992年版。

罗安宪:《道家性本论刍议》，《东方论坛》2007年第1期。

M

马叙伦:《说文解字六书疏证》，李圃主编:《古文字诂林》第三册，上海教育出版社2004年版。

马一浮:《马一浮全集》，浙江古籍出版社2013年版。

牟宗三:《心体与性体》上，上海古籍出版社1999年版。

牟宗三:《中国哲学十九讲》，上海古籍出版社1997年版。

牟宗三:《牟宗三先生全集》，台北联经出版事业公司2003年版。

O

欧阳祯人:《先秦儒家性情思想》，武汉大学出版社2005年版。

P

庞朴:《儒家辩证法研究·仁义》，中华书局1984年版。

庞朴:《孔孟之间——郭店楚简中的儒家心性学说》，姜广辉主编:《郭店楚简研究》（《中国哲学》第二十辑），辽宁教育出版社1999年版。

皮锡瑞:《经学通论》，中华书局1954年版。

皮锡瑞:《经学历史》，中华书局1981年版。

皮锡瑞:《六艺论疏证》，《续修四库全书》。

Q

钱穆：《中国近三百年学术史》，商务印书馆 1997 年版。

清华大学出土文献研究与保护中心编：《清华大学藏战国竹简（壹）》，中西书局 2011 年版。

R

任继愈：《中国哲学发展史（秦汉卷）》，人民出版社 1998 年版。

任景艳：《王光祈的音乐理论贡献探析》，《兰台世界》2014 年第 13 期。

（清）阮元：《揅经室集》，中华书局 1993 年版。

S

山东大学商子译注组：《商子译注》，齐鲁书社 1982 年版。

沈松勤：《"新道统"理念下的偏见——朱熹讨伐"苏学"的文化诉求》，《北京大学学报》（哲学社会科学版）2015 年第 6 期。

沈文倬：《宗周礼乐文明考论》，浙江大学出版社 1999 年版。

孙伟：《重塑儒家之道——荀子思想再考察》，人民出版社 2010 年版。

（清）孙星衍：《尚书今古文注疏》，中华书局 1986 年版。

孙希旦：《礼记集解》，中华书局 1989 年版。

（清）孙诒让：《墨子间诂》，中华书局 2001 年版。

（汉）司马迁：《史记》，中华书局 1982 年版。

石峻等编：《中国佛教思想资料选编》，中华书局 1983 年版。

（明）释心泰：《佛法金汤编》，《续藏经》第 87 册。

苏娟：《婚丧嫁娶中民族音乐的文化透视》，《贵州民族研究》2017 年第 5 期。

苏舆：《春秋繁露义证》，中华书局 1992 年版。

T

（清）谭嗣同：《谭嗣同全集》，中华书局 1998 年版。

（清）谭嗣同：《仁学》，华夏出版社 2002 年版。

谭德兴、杨光熙：《〈齐诗〉诗学理论新探》，《兰州大学学报》（社会科学版）2001 年第 4 期。

唐君毅：《略论作中国哲学史应持之态度及分期》，《中国思想史方法论文选集》，台北大林出版社 1981 年版。

滕新才、曾超、曾毅：《中华伦理范畴——仁》，中国社会科学出版社 2006 年版。

田浩编纂：《宋代思想史论》，社会科学文献出版社 2003 年版。

（元）脱脱：《宋史》，中华书局 1997 年版。

W

（明）王夫之：《周易外传》，中华书局 1962 年版。

（明）王夫之：《读四书大全说》，中华书局 1975 年版。

（明）王夫之：《船山全书》，岳麓书社 1991 年版。

王利器：《新语校注》，中华书局 1986 年版。

王学典：《把中国"中国化"——人文社会科学的近期走向》，人民出版社 2017 年版。

王启发：《礼学思想体系探》，中州古籍出版社 2005 年版。

王文锦：《礼记译解》，中华书局 2001 年版。

王先谦：《荀子集解》，中华书局 1988 年版。

王小盾：《隋唐音乐及其周边》，上海音乐学院出版社 2012 年版。

（明）王阳明：《传习录》，中国文联出版公司 1995 年版。

（明）王阳明：《王阳明全集》，上海古籍出版社 2011 年版。

王耀华、方宝川主编：《中国古代音乐文献集成》第一辑，国家图书馆出版社 2016 年版。

王永祥：《董仲舒评传》，南京大学出版社 1995 年版。

（战国）文子：《文子》，《群书治要译注》第三十五卷，中国书店 2014 年版。

（北齐）魏收：《魏书》，中华书局 1982 年版。

魏欣：《音乐审美情趣与文化修养》，《教育实践与研究》（中学版）2007 年第 1 期。

（清）魏源：《魏源集》，中华书局 1976 年版。

魏义霞：《论谭嗣同仁学的五个显著特征》，《理论探索》2017 年第 1 期。

吴林伯：《〈文心雕龙〉义疏》，武汉大学出版社 2002 年版。

吴怀祺：《中国史学思想》，安徽人民出版社 1996 年版。

吴震：《论王阳明"一体之仁"的仁学思想》，《哲学研究》2017 年第 1 期。

吴钊、赵宽仁、吉联杭：《中国古代乐论选辑》。人民音乐出版社 2011 年版。

王汎森：《权力的毛细管作用》（修订版），北京大学出版社 2015 年版。

X

夏震武：《孟子讲义》，开封新民社 1922 年石印本影印版。

向世陵：《宋代理学本体论的创立》，《河北学刊》2008 年第 1 期。

项阳：《"兴于诗，立于礼，成于乐"辨析——兼议"民可使，由之；不可使，知之"》，《音乐研究》2016 年第 2 期。

项阳：《论制度与传统音乐文化的关系——兼论中国古代音乐史的研究》，《音乐研究》2004 年第 1 期。

辛志风、蒋玉斌等：《墨子译注》，黑龙江人民出版社 2003 年版。

熊月之：《海国图志征引西书考释》，《中华文史论丛》第五十五辑，上海古籍出版社 1996 年版。

熊十力：《熊十力全集》第二卷，湖北教育出版社 2001 年版。

徐世昌：《清儒学案》，中华书局 2008 年版。

徐复观：《中国思想史论集》，台湾学生书局 1993 年版。

徐复观：《中国艺术精神》，华东师范大学出版社 2001 年版。

徐复观：《中国人性论史》，华东师范大学出版社 2005 年版。

（明）徐上瀛：《溪山琴况》，蔡仲德：《中国音乐美学史资料注译》下册，人民音乐出版社 1990 年版。

（汉）许慎：《说文解字》，九州出版社 1983 年版。

许建良：《老子道家仁学论》，《桂海论丛》2015 年第 4 期。

（战国）荀况著、王天海校释：《荀子校释》，上海古籍出版社 2016 年版。

Y

颜炳罡：《论孔子的仁礼合一说》，《山东大学学报》（哲学社会科学版）2001
年第 2 期。

杨伯峻：《论语译注》，中华书局 1981 年版。

杨伯峻：《孟子译注》，中华书局 2010 年版。

杨伯峻：《左氏春秋传注》，中华书局 1981 年版。

杨国荣：《善的历程》，上海人民出版社 2006 年版。

杨国荣：《仁道的重建与超越》，《江苏社会科学》1993 年第 5 期。

杨辉：《审美意识形态视野下的汉代"移风易俗"音乐政策》，《社会科学辑刊》
2010 年第 5 期。

杨建兵：《先秦墨家眼中的人性图景》，《中州学刊》2014 年第 5 期。

杨柱才：《周敦颐在宋代道学中的地位》，《早期道学话语的形成与演变》，安徽
教育出版社 2007 年版。

杨向奎：《宗周社会与礼乐文明》，中国人民大学出版社 1997 年版。

叶春青：《儒家性情思想研究》，西南交通大学出版社 2011 年版。

余明光：《荀子思想与黄老之学》，《道家文化研究》第六辑，上海古籍出版社
1995 年版。

余治平：《董仲舒仁义之学的特殊性》，《北京青年政治学院学报》2006 年第 1 期。

余少莹：《论音乐审美教育对人全面发展的意义》，《艺术教育》2018 年第 21 期。

Z

张岱年：《张岱年全集》第四卷，河北人民出版社 1996 年版。

张海：《以史为桥，沟通哈佛与中国——访哈佛大学副教务长包弼德教授》，
《华中科技大学学报》（社会科学版）2016 年第 4 期。

张颢：《幽暗意识与民主传统》，新星出版社 2006 年版。

（清）张廷玉：《明史》，中华书局 1974 年版。

张祥龙：《孔子的现象学阐释九讲》，华东师范大学出版社 2009 年版。

张祥龙：《拒秦兴汉和应对佛教的儒家哲学》，江苏人民出版社 1983 年版。

（宋）张载：《张载集》，中华书局 1978 年版。

张自慧：《礼文化的价值与反思》，学林出版社 2008 年版。

赵诚编著：《甲骨文简明词典（卜辞分类读本）》，中华书局 1988 年版。

赵宽仁等：《中国古代乐论选辑》，人民音乐出版社 2011 年版。

（汉）赵岐：《孟子题辞》，《诸子集成》第二册，河北人民出版社 1992 年版。

赵汀阳：《天下体系——世界制度哲学导论》，中国人民大学出版社 2011 年版。

（清）曾国藩：《曾文正公文集》，中国书店 2011 年版。

（清）曾国藩：《曾国藩全集》，岳麓书社 2011 年版。

（汉）郑玄注、（唐）孔颖达疏：《礼记正义》，北京大学出版社 1999 年版。

宗白华：《美学散步》，上海人民出版社 1981 年版。

朱光潜：《朱光潜美学文集》第九卷，安徽教育出版社 1993 年版。

朱光潜：《朱光潜谈美》，金城出版社 2006 年版。

朱谦之：《老子校释》，中华书局 2000 年版。

（宋）朱熹：《四书章句集注》，中华书局 1983 年版。

（宋）朱熹：《朱子全书》，上海古籍出版社 2002 年版。

（宋）朱熹：《四书或问·论语或问》，上海古籍出版社 2001 年版。

（宋）朱熹：《朱子语类》，中华书局 1986 年版。

（宋）朱熹：《近思录·讲礼记序说》，中州古籍出版社 2008 年版。

（宋）周敦颐：《周敦颐集》，中华书局 2009 年版。

周继旨：《论"祖述尧舜，宪章文武"》，《孔子研究》1990 年第 4 期。

周勋初：《韩非子校注》，江苏人民出版社 1983 年版。

邹联丰：《"尽善尽美　美善合一"——孔子儒家音乐美学思想初探》，《时代文学》（双月上半月）2008 年第 4 期。

（二）

[美] 艾恺：《最后的儒家》，郑大华译，湖南人民出版社 1988 年版。

［德］埃德蒙德·胡塞尔：《现象学的概念》，倪梁康译，上海译文出版社 1986 年版。

［英］阿诺德·汤因比：《历史研究》，刘北成、郭小凌译，上海人民出版社 2005 年版。

［美］本杰明·史华慈：《古代中国的思想世界》，程钢译，江苏人民出版社 2004 年版。

［古希腊］柏拉图：《理想国》，王铮译，重庆出版社 2016 年版。

［澳］陈慧、廖名春、李锐：《天、人、性：读郭店楚简与上博简》，上海古籍出版社 2014 年版。

［美］杜维明：《东亚价值与多元现代性》，中国社会科学出版社 2001 年版。

［日］谷中信一：《谈墨家的人性论》，《职大学报》2007 年第 1 期。

［德］黑格尔：《美学》第一卷，朱光潜译，商务印书馆 1979 年版。

［俄］列夫·托尔斯泰：《艺术论》，邦东宝译，人民文学出版社 1958 年版。

［德］尼采：《权力意志》，孙周兴译，商务印书馆 1991 年版。

［英］马林诺夫斯基：《巫术科学宗教与神话》，李安宅译，中国民间文艺出版社 1986 年版。

［苏］涅尔谢相茨：《古希腊政治学说》，蔡柘译，商务印书馆 1991 年版。

［美］乔治·萨拜因：《政治学说史》（第四版），邓正来译，上海世纪出版集团、上海人民出版社 2008 年版。

［美］苏珊·朗格：《情感与形式》，朱疆源译，中国社会科学出版社 1986 年版。

［日］土田健次郎：《道学之形成》，朱刚译，上海古籍出版社 2010 年版。

［德］沃纳·霍夫曼：《现代艺术的激变》，薛华译，广西师范大学出版社 2003 年版。

［英］约翰·洛克：《政府论》，叶启芳、瞿菊农译，商务印书馆 1995 年版。

［美］余英时：《钱穆与新儒家》，生活·读书·新知三联书店 2012 年版。

［美］余英时：《中国近代思想史上的胡适》，台北联经出版公司 1984 年版。

Owen Flanagan: "Moral Contagion and Logical Persuasion in the MoMi," in Journal of Chinese Philosophy, Vol.35, NO.3, 2008, p.474.

Chong Kim Chong, *Early Ethics*, Chicago: Open Court, 2007, p.127.

Tu Wei-ming: "*Confucianism*" *in Arind Sharma (ed.), Our Religious,* San Francisco: Harper San Francisco, 1993, pp.155-156.

后　记

2018 年 8 月 20 日，武汉正值盛夏，到处酷热难耐。但是我心里，却无比的凉爽——因为历时六年之久的国家社科基金重大项目"中国文化元典关键词研究"(12&ZD153) 第二子课题最终成果终于完成了。

该成果经进一步的增删修改、文稿打磨、文字编校、文献核定及学术规范处理，又历时 4 月有余，至 2018 年 12 月 30 日提交结项。是时，珞珈山上，梅蕊初吐，雪后初霁，不免口占《定风波》一阙：

壶里乾坤梦里身，酒中日月醉中行。最是闲愁无去处，留住，千山暮雪照流云。

两种风流随物态。难耐，凝华吹冻萼椒清。香远琼飞归鸿断，零乱，梅花伴我且徐行。

作为重大项目的最终成果，课题组一直有个强烈的愿望，把长时间研究的心血结晶交由人民出版社出版发行。2019 年 6 月，在人民出版社的领导和编辑的帮助下，这一愿望终于实现。

全书框架由刘金波编审初拟，张金梅教授核校，重大项目首席专家李建中教授审定。

本书总论由李建中教授撰写，导论由张金梅撰写，刘金波补充；第一、四、五章由刘金波负责，第二、三章由张金梅负责。

作为项目团队集体智慧之成果，本书从拟定大纲到撰写定稿历经数次讨论、修改与完善。从汗牛充栋的儒家经典中吸收养分，更加感觉到中国传统文化的博大精深，更加感觉到它理想与智慧的光芒历久弥新，熠熠闪亮。

在书稿付梓之际，特别感谢李建中教授审阅并提出修改意见！感谢人民出版社崔继新主任的大力支持与辛苦工作！感谢孙宗美副教授、陈梦熊博士、江丹博士的支持与贡献！感谢我们的研究生黄舒敏、李箫、谭春林、谈天原、王桂琼、王芷仪、翁莉菲、杨启杰等的资料收集与整理工作。

著　者

2020 年 6 月 6 日

责任编辑：崔继新
文字编辑：陈来胜
封面设计：汪　莹

图书在版编目（CIP）数据

儒家元典关键词研究 / 刘金波，张金梅 著 . — 北京：人民出版社，2021.6
（中国文化元典关键词研究丛书 / 李建中主编）
ISBN 978－7－01－022043－7

I. ①儒…　II. ①刘…②张…　III. ①儒家－哲学思想－关键词－研究
　IV. ① B222.05
中国版本图书馆 CIP 数据核字（2020）第 064611 号

儒家元典关键词研究
RUJIA YUANDIAN GUANJIANCI YANJIU

刘金波　张金梅　著

人民出版社 出版发行
（100706　北京市东城区隆福寺街 99 号）

中煤（北京）印务有限公司印刷　新华书店经销

2021 年 6 月第 1 版　2021 年 6 月北京第 1 次印刷
开本：710 毫米 ×1000 毫米 1/16　印张：26.75
字数：371 千字

ISBN 978－7－01－022043－7　定价：68.00 元

邮购地址 100706　北京市东城区隆福寺街 99 号
人民东方图书销售中心　电话：（010）65250042　65289539